Rainer Wenrich / Josef Kirmeier / Henrike Bäuerlein (Hrsg.)

Heimat(en) und Identität(en)

Kommunikation, Interaktion, Partizipation
Kunst- und Kulturvermittlung im Museum
am Beginn des 21. Jahrhunderts

Bd. 3

Rainer Wenrich / Josef Kirmeier / Henrike Bäuerlein (Hrsg.)

HEIMAT(EN) UND IDENTITÄT(EN)

Museen im politischen Raum

kopaed (München)
www.kopaed.de

Bibliografische Information Der Deutschen Nationalbibliothek Die Deutsche Nationalbibliothek verzeichnet diese Publikation in der Deutschen Nationalbibliografie; detaillierte bibliografische Daten sind im Internet über http://dnb.dnb.de abrufbar.

In diesem Sammelband wurde Wert auf geschlechtergerechte Sprache gelegt. Soweit möglich wurden geschlechterneutrale Begriffe verwendet. Wo dies nicht möglich war, haben wir auf die geschlechterspezifischen Paarformen verzichtet und uns für die Verwendung der männlichen Form entschieden. In diesen Fällen gelten die Personenbezeichnungen für beide Geschlechter.

ISBN 978-3-86736-486-7
eISBN 978-3-86736-677-9

Druck: docupoint, Barleben

© kopaed 2019
Arnulfstraße 205, 80634 München
Fon: 089. 688 900 98 Fax: 089. 689 19 12
e-mail: info@kopaed.de Internet: www.kopaed.de

Inhaltsverzeichnis

7 **Rainer Wenrich/Josef Kirmeier/Henrike Bäuerlein:**
Heimat(en) und Identität(en). Museen im politischen Raum

Heimat(en) und Identität(en). Theorien und Konzepte

21 **Karl Borromäus Murr:** Identität und Museum – Bestandsaufnahme einer komplexen Beziehungsgeschichte

39 **Thomas Sukopp:** ‚Unsere Werte?', Heimat und Identität: Ein philosophischer Orientierungsversuch in unübersichtlichem Gelände

57 **Manfred Seifert:** Heimat im Zeitalter der Globalisierung

73 **Leopold Klepacki:** Museen und ihre Besucher im Spannungsfeld kultureller Tradierungs- und Transformationsprozesse – Strukturtheoretische Überlegungen zur Museumsausstellung als Ort kultureller Differenzerzeugung

87 **Martin Wengeler:** Sprache in der Demokratie zwischen Begriffe besetzen und ‚political correctness'

101 **Karl Borromäus Murr:** Kulturelle Differenzen in der „flüchtigen Moderne" – Herausforderungen für das Museum

Heimat/Museum. Vielfalt der Handlungsräume

123 **Norbert Göttler:** Heimat, Garten des Menschlichen? Demokratie und Menschenrechte als Aufgabe von Heimatpflege und Museumsarbeit

135 **Günter Dippold:** Vom Auftrag des Heimatmuseums

145 **Petra Zwaka:** Heimatmuseum reloaded – das Beispiel Jugend Museum in Berlin

163 **Robert Fuchs/Katrin Schaumburg:** Eindeutig mehrdeutig: Heimat(en) in einem Migrationsmuseum – Überlegungen zu Theorie und Praxis

179 **Jörg Skriebeleit:** Einstürzende Neubauten. Zur fragilen Statik von Entlastungsnarrativen

197 **Beatrice Wichmann:** Migration in Bayern nach 1945. Eine partizipative Plakatausstellung (nicht nur) für Schülerinnen und Schüler

205 **Stefanie Buchhold:** „Museumsreif. Warum das Oberhausmuseum auch abgewracktes ausstellt". Die Sonderausstellung Passau von 1950 bis heute. *Das Oberhausmuseum sucht Geschichte.*

219 **Kirsten Huwig/Bettina Salzhuber:** *Rausgehen, um reinzukommen.* Aktive Besucherpartizipation im Museum der bildenden Künste Leipzig

231 **Judith Prokasky:** Macht die Mona Lisa glücklich? Das Museum und sein Publikum in einer globalisierten Welt

241 **Alessandra Vicentini:** Sinnesorientierte Erlebnisse und emotionale Zugänge im Museum. Vermittlung für Menschen mit Demenz ist wichtig – aber warum?

253 **Edith Wölfl:** Erlebnisort Museum – kulturelle, soziale oder psychische Barrieren überwinden

261 Autorenverzeichnis

Heimat(en) und Identität(en). Museen im politischen Raum[1]

Rainer Wenrich/Josef Kirmeier/Henrike Bäuerlein

> *„Heimat fungiert [...] für den Menschen in der Moderne als persönliche Herausforderung".*[2]
>
> *„Die Definition von Heimat ist an einer sensiblen Nahtstelle zwischen geisteswissenschaftlichem bzw. sozialwissenschaftlichem und naturwissenschaftlichem Diskurs angesiedelt: sie berührt die Geschichtswissenschaft, die Volkskunde, die Literaturwissenschaft, die Rechtswissenschaft, die Soziologie, die Sozial- und Kulturgeographie und die Botanik."*[3]
>
> *„Die Identität, die das zeitgenössische Museum vertritt, besteht aus vielen Identitäten."*[4]

Mit „Heimat(en) und Identität(en). Museen im politischen Raum" legt die Bayerische Museumsakademie (BMA) den dritten Band der Publikationsreihe „Kommunikation, Interaktion und Partizipation. Kunst- und Kulturvermittlung am Beginn des 21. Jahrhunderts" vor. Der Sammelband ist als organische Weiterentwicklung von Band 2 Migration im Museum. Museumsbesuche für Menschen mit Fluchthintergrund entstanden. Ausgangspunkt und Kern beider Themenbereiche ist die Frage nach dem Umgang mit Vertrautem und Fremdem. Die Reaktionen auf den Umgang mit dem Anstieg der Flüchtlingszahlen und das in der Folge veränderte politische Klima haben gezeigt, wie unterschiedlich die Idee von Heimat gefüllt werden kann und wie der Begriff aus unterschiedlichen Richtungen instrumentalisiert werden kann. Dies nahm die Bayerische Museumsakademie zum Anlass, um sich in mehreren Veranstaltungen mit dem Konzept ‚Heimat' zu beschäftigen und damit, welche Auswirkungen dieses auf die heutige und zukünftige museale Praxis haben kann. Was können Museen zum aktuellen Diskurs beitragen? Können sie überhaupt etwas tun? Müssen sie etwas tun? Mit Fragen zur gesellschaftlichen Relevanz von Museen beschäftigt sich die Fachwelt

---

[1] Vgl. auch: Deutscher Museumsbund (Hg.): Museen im politischen Raum, Band 78/2013, Heft 1.
[2] Seifert, Manfred: Heimat und Spätmoderne. Über Suchbewegungen nach Sicherheit angesichts von Mobilität, Migration und Globalisierung, in: Rheinisches Jahrbuch für Volkskunde 39 (2011/2012), S. 203.
[3] Costadura, Eduardo/Ries, Klaus Hg.): Heimat gestern und heute. Interdisziplinäre Perspektiven, Bielefeld 2016. S. 23.
[4] Lorch, Cathrin: Man spricht Kunst, in: Süddeutsche Zeitung, 13.02.2018
URL: https://www.sueddeutsche.de/kultur/museen-als-heimat-man-spricht-kunst-1.3865725 zuletzt aufgerufen am 10.08.2018

zwar schon länger, diese haben aber in jüngster Zeit noch stärker Eingang in den fachlichen Diskurs gefunden.[5] Die Veranstaltungen der Bayerischen Museumsakademie suchen den Austausch zwischen Wissenschaft und praktischen Umsetzungen. In den letzten Jahren gehörten dabei Interessenschwerpunkt dazu, wie Zeitgeschichte gesammelt und ausgestellt werden kann und ob bzw. wie Museen einen Beitrag zur Demokratiebildung leisten können. Gegenwartsbezogene Fragestellungen an die Sammlung und in Ausstellungen bieten Anknüpfungspunkte für Besucher zum eigenen Leben und fördern dadurch eine Auseinandersetzung mit aktuellen Themen.

Dieser Sammelband ist also nicht als Tagungsband, sondern aus dem Erfahrungsaustausch in mehreren Veranstaltungen der Bayerischen Museumsakademie sowie mit ihrem fachlichen Netzwerk entstanden. Das Buch dokumentiert diesen Diskurs aus den vergangenen zwei Jahren und stellt somit eine Zusammenstellung unterschiedlicher Ansätze dar, die aber keine fertigen Lösungen im Sinne von best practice-Beispielen abbilden können oder sollen. Die Mischung aus theorieorientierten Beiträgen und Praxisberichten aus der vielfältigen Museumswelt in diesem Band entspricht dem Ansatz der Bayerischen Museumsakademie, einen differenzierten Austausch zwischen unterschiedlichen Gruppen zu initiieren und zu fördern. Sie wendet sich gleichermaßen an Museumsmitarbeitende, Kunst- und Kulturvermittelnde, Lehrkräfte sowie Studierende. Statt übereinander soll miteinander geredet werden, was gerade auch im Hinblick auf Konzepte wie ‚Heimat' und ‚Identität' grundlegend ist.

Museen gleich welcher Ausrichtung sind öffentliche Einrichtungen, meist in staatlicher, kommunaler oder privater Trägerschaft. Mit den ICOM Standards hat sich die Fachwelt auf einen klar definierten Auftrag geeinigt. Zu den dort aufgeführten Aufgaben ist insbesondere in den vergangenen Jahren eine Fülle von weiteren Tätigkeitsbereichen hinzugekommen. Vor allem das Feld der Kunst- und Kulturvermittlung hat aus didaktischer und methodischer Perspektive enorm davon profitiert, Museen

---

[5] Im Jahr 2017 widmete sich eine gemeinsame Tagung von ICOM Deutschland und ICOM Nord dem Thema „Difficult Issues" und fragte unter anderem nach „der kuratorischen Verantwortung" und „der politischen Einbindung von Museen"; zit. nach deutscher Tagungsausschreibung auf der Website von ICOM Deutschland, URL: http://www.icom-deutschland.de/archiv-2017.php, zuletzt aufgerufen am 07.11.2018. Auch das Thema der Jahrestagung 2018 des Deutschen Museumsbundes, „Eine Frage der Haltung. Welche Werte vertreten Museen?", fragte nicht nur nach gesellschaftlicher Relevanz, sondern dezidiert danach, wie sie Museen positionieren können. Vom 23. – 25.11.2018 widmet sich die Tagung „Museums, Borders and European Responsibility - 100 Years after WW1" von ICOM EUROPE ALLIANCE der Frage, „wie Museen die politischen, kulturellen und sozialen Veränderungen der letzten einhundert Jahre erfahren haben" und „wie man in Museen den Gefahren begegnen kann, die die Demokratie bedrohen."; zitiert nach deutscher Tagungsausschreibung auf der Website von ICOM Deutschland, URL: http://www.icom-deutschland.de/aktuell.php, zuletzt aufgerufen am 07.11.2018.

für bisher unbeachtete Zielgruppen zugänglich zu machen. Die Beziehung zwischen Museum und Öffentlichkeit ist es, welche es im politischen Raum positioniert und Erwartungen weckt, dass sich Museen deutlicher als je zuvor zum Ort des Diskurses machen. Gerade ein offener Austausch sowie vielfältige Formen der Partizipation sollten eines der Hauptanliegen zeitgemäßer Besucherforschung und künftiger Ausstellungspolitik sein. Vor allem aber steht dieser Gedanke in einem unmittelbaren Zusammenhang mit den Kernthemen Heimat(en) und Identität(en) des vorliegenden Bandes.

Wie verortet sich der Mensch in einer globalisierten Welt? Was gibt Halt und Orientierung? Und worüber definiert man sich selbst? Welche Relevanz ‚Heimat' und ‚Identität' für und in Museen haben, war der Ausgangspunkt für die Überlegungen dieses Bandes. Im Titel werden beide Begriffe aus der Erkenntnis und Überzeugung heraus im Plural verwendet, dass es nicht nur eine ‚Heimat' oder die ‚Identität' geben kann. Daraus folgt, dass die Narrativen, die Ausstellungen zugrunde liegen, hinterfragt werden müssen. Wessen Geschichte wird erzählt? Wer kommt darin vor? Wer bestimmt, welche Geschichte erzählt wird? Wer wird, bewusst oder unbewusst, außen vor gelassen? Als öffentliche Kulturinstitutionen haben Museen einen Bildungsauftrag, der Diversität als Chance und nicht als Bürde begreifen muss. Als Akteure einer lebendigen Erinnerungskultur sind Museen, gleich welcher Trägerschaft, damit Teil der Kulturlandschaft und bewegen sich im ‚politischen Raum'. Dieser meint also nicht die Politik an sich, sondern vielmehr die politischen Diskurse in der Öffentlichkeit, an denen sich verschiedenste Akteure beteiligen.

Museen befinden sich aber nicht nur aufgrund ihrer Präsenz als öffentliche Einrichtungen mit Bildungsauftrag im politischen Raum. Sie sind beispielhafte Orte einer „Vergegenwärtigung". Historisch betrachtet zeigte sich dies seit der Gründung der ersten großen Museen vor über 200 Jahren, die mit ihrer Architektur, der Auswahl und Präsentation ihrer Exponate diesen Prozess repräsentierten. Aus aktueller Perspektive transportiert der Begriff der „Vergegenwärtigung" eine andere Semantik, denn es „zeichnet sich", Matthias Henkel zufolge „für die museologische Alltagsarbeit im beginnenden 21. Jahrhundert ab, dass mehr und mehr auch die Gegenwart in den analytischen Blick der Museologie genommen wird. Dies gilt für die Sammlungsentwicklung ebenso wie für die Themensetzungen in der Ausstellungsplanung."[6] Damit sind Museen Teil des gesamtgesellschaftlich-politischen Diskurses. In dem Bestreben von Museen, einer gesellschaftlichen Verantwortung gerecht zu werden, kann eine

---

6   Henkel, Matthias: Museum.macht.Identität. Eine Agenda für Stadtmuseum im 21. Jahrhundert, in: Die Stellwand. Österreichische Zeitschrift für Museen und Sammlungen 22/3 (2014), S. 8-14, S. 11.

Re-Politisierung der musealen Arbeitswelt gesehen werden. Inwiefern kann, oder sogar muss, ein Museum darauf reagieren?

Heimat(en) und Identität(en) – eine Standortbestimmung

Der Anspruch, als Museum auf gesellschaftliche Veränderungen reagieren, lässt sich im Diktum des „offenen Museums" bereits seit Beginn des 20. Jahrhunderts erkennen: so entwickelte Alfred Lichtwark museumsemanzipatorische Ansätze und spätestens seit den 1970er Jahren ist ein Wandel des Ausstellungshandelns „vom repräsentativen zum relationalen Arbeiten"[7] erkennbar. Dabei werden auch die potentiellen Besucher bereits bei der Konzeption von Ausstellungen berücksichtigt und es steht nicht nur die Darstellung einer Narrative im Mittelpunkt, sondern es wird stärker der Austausch mit dem Publikum verfolgt. Gegenwärtig erwachsen Museen, die eine Öffnung zur Gesellschaft anstreben, immer mehr zu relationalen Orten der Begegnung, des Dialogs und damit der Partizipation. Sie dienen als Anschlussstellen und offerieren zahlreiche analoge und digitale Anknüpfungspunkte, die weit über die Vermittlung[8] ihrer Exponate (z. B. in Form von zeitlich begrenzten Themenausstellungen oder als Dauerausstellungen) hinausgehen und dadurch Bezüge nach innen und außen herstellen. Insbesondere mithilfe der digitalen Medien, auf Websites, Blogs und in den sozialen Netzwerken werden Ausstellungskonzeptionen kommentiert und diskutiert. Innerhalb der Museen entstehen des Öfteren Räume, die dem Diskurs über das Museum und seines Umfeldes dienen.[9]

Die Öffnung in Richtung Gesellschaft ist nicht nur eine aktuelle Entwicklung im Museumswesen, sondern auch z. B. bei anderen Kulturinstitutionen und Universitäten

---

7   Timm, Elisabeth: Partizipation. Publikumsbewegungen im modernen Museum, in: map #5 (2014), URL: http://www.perfomap.de/map5/transparenz/partizipation-publikumsbewegungen-im-modernen-museum, zuletzt aufgerufen am 20.12.2018

8   In der historischen Weiterentwicklung der Museumspädagogik entwickelt sich in den vergangenen Jahren immer mehr der Begriff der Kunst- und Kulturvermittlung im Museum. Vermittlung ist dabei als Bestandteil des Kommunikationsprozesses erkennbar. Darüber hinaus lässt sich mit Blick auf die Vermittlung im Museum auch weitere wesentliche Beschreibungen des Verhältnisses zwischen Museum und Öffentlichkeit vornehmen. Vgl. dazu auch: Krasny, Elke: Über Vermittlung: Vom Verhältnis zwischen Museum und Öffentlichkeit, in: Gaugele, Elke/Kastner, Jens (Hg.): Critical Studies. Kultur- und Sozialtheorie im Kunstfeld, Wiesbaden 2015, S. 339-355.

9   Ein sehr anschauliches Beispiel hierfür bildet das Format Tate Exchange der Tate Modern in London. Dabei steht den Besuchern eine ganze Etage für den kommunikativen Austausch zur Verfügung. Die Ausstellungshalle stellt sich damit den Anliegen und Bedürfnissen der Bewohner. Vgl dazu auch: https://www.tate.org.uk/visit/tate-modern/tate-exchange, zuletzt aufgerufen am 20.12.2018
Ausführlicher hierzu: Bast, Gerald/Carayannis, Elias G./Campbell, David F. J. (Hg.): The Future of Museums, New York u.a. 2018.

erkennbar. Die Konzepte einer sogenannten third mission oder eines Mode 3[10] beschreiben ebenso das Ziel, nicht nur die gewonnenen Erkenntnisse einer breiteren Öffentlichkeit zugänglich zu machen, sondern auch in einen Diskurs mit der Gesellschaft zu treten. Dies kann zivilgesellschaftliche Partizipation fördern. Wenn die genannten Institutionen durch ihr Handeln zu einem vertieften Diskurs in der Gesellschaft beitragen können, käme ihnen eine Rolle als wichtige Impulsgeber zu.

Die relationale Funktion von Heimat(en) und Identität(en) im Museum
Die angesprochenen Aspekte können insgesamt als Bestandteile einer „relationalen Ästhetik" erachtet werden. Damit kommt zum Ausdruck, dass Bezüge nach innen und außen hergestellt werden, die weit über eine pragmatische Intention hinausreichen und das Museum, die Ausstellungen und die Exponate in Beziehung zueinander und mit den Besuchern und deren Umfeld setzen. Der Ansatz einer „relationalen Ästhetik", hervorgegangen aus einem kunsttheoretischen Kontext[11], ist demnach mehrdimensional und kann eine Leitfigur für das zeitgemäße Entwickeln von Zugängen im Museum bilden. Diese Überlegungen lassen sich mit der new museology[12] als wissenschaftlich-theoretische Fundierung verknüpfen. Hieraus haben sich international Modelle entwickelt, die eine Diskursfähigkeit von Museen im Hinblick auf gesellschaftlich relevante Themenstellungen als Aufgabe propagieren.[13]

Das Verständnis der Institution Museum ist akteurszentriert, d. h. es ist die Rede von der Museumsleitung, den Mitarbeitenden und den Besuchern. Museen unterschiedlicher Sparten präsentieren sich als „Diskursinstanzen"[14] mit einer kritischen Umsicht

---

10 Elias G. Carayannis und David F. J. Campbell haben den Begriff Mode 3 geprägt und differenzieren in folgenden Abstufungen: Mode 1als Wissensproduktion, Mode 2 als Wissensanwendung und Mode 3 als die Wissensanwendung in Interaktion mit der Gesellschaft, die gleichzeit auch Initiativen, die z. B. durch bürgerschaftliches Engagement entstehen in die Institution u. a. in Form von Beteiligungsprozessen (Partizipation) miteinbinden. Carayannis, Elias G./Campbell, David, F. J.: Mode 3 Knowledge Production in Quadruple Helix Innovation Systems. 21st-Century Democracy, Innovation, and Entrepreneurship for Development, New York u.a. 2012. Dazu auch: Bast, Gerald/Carayannis, Elias G./Campbell, David, F. J. (Hg.): Arts, Research, Innovation and Society. New York u.a. 2015.
11 Der Gebrauch des Adjektivs „relational" erfolgt nach der Definition von Nicolas Bourriaud, der es im kunsttheoretischen und künstlerisch-kulturellen Kontext einsetzt, um direkte Bezüge zum Menschen zu untermauern. Vgl. dazu: Bourriaud, Nicolas: Relational Aesthetics, Dijon 2002.
12 Siehe dazu ausführlich: Macdonald, Sharon (Hg.): A Companion to Museum Studies, Oxford 2011.
13 Nina Simon, Direktorin des Santa Cruz Museum for Art & History, präsentiert einen Leitfaden für die Zusammenarbeit Bewohnern des Stadtviertels und Besuchern: http://www.participatorymuseum.org, zuletzt aufgerufen am 10.08.2018; vgl. dazu auch den Beitrag von Kirsten Huwig und Bettina Salzhuber in diesem Band.
14 Der hierzu besonders zutreffende Begriff entstammt aus: Fackler, Guido/Heck, Brigitte (Hg.): Einführung, in: Dies.: Identitätsfabrik reloaded. Programmheft zur 21. Arbeitstagung der dgv-

im Umgang mit komplexen Themenstellungen und der beständigen Erweiterung ihres Besucherspektrums.[15] Damit ist dieser Ansatz vielschichtig und berücksichtigt nicht nur Kuratorik, Ausstellungstätigkeit und Vermittlungsarbeit.

Bourdieus Überlegungen, „daß der Raum der Werke sich jederzeit als ein Feld der Positionierungen darstellt, die nur relational, und zwar als System differentieller Abstände, verstanden werden können"[16], ließen sich auf den Kontext der Konzeption von Museen und ihre Ausstellungen übertragen, um den Schritt von der (Re-)präsentation zur Relation zu vollziehen und Vorab-Festlegungen von Heimat(en) und Identität(en) als Differenzen zu vermeiden.

Die Konzepte von Heimat(en) und Identität(en) werden dann nicht (mehr) als Abgrenzungsinstrumente eingesetzt. Heimat(en) und Identität(en) sind mehr als bloße Ressourcen, auf die neutral zugegriffen werden kann, denn sie transportieren Emotionen und Einstellungen, die wechselseitig zu respektieren sind und einen verantwortungsvollen Umgang einfordern.

Vor dem Hintergrund der Forschungserkenntnisse aus der Soziologie und den Kulturwissenschaften dienen die Begriffe Heimat(en) und Identität(en) dazu, Zusammenhänge mit Blick auf die Geschichte zu vergegenwärtigen. Somit können im Museum Fragen an die Objekte gestellt, Geschichten erzählt, Orte verknüpft[17] und Bezüge zu und zwischen den Menschen hergestellt werden.[18] Die Beschäftigung mit den Begriffen von Heimat(en) und Identität(en) wird begleitet von dem Blick auf die Menschen im Museum als Schöpfer von Bedeutungen.[19] Sie bringen ihre eigenen Geschichten und Anliegen mit, schließen damit an die Exponate an und tragen ihre Erkenntnisse wieder in die Welt außerhalb der Museumsmauern.[20]

Für die Museen lohnt sich schließlich der Aufwand der intensiven Auseinandersetzung

Kommission „Sachkulturforschung und Museum". Karlsruhe, 22. bis 24. Mai 2014, S. 3.
15 Dodd, Jocelyn: Whose Museum is it anyway? Museum education and the community, in: Hooper-Greenhill, Eilean (Hg.): The Educational Role of the Museum, 2. Auflage, London/New York 1999.
16 Bourdieu, Pierre: Die Regeln der Kunst. Genese und Struktur des literarischen Feldes, Frankfurt am Main 2001, S. 328 zit. aus: Schade, Sigrid/Wenk, Silke: Studien zur visuellen Kultur. Einführung in ein transdisziplinäres Forschungsfeld, Bielefeld 2011, S. 173.
17 Auf diese Weise werden vor allem diejenigen tradierten Konzepte von Heimat- und Stadtmuseen hinterfragt, die ihre Sammlungs- und Präsentationsschwerpunkte auf Ortsbestimmung und Gegenüberstellung richten. Gleichzeitig richten sich diese Überlegungen auf die Ausstellungs- und Vermittlungskonzeptionen aller Museen und unterstützen den Ansatz einer Global Citizen Education. Vgl. dazu: Gaudelli, William: Global Citizen Education. Everyday Transcendence, New York 2016.
18 Jörg Skriebeleit zeigt dies sehr anschaulich in seinem Beitrag in diesem Band.
19 Vgl. dazu sehr detailliert: Timm 2014.
20 Falk, John H./Dierking, Lynn D.: A Place for Learning, in: Dies.: Learning from Museums. Visitor Experiences and the Making of Meaning, Lanham MD 2000, S. 113 ff.

mit den Begriffen Heimat(en) und Identität(en) in vielerlei Hinsicht. Sie leisten dadurch einen ganz wesentlichen Beitrag zu einer Ausdifferenzierung von Diskursen in einer ihre Lebensumstände reflektierenden Gesellschaft, die gesellschaftliche Veränderungen als notwendig anerkennt.

Heimat(en) und Identität(en) – Herausforderung und Chance
Vor dem Hintergrund der skizzierten begrifflichen Konturen und Rahmenbedingungen zeigt sich mehr als deutlich, dass die Begriffe Heimat(en) und Identität(en) in unserer Gesellschaft von hoher Bedeutung sind. Die Soziologie und die Kulturwissenschaften bemühen sich die Begriffe mitsamt ihrer Komplexität in die Verfasstheit der Lebensumstände spätmoderner Gesellschaften einzubinden und sie nicht als Nebenschauplatz zu untersuchen. Für den Einzelnen ist dies als ein Prozess zu betrachten, den jeder von uns mehrfach im Leben durchläuft. Beispielhaft sind Formen der Beheimatung, allerdings losgelöst von bestimmten Orten, denn die lange Zeit vorhandenen Ortsbezüge des Konzepts „Heimat" rührten, um nochmals nach Seifert zu zitieren, „von einem Bedürfnis nach Geborgenheit und sozialer Übereinstimmung her, auf das der Heimatbegriff mit seiner klassischen Verbindung zu Ort und Raum eine Antwort anbot [...]."[21] Damit einher ging auch das bereits erwähnte Streben nach Beständigkeit, das angesichts heutiger dynamischer Lebenswege, beruflicher Mobilität und Flexibilität zu einer „gesuchte[n] Ressource im Angesicht der persönlichen Herausforderungen durch die spätmodernen Lebensverhältnisse" avanciert.[22]

Was also ganz wichtig erscheint, ist die anhaltende und lebendige Diskussion um das Begriffspaar Heimat(en) und Identität(en) zum Ausgangspunkt für eine Neufassung zu nehmen. Der Nexus beider Begriffe ist eine Chance für das Begreifen der hohen Wertigkeit und ihr Potenzial gesellschaftliche Neuerungen anzustoßen, die Begriffe zukunftsweisend zu formen und „[d]en Regelbetrieb darauf aus[zu]richten, dass er der Vielheit der Gesellschaft gerecht wird."[23]

Danksagungen
Die Herausgeber sind sehr dankbar, dass die Beitragenden die Türen ihrer Museen öffnen, Einblicke in vielfältige Forschungsräume ermöglichen, über Ausstellungs- und Vermittlungspraxis und die daraus resultierenden Erkenntnisse berichten. Erst dadurch gelingt es, Museen in den gesellschaftlichen Raum zu positionieren, dort wo

---

21 Seifert 2011/2012, S. 207.
22 Ebenda.
23 Zit. nach: Terkessidis, Mark anlässlich des Symposiums Social Scale zur Ausstellung Making Heimat. Germany, Arrival Country im Deutschen Architekturmuseum, Frankfurt a. M., März 2017.

die Diskurse über Heimat, Identität, kulturelle Teilhabe und Zugänge zu Kunst und Kultur geführt werden. Auch das meint der politische Raum, denn dort werden identitätsstiftende Momente im Austausch unterschiedlicher Sichtweisen, Einstellungen und Kulturen erzeugt, die zu einer Beheimatung für alle Menschen beitragen können. Die Kompetenz der Beiträger, ihre Überzeugung und ihr Weitblick, dass Museen im politischen Raum sich beständig ihrer gesellschaftlichen Verantwortung bewusst sind, unterstützt nicht nur das Gesamtanliegen der Publikationsreihe, sondern trug ganz erheblich zum Gelingen dieses vorliegenden Bandes bei.

Die Beiträge in diesem Band zeigen diese Funktion sehr vielschichtig auf. Gleichzeitig senden sie ein deutliches Signal, dass es sich lohnt, Begriffe wie Heimat(en) und Identität(en) als feste Bestandteile einer demokratischen und offenen Gesellschaft zu erkennen, die sich vor allem dadurch auszeichnet, das die in ihr lebenden Menschen Momente der Zugehörigkeit und Partizipation nicht als Auflage oder Last, sondern als Erfüllung ihres Anliegens und Chance für einen Neubeginn immer wieder aufs neue erleben können. Heimat(en) und Identität(en) werden dabei zu Teilaspekten von ganz persönlichen und individuellen Erkenntnisprozessen.

Museen, ob sie nun im urbanen oder im ländlichen Raum situiert sind, bleiben öffentliche Einrichtungen und haben in unserer Zeit einen vielfältigen Bildungsauftrag im Bewusstsein von Heterogenität und Diversität. Und dieser richtet sich an Menschen, die ihrerseits mit unterschiedlichen Anliegen und Bedürfnissen an das Museum herantreten.

Ein großer Dank gilt neben dem Museumspädagogischen Zentrum wie immer auch den weiteren Gründungspartnern der Bayerischen Museumsakademie, Ferdinand Kramer, dem Lehrstuhlinhaber für Bayerische Geschichte und Vergleichende Landesgeschichte mit besonderer Berücksichtigung der Neuzeit an der Ludwig-Maximilians-Universität München, Astrid Pellengahr, Leiterin der Landesstelle für die nichtstaatlichen Museen in Bayern und allen Mitarbeitenden der drei Institutionen. Für seine immerwährende Unterstützung und Mitwirkung bei den Veranstaltungen der Bayerischen Museumsakademie gilt unser herzlicher Dank Michael Weidenhiller, Ministerialrat und Leiter des Referats Kulturelle Bildung am Bayerischen Staatsministerium für Unterricht und Kultus. Besonders danken wir Ludwig Schlump und seinem kopaed-Verlag in München, der unsere Publikationsreihe von Beginn an betreut und unterstützt.

Rainer Wenrich, Josef Kirmeier, Henrike Bäuerlein im Dezember 2018

LITERATUR

Bast, Gerald/Carayannis, Elias G./Campbell, David, F. J. (Hg.): Arts, Research, Innovation and Society, New York u.a. 2015.
Bast, Gerald/Carayannis, Elias G./Campbell, David F. J. (Hg.): The Future of Museums, New York u.a. 2018.
Bourdieu, Pierre: Die Regeln der Kunst. Genese und Struktur des literarischen Feldes, Frankfurt am Main 2001
Bourriaud, Nicolas: Relational Aesthetics, Dijon 2002.
Carayannis, Elias G./Campbell, David, F. J.: Mode 3 Knowledge Production in Quadruple Helix Innovation Systems. 21st-Century Democracy, Innovation, and Entrepreneurship for Development, New York/London 2012.
Costadura, Eduardo/Ries, Klaus (Hg.): Heimat gestern und heute. Interdisziplinäre Perspektiven, Bielefeld 2016.
Dodd, Jocelyn: Whose Museum is it anyway? Museum education and the community, in: Hooper-Greenhill, Eilean (Hg.): The Educational Role of the Museum, 2. Auflage, London/New York 1999.
Fackler, Guido/Heck, Brigitte (Hg.): Einführung, in: Dies.: Identitätsfabrik reloaded. Programmheft zur 21. Arbeitstagung der dgv-Kommission „Sachkulturforschung und Museum". Karlsruhe, 22. bis 24. Mai 2014.
Falk, John H./Dierking, Lynn D.: A Place for Learning, in: Dies.: Learning from Museums. Visitor Experiences and the Making of Meaning, Lanham MD 2000.
Gaudelli, William: Global Citizen Education. Everyday Transcendence, New York 2016.
Gaugele, Elke/Kastner, Jens (Hg.): Critical Studies. Kultur- und Sozialtheorie im Kunstfeld, Wiesbaden 2015
Henkel, Matthias: Museum.macht.Identität. Eine Agenda für Stadtmuseum im 21. Jahrhundert, in: Die Stellwand. Österreichische Zeitschrift für Museen und Sammlungen, 22/3 (2014), S. 8-14.
Lorch, Cathrin: Man spricht Kunst, in: Süddeutsche Zeitung vom 13.02.2018
URL: https://www.sueddeutsche.de/kultur/museen-als-heimat-man-spricht-kunst-1.3865725
Macdonald, Sharon (Hg.): A Companion to Museum Studies, Oxford 2011.
Schade, Sigrid/Wenk, Silke: Studien zur visuellen Kultur. Einführung in ein transdisziplinäres Forschungsfeld, Bielefeld 2011.
Seifert, Manfred: Heimat und Spätmoderne. Über Suchbewegungen nach Sicherheit angesichts von Mobilität, Migration und Globalisierung, in: Rheinisches Jahrbuch für Volkskunde 39 (2011/2012), S. 199-221.
Timm, Elisabeth: Partizipation. Publikumsbewegungen im modernen Museum, in: map #5 (2014), URL: http://www.perfomap.de/map5/transparenz/partizipation-publikumsbewegungen-im-modernen-museum.

Heimat(en) und Identität(en). Theorien und Konzepte

Rainer Wenrich

Museums are ´living institutions´.[1]

Das nachfolgende Kapitel fragt danach, wie sich die Konzepte von Heimat und Identität entwickelt haben und welche Bedeutung sie für die Museumswelt haben. Die Beiträge sollen das Handwerkszeug für eine inhaltlich fundierte Auseinandersetzung mit diesen momentan stark frequentierten Begriffen liefern.

Die Ergebnisse bestärken die Sichtweise, dass Museen als öffentliche Einrichtungen zu Orten des Diskurses im politischen Raum werden können, wenn sie sich mit Heimat(en) und Identität(en) auseinandersetzen.

So begibt sich Karl Borromäus Murr in seiner Bestandsaufnahme auf Spurensuche nach den Formen der Auseinandersetzung mit dem Begriff ‚Identität' in verschiedenen Fachdisziplinen, beginnend bei der Entwicklungspsychologie bis hin zur Philosophie. Letztlich entlarvt er das Konzept einer kollektiven Identität als fragiles Konstrukt, das darüber hinaus nur wenig Potenzial für die Auseinandersetzung im musealen Bereich bietet. Murr sieht in einem konstruktivistischen Verständnis von Identität den richtigen Weg, um Anknüpfungspunkte zu den realen Lebensbedingungen der Besucher zu finden. Nicht weit davon entfernt diskutiert Thomas Sukopp als Philosoph und Wissenschaftstheoretiker die Koppelung von Heimat und Identität und verknüpft mit einem weiteren wesentlichen Austragungsort des menschlichen Zusammenlebens: Werteorientierung als kollektives Ziel. Sehr schnell stellt sich auch bei Sukopp die Feststellung ein, dass sich „unsere Werte" keinesfalls als eine einheitliche Kennmarke fassen lassen. „Unsere Werte" sind vor allem abhängig von Kontexten und sollten im Rahmen von Kulturdiversität, Multikulturalität und Kulturrelativismus betrachtet werden. Er sieht ‚Werte' und ‚Heimat' in einem komplexen Gesamtzusammenhang, der sowohl Menschen und ihre Lebenssituation also auch ihre Emotionen und Verfasstheiten in verschiedenen Lebenslagen betrifft. Sukopps Lösungsansatz sieht Werte als Ermöglichungsräume, die ‚Heimat' und ‚Identität' in offenen, zeitgemäßen und zukunftsweisenden Lebenskonzepten gelten lassen. Manfred Seifert folgert auf diese conclusio aus Sicht der Europäischen Ethnologie mit einem Diskurs über den

---

[1] Watson, Sheila: Museums and their Communities. In: Watson, Sheila (Hg.): Museums and their Communities, London/New York 2007, S. 1.

Heimatbegriff im Zeitalter der Globalisierung, dass der Mensch nicht in einer „fertigen Heimat" heranwächst. Erfahrungen und Erlebnisse sind es letztendlich, die Heimat erleben und Identität entwickeln lassen. Mithilfe subjektiver Differenzerfahrung, so Seifert, lässt sich Heimat auch als ein Raum der Ermöglichung beschreiben. Und dies bedeutet weit mehr als das bloße Resultat der Explorationen des Einzelnen. Wie vielschichtig der Heimatbegriff sein kann, zeigt Seifert anhand empirischer Forschung auf und zitiert nicht weniger als sechs verschiedene Typen von Heimat. Hinzu kommen schließlich Verortungen des Heimatbegriffs in einer von Seifert präsentierten Angebotspalette, die von Literatur, Museen, Initiativen bis hin zu unterschiedlichen Gestaltungsfeldern führt. Heimat, so Seifert, bleibt in unserer Zeit ein offenes Konstrukt, das mehr Fragen aufwirft, als es Antworten gibt. Die Suche nach letzteren sei der Begriff ‚Heimat' aber allemal wert. Leopold Klepacki hinterfragt als Pädagoge, was passiert, wenn die Dinge im Museum auf die Menschen als Besucher mit ihren jeweiligen sozialen Hintergründen treffen. Klepacki spricht davon, dass sich in der Begegnung des Einzelnen mit dem Exponat ein „relationales Muster kultureller Identitätsbildung" erkennen lässt. Damit begibt er sich in die Nähe der bereits einführend diskutierten relationalen Ästhetik, mithilfe derer sich die Verknüpfung von Heimat(en) und Identität(ein) in musealen Ausstellungskontexten verorten lassen können. Martin Wengeler kann als Germanist einen wesentlichen Beitrag zur Besetzung von Begriffen liefern. Dies ist im Zuge der lebhaften Diskussionen um die Begriffe ‚Heimat' und ‚Identität' bedeutsam, da beide Begriffe zuvorderst einem politischen Sprachregister ausgesetzt sind. Politische Korrektheit im Umgang mit den Begriffen ist ebenso entscheidend wie die historische Auseinandersetzung mit ihnen. Gerade die theoretischen Fundierungen sind es also, die es uns ermöglichen, die Achtlosigkeit mancher Begriffsbesetzungen zu durchschauen und die Sprachsensibilität sowie die Bereitschaft zum Diskurs als wertvolle Instrumente im Rahmen eines demokratischen Grundverständnisses zu erkennen. Karl Murr verweist schließlich auf den gewinnbringenden und identitätsstiftenden Ansatz einer relationalen Ästhetik, den er im Zeitfenster einer „flüchtigen Moderne" als bedeutsam erachtet. Vielfältige Bezüge sind es auch, die eine Identitätsfindung aus der Dichotomie von Eigenem und Fremdem herauslösen und diese transzendieren. Kulturelle Differenz und Hybridität im Zusammenhang mit Identitätsfindung zu diskutieren haftet bisweilen der Odem des Oberflächlichen an. Hier zeichnet sich aber allenfalls die Kritik derer ab, die in Diskussionen über Heimat und Identität einen kurzlebigen Diskurstrend erkennen wollen. Murr führt daher den Begriff des „liquid museum" ein, den er im Zeitalter der „flüchtigen Moderne" als geradezu passgenau erkennt. Es ist eben diese Passung, die auf den von Homi K. Bhabba geprägten „Dritten Raum" rekurriert und in dem Macht und Oppression, Alleingültigkeit und singuläre Betrachtungsweisen keinen Platz haben.

Identität und Museum –
Bestandsaufnahme einer komplexen Beziehungsgeschichte

Karl Borromäus Murr

„Who needs ‚identity'?", fragte 1996 der britische Soziologe und Kulturtheoretiker Stuart Hall und reagierte auf die damals „veritable discursive explosion in recent years around the concept of ‚identity'"[1]. Wenig später konstatierte Hans-Ulrich Wehler – in kritisch würdigender Wahrnehmung – den „unaufhaltsamen Siegeszug der ‚Identität'"[2], die sowohl in der öffentlichen als auch in der wissenschaftlichen Debatte ältere Begriffe wie ‚Mentalität', ‚Klassenbewusstsein' oder ‚Tradition' verdrängte. Den „heimlichen Quellen einer unheimlichen Konjunktur", die sich um den Begriff der ‚kollektiven Identität' entfacht hatte, ging Lutz Niethammer um die Jahrtausendwende nach.[3] Während sich die Forschung in Zeiten der „flüchtigen Moderne"[4] an Konzepten nationaler Identität der klassischen Moderne abarbeitete, löste sich die Identitätsfrage zunehmend aus dem nationalen und lokalen Kontext gleichermaßen. Im Zeichen von postnationaler, transnationaler, transkultureller oder globaler Vielfalt verschob, transformierte oder relativierte sich die Identitätsfrage in ihrer Dringlichkeit – die Anerkennung pluraler Identitäten rückte in den Mittelpunkt.[5] In jüngster Zeit jedoch meldet sich das Identitätsthema unter dem Signum eines nationalistischen Populismus lautstark zurück, der etwa im Brexit, in der Haltung von „America first" oder in den konservativen Reflexen auf globale Migrations- und Fluchtbewegungen der Gegenwart seinen unmissverständlichen Ausdruck findet. Gleich ob es um die

---

1   Hall, Stuart: Introduction: Who needs identity?, in: Ders./du Gay, Paul (Hg.): Questions of Cultural Identity, Los Angeles u.a. 1996, S. 1-17.
2   Wehler, Hans-Ulrich/Erikson, Erik: Der unaufhaltsame Siegeszug der „Identität", in:
Ders.: Die Herausforderung der Kulturgeschichte, München 1998, S. 130-136.
3   Niethammer, Lutz: Kollektive Identität. Heimliche Quellen einer unheimlichen Konjunktur, Reinbek bei Hamburg 2000.
4   Bauman, Zygmunt: Flüchtige Moderne, Frankfurt/M. 2003. (Das Original erschien 2000 unter dem Titel „Liquid Modernity"). Vgl. dazu Davis, Mark: Liquid sociology: metaphor in Zygmunt Bauman's analysis of modernity, London, New York 2016.
5   Vgl. Beier-De Haan, Rosmarie: Post-national, trans-national, global? Zu Gegenwart und Perspektiven historischer Museen, in: Hinz, Hans-Martin (Hg.): Das Museum als Global Village. Versuch einer Standortbestimmung am Beginn des 21. Jahrhunderts, Frankfurt/M. u.a. 2001, S. 43-61; Macdonald, Sharon J.: Museums, national, postnational and transcultural identities, in: Museum and Society 1/1 (2003), S. 1-16. Vgl. auch Muttenthaler, Roswitha: Museum | Differenz | Vielfalt, Schreib- und Denk-Werkstatt Museologie, Drosendorf, 28. Mai – 3. Juni 2007: http://www.iff.ac.at/museologie/service/lesezone/Muttenthaler_Roswitha_Museum_Differenz_Alteritaet.pdf.

emanzipatorische Forderung nach kultureller Identität geht, die seit den 1980er Jahren die Anerkennung von gesellschaftlicher oder geschlechtlicher Diversität versprach, oder um eine mehr oder weniger homogene „Leitkultur"[6] nationaler Prägung – das Interesse für Fragen der Identität ist in Politik und Öffentlichkeit nun schon seit Jahrzehnten ungebrochen.

Vor diesem Hintergrund nimmt es nicht Wunder, dass sich auch öffentliche Kultureinrichtungen wie Museen von der Identitätsfrage herausgefordert sehen, gelten sie doch als klassische Manifestationen bzw. Produktionsstätten von Identität, weshalb Gottfried Korff und Martin Roth sie unter anderem als „Identitätsfabriken" titulierten.[7] Von politischer Seite wird in großer Regelmäßigkeit die Förderung von kollektiver Identität als eine zentrale Aufgabe an die Museen herangetragen. Wenn sich Museen – nach wie vor – auf die Identitätsdebatte einlassen, so ist zu fragen: Handelt es sich dabei um eine „Pandorabüchse"[8], die sich in der gegenwärtigen Renaissance nationaler Identität wieder öffnet? Oder verbirgt sich dahinter vielmehr eine sozial-politische Notwendigkeit, die auf die Förderung und Vermehrung von Gemeinsinn zielt? Und liegt nicht für eine (links-)liberale Agenda darin wiederum das Versprechen gesellschaftlicher Emanzipation im Sinne der „identity politics"[9]?

Wie soll die heutige Museologie demzufolge mit dem Konzept der Identität im Zeitalter der flüchtigen Moderne umgehen, die auch als zweite oder reflexive sowie als Spätmoderne bezeichnet wird?[10] Der folgende Beitrag unternimmt den Versuch, den so vieldeutigen Begriff der ‚Identität' kultur- bzw. humanwissenschaftlich zu erhellen, seine zentralen semantischen Dimensionen zu diskutieren und diese auf ihre Tauglichkeit für eine gegenwärtige Museologie hin zu befragen. Nach ersten Begriffserörterungen, die personale und kollektive Identität voneinander scheiden, richtet sich die

---

6 Vgl. Pautz, Hartwig: Die deutsche Leitkultur. Eine Identitätsdebatte: Neue Rechte, Neorassismus und Normalisierungsbemühungen, Stuttgart 2005; Nowak, Jürgen: Leitkultur und Parallelgesellschaft. Argumente wider einen deutschen Mythos, Frankfurt/M. 2006; Pieper, Annemarie: Leitkultur, in: Dies.: Nachgedacht. Philosophische Streifzüge durch unseren Alltag, Basel 2014, S. 247f; Zimmermann, Olaf/Geißler, Theo (Hg.): Wertedebatte: Von Leitkultur bis kulturelle Integration, Berlin 2018.
7 Korff, Gottfried/Roth, Martin (Hg.), Das historische Museum. Labor, Schaubühne, Identitätsfabrik, Frankfurt/M., New York 1990.
8 Reckwitz, Andreas: Der Identitätsdiskurs. Zum Bedeutungswandel einer sozialwissenschaftlichen Semantik, in: Ders.: Unscharfe Grenzen. Perspektiven der Kultursoziologie, 2. Auflage, Bielefeld 2010, S. 47-67, S. 67.
9 Alcoff, Linda (Hg.): Identity Politics Reconsidered, New York 2006; Eisenberg, Avigail/Kymlicka, Will (Hg.): Identity Politics in the Public Realm, Vancouver 2011; Ericson, David F.: The Politics of Inclusion and Exclusion: Identity Politics in Twenty-First Century America, New York 2011.
10 Vgl. Beck, Ulrich/Giddens, Anthony/Lash, Scott (Hg.): Reflexive Modernisierung. Eine Kontroverse, Frankfurt/M. 1996.

Aufmerksamkeit auf den philosophischen Zugriff auf den Identitätsbegriff. Daraufhin gilt es, den historischen Zusammenhang von Identität und Museum zu erhellen, bevor drei prominente Identitätskonzepte näher diskutiert werden. Hier geht es erstens um die Rolle von Identität im Kontext der sogenannten Kompensationsthese, wie sie Hermann Lübbe vertritt. Sodann rückt zweitens der Ansatz des (kultursoziologischen) Konstruktivismus ins Zentrum, dem es vor allem darum zu tun ist, Identitäten zu dekonstruieren. Schließlich widmet sich die Untersuchung drittens der fundamentalen Skepsis von Lutz Niethammer gegenüber dem Konzept der kollektiven Identität, das er selbst in seiner konstruktivistischen Gestalt ablehnt.

Personale und kollektive Identität

Mit dem Thema der Identität sind verschiedenste Wissenschaftsdisziplinen befasst: von der Philosophie über die Soziologie (z.B. symbolischer Interaktionismus) bis zur Psychologie. Für alle Disziplinen ist eine erste Unterscheidung grundlegend: zwischen einer personalen bzw. Ich-Identität, die sich als spezifische Subjektivitätsform auf Eigenschaften von einzelnen Personen bzw. Subjekten bezieht, und einer kollektiven Identität, die Eigenschaftszuschreibungen von Gruppen umfasst.[11]

Ein Schlüsselautor für das Thema der personalen Identität begegnet in dem Psychologen Erik H. Erikson, der ausgehend von seiner therapeutischen Arbeit mit Kindern und Jugendlichen ab Mitte der 1950er Jahre in mehreren Büchern theoretische Überlegungen zur Identitätsbildung vorgelegt hat.[12] Erikson führte Wissensbestände aus den Feldern der Individualpsychologie, der Psychoanalyse und der Sozialisationsforschung prägnant zusammen. Seine Schriften erfuhren eine ungemein breite Rezeption, die dem Identitätsbegriff zu einer beispiellosen Karriere in Wissenschaft und Öffentlichkeit verhalf. Im Zentrum von Eriksons Überlegungen stand die Findung von personaler Identität, die der Forscher wesentlich von Krisenerfahrungen und somit von Identitätsdiffusionen bedroht sah. Auf dieser Theorietradition aufbauend, lässt sich das moderne Selbst als eine „transitorische Identität" beschreiben.[13] Personale Identität schöpft sich aber nicht allein aus sich selbst heraus, sondern ist, wie Jan Assmann betont, „ein soziales Phänomen bzw. ‚soziogen'".[14] So setzt sich personale Identität

---

11 Vgl. Straub, Jürgen: Personale und kollektive Identität. Zur Analyse eines theoretischen Begriffs, in: Assmann, Aleida/Friese, Heidrun (Hg.): Identitäten, Frankfurt/M. 1998, S. 73-104; Ders.: Personale Identität, in: Ders./Renn,, Joachim (Hg.): Transitorische Identität. Der Prozesscharakter des modernen Selbst, Frankfurt/M., New York 2001, S. 85-113.
12 Vgl. z.B. Erikson, Erik H.: Identität und Lebenszyklus, Frankfurt/M. 1973. Vgl. zu Erikson Noack, Juliane: Erik H. Eriksons Identitätstheorie, Athena Verlag, Oberhausen 2005.
13 Vgl. Straub/Renn (Hg.), Transitorische Identität 2001.
14 Assmann, Jan: Das kulturelle Gedächtnis. Schrift, Erinnerung und politische Identität in frühen

neben den Ich-Elementen immer auch aus gesellschaftlichen Elementen zusammen, die in Form von sozialen Rollenerwartungen, Interpretationsmustern oder kollektiven Codes auf den Einzelnen wirken. Insofern bedarf ein einzelnes Subjekt zur Ausbildung seiner personalen Identität, seiner eigenen Rolle(n) sozialer Kollektive. Diese reichen vom gesellschaftlichen Nahbereich der Familie, in dem direkte Kommunikation vorherrscht, bis hin zu anonymen Großgruppen wie etwa Geschlechtern, Klassen oder Nationen, die technisch und kulturell vermittelt miteinander kommunizieren.

Von der sozial geformten personalen Identität eines einzelnen Subjekts ist das Konzept der kollektiven Identität zu unterscheiden. Denn nicht nur Individuen, sondern auch „soziale Systeme" hätten, so Jürgen Habermas, „ihre Identität"[15]. Allerdings gilt es beim Begriff der ‚kollektiven Identität' intellektuelle Vorsicht walten zu lassen. So anregend Bedeutungsübertragungen von der individuellen auf die soziale Sphäre wirken, so kritisch sind sie bisweilen zu bewerten. Wie es sicherlich sinnvoll ist, bei Jugendlichen auf dem Pfad ihrer personalen Identitätsfindung von Adoleszenzkrisen zu sprechen, so problematisch erscheint die Anwendung solcher Begrifflichkeit auf eine soziale Gruppe. Während man bei einer einzelnen Person von einer leibhaften Einheit sprechen kann, erscheint der Versuch der Übertragung dieser Anforderung auf ein Kollektiv als ungebührliche Vereinheitlichung. Homogenisierungen von Kollektiven zu biophysischen Sozialkörpern stehen unter dem dringenden (Ideologie-)verdacht, die wesentlich divergenten Erfahrungen der Mitglieder der betreffenden Gruppe einzuebnen. Kritiker wie der Soziologe Reinhard Kreckel gehen deshalb so weit zu behaupten: „Nur Individuen können Identität ausbilden. Gruppen können dies nicht. Auch Gesellschaften (oder ‚Nationen') haben keine eigene Identität."[16] Allerdings gibt es – vor allem für Kultureinrichtungen wie Museen – plausible Gründe, mit dem Begriff der ‚kollektiven Identität' zu operieren, wenn diese nicht als ontologische Substanz, sondern als gesellschaftliches Konstrukt betrachtet wird, das sich durch eine prinzipielle Instabilität auszeichnet – Gründe, die jedoch an späterer Stelle näher expliziert werden.[17]

Der philosophische Zugriff auf Identität
Gegenüber historisch zu kurz greifenden Rekonstruktionen des Identitätskonzeptes, die nicht selten mit der angesprochenen Sozialpsychologie Eriksons in der zweiten

Hochkulturen, München 1992, S. 130.
15 Habermas, Jürgen: Legitimationsprobleme im Spätkapitalismus, Frankfurt/M. 1973, S. 13.
16 Kreckel, Reinhard: Soziale Integration und nationale Identität, in: Berliner Journal für Soziologie 4 (1994), S. 13-20, S. 14.
17 Siehe den Abschnitt „Dekonstruktion/Konstruktion von Identität" im vorliegenden Aufsatz.

Hälfte des 20. Jahrhunderts einsetzen, ist darauf zu verweisen, dass der Begriff ‚Identität' in der abendländischen Philosophie immer schon eine zentrale Rolle gespielt hat, hier vor allem in der Ontologie und der Logik. Numerische oder logische Identität bedeutet im Sinne einer Aussage die Identität von etwas mit etwas. Damit ist eine basale Relation ausgesprochen, die in jedem Gegenstand anzutreffen ist. Das so geartete Identitätsprinzip besagt mithin, dass etwas nur dann identisch ist, wenn es als Einheit in verschiedensten Situationen über die Zeit hinweg ein und dasselbe, folglich unverändert bleibt. Insofern kann eigentlich nur ein Gegenstand mit sich selbst völlig identisch sein. Diese Form der Identität nennt Paul Ricœur mit Blick auf personale Identitätsbildung die idem-Identität (Selbigkeit).[18] Alles Heterogene bleibt von dieser idem-Identität ausgeschlossen. Von der idem-Identität unterscheidet Ricœur ganz grundsätzlich die ipse-Identität (Selbstheit), die auf das Gleichbleiben einer Person zielt, die sich als Selbst trotz aller Veränderungen in der Zeit durchhält.[19] So bleibt etwa eine Person als Erwachsener mit sich als Kind identisch – trotz aller zwischenzeitlich erfolgten inneren und äußeren Wandlungen dieses Menschen. Während Zeitlichkeit die idem-Identität bedroht, gehört sie wesentlich zur ipse-Identität, die sich im Prozess der Reflexion auf sich selbst erst hervorbringt. Ricœur interessiert sich vor allem für die im Fortlaufen der Zeit hergestellte ipse-Identität, eine Identität in Differenz, eine dynamische Identität, die sich – in der Antwort auf die Temporalstruktur menschlicher Existenz – narrativ bildet.[20] Die entscheidende Frage lautet, wieviel Differenz eine Identität verträgt, ohne in Auflösung zu verfallen.

Identität und Museum: Kinder der Moderne
Für die Epoche der Moderne lässt sich feststellen, dass die Vorstellung von einer kollektiven Identität nicht zufällig zeitgleich mit der Entstehung des Museums aufkam. Der Aufbruch in die Moderne, der für die sich neu konstituierenden Nationalstaaten mit einer tiefgehenden Erosion traditioneller sozialer Bindungen einherging, verlangte nach einem neuen Konzept von Zugehörigkeit. Hier kam das Phänomen der Identität ins Spiel. In diesem Sinne formuliert Jock Young: „Just as community collapses, identity is invented."[21] Ähnlich deutet der Soziologe Zygmunt Bauman Identität als

---

18 Ricœur, Paul: Das Selbst als ein Anderer, Aus dem Französischen übersetzt von Jean Greisch, München 1996, S. 11ff.
19 Ebenda.
20 Vgl. ebenda, S. 141-206; Ders., Zeit und Erzählung, Bd. 1: Zeit und historische Erzählung; Bd. 2: Zeit und literarische Erzählung; Bd. 3: Die erzählte Zeit, München 1988-1991.
21 Young, Jock: The Exclusive Society, London 1999, S. 164

„ein *Surrogat für Gemeinschaft*"[22]. „Identität wächst", so Bauman, „auf dem Grab der Gemeinschaft; sie gedeiht nur, weil sie die Auferstehung der Toten verspricht."[23] Insofern lässt sich das explizite Verlangen nach Identität, die zunächst vor allem im Gewande von Begriffen wie Nation und Volk auftrat, immer auch als ein Mangelphänomen deuten.

Wie die Geschichtskultur im Allgemeinen gehörte deshalb die im ausgehenden 18. Jahrhundert entstehende Institution Nationalmuseum mit ihren historischen Sammlungen zu denjenigen kulturellen Institutionen, die das moderne Identitätsbedürfnis über den Weg temporaler Sinnbildung prominent bedienten. Seither fungieren Museen als Einrichtungen aktiver Identitätsarbeit. Sie waren dazu angetan, mit ihren Sammlungen und Ausstellungsstücken die zur Identifikation bereitgestellte Nationalgeschichte gleichsam zu verdinglichen. Identifikatorische Geschichte gewann geradezu objektive bzw. natürliche Gestalt. Die Geschichtsphilosophie Georg Wilhelm Friedrich Hegels lieferte ein besonders eindringliches Beispiel einer umfassenden identifikatorischen Aneignung der gesamten Weltgeschichte, die als Fortschrittsgeschichte gleichsam vernünftig und notwendig in den modernen Rechts- und Verfassungsstaat zu münden schien.[24] Museen mussten dieses weit ausgreifende Identitätsspiel eines historischen Besitzstandes nur noch in Materie übersetzen. Peter Sloterdijk sprach deshalb vom „Identitätszwang des 19. Jahrhunderts"[25], den nationale Museen oder Kunstsammlungen zum Austrag brachten. Insofern dienten dieserart Museen dem zeitgenössischen Bürgertum dazu, in den „Vollbesitz seiner Identität zu kommen"[26], die es aus der öffentlichen Präsentation der Nationalgeschichte beziehen konnte. So entstanden und formierten sich die großen Meistererzählungen, die in unverkennbarer Teleologie das Zu-Sich-Selbst-Kommen der Nationen schilderten. Was hier für die Identitätskonstruktionen von Nationalmuseen ausgesagt wurde, gilt in gewisser Weise auch für regionale oder lokale Museen, die sich wie etwa die Heimatmuseen um Identitäten innerhalb ihrer geographischen Einzugsgebiete bemühten.

Dass die eigene Identitätsfindung immer in der Betonung der distinkten eigenen Kultur (Individualität) und zugleich in der Abgrenzung zu fremden Identitäten

---

22 Bauman, Zygmunt: Gemeinschaften. Auf der Suche nach Sicherheit in einer bedrohlichen Welt, Aus dem Englischen von Frank Jakubzik, Frankfurt/M. 42017, S. 23.
23 Ebenda.
24 Vgl. Angehrn, Emil: Vernunft in der Geschichte? Zum Problem der Hegelschen Geschichtsphilosophie, in: Zeitschrift für philosophische Forschung 35 (1981), S. 341-362; Hüffer, Wilm: Theodizee der Freiheit. Hegels Philosophie des geschichtlichen Denkens, Hamburg 2002.
25 Sloterdijk, Peter: Museum – Schule des Befremdens, in: Ders.: Der ästhetische Imperativ. Schriften zur Kunst, Frankfurt/M. 2014, S. 354-370, s. 363.
26 Ebenda, S. 362.

vollzogen wurde, gehörte zur intrinsischen Logik solcher Identitätsformierung. Von daher erklären sich – auf der Ebene des Nationalen – die seit dem 19. Jahrhundert so verstärkt aufkommenden Kriegsmythen, die immer in Abgrenzung von einem Gegner – einem anderen Land, einer anderen ethnischen Gruppe – die eigene Nation als „Vaterland der Feinde"[27] kennzeichneten. Die Erkenntnis hingegen, dass solcherart historische Identitätsstiftungen meist auf einer „invention of tradition"[28] beruhten, stellte sich nicht vor dem letzten Drittel des 20. Jahrhunderts ein.

Die kompensatorische Rettung moderner Identität

Der Philosoph Hermann Lübbe spricht mit Blick auf Personen, Gruppen oder Institutionen, die je eigen ihre Identität aus Geschichte beziehen, von der „Identitätsrepräsentationsfunktion der Historie"[29]. Insofern geben beispielsweise Nationalmuseen Auskunft über die Identität einer Nation. Lübbe jedoch sieht das Konzept der Identität und die Existenz des Museums in der Moderne noch viel grundlegender miteinander verschränkt. So deutet er – wie auch Odo Marquard und zuvor Joachim Ritter – die Moderne als entfremdende Beschleunigung, die sich bis in die Gegenwart hinein unentwegt steigert, so dass sich die Gesellschaft mit immer schneller auftauchenden Innovationsschüben konfrontiert sieht und zugleich das immer höhere Aufkommen an Vergangenheit zu gewärtigen hat, die sich wiederum zu entziehen droht.[30] Denn, so Lübbe, „nie war die Menge des Ungleichzeitigen, die in unserer Lebenswelt gleichzeitig gegenwärtig ist, größer als heute."[31] Indem die so progressive Moderne zu einem Schwund von Vertrauen führt, sind Mensch und Gesellschaft in ihrer Identität zutiefst herausgefordert. „Jenseits ungewisser Grenzen unterliegen wir unter Bedingungen eines sich beschleunigenden sozialen Wandels der Gefahr einer temporalen Identitätsdiffusion."[32] Hier tritt nun die von der Ritterschule so betonte Kompensationsfunktion des historischen Bewusstseins in Kraft, das „die fremdgewordene

---

27 Vgl. Jeismann, Michael: Das Vaterland der Feinde. Studien zum nationalen Feindbegriff und Selbstverständnis in Deutschland und Frankreich 1792-1918, Stuttgart 1992.
28 Hobsbawm, Eric/Ranger, Terence: The Invention of Tradition, Cambridge/UK 1992.
29 Lübbe, Hermann: Zur Identitätspräsentationsfunktion der Historie, in: Marquard, Odo/Stierle, Karlheinz (Hg.): Identität, 2. Auflage, München 1996, S. 277-292.
30 Vgl. Schweda, Mark: Joachim Ritter und die Ritter-Schule. Zur Einführung, Hamburg 2015, S. 121-138; Lübbe, Hermann: Musealisierung. Über die Vergangenheitsbezogenheit unserer Gegenwart, Zug 1986.
31 Ders.: Der Fortschritt und das Museum, in: Ders.: Die Aufdringlichkeit der Geschichte. Herausforderungen der Moderne vom Historismus bis zum Nationalsozialismus, Graz u.a., 1989, S. 13-29, S. 28.
32 Ebenda, S. 29.

Vergangenheit als eine Vergangenheit aneignungsfähig bzw. als Vergangenheit anderen zuschreibungsfähig"[33] erachtet. Die Institution des Museums leistet paradigmatisch eine positive Konfrontation mit der Vergangenheit. „Durch die progressive Musealisierung kompensieren wir die belastenden Erfahrungen eines änderungstempobedingten kulturellen Vertrautheitsschwundes."[34] Museen mit ihrer Bewahrung des Historischen tragen von daher dazu bei, „unser Bewußtsein durch Wiedererkennungserlebnisse zu stabilisieren"[35]. Marquard erachtet – ganz ähnlich – das Museum als eine „eiserne Ration an Vertrautem", als das „funktionale Äquivalent des Teddybären für den modernen Menschen in seiner wandlungsbeschleunigten Welt, woraus folgt: je moderner die moderne Welt, desto unvermeidlicher wird das Museum".[36]

Die Kompensationsthese hat viel Zuspruch, aber auch pointierte Kritik erfahren. Herbert Schnädelbach hebt in seiner Kritik vor allem auf den reduktionistischen Funktionalismus von historischer Kultur ab, der – in der Deutung von Lübbe und Marquard – keine genuine Aufgabe mehr zufällt, sondern die allein in ihrer Reaktion auf die Moderne aufgeht.[37] Analog ließe sich fragen, ob auch die Annahme von historischen Identitätsformationen, die allein nur aus der kompensatorischen Defensive einer Kultur heraus geschehen, nicht zu kurz greift, weil sie jegliche emanzipatorische Bildung von Identität negiert. Kultur gerät damit einzig und allein zu einer Funktion konservativer Identitätsherstellung. Zudem setzt Lübbe fraglos voraus, dass es so etwas wie kollektive Identitäten beispielsweise von Gruppen wirklich gibt. Der Identitätsbegriff selbst, der suggeriert, Eigenes und Fremdes klar voneinander zu trennen, steht keinesfalls zur Disposition.

Dekonstruktion/Konstruktion von Identität

Während Lübbe wie selbstverständlich mit realer Identität hantiert, geht es der konstruktivistischen Kulturwissenschaft darum, personale wie kollektive Identitäten zu dekonstruieren, die folglich nicht mehr als essentialistische Entitäten verstanden werden. Noch die Gründerväter des Sozialkonstruktivismus, Peter L. Berger und Thomas Luckmann, hatten in ihrem wegweisenden Text zur „gesellschaftlichen Konstruktion der Wirklichkeit" ihre Sorge vor einem essentialistischen Umgang mit dem Begriff der

---

33 Ebenda.
34 Ebenda.
35 Lübbe, Hermann: Zukunft ohne Verheißung?, Köln 1976, S. 9.
36 Marquard, Odo: Wegwerfgesellschaft und Bewahrungskultur, in: Grote, Andreas (Hg.): Macrocosmos in microcosmo: die Welt in der Stube. Zur Geschichte des Sammelns 1450 bis 1800, Opladen 1994, S. 909-908, S. 917.
37 Schnädelbach, Herbert: Kritik der Kompensation, in: Kursbuch 91 (1988), S. 35-45.

kollektiven Identität geäußert, der für sie eine „irreführende Vorstellung" darstellte.[38] „Man spricht besser nicht von einer ‚kollektiven Identität', da dieser Begriff zu einer verdinglichenden Hypostasierung der Identität führen kann."[39] Grundlegend verwehrten sich Berger und Luckmann einer Reifikation, Ontologisierung oder Naturalisierung des Identitätsphänomens, das als Konstruktion, nicht aber als Wirklichkeit erster Ordnung aufzufassen sei. Für den fortgeschrittenen Konstruktivismus ist der ent-essentialisierte Umgang mit ‚kollektiver Identität' so selbstverständlich geworden, dass er mit diesem Begriff – solchermaßen eingeschränkt – sehr produktiv operiert.

Der Unterschied zwischen essentialistischer und konstruktivistischer Herangehensweise an Identität lässt sich mit Andreas Reckwitz auch historisch erhellen.[40] Demnach hatten die Identitätssemantiken, die ausgehend vom 19. Jahrhundert mit verschiedenen Wandlungen bis in die 1970er Jahre bestimmend blieben, Identität vor allem als ein „Problem der Konstanz"[41], als ein Problem des Gleichbleibens etwa eines Kollektivs betrachtet. Diese vorgängige Selbigkeit einer Identitätseinheit galt es dann – beispielsweise von Museen – nur noch kulturell zu repräsentieren. Demgegenüber zielen seit den 1960er Jahren die poststrukturalistisch respektive postmodern genährten Theorieansätze der flüchtigen Moderne darauf ab, vor allem mit den Mitteln der Diskursanalyse die Herstellung von Identität machtkritisch zu analysieren, die nicht mehr als naturgegeben, sondern als historisch kontingent verstanden wird. In der Diktion von Ricœur hätte damit im Lauf der Zeit die Vorstellung von einer ipse-Identität die einer idem-Identität abgelöst.

Zugleich kritisierten poststrukturalistische Ansätze grundlegend das Konzept der begrifflichen Repräsentation. Für Jacques Derrida etwa kann diese nur eine tote Repräsentation sein, die immer mit der Gefahr einhergeht, die primäre Erfahrung von Unmittelbarkeit, Präsenz oder auch Wahrheit zu verlieren.[42] Repräsentationskritik stellt deshalb Machtkritik dar, weil sie danach fragt, welche Instanz vom Pochen auf die begriffliche Definition und auf Wahrheit – etwa in der Feststellung von Identitäten – profitiert, die doch Unmittelbarkeit unterschlägt.

Die methodologische Perspektive des Konstruktivismus verlagerte sich letztlich von der Ontologie hin zur Praxeologie, in der es fortan zuallererst um die kulturellen

---

38 Berger, Peter L./Luckmann, Thomas: Die gesellschaftliche Konstruktion der Wirklichkeit, 26. Auflage, Frankfurt/M., S. 185.
39 Ebenda, Anmerkung 40.
40 Reckwitz 2010, S. 59f.
41 Ebenda, S. 59.
42 Vgl. Derrida, Jacques: Freud und der Schauplatz der Schrift, in: Ders.: Die Schrift und die Differenz, Frankfurt/M. 1992, S. 392-350. Vgl. Ginzburg, Carlo: Repräsentation - das Wort, die Vorstellung, der Gegenstand, in: Freibeuter 53 (1992), S. 2-23.

Praktiken, um die diskursiven Prozesse der Konstruktion von Identitäten ging. Deshalb hält auch Hall fest: „[I]dentities are about questions of using the resources of history, language and culture in the process of becoming rather than being".⁴³ Dieser Ansatz, der in den von den USA ausgehenden „identity politics" einen gesellschaftlich-realen Vorläufer aufweist, entlarvte zunächst vor allem die kulturelle Produktion von geschlechtlicher Identität, von ethnischer Identität im Sinne von Rasse und von nationaler Identität. Mit Michel Foucault gedacht, stellen solche kulturelle Praktiken jedoch keine neutralen Prozesse dar, sondern treten immer als mehr oder weniger umkämpfte sozio-politische Diskurse der Macht in Erscheinung.⁴⁴ „Die Inszenierungen von Identität" werden, wie Aleida Assmann und Heidrun Friese feststellen, darüber hinaus „als kultureller Text verstanden, der unterschiedliche Signifikate bezeichnet, historisch unterschiedlich codiert ist und unterschiedliche Bilder hervorbringt und aktiviert."⁴⁵ Benedict Anderson verwies in seiner berühmten These von den Nationen als „imagined communities"⁴⁶ kollektive Identitäten beispielhaft in das Reich der kulturellen Vorstellung. Diesem konstruktivistischen Credo folgte die 1998 im Deutschen Historischen Museum gezeigte Ausstellung „Mythen der Nationen. Ein europäisches Panorama"⁴⁷. Sie ging von Belgien bis in die USA nationalen Mythenbildungen nach, wie sie in kulturellen Symbolen, diskursiven Codierungen und sozialen Praktiken Ausdruck gefunden hatten.

Wie aber spielen Identität und Differenz zusammen? Der bereits genannte Derrida fasst die paradox scheinende Erkenntnis folgendermaßen zusammen: *„Es ist einer Kultur eigen, daß sie nicht mit sich selber identisch ist*. Nicht, daß sie keine Identität haben kann, sondern daß sie sich nur insoweit identifizieren, „ich", „wir" oder „uns" sagen und die Gestalt des Subjekts annehmen kann, als sie mit sich selber nicht identisch ist, als sie [...] *mit sich* differiert."⁴⁸ Entsprechend gelangt Derrida zu dem Schluss, dass es „keine Kultur und keine kulturelle Identität ohne diese Differenz *mit sich* selbst"⁴⁹ gibt.

Hall stimmt hier mit Derrida überein und spitzt die Erkenntnis noch zu. „This entails

---

43 Hall 1996, S. 4.
44 Vgl. Foucault, Michel: Archäologie des Wissens, Frankfurt/M. 1973; Fink-Eitel, Hinrich: Michel Foucaults Analytik der Macht, in: Kittler, Friedrich A. (Hg.): Austreibung des Geistes aus den Geisteswissenschaften, Paderborn u.a. 1980, S. 38-78.
45 Assmann, Aleida/Friese, Heidrun: Einleitung, in: Dies. (Hg.): Identitäten, S. 11-23, S. 12.
46 Anderson, Benedict: Imagined Communities. Reflections on the Origin and Spread of Nationalism, London 1983.
47 Flacke, Monika: Mythen der Nationen. Ein europäisches Panorama, München u.a. 1998.
48 Derrida, Jacques: Das andere Kap. Die vertagte Demokratie. Zwei Essays zu Europa, Frankfurt/M. 1992, S. 12f.
49 Ebenda, S. 13.

the radically disturbing recognition that it is only through the relation to the Other, the relation of what it is not, to precisely what it lacks, to what has been called its *constitutive outside* that the ‚positive' meaning of any term – and thus its ‚identity' – can be constructed."[50] Dementsprechend funktioniert Identität immer über Ausschlüsse, über Auslassungen. Sie entsteht in der Abgrenzung von Einem zum Anderen, vom Eigenen zum Fremden, von Identität zu Alterität, vom Identischen zum Differenten. Es erscheint immer wieder verführerisch, solcherart von Identität abhängige Differenzen, die mit vermeintlich charakteristischen Eigenschaften oder Bestimmungen einhergehen, absolut zu setzen. Solche Absolutsetzung allerdings schließt eo ipso ein förderliches Konzept von Andersheit, eine fruchtbare Relation zum Fremden aus. Der konstruktivistische Weg ist deshalb, die in jeglicher Identitätsrepräsentation aufscheinenden und deshalb jede Identitätstheorie herausfordernden binären Gegensätze als historisch kontingente Diskursformationen kenntlich zu machen. Auch wenn die Identitätssemantik noch so sehr Einheit und Homogenität für sich in Anspruch nimmt, verweist das gerade nicht auf eine natürliche, sondern auf eine konstruierte Gegebenheit hin. Dies gilt auch für den Fall, wenn das Andere als das notwendig Ausgeschlossene verschwiegen oder unausgesprochen bleibt.

Trotz aller Kritik an einem naturalisierten Identitätsbegriff stuft Hall die heuristischen und epistemologischen Potenzen des Identitätsbegriffes selbst als hoch ein und schlägt deshalb eine Definition vor, die Gesellschaft und Individuen gleichermaßen in den Blick nimmt. So sieht er Identität an der Nahtstelle zwischen Diskursen und Praktiken angesiedelt, die den Menschen einerseits in ein soziales Wesen verwandeln, und Prozessen, die ihn andererseits als Subjekt formen und somit letztlich Subjektivität herstellen.

In der deutschsprachigen Forschung ist es Jan Assmann, der im Gesichtskreis seiner Forschungen zum „kulturellen Gedächtnis" ein konstruktivistisches Verständnis von kollektiver Identität proklamiert hat. „Unter einer *kollektiven* oder Wir-Identität verstehen wir das Bild, das eine Gruppe von sich aufbaut und mit dem sich deren Mitglieder identifizieren. Kollektive Identität ist eine Frage der *Identifikation* seitens der beteiligten Individuen."[51] Dieser Ansatz der kulturellen Praxis verwehrt sich gegen die Vorstellung, es gäbe kollektive Identität an sich. Diese entsteht vielmehr als Ergebnis von Zuschreibungen von einzelnen Personen. Deshalb, so Assmann, ist sie

---

50 Hall 1996, S. 4f. Vgl. auch Laclau, Ernesto: Was haben leere Signifikanten mit Politik zu tun?, in: Ders. (Hg.): Emanzipation und Differenz, Wien 2002, S. 65-78, hier S. 67, der dort formuliert: „Einerseits hat jedes Element des Systems nur insofern eine Identität, als es von den anderen verschieden ist. Differenz = Identität."
51 Assmann 1992, S. 132.

„so stark oder so schwach, wie sie im Denken und Handeln der Gruppenmitglieder lebendig ist und deren Denken und Handeln zu motivieren vermag."[52] Erst auf dieser konstruktivistischen Grundlage, die Derrida, Hall und Assmann teilen, erweist es sich als sinnvoll, überhaupt Wir-Elemente, Zugehörigkeiten, Mitgliedschaften oder Gemeinsamkeiten von Gruppen zu thematisieren – Gemeinsamkeiten, wie sie sich im Denken und Handeln von einzelnen Gruppenmitgliedern äußern.

Für Museen kann es deshalb nur darum gehen, diskursiv hergestellte Traditionsbestände von Gemeinschaften der Vergangenheit mit ebenso diskursiv konstituierten Konzepten kollektiver Identität der heutigen Gesellschaft zu vermitteln. Museen, die bewusst oder unbewusst mit dem Identitätsbegriff arbeiten, adressieren damit den Schnittpunkt von Ich- und Wir-Identität von Individuen innerhalb eines sozialen Kollektivs, einer Stadt, einer Region, einer Klasse, eines Landes oder von transnationalen Gemeinschaftskonstrukten.

Für das Museum des 21. Jahrhunderts stellt von daher der produktive Umgang mit Identität und Differenz, mit Eigenem und Fremdem eine zentrale Herausforderung dar. Gottfried Korff hat die Gefahren für die Museen benannt, die verengte Vorstellungen von Andersheiten mit sich bringen, die allzu leicht zu „Fluchtwelten" mutieren, „die das Fremde, das historisch überholte, konträr-faszinativ zur Befriedigung der Sehnsucht nach regionaler Identität einsetzen"[53]. Ein konstruktivistischer Identitätsbegriff erlaubt hingegen, Identitäts- und Fremdheitserfahrungen in ihrer dialektischen Verknüpfung als offenen Prozess von fluiden Zugehörigkeitsbildungen zu begreifen und zu verhandeln. Wie die Dekonstruktion von Identitäten immer auch eine Entlarvung von Machtpositionen darstellt, ist das konstruktivistische Museum gehalten, zumindest Machtpositionen in ihrer hierarchischen und zentralisierten Disposition selbstkritisch zu reflektieren und transparent zu machen.

Eine oft als selbstverständlich vorausgesetzte Implikation des Konstruktivismus ist politisch-gesellschaftlicher Natur und soll an dieser Stelle ausdrücklich gemacht werden. So gehen die Vertreter des Konstruktivismus, die sich häufig von einem neomarxistisch inspirierten Poststrukturalismus her entwickelt haben, in der Regel von einem liberal-demokratischen Welt- und Menschenbild aus, das die Anerkennung von kultureller Alterität, sozialer Vielfalt und gesellschaftlichem Pluralismus zum Prinzip erhebt. Diese von den Menschenrechten ausgehende Position achtet alle Menschen als Rechtssubjekte gleich und sieht in der Andersheit des Anderen keine Gefahr,

---

[52] Ebenda, S. 132.
[53] Korff, Gottfried: Fremde (der, die, das) und das Museum, in: Ders.: Museumsdinge: deponieren – exponieren, Köln u.a. 2002, S. 146-154, S. 148.

sondern eine Bereicherung.⁵⁴ Dieser Hinweis erscheint umso angebrachter, als der wieder erstarkte Nationalismus der Gegenwart diese Voraussetzung mehr oder weniger in Frage stellt oder pervertiert.

Die Skepsis gegenüber kollektiver Identität

Anders als Berger und Luckmann, die aus ihrer konstruktivistischen Sicht heraus das Konzept der kollektiven Identität kritisch betrachten, geht Lutz Niethammer mit dem Konstruktivismus selbst ins Gericht. Als ideologiekritischem Historiker bereitet ihm die Vorstellung auch einer konstruktivistisch gefassten „kollektiven Identität" größtes intellektuelles Unbehagen. Mit Uwe Pörksen erblickt er in ‚Identität' lediglich ein „Plastikwort"⁵⁵, das trotz oder gerade wegen seiner Inhaltsleere mit der Tendenz zur Naturalisierung einhergeht. Niethammer geht der Identität begriffsgeschichtlich und ideologiekritisch auf den Grund und wird dabei vor allem in der Zwischenkriegszeit fündig. In dieser alternativen Begriffsgeschichte arbeitet Niethammer verschiedene „Identitäter" heraus, die von Carl Schmitt bis Aldous Huxley reichen.⁵⁶ All diese Figuren lieferten Identitätskonzepte, die Niethammer nicht für geistesgeschichtlich legitime Anknüpfungspunkte gegenwärtiger Diskussion hält. Er gelangt zu der These, dass „kollektiver Identität die Tendenz zum Fundamentalismus und zur Gewalt inhärent"⁵⁷ ist. Für ihn weisen die Debatten um kollektive Identität vielmehr immer auf die totalitären Abgründe deutscher Geschichte, die in der Zeit des Nationalsozialismus ihren Höhepunkt erlebte. Nur so ist es zu verstehen, wenn er formuliert: „Der Zug der Zukunft ist in Krisenzeiten ein ‚train direct' ohne Ziel und Halt und endet irgendwann unerwartet auf dem Schlachtfeld oder an der Rampe eines Lagers."⁵⁸ Seine grundsätzliche Reserviertheit gegenüber dem Identitätsbegriff lässt Niethammer gerade mit Blick auf die deutsche Zeitgeschichte alle Versuche, zu einem sinnhaften Identitätsmuster der nationalen Geschichtserfahrung vorzustoßen",⁵⁹ als gescheitert betrachten. Denn, so der Historiker: „Die Nation ist keine Erfahrungskohorte, sondern ein pluraler Handlungsraum, der in seinen institutionellen Chancen der Selbstgestaltung für die politische Praxis noch immer der wichtigste ist."⁶⁰

Niethammers ausführliche Analysen sind genährt von einer tiefen Skepsis gegenüber

---

54 Vgl. zu den politischen Dimensionen der Postmoderne Zima, Peter V.: Moderne / Postmoderne, 4. Auflage, Tübingen 2016, S. 47-124.
55 Niethammer 2000, S. 33-40.
56 Ebenda, S. 77-411.
57 Ebenda, S. 625.
58 Ebenda, S. 40.
59 Ebenda, S. 365.
60 Ebenda.

den kulturalistisch arbeitenden Humanwissenschaften, die trotz aller Bekenntnisse zum Konstruktivismus essentialistische Identitätskonzepte vertreten würden.[61] So instruktiv sich viele Einzelanalysen Niethammers lesen, die eindrucksvoll auf die historische Hypothek und damit auf die Gefahren eines essentialistischen Identitätsverständnisses aufmerksam machen, so wenig überzeugt sein Vorschlag, auf den Begriff der ‚Identität', den er indes selbst nicht bereit ist, systematisch zu definieren, gänzlich zu verzichten[62] und ihn dagegen mit einem ‚Wir' zu ersetzen.[63] Niethammer achtet letztlich das heuristische und hermeneutische Potential einer konstruktivistischen Kulturgeschichtsforschung zu gering, die durchaus mit Erkenntnisgewinn mit dem Begriff der ‚Identität' operieren kann, wie weiter unten darzulegen ist. Dies gilt auch für den musealen Umgang mit dem Konzept der Identität, der sich im Falle von Niethammers Verdikt erledigt hätte. Indem Niethammer sich des Begriffs bzw. Konzeptes der ‚kollektiven Identität' entledigt, bleibt die Frage von gesellschaftlichen Zugehörigkeiten, für die sich Museen interessieren müssen, nach wie vor ungelöst.

Plädoyer für ein konstruktivistisches Verständnis von Identität
So selbstverständlich die Stiftung von kollektiver Identität mit der Kultur der Moderne einherging, so fragwürdig ist dieser Prozess in Zeiten einer „flüchtigen Moderne" geworden, die durch eine vielfache Pluralisierung unserer Lebenswelten gekennzeichnet ist. Die Museen, die von Beginn an mit der Aufgabe betraut waren, Modernisierungsverluste mit der Bereitstellung von homogenen Identitäten zu kompensieren, sind vor die Aufgabe gestellt, seinen Umgang mit eindeutigen Zugehörigkeiten zu revidieren, will es am Konzept einer offenen Gesellschaft festhalten, die die demokratischen Freiheits- und Gleichheitsrechte aller Menschen toleriert und fördert. Insofern hat sich das Museum der Gegenwart im verantwortungsvollen Umgang mit einer vielschichtigen Alterität zu bewähren.

Allerdings liegt dem Problem der Ontologisierung von Identitätskonzepten die fundamentalere Herausforderung zugrunde, wie sie in der Verdinglichung bzw. Objektivation von Allgemeinbegriffen begegnet. Es ist letztlich eine Güterabwägung zu bemessen, was mit einer Aufgabe der Vorstellung von kollektiver Identität auf dem Spiel steht. Bei einer Dispensierung von ‚Identität' besteht jedenfalls die Gefahr, mit dem Begriff sich zugleich auch des Phänomens zu entledigen, das ansonsten behelfsmäßig als Wir-Gefühl, als Gemeinsinn, Affinität oder Bewusstsein von Zugehörigkeit

---
[61] Ebenda, S. 43-48.
[62] Ebenda, S. 627, 631.
[63] Ebenda, S. 629ff.

– allesamt Begriffe relativer Unbestimmtheit – beschrieben werden muss. Zudem bleiben auch bei alternativen Zugehörigkeitskonzepten die kritischen Fragen nach sozialer bzw. politischer Inklusion und Exklusion zu allermeist ungelöst. Wie lässt sich in Museen beispielsweise darüber sprechen, ob etwa ein gewisses Ausstellungsthema eine Zugehörigkeitsdimension der erwünschten Zielgruppen anspricht? Inwieweit operieren Museumseinrichtungen mit dem, was Jan Assmann „Identitätskonkretheit"[64] nennt, die zur Vergewisserung der Identität einer Gruppe dient? Um mithin Fragen der Zugehörigkeit thematisieren zu können, bietet sich nach wie vor der Begriff der ‚Identität' als operationaler Modus an.

Von daher sei im Zusammenhang mit musealer Arbeit für einen bewussten Umgang mit dem Begriff der ‚kollektiven Identität' plädiert, die semantisch jedoch nicht als Konstanz und Homogenität zu fassen ist. Letztere Identität, die von fixen und unveränderlichen Wesenseigenschaften ausgeht und die Ricœur idem-Identität genannt hat, bleibt dem Selbstverständnis weiter Teile der gegenwärtigen Gesellschaft unangemessen. Wenn in deutschen Städten wie etwa in Frankfurt, Offenbach, Stuttgart oder Augsburg bereits etwa 45 bis 50 Prozent der jeweiligen Bevölkerung einen Migrationshintergrund aufweisen, ist unmittelbar einsichtig, dass eindimensionale Identitätskonzepte schlichtweg inadäquat sind, wenn doch Mehrfachzugehörigkeiten auf der Tagesordnung stehen.[65] Es geht mithin nicht um statisch-homogene, sondern um flexibel-dynamische Identitäten, die im Sinne von Ricœurs ipse-Identität mit steter Transformation umzugehen haben.

Die auf Ipseität beruhende Identität gründet in der temporalen Struktur von Mensch und Gesellschaft, die sich erst in Erzählungen narrativ konstituiert. Diese narrative Identitätskonstitution im Sinne einer historischen Sinnbildung stellt gerade in einer flüchtigen Moderne eine zentrale Aufgabe von Museen dar, die sich jedoch weiter für hybride, unabschließbare Identitäten mit ihren postnationalen und transkulturellen Anteilen öffnen müssen.

Angesichts dieser Anforderungen an ein dynamisches Konzept von Zugehörigkeit empfiehlt es sich, Identität konsequent konstruktivistisch, praxeologisch und narrativ zu denken, um die Aporie der binären Ausschlussprinzipien von Eigenem und Fremdem unentwegt aufzubrechen. Dieser Ansatz bietet sich sowohl in der historischen Analyse im Sinne einer Dekonstruktion vergangener Identitäten wie auch in der Bewertung der Aufgaben der Museen in der Gegenwart an, das mit der Praxeologie zu

---

64 Assmann 1992, S. 39f.
65 Vgl. zu Mehrfachzugehörigkeiten Hirschauer, Stefan/Boll, Tobias: Undoing Differences. Zur Theorie und Empirie eines Forschungsprogramms, in: Ders.: Un/doing differences: Praktiken der Humandifferenzierung, Weilerswist 2017, S. 7-26, hier S. 11.

einem Forum diskursiven Aushandelns von heutiger Identität avanciert.

„Who needs ‚identity'?", hatte der eingangs zitierte Hall gefragt. Für ihn lohnt die Arbeit mit diesem Konzept nur dann, wenn es als narrative Herstellung von Identitäten im Sinne einer kulturellen Praxis begriffen wird. So verstanden geht es nicht um Identität, sondern um Identifizierung, die eine aktive Positionierung bedeutet. „Cultural identites are the points of identification or sature, which are made within the discourses of history and culture. Not an essence, but a positioning."[66] Museen fällt demnach die verantwortungsvolle Aufgabe zu, zu den Prozessen identifikatorischer Positionierung der Kultur ihren Anteil beizutragen. Im Lichte der in Europa und den USA wieder erstarkenden Nationalismen stellt dieserart Positionierung im Ringen um eine offene Gesellschaft nicht eine bloße Rhetorik, sondern eine akute politische Herausforderung dar.

Die Diskussion anderer theoretischer Ansätze des Konstruktivismus hingegen, die versuchen, aus den binären Aporien des Identitätsbegriffs auszubrechen, soll – mit Blick auf die möglichen Anregungen für eine gegenwärtige Museologie – an anderer Stelle geführt werden.[67]

LITERATUR

Alcoff, Linda (Hg.): Identity Politics Reconsidered, New York 2006.
Anderson, Benedict: Imagined Communities. Reflections on the Origin and Spread of Nationalism, London 1983.
Angehrn, Emil: Vernunft in der Geschichte? Zum Problem der Hegelschen Geschichtsphilosophie, in: Zeitschrift für philosophische Forschung 35 (1981), S. 341-362.
Assmann, Aleida/Friese, Heidrun: Einleitung, in: Dies. (Hg.): Identitäten, S. 11-23.
Assmann, Jan: Das kulturelle Gedächtnis. Schrift, Erinnerung und politische Identität in frühen Hochkulturen, München 1992.
Bauman, Zygmunt: Gemeinschaften. Auf der Suche nach Sicherheit in einer bedrohlichen Welt, Aus dem Englischen von Frank Jakubzik, Frankfurt/M. 2017.
Bauman, Zygmunt: Flüchtige Moderne, Frankfurt/M. 2003.
Beck, Ulrich/Giddens, Anthony/Lash, Scott (Hg.): Reflexive Modernisierung. Eine Kontroverse, Frankfurt/M. 1996.
Beier-De Haan, Rosmarie: Post-national, trans-national, global? Zu Gegenwart und Perspektiven historischer Museen, in: Hinz, Hans-Martin (Hg.): Das Museum als Global Village. Versuch einer Standortbestimmung am Beginn des 21. Jahrhunderts, Frankfurt/M. u.a. 2001, S. 43-61.

[66] Hall, Stuart: Cultural Identity and Diaspora, in: Williams, Patrick/Chrisman, Laura (Hg.): Colonial Discourse and Post-Colonial Theory: a reader. New York 1994. S. 392-403, 395.
[67] Siehe meinen Beitrag „Kulturelle Differenzen in der „flüchtigen Moderne" – Herausforderungen für das Museum" im vorliegenden Band.

Berger, Peter L./Luckmann Thomas: Die gesellschaftliche Konstruktion der Wirklichkeit, Frankfurt/M. 2016.
Davis, Mark: Liquid sociology: metaphor in Zygmunt Bauman's analysis of modernity, London/New York 2016.
Derrida, Jacques: Das andere Kap. Die vertagte Demokratie. Zwei Essays zu Europa, Frankfurt/M. 1992.
Derrida, Jacques: Freud und der Schauplatz der Schrift, in: Ders.: Die Schrift und die Differenz, Frankfurt/M. 1992, S. 392-350.
Eisenberg, Avigail/Kymlicka, Will (Hg.): Identity Politics in the Public Realm, Vancouver 2011.
Ericson, David F.: The Politics of Inclusion and Exclusion: Identity Politics in Twenty-First Century America, New York 2011.
Erikson, Erik H.: Identität und Lebenszyklus, Frankfurt/M. 1973.
Fink-Eitel, Hinrich: Michel Foucaults Analytik der Macht, in: Kittler, Friedrich A. (Hg.): Austreibung des Geistes aus den Geisteswissenschaften, Paderborn u.a. 1980, S. 38-78.
Flacke, Monika: Mythen der Nationen. Ein europäisches Panorama, München u.a. 1998.
Foucault, Michel: Archäologie des Wissens, Frankfurt/M. 1973.
Ginzburg, Carlo: Repräsentation - das Wort, die Vorstellung, der Gegenstand, in: Freibeuter 53 (1992), S. 2-23.
Habermas, Jürgen: Legitimationsprobleme im Spätkapitalismus, Frankfurt/M. 1973.
Hall, Stuart: Introduction: Who needs identity?, in: Ders./du Gay, Paul (Hg.): Questions of Cultural Identity, Los Angeles u.a. 1996, S. 1-17.
Hall, Stuart: Cultural Identity and Diaspora, in: Williams, Patrick/Chrisman, Laura (Hg.): Colonial Discourse and Post-Colonial Theory: a reader. New York 1994. S. 392-403.
Hirschauer, Stefan/Boll, Tobias: Un/doing Differences. Zur Theorie und Empirie eines Forschungsprogramms, in: Ders.: Un/doing differences: Praktiken der Humandifferenzierung, Weilerswist 2017, S. 7-26.
Hobsbawm, Eric/Ranger, Terence: The Invention of Tradition, Cambridge/UK 1992.
Hüffer, Wilm: Theodizee der Freiheit. Hegels Philosophie des geschichtlichen Denkens, Hamburg 2002.
Jeismann, Michael: Das Vaterland der Feinde. Studien zum nationalen Feindbegriff und Selbstverständnis in Deutschland und Frankreich 1792-1918, Stuttgart 1992.
Korff, Gottfried: Fremde (der, die, das) und das Museum, in: Ders.: Museumsdinge: deponieren – exponieren, Köln u.a. 2002, S. 146-154.
Korff, Gottfried/Roth, Martin (Hg.): Das historische Museum. Labor, Schaubühne, Identitätsfabrik, Frankfurt/M., New York 1990.
Kreckel, Reinhard: Soziale Integration und nationale Identität, in: Berliner Journal für Soziologie 4 (1994), S. 13-20.
Laclau, Ernesto: Was haben leere Signifikanten mit Politik zu tun?, in: Ders. (Hg.): Emanzipation und Differenz, Wien 2002, S. 65-78.
Lübbe, Hermann: Zur Identitätspräsentationsfunktion der Historie, in: Marquard, Odo/Stierle, Karlheinz (Hg.): Identität, München 1996, S. 277-292.
Lübbe, Hermann: Der Fortschritt und das Museum, in: Ders.: Die Aufdringlichkeit der Geschichte. Herausforderungen der Moderne vom Historismus bis zum Nationalsozialismus, Graz u.a., 1989, S. 13-29.
Lübbe, Hermann: Musealisierung. Über die Vergangenheitsbezogenheit unserer Gegenwart, Zug 1986.

Lübbe, Hermann: Zukunft ohne Verheißung?, Köln 1976.
Macdonald, Sharon J.: Museums, national, postnational and transcultural identities, in: Museum and Society 1/1 (2003), S. 1-16.
Marquard, Odo: Wegwerfgesellschaft und Bewahrungskultur, in: Grote, Andreas (Hg.) Macrocosmos in microcosmo: die Welt in der Stube. Zur Geschichte des Sammelns 1450 bis 1800, Opladen 1994, S. 909-918.
Muttenthaler, Roswitha: Museum | Differenz | Vielfalt, Schreib- und Denk-Werkstatt Museologie, Drosendorf, 28. Mai – 3. Juni 2007, URL: http://www.iff.ac.at/museologie/service/lesezone/Muttenthaler_Roswitha_Museum_Differenz_Alteritaet.pdf
Niethammer, Lutz: Kollektive Identität. Heimliche Quellen einer unheimlichen Konjunktur, Reinbek bei Hamburg 2000.
Noack, Juliane: Erik H. Eriksons Identitätstheorie, Oberhausen 2005.
Nowak, Jürgen: Leitkultur und Parallelgesellschaft. Argumente wider einen deutschen Mythos, Frankfurt/M. 2006.
Pautz, Hartwig: Die deutsche Leitkultur. Eine Identitätsdebatte: Neue Rechte, Neorassismus und Normalisierungsbemühungen, Stuttgart 2005.
Pieper, Annemarie: Leitkultur, in: Dies.: Nachgedacht. Philosophische Streifzüge durch unseren Alltag, Basel 2014, S. 247f.
Reckwitz, Andreas: Der Identitätsdiskurs. Zum Bedeutungswandel einer sozialwissenschaftlichen Semantik, in: Ders.: Unscharfe Grenzen. Perspektiven der Kultursoziologie, Bielefeld 2010, S. 47-67.
Ricoeur, Paul: Zeit und Erzählung, München 1988-1991.
Ricœur, Paul: Das Selbst als ein Anderer, aus dem Französischen übersetzt von Jean Greisch, München 1996.
Schnädelbach, Herbert: Kritik der Kompensation, in: Kursbuch 91 (1988), S. 35-45.
Schweda, Mark: Joachim Ritter und die Ritter-Schule. Zur Einführung, Hamburg 2015.
Sloterdijk, Peter: Museum – Schule des Befremdens, in: Ders.: Der ästhetische Imperativ. Schriften zur Kunst, Frankfurt/M. 2014, S. 354-370.
Straub, Jürgen: Personale Identität, in: Ders./Renn, Joachim (Hg.): Transitorische Identität. Der Prozesscharakter des modernen Selbst, Frankfurt/M., New York 2001, S. 85-113.
Straub, Jürgen: Personale und kollektive Identität. Zur Analyse eines theoretischen Begriffs, in: Assmann, Aleida/Friese, Heidrun (Hg.): Identitäten, Frankfurt/M. 1998, S. 73-104.
Straub, Jürgen/Renn, Joachim (Hg.): Transitorische Identität. Der Prozesscharakter des modernen Selbst, Frankfurt/M., New York 2001.
Wehler, Hans-Ulrich/Erikson, Erik: Der unaufhaltsame Siegeszug der „Identität", in: Ders.: Die Herausforderung der Kulturgeschichte, München 1998, S. 130-136.
Young, Jock: The Exclusive Society, London 1999, S. 164.
Zima, Peter V.: Moderne / Postmoderne, Tübingen 2016.
Zimmermann, Olaf/Geißler, Theo (Hg.): Wertedebatte: Von Leitkultur bis kulturelle Integration, Berlin 2018.

‚Unsere Werte?', Heimat und Identität: Ein philosophischer Orientierungsversuch in unübersichtlichem Gelände

Thomas Sukopp

Dieser Beitrag[1] untersucht aus einer philosophischen Perspektive, was es mit der Redeweise von ‚unseren Werten' auf sich hat, ob ‚unsere Werte' mit universellen Werten gleichzusetzen sind und wie wir ‚Heimat und Identität' auf einer theoretisch-abstrakten Ebene mit Werten in Verbindung bringen können. Dass Philosophen überhaupt gefragt werden, ist alles andere als selbstverständlich. Man könnte auch auf die Expertise anderer Disziplinen wie Sozialwissenschaften, Psychologie, Ökonomie oder Theologie vertrauen. Oder man könnte schlicht den öffentlichen Diskurs seinen Gang nehmen lassen. Doch auf die Expertise von Philosophen zu verzichten, ist aus mindestens zwei Gründen nicht ratsam: Erstens spielt es für die grundsätzliche Betrachtung entgegen der Diagnose von Thomas Schramme[2] gerade keine Rolle, dass etwas Universales zunächst bloß abstrakt ist. Es ist zwar richtig, dass eine formale Bestimmung des Universalen, etwa der Menschenrechte, noch nicht inhaltlich bestimmt ist, aber das ist gerade die Pointe einer formalen Bestimmung, bei der Philosophie übrigens nicht stehen bleiben muss. Zweitens ist – wenn man denn bereit ist, aus theoretischen Erwägungen etwas Konkretes, Praktisches abzuleiten oder nur nahe zu legen – der Orientierungsfunktion von Philosophie eine große Rolle zuzusprechen. Leider – und da kann man einigen Feuilletonisten nur Recht geben – erheben sich die philosophischen Stimmen nicht laut genug angesichts massenhafter Konflikte aufgrund von Globalisierungsfolgen oder aufgrund von haarsträubender Ungleichheit und Ungerechtigkeit. Ich möchte vorausschicken, dass ich nicht viel von der These halte, wonach das Theoretische eben bloß theoretisch ist. Praxis (etwa Unterrichtspraxis im Schulunterricht oder museumspädagogische Praxis) braucht mehr denn je theoretische Fundierung. Praktiker[3] brauchen eine Basis für die Reflexion ihres Denkens und Handelns. Dieser Beitrag macht ein Angebot. Ich gehe davon

---

[1] Grundlage des Beitrags ist der Vortrag „Universalismus und Kulturrelativismus in der praktischen Philosophie", den ich als Eröffnungsvortrag im Rahmen der Fortbildungsveranstaltung „Unsere Werte=Universelle Werte?" der Bayerischen Museumsakademie am 20.10.2016 im Museum der Fünf Kontinente München gehalten hatte.

[2] Schramme, Thomas: Wenn Philosophen aus der Hüfte schießen, in: Zeitschrift für Praktische Philosophie 2/2 (2015),, S. 377-384. Dem Desiderat einer verbesserten Methodologie, etwa ethischer Theorien, zur Lösung realer politischer Probleme, kann ich mich gleichwohl anschließen.

[3] Aus einer museumspädagogischen Sicht kann ich nichts beitragen. Allerdings lassen sich die Überlegungen teilweise auf den Schulunterricht übertragen (s. dazu Kapitel 5).

aus, dass z.B. Schule immer auch Werteorientierung bietet, ohne freilich in irgendeiner dogmatischen Weise etwa Moralerziehung zu betreiben. Philosophie hat nicht die Funktion, irgendeinem Wertesystem das Wort zu reden, aber sie kann und sollte dessen Funktionen, argumentative Voraussetzungen, Kontextualisierungen, Stärken und Schwächen herausarbeiten. Es ist richtig, dass Philosophie in ihrer kritischen Funktion eine zersetzende Kraft hat, aber sie hat eben auch eine konstruktive und orientierende Seite. Ich halte gleichzeitig einerseits nicht viel von einem strengen – pädagogisch motivierten und begründeten – Neutralitätsgebot und halte es andererseits für unphilosophisch, in der Vermittlung von Werten und Normen eine bestimmte Ethik als die dominante bzw. als die einzig richtige herauszustellen. Es versteht sich ebenso von selbst, dass in öffentlichen Räumen wie in Museen und in den Schulen alle Akteure auf dem Boden des Grundgesetzes beheimatet sein sollten und verfassungsfeindlicher Fundamentalismus mit allen demokratischen und rechtsstaatlichen Mitteln zu bekämpfen ist.[4]

Mein Beitrag ist wie folgt gegliedert. Ich gehe erstens darauf ein, was ‚unsere Werte' heißen kann. Zweitens gibt es gute Argumente dafür, warum ‚unsere Werte' *keine* universellen Werte sind. Dazu gebe ich jeweils einen Abriss über Kulturdiversität, Multikulturalität und Kulturrelativismus. Freilich ist es damit nicht getan, denn es gibt drittens auch gute Gründe dafür, warum ‚unsere Werte' universelle Werte *sein sollten*. Dazu wird ein moralischer Universalismus, eng verbunden mit der Idee universeller Menschenrechte kurz vorgestellt. Im vierten Kapitel bringe ich das bis dahin Vorgestellte in den Dialog mit den Diskursen um Heimat und Identität. Schließlich gebe ich einige Hinweise für den praktischen Bezug und die Umsetzung meiner Ausführungen.

Was soll ‚unsere Werte' heißen?

Um ein naheliegendes Missverständnis gleich auszuräumen: Ich glaube nicht an die heilende Kraft einer Wertegemeinschaft, in der es immer um eine Konfrontation von ‚wir' (Inklusion, tendenziell positiv normativ aufgeladen, ‚gut' etc.) und ‚die anderen' (Exklusion, Integrationszwang, tendenziell verdächtig etc.) geht. Werte sind bestens geeignet, um das ethisch-normativ Wertvolle, das Gebotene vom ethisch-moralisch Neutralen oder vom Schädlichen, Verwerflichen etc. zu trennen.[5] Das kann und muss

---

4 Dazu zählt etwa auch die Tendenz, dass in der Schule wegen des Widerstands von Schülern und deren Eltern zentrale Aspekte/Fragen im Themenfeld „Religion/Glauben/Gott" im Philosophieunterricht nicht mehr angemessen behandelt werden können, sei es wegen eines christlichen oder muslimischen Fundamentalismus oder wegen eines atheistischen Dogmatismus.
5 Selbstverständlich hängt die ethische oder metaethische Beurteilung einer Handlung davon ab, welche der Grundtypen von Ethik wir anhängen: (a) Deontologische Ethik, d.h. Pflichtethik; b)

man tun, aber bitte im Wissen um die damit verbundenen Gefahren. Ein Beispiel: Glauben gibt religiösen Menschen Kraft, Hoffnung und Zuversicht. Die Wertzuschreibungen an den christlichen Glauben verleiten dazu, ‚das christliche Abendland' dem wie auch immer gearteten Orient gegenüber zu stellen. Der falsch verstandene Wert des Glaubens führt zu Intoleranz, Dogmatismus, Antirationalität, Antihumanismus und Fundamentalismus. Eine Wertegemeinschaft der Christen schlechthin scheint es nicht zu geben, aber es gibt christliche Werte. Die Redeweise ‚Wertegemeinschaft' impliziert nicht, dass die Werte der Gemeinschaft qua *Existenz* anderen überlegen sind bzw. dass sie sich schon von selbst durchsetzen, verbreiten etc. würden.

Was meine ich damit? Nehmen wir den Wert der Nächstenliebe: Anhand dieses Wertes möchte ich exemplarisch zeigen, mit welchen Tücken die verallgemeinernde Rede „Christen vertreten den Wert der Nächstenliebe" verbunden ist. Es geht natürlich nicht um eine Kritik des Wertes an sich oder gar um eine Religionskritik, aber man kann die Schwierigkeiten teilweise auf andere Werte übertragen. Was könnte also problematisch an der oben genannten Redeweise vom Wert der Nächstenliebe sein?

Es zeigt sich vor allem in den Handlungen und im Verhalten, ob jemand einen Wert vertritt. Wenn man Umfragen glaubt, dann sind sicher sehr viele Menschen für Freiheit, Weltfrieden und viele Christen für Prinzipien der Nächstenliebe. Die Welt sieht freilich nicht so aus, als würden diese Werte vertreten, als würden sie, wenn man sie in entsprechende Normen überführt, gelten. Eine entsprechende Norm wäre: „Handle so, dass Du deinen Nächsten wie Dich selbst, oder wenigstens versuchsweise ein wenig liebst/achtest etc." Empirisch festzustellen, welche Werte – sozusagen basierend auf reproduzierbaren, ethisch relevanten Handlungen – gelten, ist schwierig.

Allgemeiner argumentiert, ist die Redeweise von ‚unsere' mehrdeutig: Meint es die Werte in einem Sportverein, die Werte der alteingesessenen Münchner, die Werte aller Deutschen, europäische Werte, humanistische Werte? Man merkt schnell, dass die Redeweise von ‚unseren' Werten in bestimmter Weise eine Idealisierung darstellen muss, wenn es überhaupt sinnvoll ist, so zu reden.[6] Gemeint sein könnten etwa die Werte derer, die im Prinzip westliche Demokratie, eine freiheitliche Grundordnung und ein entsprechendes Menschen- und Weltbild teilen. Was ist damit gewonnen? Es gibt in der Tat etwas wie ‚unsere' Werte, aber auf Nachfrage müssen wir bereit sein, über das ‚unsere' zu sprechen. Wissen die Leser dieses Beitrags je für sich genau,

---

Konsequentialismus oder c) Tugendethik). Metaethik beschäftigt sich u.a. mit der Bedeutung von Begriffen wie „Gut", „das Gebotene" etc. Ob Werte und Normen erkannt werden können und normative Sätze wahr oder falsch sein können wie deskriptive Sätze, ist umstritten. Zur Einführung siehe etwa Quante, Michael: Einführung in die Allgemeine Ethik. Darmstadt 2008.

6 Hier zeigt sich ein Willkürelement. Etwa: Was sind z.B. alteingesessene Münchner?

welche Werte sie aus welchen Gründen in welcher Hierarchie vertreten? (Ich kann die Frage nicht unumwunden bejahen.) Mit Blick auf den Satz „Christen vertreten den Wert der Nächstenliebe." kann man fragen, ob für alle Christen dieser Wert den gleichen Stellenwert hat und ob sich alle Christen auch so verhalten. Natürlich nicht! Daraus kann man zunächst nur ableiten, dass Verallgemeinerungen mit Blick auf das Handlungsleitende von Werten, schwierig sind.

Schließlich sprechen wir oft von einem Pluralismus der Werte: Es gibt viele Werte, die man etwa unter einer Kategorie wie ‚Glück' oder schlichtweg unter ‚das Gute' oder unter ‚Pflicht' subsumieren kann. Ich zähle nur einige auf, zunächst um klar zu machen, wie unterschiedlich die Werte mit Blick auf Reichweite, ethische Relevanz und Klarheit ihres Umfangs sind: Solidarität, Achtung vor dem Leben, Würde des Menschen, Freiheit, Gleichheit, Gerechtigkeit, Lust, Allgemeinwohl, Brüderlichkeit, Weltbürgertum, Respekt, Pünktlichkeit (eher eine Tugend, aber eben auch ein Wert), Fleiß, Genügsamkeit, Nächstenliebe, Ehrlichkeit, Achtsamkeit, Gesundheit, Humor, Verantwortung, das Gute. Was zeigt das? A) Die Liste zeigt deutlich, dass es mehrere Werte gibt, mindestens in der Praktischen Philosophie. B) Es folgt aus der Formulierung oder Forderung von Werten nicht, warum sie anderen Werten vorzuziehen sind. Sie müssen gerechtfertigt, gewichtet etc. werden. Man kann instrumentelle Werte, intrinsische Werte, Werte im Bestandteilssinn und Endwerte unterscheiden,[7] die jeweils in ethischer Sicht mehr oder weniger basal sind. C) Werte können insofern miteinander konfligieren, als der Wert ‚Achtung vor dem Leben' mit dem Wert des genussvollen Lebens nicht vereinbar ist, wenn damit der Verzehr von Fleisch eingeschlossen ist.[8] D) Jede Ethik, in der von Werten die Rede ist, hat Begründungsprobleme: Wenn Ethik rational sein soll und man Objektivist ist, dann muss man mindestens einen Wert als objektiv gültig ausweisen. Das ist notorisch schwierig, weil sowohl anthropologische, naturrechtsethische oder apriorische Begründungen strittig sind.[9] Wenn man einen rationalen Subjektivismus vertritt, dann muss man z.B. begründen, worin das

---

7 Quante 2008, S. 37.

8 Wenn man denn die Gültigkeit von Werten überhaupt begründen kann (Kognitivismus), dann ist es naheliegend, aus strukturellen Gründen von Wertekonflikten zu sprechen: Über das Beispiel hinaus können wir feststellen, dass erstens zwischen Werten abgewogen werden muss und zweitens bloß instrumentelle Werte von Werten an sich unterschieden werden können. Welche das aber sind, ist umstritten. Die Strategie, eine Unverfügbarkeit oberster Werte, wie etwa der Wert allen Lebens auszuweisen, beruht auf einer Setzung bzw. sieht sich mit den Problemen aller Letztbegründungen konfrontiert. Ich beziehe hier keine Position, sondern skizziere lediglich diese grundsätzlichen Schwierigkeiten.

9 Einführend zu Konzepten des Nonkognitivismus (Quante 2008, S. 40-51), des Kognitivismus (Quante 2008, S. 54-73), des Objektivismus und Realismus (Quante 2008, S. 74-108).

wohlbegründete Eigeninteresse rational handelnder Akteure besteht. Warum ist das Teil einer wichtigen Argumentationsstrategie? Nehmen wir an, dass es ‚unsere Werte' gibt. Inwieweit sie verbindlich sind, vertreten werden, durchgesetzt werden können, ist strittig bzw. wird nicht abschließend zu klären sein. Gehen wir einmal davon aus, dass Werte nicht letztbegründet vertreten werden können bzw. gelten können. Frank Hofmann bringt es so auf den Punkt:

„*Die Zahl der Werte:* Im praktischen Bereich haben wir es mit einer Vielzahl von Werten zu tun, also einem Pluralismus. Sie lassen sich vielleicht nominal zusammenfassen, etwa unter dem Begriff des Glücks. Aber eine solche Zusammenfassung ist lediglich oberflächlich oder nominal. Unter ihr verbirgt sich eine Vielzahl von verschiedenen Werten, von der nicht zu sehen ist, wie sie substanziell vereinheitlicht werden könnte. Freude und Lust, Freundschaft und Erkenntnis, Gesundheit und Gerechtigkeit – welche Werte auch immer man im Einzelnen annehmen möchte, es ergibt sich aller Wahrscheinlichkeit nach eine Vielzahl von deutlich mehr als einem fundamentalen Wert. Versuche, alle Werte auf einen einzigen zurückzuführen – etwa den Wert der Lust, wie es nach dem *Hedonismus* gelten soll – gelingen letztlich nicht."[10]

Warum sind ‚unsere Werte' *keine* universellen Werte? Kulturdiversität, Multikulturalität und Kulturrelativismus

Aus dem eben Gesagten kann man ableiten: Da Universalisierungen in Form einer Letztbegründung scheitern, liegt ein Relativismus nahe. Argumente für eine bestimmte Form von Kulturrelativismus werden in diesem Kapitel kurz vorgestellt. Es gilt zunächst festzuhalten, dass sich Kulturen[11] hinsichtlich der vorherrschenden Werte unterscheiden.

Multikulturalität[12] – hier aufgefasst als gleichzeitiges Bestehen und mehr oder wenige friedliche Koexistenz verschiedener Kulturen – ist eine Tatsache, die Relativismus motivieren kann, aber noch nicht begründet. Auch der Tatsache der Koexistenz

---

10 Hofmann, Frank: Gründe und Werte. Ein Vergleich von theoretischer und praktischer Rationalität, in: Schönrich, Gerhard (Hg): Wissen und Werte. Paderborn 2009, S. 223-252, hier S. 226.
11 Kultur in einem weiten Sinn meint das, was von Menschen gemacht, erfunden, konstruiert, gedacht etc. wird, also etwa Kunst, Artefakte wie technische Geräte, aber auch Denksysteme, Religionen, Lebenspraktiken der unterschiedlichsten Art. Für eine Präzisierung mit Blick auf Kulturrelativismus siehe dieses Kapitel weiter unten.
12 Die Darstellung folgt im 2. Kapitel weitgehend Sukopp, Thomas: Kann ein Kulturrelativist universelle Normen fordern? Wege interkultureller Menschenrechtsbegründungen, in: Sandkühler, Hans Jörg (Hg.): Recht und Kultur – Menschenrechte und Rechtskulturen in transkultureller Perspektive. Frankfurt am Main 2011, S. 21-42, hier 25f.

verschiedener Religionsgemeinschaften oder anderer Kulturen im weiten Sinn folgt noch kein Relativismus, weder ein ethischer noch ein kultureller. Friedliche Koexistenz multikultureller Gesellschaften spricht eher für einen kleinsten gemeinsamen Nenner gemeinsam akzeptierter Regeln im Umgang miteinander. Aus der Tatsache der Multikulturalität folgt freilich noch nicht deren normative Setzung. Es scheint aber geradezu grotesk, z.B. Deutschland nicht als ein multikulturell geprägtes Land anzuerkennen. Daraus resultiert noch nicht, dass ein friedliches Miteinander unterschiedlicher Kulturen aus dem Faktum von Multikulturalität ableitbar sei. Wie man mit Multikulturalität umgeht, ist damit also noch nicht gesagt.

Wenn wir Kulturrelativismus als ethischen Relativismus[13] auffassen, dann kann man diese Art des Relativismus so präzisieren: Er schließt zwar die Formulierung, Begründung und Implementierung von Werten, Normen oder Rechten wie Menschenrechte ein, begrenzt aber deren Gültigkeit. Wir könnten den Kulturrelativismus auch rein deskriptiv verstehen, was deutlich macht, dass er Gegenstand vieler anderer Disziplinen ist. Soziologen könnten dann etwa empirische Studien dazu durchführen, welche Werteinstellungen in verschiedenen Gesellschaften und Kulturen vorrangig für wertvoll und wichtig erachtet werden. Außerdem geht es im Für und Wider des Kulturrelativismus auch um die Rechtfertigung unterschiedlicher Lebenspraxen sozialer, politischer, kultureller und religiöser Art. Konkreter meinen wir damit Strategien der Lebensführung, Rechtfertigung von Familienhierarchien, politische Ordnungen, Geschlechterverhältnisse, Generationenkonflikte u.a. Die Behauptung eines/er Relativist/in kann formal so beschrieben werden: Wenn A als B in Bezug auf eine Kultur C ist, dann gilt A relativ zu C.[14]

Genauer:

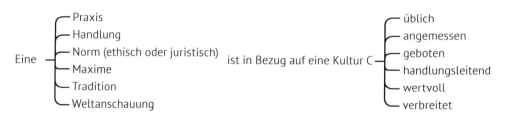

---

13 Sukopp, Thomas: Kulturrelativismus, in: Sandkühler, Hans Jörg (Hg.): Enzyklopädie Philosophie. Band 2 (I-P). Hamburg 2010, Sp. 1350b-1353b. Die enge Verwandtschaft von Kulturrelativismus und ethischem Relativismus ergibt sich bereits daraus, dass es in Kulturen eine vielfältige ethische Praxis gibt, z.B. eine Liste von Normen, die in einer Kultur gelten sollten, Werte, die postuliert und begründet werden, Regeln für das gedeihliche menschliche Zusammenleben etc.
14 Sukopp 2010, Sp. 1350b.

Mit Blick auf unser Thema können wir ergänzen: Ein Wert wird in Bezug auf eine Kultur/eine Gemeinschaft mehrheitlich vertreten oder einfach stillschweigend als Wert angesehen.

Eine Kultur in diesem Sinn könnte das sein, was wir in Bezug auf die Organisation und Hierarchie einer Großfamilie oder der Auslegung eines Menschenrechts gemäß der Scharia z.B. als islamisch bzw. muslimisch oder als christlich bezeichnen. Der Kultur-Begriff wird an dieser Stelle weitgehend offen gelassen. Wer von Kultur spricht, kann so Unterschiedliches meinen wie traditionelle Werte einer Religionsgemeinschaft, den Glauben an Demokratie als beste Staatsform oder die Bevorzugung eines individualistischen Lebensstils oder die Anhängerschaft des 1. FC Bayern München. Was ein Kulturrelativist behaupten kann, ist also Folgendes:[15]

- Beschneidung kann nicht mit westlichen Maßstäben kritisiert werden.
- Eine Tradition ist wert, Bestand zu haben, weil sie Bestandteil eines alten Kultes ist, der identitätsstiftend oder sonst wie wertvoll ist. Die Begründung ist optional.
- Chinesische Werte sind anders als westliche Werte, weil die Hierarchisierungen der chinesischen Gesellschaft nicht mit denen der westlichen Gesellschaften verglichen werden können.
- Die Trennung von Staat und Kirche ist kulturell bedingt und Staaten (bestimmter kultureller Prägung) können andere Staaten nicht gerechtfertigt wegen (mangelnder) Trennung staatlicher und kirchlicher Autorität kritisieren.
- Menschenrechte gelten relativ bezogen auf einen Kulturkreis, der sich etwa durch gemeinsame Religionspraxis charakterisieren lässt.[16]

Solche Behauptungen sind gravierenden Einwänden ausgesetzt: So lässt sich etwa argumentieren, dass wir auch innerkulturell Folgen der Trennung von Staat und Kirche kritisieren können bzw. dass Kulturrelativisten nicht den Fehler begehen sollten, das zu legitimieren, was sie an oder in fremden Kulturen kritisieren. Ein Beispiel: Wer die These verteidigt, dass Männer und Frauen ungleich sind und deshalb z.B. Männer Frauen überlegen sind oder vice versa, müsste klar eingestehen, dass er eben aufgrund eines bestimmten Begründungsmusters so argumentiert. Und dieses Begründungsmuster hat eine Genese und eine Geltung. Genese und Geltung sind zunächst einmal unabhängig voneinander. Wer behauptet, Männer und Frauen seien ungleich in einer Weise, die ungleiche Behandlung rechtfertigt, der muss in der Begründung,

---

15 Sukopp 2011, S. 24.
16 Kurzkritik: Die Kulturkreislehre arbeitet zwar mit dem Begriff Kulturkreis, aber die jüdische Kultur kann als Kultur ohne Territorialität aufgefasst werden, obgleich die jüdische Kultur für Europa prägend ist.

wenn er denn zu einer rationalen Begründungsgemeinschaft gehören möchte, das Schneckenhaus dieses Relativismus verlassen und sich der Kritik derer stellen, welche die These mit guten Gründen für falsch halten.

Der ethische Relativismus[17] beschränkt den Gültigkeitsbereich moralischer Wertungen. Der kulturelle Relativist beschränkt den Gültigkeitsbereich kultureller Phänomene. Wir gebrauchen Relativismus im engeren Sinn wie oben erläutert, und beschränken ihn auf kulturelle Phänomene mit ethischer Relevanz. Einem Kulturrelativisten geht es auch im deskriptiven Bereich um die Feststellung kulturabhängiger, jeweils verschiedener und – in einer toleranten Lesart – gleich gültiger Positionen. Wenn der ethische Relativismus in dieser Form zutrifft, dann scheidet Moral als interkulturelles Verständigungsmedium aus, „dann kann Gewaltfreiheit nicht durch moralische Gewaltächtung, sondern lediglich durch kluge Gewaltvermeidung erreicht werden, dann muss man allein auf die Koordinierungskompetenz der vormoralischen Rationalität setzen."[18]

Damit sind wir bereits bei der Frage, ob man überhaupt einen Kulturrelativismus vertreten kann, ohne damit gleichzeitig einen Universalismus aufzugeben.

Warum sollten ‚unsere Werte' universelle Werte sein? Moralischer Universalismus und Menschenrechte

Um es vorweg zu sagen:[19] Ich meine nicht, dass alle ‚unsere' Werte universelle Werte sein können und sein sollten. Wenn man das ‚unsere' aber weit versteht, dann ist es für das gedeihliche Zusammenleben von Gesellschaften und Kulturen in einer globalisierten Welt geradezu eine Maxime praktischer Vernunft und Klugheit, einige universelle Werte zu postulieren und zu begründen, warum sie es wert sind, vertreten zu werden.

Doch gehen wir einen Schritt zurück: Der radikale ethische Relativismus im Gewand des Kulturrelativismus macht interkulturelle Verständigung, d.h. Begegnung auf Augenhöhe und Anerkennung universeller Argumentationsmittel (Kersting[20] spricht von vormoralischer universeller Rationalität) unmöglich. Wenn jede Norm immer nur für eine Kultur gilt bzw. dort etwa aus pragmatischen Gründen anerkannt wird, dann kann

---

[17] Sukopp 2011, S. 24.
[18] Kersting, Wolfgang: Plädoyer für einen nüchternen Universalismus, in: Information Philosophie 2001 (1), S. 8-22, hier S. 12.
[19] Dieser Abschnitt ist thematisch eng angelehnt an Sukopp, Thomas: Wider den radikalen Kulturrelativismus – Universalismus, Kontextualismus und Kompatibilismus, in: Aufklärung und Kritik 2 (2005), S.137-155.
[20] Kersting 2001, S. 12.

unter der Bedingung, dass dieser radikale Kulturrelativismus gut begründet ist, ein Universalismus nicht gleichzeitig mit guten Gründen vertreten werden. Wenn Werte jeweils nur in einer Wertegemeinschaft vertreten werden, dann kann man fragen, warum das so ist. Je kulturimprägnierter ein Wert ist, je mehr er vom Kernbestand eines guten – im Sinne eines gelingenden – Lebens in einem umfassenden Sinn entfernt ist, je kontingenter er ist und je stärker er von den lokalen soziokulturellen Gegebenheiten abhängt, desto eher können wir sagen, dass er eben bloß lokal und in diesem Sinne relativ vertreten wird. Doch sind Relativismus und Universalismus grundsätzlich miteinander unvereinbar?

Erstens sind Universalismus und Relativismus in jeweils starken Varianten auf den jeweiligen Gebieten bzw. Ebenen in der Tat entgegengesetzte und nicht vereinbare Positionen.

Warum ist das so? Ein starker ethischer Relativist würde behaupten, dass *alle* Normen und *alle* Werte nur bezogen auf eine Kultur gelten bzw. vertreten werden. Das schließt jegliche Formen universell gültiger Normen aus.

Ein ethischer Universalist behauptet also, dass wenigstens einige Normen universell, d.h. unabhängig von kulturellen, sozialen, politischen, weltanschaulichen, religiösen oder sonstigen Umständen gelten. Er behauptet, eine zeitlose, für alle Menschen – oder wenigstens für alle Philosophen – prinzipiell gültige Begründung einiger Normen zu haben. Geltung heißt zunächst moralische Geltung.

Es ist also für alle Menschen zu allen Zeiten aus Gründen verboten, z.B. Menschen gegen ihren Willen zu töten. Wer nur diese eine Norm für universell gültig hält, wird schwerlich Universalist genannt werden können. Ein Universalist hält also mindestens eine weitere Norm für universell gültig. Er glaubt, dass es eine intersubjektive oder gar objektive Begründungsinstanz gibt und beruft sich auf Rationalität, Gott, Natur, anthropologische Konstanten (biologische Gemeinsamkeiten), Gerechtigkeit, Humanismus, Aufklärung oder anderes. Der Universalist geht davon aus, dass es ethikrelevante Bereiche menschlichen Lebens gibt, die nicht kulturimprägniert oder geschichtlich geprägt sind. Gleichwohl berücksichtigt er kulturelle Kontextualisierungen, d.h. er bettet beispielsweise Menschenrechte in die jeweilige Kultur ein.[21] Es gibt weitere Gründe, die für das Postulieren universeller Werte sprechen.

1. Interkulturalität. Oder: Dialog über Kulturgrenzen hinweg:
Wir sehen weltweit eine Vielzahl von Konflikten, die hart, konfrontativ, gewalttätig und feindschaftlich ausgetragen werden. Sie zu überwinden könnte eine Motivation

---

[21] Hamm, Birgit/ Nuscheler, Franz (Hg.): Zur Universalität der Menschenrechte, in: INEF Reports des Instituts für Entwicklung und Frieden der Gerhard-Mercator-Universität GH Duisburg 11 (1995), S. 22.

sein, einen interkulturellen Wertekonsens anzustreben. Letztbegründen[22] können wir meines Erachtens einen umfassenden Universalismus nicht. Aber er ist auch keine bloße Setzung oder eine Utopie von Gutmenschen oder ein philosophisches Glasperlenspiel. Worum geht es beim Dialog über Kulturen hinweg? Wir können in einer vielfach globalisierten Welt natürlich so weitermachen wie bisher und unsere kognitiven Ressourcen mit Drohgebärden und verbalen Kriegserklärungen verschwenden. Wir könnten aber auch den Wert des Fallibilismus und den Wert der Anerkennung des Anderen als Gesprächspartner hoch schätzen. Es ließe sich viel darüber sagen, ich belasse es aus Platzgründen bei den beiden wichtigsten Gesprächs- und Verhaltensregeln, die eng mit Werten verknüpft sind. A) Der Andere könnte Recht haben (Wir selbst sind ebenfalls fast überall fremd und ‚der Andere', so dass die vermeintlich indiskutablen kulturimprägnierten Sichtweisen des anderen ähnlich wie unsere Sichtweisen zu bewerten sind.) B) Der Andere hat wirklich etwas zu sagen. (Man kann Dialoge auch monologisch führen im Sinne von: In Wirklichkeit sind wir nur an der Durchsetzung unserer Position interessiert.)

2. Auch und gerade der politische und der institutionelle Kosmopolitanismus basiert auf letztlich ethischen Vorstellungen über Solidarität, Weltethos, Verantwortung, Gerechtigkeit, (universellen) Menschenrechten, Demokratie etc.):[23]

Theoretiker wie Pogge, Höffe, Habermas, Appiah, Nussbaum und Kemp formulieren und fordern – in universalistischer Manier – mindestens einen „partialen Universalismus"[24] oder eine Kultivierung der Humanität, die aus sokratischer Selbstprüfung, Weltbürgerschaft und narrativer Imagination im Sinne des Sich-an-die-Stelle-eines-anderen-versetzen-Könnens besteht.[25] Kemp begründet Weltbürgerschaft über

---

[22] Es ist meines Erachtens ein ebenso verbreitetes und schwerwiegendes Vorurteil, dass Begründungen entweder Letztbegründungen sein müssen oder eben gar keine sind.

[23] Überlegungen in diesem Abschnitt beruhen zum Teil auf einem Vortragsmanuskript „Ist Moral lehrbar? – Philosophieren mit Kindern als Unterrichtsprinzip am Beispiel Kosmopolitanismus und Bildung für nachhaltige Entwicklung (BNE)". Der Vortrag wurde von Christian Prust und Thomas Sukopp im Rahmen der Tagung „Kosmopolitismus und Identität" 13.-15.10.2016 in Graz gehalten (unveröffentlichtes Manuskript).

[24] Siehe dazu: Appiah, Kwame Anthony: Wir Kosmopoliten, in: Forschungsinstitut für Philosophie Hannover (Hg.): FIPH Journal Nr. 20: Schwerpunktthema Kosmopolitanismus (2012), S. 6-7; Antweiler, Christoph: Neuer Kosmopolitanismus. Appiah weiter denken im Anthropozän, in: Forschungsinstitut für Philosophie Hannover (Hg.): FIPH Journal Nr. 20: Schwerpunktthema Kosmopolitanismus (2012), S. 26-27; Bohlken, Eike: Kosmopolitismus zwischen Universalismus und Interkulturalität, in: Forschungsinstitut für Philosophie Hannover (Hg.): FIPH Journal Nr. 20: Schwerpunktthema Kosmopolitanismus (2012), S. 28-29.

[25] Sund, Louise/Öhman, Johan: Cosmopolitan perspectives on education and sustainable development. Between universal ideas and particular values, in: Utbildning & Demokrati 20/1 (2006),

eine Verschränkung von intra- mit intergenerationeller Gerechtigkeit: Wir müssen gerade jetzt intragenerationell gerecht handelt, um intergenerationelle Gerechtigkeit fördern zu können.[26]

3. Gleichzeitig kann ein Kosmopolitanismus als eurozentrisch und paternalistisch gelten, denn er schließt bestimmte Formen des Kulturrelativismus und des ethischen Relativismus aus. Er muss aber Diversität, Pluralität, das ‚Andere' und ‚Fremde', das Partikulare etc. anerkennen, ohne universalistische Ansprüche aufzugeben.

Man mag es drehen und wenden, wie man will. Es gibt Konflikte zwischen lokalen Werten, Traditionen, religiösen Praktiken, Umgang mit natürlichen Ressourcen und universal-kosmopolitischen Zielen. Appiah[27] versucht in seinem „partialen Kosmopolitismus" einige dieser Konflikte abzumildern. Wir sollten uns weder gemäß eines „partikularistischen Nationalismus [verhalten], der dazu tendiert, das kulturell Andere als fremd auszugrenzen"[28], noch einen „strikt universalistische[n] Kosmopolitismus […], der keine Freunde und Verwandten mehr kennt, sondern nur noch Weltbürger"[29] akzeptieren. Doch die Streitpunkte lassen nicht lange auf sich warten. Appiah[30] sieht – wie auch Vertreter des moralischen Universalismus – dass wir Pflichten gegenüber allen anderen Menschen haben, auch gegenüber ‚Fremden'. Außerdem lasse sich nur im Bemühen um gelebte Interkulturalität im Sinne von „kulturübergreifenden Gesprächen", die in offener und respektvoller Haltung stattfinden, über Divergenzen, über Verschiedenheit und über Dissens sprechen. Hier verwendet Appiah Ergebnisse einer interkulturellen Philosophie im Sinne von Mall und Wimmer.[31]

4. Wir müssen, wenn wir überleben wollen, so handeln, als gebe es universelle Werte. Menschenrechte: Nonsense upon stilts?

Wir wissen um die notorische Schwäche von Menschenrechten, weil sie faktisch nicht immer eingeklagt werden können. Das Ideal und der Wert der Gleichheit aller Menschen und die gleichzeitige Anerkennung ihrer Verletzbarkeit und des notwendigen Schutzes und Respekts, den alle Menschen qua Menschsein verdienen, motivieren Menschenrechte. Sie gelten kategorisch, für alle und allgemein. Sie sind nur dann

---

S. 13-34; hier S. 22f.
26 Sund/Öhman 2006, S. 23f.
27 Appiah 2012, S. 6f.
28 Bohlken 2012, S. 28.
29 Bohlken 2012, S. 28.
30 Appiah 2012, S. 6f.
31 Mall, Ram Adhar: The Concept of an Intercultural Philosophy, in: polylog: Forum for Intercultural Philosophy 1 (2000), URL: http://them.polylog.org/1/fmr-en.htm, zuletzt aufgerufen am 28. 8. 2018; Wimmer, Martin: Interkulturelle Philosophie. Eine Einführung. Wien 2004.

gestelzter Unsinn, wenn man wie Bentham[32] für die Ethik nur die Konsequenzen von Handlungen einbezieht und nicht minimalanthropologisch und metaphysisch einen unbedingt schützenswerten Bereich des Menschlichen fordert. Andreas Wildt schlägt Folgendes vor: „Menschenrechte im strengen Sinn subjektiver Rechte sind vielmehr genau die generellen und nicht erworbenen Rechte, von denen moralisch berechtigt gefordert werden kann, dass sie schon allein mit juridischen Mitteln durchgesetzt werden können, so dass ihre Berücksichtigung nicht den Kontingenzen des politischen Mehrheitswillens überlassen bleibt."[33]

Sie sind Ermöglichungsbedingungen für das, was jeweils spezifisch als gutes und gelingendes Leben aufgefasst werden kann. Sie sind ein unhintergehbarer Schutzraum in einer konfliktreichen Zeit.

5. Umgang miteinander bei Wertekonflikten:
Man muss weder dem ethischen Universalismus in seinen starken Ausformungen nahestehen noch Kosmopolit sein, um anzuerkennen, dass ein Minimalbestand an universalen Werten im Konfliktfall einen friedvolleren, jedenfalls diskursiven und nicht gleich gewalttätigen, aggressiv-konfrontativen Umgang miteinander ermöglicht. Allein dieser Umstand bietet ein Motiv für die Suche nach einem interkulturellen Wertekonsens. Inwieweit ein konstruktiv zu verstehender Heimat- und Identitätsbegriff in engem Zusammenhang mit universell gedachten Werten stehen kann, wird im nächsten Kapitel weiter ausgeführt.

Werte, Identität und Heimat: Verortungen und Orientierungsversuche in vermintem Gelände

Es wird des Öfteren behauptet, dass Heimat, ein vielschillernder und oft missbrauchter Begriff, Identität stiften oder schaffen kann. Wir explizieren zunächst einen Heimatbegriff, der bestimmten ideologischen Anfeindungen gegenüber stabil ist, stellen Zusammenhänge zwischen Heimat und Identität(en) von Menschen her und betten die Argumentation in das bis zu diesem Punkt des Aufsatzes erarbeitete Werteverständnis ein.

Aus der unbestreitbaren Tatsache, dass ‚Heimat' missbräuchlich und weltanschaulich im Sinne eines Nationalismus oder im Nationalsozialismus als krudes Konstrukt einer Identitätsstiftung und als Ausgrenzungsinstrument verwendet wurde, folgt nicht, dass man keinen normativ positiv aufgeladenen Heimatbegriff finden und verwenden

---

32 Schofield, Philip: Jeremy Bentham's 'Nonsense upon Stilts', in: Universitas 15/1 (2003), S. 1-26.
33 Wildt, Andreas: Menschenrechte und moralische Rechte, in: Gosepath, Stephan/ Lohmann, Georg (Hg.): Philosophie der Menschenrechte. Frankfurt am Main 1998, S. 124-145; hier S. 142.

darf. Nur ist eben die direkte Kopplung z.B. von ‚Heimat' und ‚Boden' mehrfach theoretisch defizitär: Die Besitzlosen werden zu Heimatlosen und Heimat wird reduziert auf einen Ort, auf eine bestimmte Form von Materialität. Für eine Arbeitsdefinition von ‚Heimat' gehe ich von einer Überlegung von Verena Vordermeyer aus:

„*Heimat* [soll] als das Umfeld verstanden werden, in welchem die Identität eines Menschen zum ersten Mal konstruiert wurde und in einer besonderen Verbindung zwischen Umfeld und Mensch resultiert."[34]

Die psychologischen, soziologischen und ethnologischen Aspekte von Heimatkonstruktion können hier nicht weiter ausgeführt werden. Wichtig ist allerdings, Heimat nicht mit einem Ort gleichzusetzen,[35] sondern als Komplex aus Erlebnissen, Erinnerungen, Sachverhalten und Situationen, die von Menschen als ein grundsätzlich wertvoll und sinnstiftend empfundener Gesamtzusammenhang interpretiert werden. Dass alle Menschen ‚Heimat' normativ so zu verstehen haben, hieße freilich, einem unzulässigen Paternalismus das Wort zu reden. ‚Heimat' ist verbunden mit Gefühlen, Erinnerungen und Zuschreibungen, die mit Vertrautheit, Geborgenheit, Sicherheit, einer bestimmten Selbstverständlichkeit verbunden sind, die in Summe Orientierung[36] zu geben vermögen.[37]

In Anlehnung an Paul Ricoeur[38] schreiben wir selbst unsere Geschichte, die wir uns und anderen erzählen und in der wir – vereinfacht gesagt – Identität konstruieren. Daraus folgt nicht, dass Identität ausschließlich narrativ konstruiert wird. Kollektive Identitäten wie individuelle Identitäten sind durch materielle Objekte ebenso wie durch Verbundenheit zu einer Sprache, in und mit der wir aufwachsen, und Ideen, Theorien, Sinnzusammenhänge (in Märchen, Mythen, Liedern, Tänzen), aber auch in Alltagsgegenständen gegenwärtig.

Über die Bestimmung einer individuellen Identität können wir einen engen

---

34 Vordermayer, Verena: Identitätsfalle oder Weltbürgertum? Zur praktischen Grundlegung der Migranten-Identität, Wiesbaden 2012 (DOI 10.1007/978-3-531-18701-3_3), S. 27. Dass man auch in der Postmoderne nicht eine völlige Dekonstruktion oder Aufgabe von Heimat zwangsläufig folgt, erörtert Andreas Huber in: Huber, Andreas: Heimat in der Postmoderne. Zürich 1999.
35 Dagegen siehe Vordermeyer 2012, S. 85.
36 Aus anthropologischer Sicht mögen Menschen in Anschluss an Lukacs unter dem Signum einer transzendentalen Heimatlosigkeit zu leben haben, doch gerade der Anwendung dieser Denkfigur wird hier widersprochen. Siehe dazu Recki, Birgit: „Transzendentale Heimatlosigkeit" und „exzentrische Positionalität", in: Hemel, Ulrich/ Manemann, Jürgen (Hg): Heimat finden – Heimat erfinden: Politisch-Philosophische Perspektiven. Paderborn 2017, S. 31-46; hier S. 37.
37 Dass bei Verlust von Heimat die entsprechenden Ängste und das Gefühl des unwiederbringlichen Verlustes vorherrschen, versteht sich von selbst. Ebenso von selbst versteht sich, dass Heimat nicht vorrangig als positiv im oben genannten Sinn erlebt und gedeutet werden muss.
38 Vordermeyer 2012, S. 13.

Zusammenhang von Heimat und Identität herstellen. Dass es – vorsichtig gesprochen – Bezüge von Heimatkonstruktionen und Identitätskonstruktion gibt, kann wie folgt begründet werden: Heimat ist identitätsstiftend und Identität hängt davon ab, was Menschen als Heimat auffassen. Genauer: A) Heimat kann einerseits der „Ort [sein], dem die Identität eines Menschen zum ersten Mal konstruiert wurde."[39] B) Ein mehr oder weniger wichtiger Teil der eigenen Identität kann andererseits Heimat sein. C) Wir können Heimat sogar als einen Teil der individuellen (pädagogisch zu bestimmenden und zu untersuchenden) Identitätsbildung auffassen. Danach befähigt der pädagogische Prozess von Beheimatung zur Identitätsbildung.[40]

In den drei Prozessen spielen Werte eine mehrfache Rolle. So plädiert Jean Améry, ein seiner Heimat Beraubter, dafür, dass gerade ein „kultureller Internationalismus, ein Kosmopolitismus, nur im Kontext nationaler Sicherheit gedeihen kann."[41]

Nun kann man weder Kosmopolitismus, noch Universalismus, noch ‚unsere Werte', verordnen. Solches zu tun, liegt mir fern. Ebenso verbinde ich mit ‚nationaler Sicherheit' gerade nicht das, was man rechtspopulistische Wertekonstruktion nennen könnte.[42] Die zugrundeliegende Idee, die Werte in engen Zusammenhang mit Konstruktionen von Heimat und Identität bringt, ist vergleichsweise einfach: So wie Werte Ermöglichungs- und Gelingensbedingungen eines gedeihlichen Miteinanders sein können, so bietet ein stabiler gesellschaftlich-politischer Rahmen eine der Voraussetzungen für plurale Konstituierungen von Heimat und Identität. Das kann man nicht nur mit Blick auf die sogenannte Flüchtlingskrise anführen. Selbstverständlich ist damit einem umfassenden Kosmopolitismus nicht das Wort geredet. Wie allerdings im vorangegangenen Kapitel verdeutlicht, scheint ein minimaler Werteuniversalismus für einen Kosmopolitismus begründungstheoretisch von einiger Relevanz zu sein. Wenn also ‚unsere Werte' tatsächlich die Werte politisch-gesellschaftliche Freiheit im Sinne eines aufgeklärten Liberalismus, Anerkennung des Rechtstatus im Sinne universaler Menschenrechte, eine wohlverstandene Toleranz, Solidarität und gegenseitiges Anerkennen basaler Interessen und Bedürfnisse aller Menschen

---

39 Vordermeyer 2012, S. 85.
40 Hemel, Ulrich: Heimat und personale Selbstbildung. in: Hemel, Ulrich/ Manemann, Jürgen (Hg): Heimat finden – Heimat erfinden: Politisch-Philosophische Perspektiven. Paderborn 2017, S. 145-173; hier S. 171.
41 Manemann, Jürgen: „Wieviel Heimat braucht der Mensch?" (Jean Améry) – Reflexionen nach Auschwitz, in: Hemel, Ulrich/ Manemann, Jürgen (Hg): Heimat finden – Heimat erfinden: Politisch-Philosophische Perspektiven. Paderborn 2017, S. 79-92; hier S. 82.
42 Hammer, Dominik: My Home is my castle – Rechtspopulistische Heimatbegriffe, in: Hemel, Ulrich/ Manemann, Jürgen (Hg): Heimat finden – Heimat erfinden: Politisch-Philosophische Perspektiven. Paderborn 2017, S. 61-77; hier S. 74.

sind, dann kann die Ausformulierung und Begründung dieser Werte sehr wohl bei der Heimat- und Identitätskonstruktion auch in einer komplexen und globalisierten Welt hilfreich sein. Diese Ausformulierung und Begründung kann hier allerdings nicht mehr geleistet werden.

Schlussfolgerungen für die Praxis: Haben unsere philosophischen Überlegungen Konsequenzen für den Unterricht?

Die Praktiker mögen fragen: Was hilft mir das für meinen Unterricht? Oder: Das mag ja alles ganz schön und richtig sein, aber: Was fange ich damit an? Ist das nicht alles zu anspruchsvoll, zu akademisch, zu theoretisch für meine Belange? Lassen Sie mich einige Vorschläge machen, die viele Leser vielleicht bereits kennen, die aber jetzt hoffentlich noch besser fundiert und begründbar sind.

Erstens sind angesichts der zu nennenden Probleme der Welt (Heimatverlust, Vertreibung, Suche nach zu einfachen Lösungen, radikaler und extremistischer Nationalismus, Desolidarisierung etc.) bestimmte Bildungsziele nur zu erreichen, wenn man den Unterricht im Rahmen eines minimalen Universalismus einbettet, der nicht dogmatisch und letztbegründet ist. Da es globale Entwicklungen und Probleme gibt, ist es dringend geraten bzw. unverzichtbar, universelle Werte im Unterricht zu thematisieren und bestimmte Folgen eines bloßen Relativismus zu zeigen. In bestimmter Sicht ist Ethik immer universell insofern, als man darüber nachdenken muss, was passiert, wenn man seine eigenen Handlungsweisen verallgemeinert. Bestimmte Themen bieten sich im Unterricht an, um universelle Werte zu diskutieren: A) Themen im Zusammenhang mit einer Bildung für nachhaltige Entwicklung, etwa Umweltzerstörung und Umgang mit endlichen natürlichen Ressourcen; B) Wir und die Anderen: Was sind und was leisten Selbst- und Fremdbilder? C) Welche Rechte haben alle Menschen und warum? D) Wie ist es, wenn man nicht dazu gehört? E) Interkultureller und interreligiöser Dialog unter dem Zeichen, dass in vielen Klassen Schülerinnen und Schüler mit eigener Migrations- und Vertreibungsgeschichte unterrichtet werden.

Zweitens ist es im Sinne einer kontrastiven Didaktik sinnvoll, die Konsequenzen einander gegenüber stehender Positionen des radikalen Kulturrelativismus und des umfassenden Universalismus zu vergleichen. Geeignete Texte und Materialien stehen zur Verfügung. Die Aufteilung der Klasse in Relativisten und Universalisten kann Schülerinnen und Schüler motivieren, darüber nachzudenken, dass Handlungen und Positionen jeweils Konsequenzen haben.

Drittens ergeben eigene Studien, dass bereits Grundschulkinder in der Lage sind, moralische Aussagen zu formulieren und ansatzweise universalistisch zu begründen.[43]

Eine im Curriculum frühzeitige didaktisch-pädagogisch aufbereitete Anwendung einiger unserer Überlegungen im Unterricht ist also durchaus möglich.

LITERATUR

Antweiler, Christoph: Neuer Kosmopolitismus. Appiah weiter denken im Anthropozän, in: Forschungsinstitut für Philosophie Hannover (Hg.): FIPH Journal Nr. 20: Schwerpunktthema Kosmopolitanismus (2012), S. 26-27.
Appiah, Kwame Anthony: Wir Kosmopoliten, in: Forschungsinstitut für Philosophie Hannover (Hg.): FIPH Journal Nr. 20: Schwerpunktthema Kosmopolitanismus (2012), S. 6-7.
Bohlken, Eike: Kosmopolitismus zwischen Universalismus und Interkulturalität, in: Forschungsinstitut für Philosophie Hannover (Hg.): FIPH Journal Nr. 20: Schwerpunktthema Kosmopolitanismus (2012), S. 28-29.
Hamm, Birgit/Nuscheler, Franz (Hg.): Zur Universalität der Menschenrechte, in: INEF Reports des Instituts für Entwicklung und Frieden der Gerhard-Mercator-Universität GH Duisburg 11 (1995), S. 22.
Hammer, Dominik: My Home is my castle – Rechtspopulistische Heimatbegriffe, in: Hemel, Ulrich/Manemann, Jürgen (Hg.): Heimat finden – Heimat erfinden: Politisch-Philosophische Perspektiven, Paderborn 2017, S. 61-77.
Hemel, Ulrich: Heimat und personale Selbstbildung, in: Hemel, Ulrich/ Manemann, Jürgen (Hg.): Heimat finden – Heimat erfinden: Politisch-Philosophische Perspektiven, Paderborn 2017, S. 145-173.
Hofmann, Frank: Gründe und Werte. Ein Vergleich von theoretischer und praktischer Rationalität, in: Schönrich, Gerhard (Hg.): Wissen und Werte, Paderborn 2009, S. 223-252.

---

[43] Mit meinem Kollegen Christian Prust führe ich zurzeit ein größer angelegtes Forschungsprojekt mit internationalem Fokus durch (siehe dazu http://sachunterricht-vernetzen.de/nachhaltigkeit/philosophieren/). Durch Einsatz von Methoden/Prinzipien eines Philosophierens mit Kindern im Sachunterricht mit dem Thema „Umweltzerstörung/Müllproduktion" ergeben sich enge Bezüge zu einer vielfach geforderten Bildung für nachhaltige Entwicklung (kurz BNE) und zur Förderung eines Nachhaltigkeitsdenkens. Forschungsleitende Fragen/Hypothesen sind:
a) Moralfähigkeit von Schülerinnen und Schülern im Alter von 8-9 Jahren unterstützt Ansprüche einer BNE
b) Sind Schülerinnen und Schüler in der Lage, moralisch zu denken (selbst denken; konsequent denken; sich an die Stelle anderer denken; rudimentäres Verständnis von „universell" / „wir sollen ..." / „wir dürfen nicht ..."; begründete Meinungen äußern etc.)?
c) Möglichkeiten und Grenzen eines sokratischen/nachdenklichen Gesprächs
Die Ergebnisse sprechen dafür, dass Schülerinnen und Schüler bereit sind, nicht nur über die Möglichkeiten universeller Werte (den Wert gerade auch den tierischen Lebens) zu reflektieren, sondern die Haltung eines Partikularismus zu überdenken und den Standpunkt eines Universalismus einzunehmen. (Siehe dazu Prust, Christian/ Sukopp, Thomas: Philosophieren mit Kindern im Sachunterricht mit dem Schwerpunkt „Nachhaltigkeit": Möglichkeiten und Grenzen, in: Gröger, Martin/ Janssen, Mareike/ Wiesemann, Jutta (Hg.): Nachhaltig Handeln lernen im Sachunterricht. Beitragsdokumentation zur Tagung an 5. Oktober an der Universität Siegen. Siegen 2016, S. 183-196.)

Huber, Andreas: Heimat in der Postmoderne, Zürich 1999.
Kersting, Wolfgang: Plädoyer für einen nüchternen Universalismus, in: Information Philosophie, 1 (2001), S. 8-22.
Manemann, Jürgen: „Wieviel Heimat braucht der Mensch?" (Jean Améry) – Reflexionen nach Auschwitz, in: Hemel, Ulrich/Manemann, Jürgen (Hg.): Heimat finden – Heimat erfinden: Politisch-Philosophische Perspektiven, Paderborn 2017, S. 79-92.
Prust, Christian/ Sukopp, Thomas: Philosophieren mit Kindern im Sachunterricht mit dem Schwerpunkt „Nachhaltigkeit": Möglichkeiten und Grenzen, in: Gröger, Martin/Janssen, Mareike/Wiesemann, Jutta (Hg.): Nachhaltig Handeln lernen im Sachunterricht. Beitragsdokumentation zur Tagung am 5. Oktober an der Universität Siegen, Siegen 2016, S. 183-196.
Quante, Michael: Einführung in die Allgemeine Ethik, Darmstadt 2008.
Recki, Birgit: „Transzendentale Heimatlosigkeit" und „exzentrische Positionalität", in: Hemel, Ulrich/Manemann, Jürgen (Hg.): Heimat finden – Heimat erfinden: Politisch-Philosophische Perspektiven, Paderborn 2017, S. 31-46.
Schofield, Philip: Jeremy Bentham's 'Nonsense upon Stilts', in: Universitas 15/1 (2003), S. 1-26.
Schramme, Thomas: Wenn Philosophen aus der Hüfte schießen, in: Zeitschrift für Praktische Philosophie 2/2 (2015), S. 377-384.
Sukopp, Thomas: Wider den radikalen Kulturrelativismus – Universalismus, Kontextualismus und Kompatibilismus, in: Aufklärung und Kritik 2 (2005), S.137-155.
Sukopp, Thomas: Kulturrelativismus, in: Sandkühler, Hans Jörg (Hg.): Enzyklopädie Philosophie. Band 2 (I-P), Hamburg 2010, Sp. 1350b-1353b.
Sukopp, Thomas: Kann ein Kulturrelativist universelle Normen fordern? Wege interkultureller Menschenrechtsbegründungen, in: Sandkühler, Hans Jörg (Hg.): Recht und Kultur – Menschenrechte und Rechtskulturen in transkultureller Perspektive, Frankfurt am Main 2011, S. 21-42.
Vordermayer, Verena: Identitätsfalle oder Weltbürgertum? Zur praktischen Grundlegung der Migranten-Identität, Wiesbaden 2012 (DOI 10.1007/978-3-531-18701-3_3).
Wildt, Andreas: Menschenrechte und moralische Rechte, in: Gosepath, Stephan/Lohmann, Georg (Hg.): Philosophie der Menschenrechte, Frankfurt am Main 1998, S. 124-145.

VORTRÄGE

Vortrag „Universalismus und Kulturrelativismus in der praktischen Philosophie" (Eröffnungsvortrag im Rahmen einer Fortbildungsveranstaltung „Unsere Werte=Universelle Werte?"), am 20.10.2016 in München, von Thomas Sukopp, Bayrische Museumsakademie/Museum der Fünf Kontinente.
Vortrag „Ist Moral lehrbar? – Philosophieren mit Kindern als Unterrichtsprinzip am Beispiel Kosmopolitanismus und Bildung für nachhaltige Entwicklung (BNE)" vom 13.-15.10.2016 in Graz, von Christian Prust und Thomas Sukopp, im Rahmen der Tagung „Kosmopolitanismus und Identität".

Heimat im Zeitalter der Globalisierung

Manfred Seifert

Das Zeitalter der Globalisierung charakterisiert sich für den Soziologen Hartmut Rosa in einer „unerhörten Dynamisierung unserer Weltbeziehung"[1], die einerseits die Beschleunigung unserer technisch-materiellen Umwelt umfasst (also Transport und Verkehr, Architektur und Siedlungsentwicklung, Kommunikation und Informationsaustausch). Andererseits umfasst unsere Gegenwart eine Beschleunigung des sozialen Wandels und damit einhergehend die zunehmende Erhöhung unseres Lebenstempos.[2] Im Folgenden soll untersucht werden, welche Rolle und welchen Stellenwert das Konzept ´Heimat´ in dieser unserer Gegenwart einnimmt.

Heimat – Annäherung an einen ambivalenten Begriff

Der Begriff ‚Heimat' wird in unserem Alltagsverständnis wie auch im massenmedialen Unterhaltungsangebot und in den öffentlichen Debatten notorisch in eine entgegengesetzte Position zu unserer Gegenwart, dem Zeitalter der Spätmoderne gebracht, indem statt der oben erwähnten Beschleunigung des sozialen Wandels und der Erhöhung unseres Lebenstempos stabile Verhältnisse in vorherrschender Ortsbindung unterstellt werden. Dabei verhält es sich recht besehen so, dass das Heimat-Konzept seit dem Beginn der Moderne[3] Antworten auf die zunehmend umfassender bzw. mehrdimensionaler werdenden Dynamisierungsprozesse unserer Lebenswelten sucht. Dabei stehen Gegenentwürfe und Kompensationsmöglichkeiten zu den Herausforderungen der jeweils gegenwärtigen Modernisierungsprozesse im Zentrum. Dies ist einerseits nachvollziehbar, sind doch damit basale Verortungsprozesse des Menschen in seiner gesellschaftlich-kulturellen Umwelt verbunden, die an das Bedürfnis nach Vertrautheit und Zugehörigkeit anschließen. In ihrer ethnischen bzw. nationalistischen Ausprägung haben diese Sehnsüchte allerdings zu gesellschaftlichen Haltungen und politischen Programmen geführt, die auf Grenzziehungen zwischen Eigen und Fremd fokussieren und Ausgrenzungen zu Folgen haben. Solche Kontaminationen der Suche nach einer ‚heilen Welt' als harmonischer Umweltbeziehung haben den Heimatbegriff zu einem mit Intoleranz und undemokratischer Praxis belasteten Vorstellungs- und Handlungsmuster gemacht und damit zu einer deutlich

---

[1] Rosa, Hartmut: Heimat im Zeitalter der Globalisierung, in: der blaue reiter 23 (2007), Heft 1, S. 14.
[2] Rosa 2007, S. 13-18.
[3] Der Beginn der Moderne wird hier einer kulturwissenschaftlichen Auffassung entsprechend mit der Industrialisierung des 19. Jahrhunderts angesetzt.

ambivalenten Erscheinung werden lassen.[4] ‚Heimat' wird seither in den gesellschaftlichen Gruppierungen zwiespältig wahrgenommen. Sie gilt als „vermintes Gelände, ein kontaminiertes Feld" wie jüngst Friedemann Schmoll ausgeführt hat.[5] Dagegen steht ein offenes, um Integration in die Bedingungen der Gegenwart besorgtes Verständnis von ‚Heimat', wie es sich insbesondere seit den 1970er Jahren ausgebildet hat und seither namentlich auch in sozial- und kulturwissenschaftlichen Untersuchungen eingenommen wird.[6]

Die Wissenschaft Volkskunde bzw. Europäische Ethnologie und das Thema ‚Heimat'

Die Wissenschaftsdisziplin Volkskunde, die ich vertrete, – oder Europäische Ethnologie, wie sie angepasst an das moderne Wissenschaftssystem auch heißt –, gehört zu diesen Sozial- und Kulturwissenschaften. Die grundsätzliche Forschungsausrichtung dieser Disziplin verdeutlicht, wie sich diese fachlich mit dem Phänomen ‚Heimat' beschäftigt. Die Volkskunde bzw. Europäische Ethnologie betreibt Alltagskulturforschung im europäischen Kulturmilieu mit Konzentration auf die ‚normale' Bevölkerung – auf die Unter- und Mittelschichten jenseits der Eliten. Sie forscht historisch und gegenwartsbezogen, wobei die gegenwärtige Kultur immer als historisch dimensioniert gesehen wird. Dabei geht es stets um konkrete Akteure, deren Handlungen und Deutungshorizonte. Wir untersuchen anhand schriftlicher und anderer medialer Quellen, doch wesentlich auch anhand von Beobachtung und Befragung, deren Alltage und Lebenswelten, ihre Deutungen und Eigenlogiken sowie mitgeteilten Selbstkonzeptionen. Diese akteurszentrierte Perspektive prägt auch unseren Zugriff auf das Phänomen ‚Heimat', wobei uns wichtig ist, das konkrete Handeln und den praktischen Umgang

---

4   Seifert, Manfred: Heimat und Spätmoderne. Über Suchbewegungen nach Sicherheit angesichts von Mobilität, Migration und Globalisierung, in: Rheinisches Jahrbuch für Volkskunde 39 (2011/2012), S. 199 f.

5   Schmoll, Friedemann: Heimat – Zwischen Fürsorge und Verbrechen, in: Verein Philosophie.ch (Hg.): Blog „Nachdenken über Heimat", o.S., URL: https://www.philosophie.ch/philosophie/highlights/nachdenken-ueber-heimat/heimat-zwischen-fuersorge-und-verbrechen (2017)..

6   Binder, Beate: Heimat als Begriff der Gegenwartsanalyse? Gefühle der Zugehörigkeit und soziale Imaginationen in der Auseinandersetzung um Einwanderung, in: Zeitschrift für Volkskunde 104 (2008), S. 1-17.Binder, Beate: Behelmatung statt Heimat. Translokale Perspektiven auf Räume der Zugehörigkeit, in: Manfred Seifert (Hg.): Zwischen Emotion und Kalkül. ‚Heimat' als Argument in der Moderne, Leipzig 2010, S. 189-204. Schilling, Heinz: Heimat und Globalisierung. Skizzen zu einem ausgreifenden Thema, in: Alzheimer, Heidrun et.al. (Hg.): Bilder – Sachen – Mentalitäten. Arbeitsfelder historischer Kulturwissenschaften. Wolfgang Brückner zum 80. Geburtstag, Regensburg 2010, S. 589-606.

der Akteure mit ‚Heimat' ebenso zu erfassen wie ihre Wahrnehmung und ihr Denken über Heimat.

Am Anfang der Beschäftigung mit diesem Thema stehen grundsätzlich zwei Sphären des Heimatphänomens: Zum einen tritt ‚Heimat' als gesellschaftlicher Diskurs auf. Hier ist zu unterscheiden zwischen dem Begriff ‚Heimat' mit seiner Geschichte bzw. den gegenwärtigen Begriffsfüllungen und den gesellschaftlich präsentierten heimatkulturellen Angeboten. Und zum anderen ist ‚Heimat' auch das Produkt des subjektiven Bewusstseins und Empfindens der Akteure, das je kontextbezogen-situativ und eigenwillig aufgenommen sowie weiter verarbeitet wird. Der gesellschaftliche Diskurs und das subjektive Bewusstsein konkurrieren um Einflussnahme auf das Individuum. Für das Subjekt spielen hierbei Erfahrungen erster Hand (die eigenhändig erworbene Welterfahrung) und zweiter Hand (medial und gesellschaftlich vermittelt) eine Rolle. Und noch eine wichtige Differenzierung müssen wir vornehmen: Das Heimatbewusstsein und Heimatempfinden ist nicht nur ein nüchtern-rationaler Prozess, sondern auch ein Empfindungsmodus und ein Gefühlskomplex.[7] So lässt Siegried Lenz z.B. den Helden seines Romans *Heimatmuseum*, Zygmunt Rogalla, verkünden „Ich weiß, ich weiß, Heimat, das ist der Ort, wo sich der Blick von selbst nässt, wo das Gemüt zu brüten beginnt, wo Sprache durch ungenaues Gefühl ersetzt werden darf [...]".[8] Damit jedoch wird das Thema ‚Heimat' eine recht komplexe und höchst voraussetzungsvolle Kulturerscheinung. Machen wir uns also an die Analyse wenigstens einiger Aspekte des verwobenen Heimatbewusstseins!

Wie kommt der Mensch zur „Heimat"?

Zunächst stellt sich die Frage, wie aus kultur- und sozialwissenschaftlicher Sicht der Mensch zur ‚Heimat' kommt. Anthropologisch gesehen steht der Mensch von Natur aus nicht in harmonischer Beziehung zur Welt. Die Frage nach einer grundsätzlichen Beheimatungsneigung des Menschen ist in der Philosophie der Nachkriegszeit intensiv untersucht worden. Dies geschah im Rahmen von Überlegungen zur Grundverfasstheit des Menschen in seinem Weltbezug. Über die unterschiedlichen philosophischen Positionen hinweg (z.B. Martin Heidegger und Jean-Paul Sartre) ergänzte eine anthropologische, also allgemein menschliche, Dimension die Erkenntnisse: Demnach ist der Mensch ein prinzipiell aus den ihn umgebenden Ortsverhältnissen und insgesamt der Welt „entbettetes" Wesen. Dies verschafft ihm eine spezifisch menschliche Freiheit und Autonomie, also eine „exzentrische Positionalität", wie es

---

[7] Seifert 2011/2012, S. 202-206.
[8] Lenz, Siegfried: Heimatmuseum. Hamburg 1978, S. 119 f.

Helmuth Plessner formuliert hat.[9] Allerdings kann sich gemäß Otto Friedrich Bollnow der Mensch selbstverantwortlich seinen Bezug zur Welt und damit auch einen grundlegenden räumlichen Bezug herstellen und sich in eine verbindende Beziehung zur Welt bringen. Damit ist es ihm möglich, aus einer für ihn unwirtlichen Umgebung ein Zuhause zu formen, das Stabilität, Verhaltenssicherheit und Orientierungssicherheit bietet. Diese gestaltbare Verbindung zwischen Mensch und (Wohn-)Raum ist jedoch nicht von Geburt an vorhanden. „Wohnen, verstanden in diesem tieferen Sinne, ist nichts, was der Mensch mit seiner Geburt bereits hat; vielmehr ist er dieses Wohnen und dieses Geborgensein zunächst der Möglichkeit nach, die entfaltet und entwickelt werden muss."[10] Der Mensch ist also herausgefordert, die vorgefundene Welt mit seinen Bedürfnissen in Einklang zu bringen und so aus einer für ihn unwirtlichen Umgebung ein Zuhause zu formen, das Stabilität, Verhaltenssicherheit und Orientierungssicherheit bietet.[11]

Das Bedürfnis nach einer Verortung in der Welt entsteht in der Kindheit.[12] Entwicklungspsychologisch verfügt das Kind über eine besondere Erlebnisqualität gegenüber seiner Umgebung. Die Psychologin Beate Mitzscherlich diagnostiziert, dass hierbei eine soziale und eine räumliche Prägungen eine Rolle spielen.[13] Im Zentrum stehen die sozialen Bindungen. Als konkrete soziale Praxis sind diese Bindungen jedoch immer in bestimmte räumlich-geografische Gegebenheiten eingebettet. Kinder erleben ihre Umwelt in anschaulich-gestalthafter Weise (eidetisch) und über mehrere Wahrnehmungssinne (synästhetisch). Der Eindruck hängt dabei nun nicht von der „Schönheit" des Ortes ab, sondern von der Qualität als persönlicher Erlebensraum.

---

9 Plessner, Helmut: Die Stufen des Organischen und der Mensch. Einleitung in die philosophische Anthropologie (1928), Berlin/New York 1975.
10 Joisten, Karen: Zur „Heimat" verurteilt?, in: der blaue reiter 23 (2007), Heft 1, S. 40-45, hier 42.
11 Bollnow, Otto Friedrich: Neue Geborgenheit. Das Problem einer Überwindung des Existenzialismus, 2. Auflage Stuttgart 1960. Bollnow, Otto Friedrich: Mensch und Raum, 7. Auflage, Auflage Stuttgart/Berlin/Köln 1994.
12 Zum Folgenden siehe Bossle, Lothar: Heimat als Daseinsmacht, in: Bundeszentrale für politische Bildung (Hg.): Heimat. Analysen, Themen, Perspektiven, Band 1, Bonn 1990, S. 122-133; Di Fabio, Udo: Heimat und Herkunft in entgrenzter Welt, in: Joachim Klose/ Ralph Lindner (Hg.): Zukunft Heimat, Dresden 2012, S. 56; Hüther, Gerald: Geborgenheit. Wo Heimat im Gehirn zu Hause ist, in: Stapferhaus Lenzburg (Hg.): Heimat – Eine Grenzerfahrung, Lenzburg/Zürich 2017; Hall, Stuart: Wer braucht ´Identität´?, in: Ders.: Ideologie, Identität, Repräsentation. Ausgewählte Schriften 4, hrsg. v. Juha Koivisto und Andreas Merkens, Hamburg 2004; Mitzscherlich, Beate: Die psychologische Notwendigkeit von Beheimatung, in: Bucher, Anton/ Gutenthaler, Andreas: Heimat in einer globalisierten Welt. Wien 2001; Türcke, Christoph: Heimat wird erst, in: der blaue reiter 23 (2007), Heft 1, S. 35-39.
13 Mitzscherlich, Beate: Die psychologische Notwendigkeit von Beheimatung, in: Bucher, Anton/ Gutenthaler, Andreas: Heimat in einer globalisierten Welt, Wien 2001, S. 94-109.

Problematische Wohnquartiere, triste Hinterhöfe oder Industriereviere und Transiträume können genauso Heimatraum werden wie der idyllische Wiesengrund.[14]

Entwicklungspsychologisch erfolgen mit dem Erwachsenwerden und der Ausprägung persönlicher Identität eine Emanzipation aus dem bisher gewohnten Lebenskreis und eine Distanzierung von diesen unmittelbaren und ganzheitlichen Wahrnehmungsweisen der Kindheit. Der Auszug in bisher unbekannte geografische, soziale und kulturelle Räume vollzieht sich unter Bedingungen der Fremdheit. Und diese Fremdheit bringt neue Maßstäbe des Verstehens wie auch emotionaler Impulse mit sich. So werden auch die anthropologischen Grundbedürfnisse nach Vertrautheit und Sicherheit sowie nach Raumorientierung neu gestaltet. Auf diesen biografischen Entwicklungsstand kann nun das gesellschaftlich ausstrahlende Modell von „Heimat" mit seinem ökonomischen Kalkül und angereichert mit weiteren gesellschaftlichen Zuschreibungen einwirken. Diese Einwirkung auf das Bewusstsein des Einzelnen geschieht also nicht primär, das heißt von Geburt an, sondern deutlich später in einem sekundären Prozess. Die Bedürfnisse nach Vertrautheit und Sicherheit werden jetzt neu gestaltet. Ebenso kann man sich individuell zum erinnerten identitären Erleben der Kindheit zurückwenden. In jedem Fall ist für die subjektive Auseinandersetzung mit ‚Heimat' entscheidend, wie man sich im Verlauf der Adoleszenz von den persönlichen Geborgenheitsuniversen der Kindheit distanziert hat. Der Soziologe Lothar Bossle formulierte vor diesem Hintergrund: „Der atmosphärische Verlust des Ursprungs macht hellsichtiger gegenüber dem alten und einem neuen Umfeld zugleich. Der Wert heimatlicher Vertrautheit erhöht sich in der Fremdheit."[15] Demzufolge wächst niemand mit einer fertigen ‚Heimat' auf, sondern entwickelt seine Identität aufgrund eigener Erfahrungen und Erlebnisse. Es gibt also nur ein erwachsenes Heimatbewusstsein. ‚Heimat' ist somit für jeden Einzelnen nicht von Anbeginn da, ‚Heimat' entsteht aktiv als ein dynamischer Prozess. Die aktuelle kultur- und sozialwissenschaftliche Forschung spricht deshalb heute eher von ‚Beheimatung' als von ‚Heimat', wenn sie die aktiv konstruktive Auseinandersetzung der Akteure mit dem Konzept ‚Heimat' untersucht. Und solch eine Beheimatung kann subjektiv auch zu mehreren ‚Heimaten' führen. Vorwiegend Mobilität und Migration geben Anlass zur Ausbildung von ‚Heimat' im Plural.

---

14 Zur raumästhetischen Dimension des Heimatbewusstseins siehe Seifert, Manfred: Heimat in Bewegung. Zur Suche nach soziokultureller Identität in der Spätmoderne, in: Klose, Joachim/ Lindner, Ralph/ Seifert, Manfred (Hg.): Heimat heute. Reflexionen und Perspektiven, Dresden 2012 , S. 23-28.
15 Bossle1990, S. 130.

Distanzierungen und Problematisierungen von ‚Heimat'

Was im obigen Zitat von Lothar Bossle mit Blick auf eine positiv gestimmte Hinwendung zu ‚Heimat' formuliert ist, kann unter anderen Vorzeichen auch als Ablehnung eines Heimatbegriffs gelten. Denn ‚Heimat' ist in unserer Kultur keine Notwendigkeit, die jeder Mensch für seinen Gefühlshaushalt braucht. Sie ist, das möchte ich betonen, keine allgemeinmenschliche, anthropologische Grundkonstante. Subjektive Distanzierungen von Beheimatung lassen sich exemplarisch am Beispiel von drei ganz unterschiedlichen Feldern von individuellen Praktiken feststellen, die längst in gesellschaftlicher Form vorliegen, also zu gesellschaftlichen Zuschreibungsmodellen geworden sind: die soziale Prekarität, das bildungsbürgerliche und wissenschaftliche Milieu sowie die Disposition zur Psychopathie.

Hinsichtlich der sozialen Prekarität lässt sich beispielhaft auf Äußerungen von Menschen mit einem Lebensweg abseits der gesellschaftlichen Normalität verweisen, die aus verschiedensten Gründen die Erfahrung des heimatlosen Ausgeschlossenseins, des sozialen An-den-Rand-Gedrängtseins durchlebt haben und durchleben. Sie sind durch Familienkatastrophen und Kindheitstraumen, Lebenskrisen, Arbeitslosigkeit, Krankheit und Obdachlosigkeit aus den Gleisen des bürgerlichen Lebens herausgetreten. Die Salzburger Straßenzeitung *Apropos* hat im Jahr 2010 die authentischen Stellungnahmen solcher Menschen zum Thema ‚Heimat' in eine Publikation unter dem Titel *Denk ich an Heimat* gebracht.[16]

Beispielsweise präsentiert der ohne Berufsausbildung lebende Bruno Schnabler (*1959, in Niederösterreich) ein regelrechtes Abwehrverhalten gegenüber dem Heimatdiskurs aus tiefer innerer Verletzung in seiner Geschichte: „Heimweh? Kenne ich nicht. Heimweh bedeutet ja, dass man sich so sehr nach der Heimat sehnt, dass es wehtut. Mir hat vieles im Leben wehgetan. Da brauch ich nicht auch noch Heimweh! (…) Heimat ist für mich nicht unbedingt der Ort, wo ich geboren bin, nicht die Gegend, in der ich meine Kindheit und Jugend verbracht habe. Ich war dort eine Zeit lang ‚beheimatet'. Das ist alles. (…) Mein Heimatgefühl ist nicht an einen festen Ort gebunden. (…) Unterwegs sein ist wichtiger als ankommen. (…) Was die Zukunft bringt, wo es mich noch hin verschlägt in meinem Leben, weiß ich nicht. Das liegt in der Ferne. Ich habe auch kein Fernweh. Ich bin aber überzeugt, dass sich dort, wo auch immer ich lande, Heimatgefühl einstellen kann. Irgendwo unterwegs. Es liegt nur an mir. / Heimat ist dort, wo gerade mein Herz ist. Aber jetzt muss ich weitergehen."[17]

Bei anderen in dieser Straßenzeitung *Apropos* zu Wort kommenden Prekarisierten

---

[16] Soziale Arbeit GmbH (Hg.): Denk ich an Heimat. Ein Straßenbuch von APROPOS, Salzburg 2010.
[17] Ebenda, S. 80-85, Zitat S. 82.

zeigt sich die Distanzierung von „Heimat" beispielsweise eingekleidet in die Parabel des Reitens und des Fliegens auf einem Pferd, die einen spezifischen Anklang an den bildungsbürgerlichen Gestus des Weltbürgertums beinhaltet und ein explizites Spannungsverhältnis zum Heimatbewusstsein aufbaut.[18]

Distanzierungen von Beheimatung gehören auch zu bildungsbürgerlichen und wissenschaftspolitischen Stellungnahmen, die gemeinhin ein Weltbürgertum proklamieren. Aus den vielen bildungsbürgerlichen Stellungnahmen möchte ich lediglich eine im Jahr 1929 verfasste Miszelle des österreich-ungarischen Schriftstellers Ödön von Horváth zitieren: „Ich habe keine Heimat und leide natürlich nicht darunter, sondern freue mich meiner Heimatlosigkeit, denn sie befreit mich von einer unnötigen Sentimentalität. Ich kenne aber freilich Landschaften, Städte und Zimmer, wo ich mich zuhause fühle [...]".[19] Stellungnahmen von Wissenschaftlerinnen und Wissenschaftlern zur Heimatthematik betonen primär die Heimatlosigkeit ihrer geistigen, auf unbegrenzte Freiräume angewiesenen Wissensproduktion, die etwa in folgender Formulierung eingefangen werden kann: „Die Heimat der Wissenschaft ist doch der Logos, der für sich genommen zunächst einmal ortlos ist."[20] Nachgeordnet erfolgt verschiedentlich freilich der Hinweis, dass für das forschende Individuum nicht alles „im Fluss sein" darf. Und für die Forschungspraxis selbst wird durchaus auf einen Heimatbezug im Sinne einer Orientierung auf ganz unterschiedliche soziokulturelle Zusammenhänge und diverse lokale Örtlichkeiten verwiesen, wie sie vor allem die Universitäten und Forschungsinstitute darstellen. Denn sie können der Wissenschaft einen „Ort dauerhaften Aufenthalts" bieten, „wo sie sich frei von praktischen, ihren Logos zerstörenden Zwängen sicher fühlen kann und unverstellt der unpraktischen Praxis der Erzeugung und Bearbeitung von Geltungskrisen nachgehen kann."[21]

Ein drittes und letztes Feld subjektiver Distanzierungen zu Beheimatungsansprüchen bezieht sich auf spezifische Varianten der psychischen Disposition des Menschen. Klassisch als krankhafte Störung rubriziert, wurde etwa die Psychopathie lange Zeit nur in ihrer extremen Ausprägung bei kriminellen Gewalttätern untersucht. Jüngere

---

18 Ebenda, S. 26-33 (der gelernte Spediteur und Bürokaufmann Gerhard Entfellner, *1964 in Abtenau), 34-41 (der aus Bulgarien stammende Bautechniker Ognyan Borisov Georgiev, *1963 in Pleven), 110-115 (die gelernte Hauswirtschafterin Sonja Stockhammer, *1970 in Ostermiething).
19 von Horváth, Ödön: Fiume, Belgrad, Budapest, Preßburg, Wien, München, in: Traugott Krischke (Hg.): Ödön von Horvath. Gesammelte Werke, Band 11. Frankfurt a.M. 2017, S. 184.
20 Loer, Thomas: Ortloser Logos. Kann Wissenschaft eine Heimat haben?, in: Forschung und Lehre, Heft 2/2011, S. 106-108, Zitat 107.
21 Forschung und Lehre, Heft 2/2011 mit dem Themenschwerpunkt „Heimat und Fremde". Die beiden Zitate stammen aus: Loer, Thomas: Ortloser Logos. Kann Wissenschaft eine Heimat haben?, in: Forschung und Lehre, Heft 2/2011, S. 108

Studien haben jedoch belegt, dass die Grundmerkmale der Psychopathie eine weit in die gesellschaftliche Mitte hinein streuende Spielart mentaler Verfasstheit darstellen.[22] Dazu zählt unter anderem, dass Sicherheit, Geborgenheit und Zugehörigkeit für diese Subjekte nicht bedeutsam sind. Milde Psychopathen streben nach sozialer Anerkennung und verfolgen bedingungslos die Stärkung des eigenen Egos. Dabei handelt es sich nicht um ein Anerkennungsinteresse, das ein ausgewogenes wechselseitiges Verhältnis anstrebt, wie es in subjektiven Beheimatungsprozessen entsteht.

‚Heimat' – optional, dynamisch

‚Heimat' ist ein Resultat der subjektiven Differenzerfahrung – kein notwendiges Resultat, jedoch ein mögliches. Und Beheimatung ist ein Konzept der Identitätskonstruktion. Dabei erscheinen gerade in der Spätmoderne die subjektiven Verfasstheiten der Menschen von unterschiedlichen Positionen, Praktiken und Diskursen bestimmt, was die Identitäten mehr und mehr uneindeutig und fragmentiert werden lässt.[23] Denn in den westlichen Gesellschaften lockerte sich besonders während der zweiten Hälfte des 20. Jahrhunderts die Bindung des Subjekts an klassische Sozietäten und Institutionen der bürgerlichen Zeitphase, etwa die Institutionen der Familie und Verwandtschaft, berufliche und betriebliche Milieus, Vereine, Parteien, Gewerkschaften oder kirchliche Konfessionsgemeinschaften. Diese gelockerten Bindungen sind eine Folge von wachsender Mobilität, steigender Ökonomisierung und Rationalisierung der Lebensbedingungen, der Individualisierung der Lebensweise und massiv erhöhten Konsumangeboten. Hier offenbart sich aus kultur- und sozialwissenschaftlicher Sicht ein flexibel-dynamischer Identifikationsprozess, der sich auf individueller Ebene ergebnisoffen darstellt. ‚Heimat' und Beheimatung sind mehrstufige Entwicklungsprozesse und bieten die Möglichkeit individueller Ausprägungen zwischen Heimatbindung und Heimatferne.[24]

---

22 Dutton, Kevin: Psychopathen. Was man von Heiligen, Anwälten und Serienmördern lernen kann, München 2013; Hare, Robert D.: Gewissenlos: die Psychopathen unter uns, Wien/New York 2005.
23 Zum folgenden siehe Hall2004; Sieder, Reinhard: Subjekt, in: Kawaschik, Anne/ Wimmer, Mario (Hg.): Von der Arbeit des Historikers. Ein Wörterbuch zu Theorie und Praxis der Geschichtswissenschaft, Bielefeld 2010; Straub, Jürgen: Identität, in: Jäger, Friedrich/ Liebsch, Burkhard (Hg.): Handbuch der Kulturwissenschaften, Band 1, Stuttgart 2004.
24 Seifert, Manfred: Subjektives Heimatempfinden als sozialer Prozess, in: Verein Philosophie.ch (Hg.): Blog „Nachdenken über Heimat", o.S., URL: https://www.philosophie.ch/philosophie/highlights/nachdenken-ueber-heimat/subjektives-heimatempfinden-entwickelt-sich-als-sozialer-prozess, zuletzt aufgerufen am 08.08.2018 (2017).

Zur Typenbreite von Beheimatungsstilen

Entsprechend lässt sich auch eine Bandbreite an Beheimatungsprozessen feststellen, die nicht nur zeitspezifisch und sozialräumlich variiert, sondern auch individuelle Erfahrungsweisen und Einstellungen in Betracht zieht. Dieser Typenbreite sind bisher nur wenige Untersuchungen nachgegangen. In ihrer auf empirischem Material aus dem Saarland basierenden Studie mit dem Titel *Heimat in Zeiten erhöhter Flexibilitätsanforderungen* haben der Sozialgeograph Olaf Kühne und die Stadtsoziologin Annette Spellerberg sechs verschiedene Typen des aktuellen Verständnisses von ‚Heimat' beschrieben:[25]

a) Die eingebettete Heimat (historisch biografische Kontinuität und emotionale Bindung);

b) Die erklärte Heimat (kognitiv und weniger emotional, soziale Bezüge und Spezifika des Ortes werden intellektualisiert);

c) Die sozial dominierte Heimat (orientiert durch das satisfaktionierende Leben in Gemeinschaften und Netzwerken);

d) Die landschaftszentrierte Heimat (an Objekten, schönen Landschaften orientiert); e) Die Sehnsuchtsheimat (eine romantische Verklärung von Zeit, Raum und sozialem Gefüge bis hin zu utopischen Zügen);

f) Die Heimat als Reich der Ideen (indirekte soziale und kulturelle Verortung, ein Gefüge von Weltinterpretationsmustern).

Ist dieses systematische Bemühen um eine Typologisierung für sich genommen schon bemerkenswert, so erweist sich die hierdurch eröffnete Spannungsbreite der subjektiven Orientierungen als aufschlussreich. Nicht nur, weil sie ebenfalls Tendenzen einer Nicht-Beheimatung markiert (Typ e und f), sondern auch, weil sie – etwa in Typ f – die subjektive Haltung merklich in einen metaphorischen Heimatbezug abdriften sieht: dadurch, dass das Reich der Ideen konkrete Bindungskontexte aus der Alltagswelt abstrahiert und auf prinzipiell unabschließbare Geltungsdimensionen ausweitet, offenbart sich eine Distanzierung bis hin zu einer grundsätzlichen Abkehr von Inklusionsmustern wie ‚Geborgenheit' und ‚zu Hause sein'. Im Folgenden soll es statt des Heimatphänomens als Produkt des subjektiven Bewusstseins nun um den gesellschaftlichen Diskurs gehen.

---

[25] Kühne, Olaf/Spellerberg, Annette: Heimat in Zeiten erhöhter Flexibilitätsanforderungen. Empirische Studien im Saarland, Wiesbaden 2010, bes. S. 174.

„Heimat" als Thema in der Sphäre des gesellschaftlichen Diskurses

„Heimat" als gesellschaftliche Angebotsmatrix ist weit in unserer Gegenwartskultur verbreitet: Heimatliteratur, Heimatmuseum, Heimatbewegung, Heimatkunde, Heimatstil, Heimatschutz, Heimatkunst, Heimatfilm, Heimatsound, Heimatdialekt, etc. etc. Ihre zunehmend aufdringliche Präsenz verschont zur Zeit kaum noch einen Bereich unseres Lebensumfeldes: Jenseits der quasi angestammten Themenfelder von Heimatpflege und, nicht zu vergessen den Heimatvertriebenen, setzen aktuell Unterhaltungsmedien, Tourismus und Werbung das Attribut ‚Heimat' ebenso ein wie auch Akteure in den Bereichen Lebensmittel, Wohnungsausstattung und Freizeit. Damit wird ‚Heimat' zum Containerbegriff für beliebige Zuschreibungen. Und: Zunehmend gerät ‚Heimat' zum Stimulans, Versprechen und Erklärungsangebot in den Bereichen Lebensstil, Konsum, Sozial- und Gesellschaftspolitik. Dies erscheint doch bemerkenswert angesichts jahrzehntelanger Zurückhaltung, ja teilweiser Abstinenz infolge einer missbräuchlichen Instrumentalisierung während des Nationalsozialismus sowie nachfolgender gesellschaftspolitischer Setzungen sozialistischer Politik in den ostdeutschen Bundesländern. Allerdings stehen seinem Einsatz als inflationäre Lifestyle-Attitüde Sprechweisen von ‚Heimat' gegenüber, die im politischen Feld einerseits auf Anerkennung und andererseits auf Ausgrenzung bedacht sind, sowie sogar handgreiflich ausschließende Positionen rechtsextremer Kreise. Der Begriff ‚Heimat' dient hier zur Regulierung gesellschaftlicher Akzeptanz und Lebensrecht. Damit präsentiert sich ‚Heimat' als ein irritierend vielgestaltiges und beziehungsreiches Bedeutungsfeld. Sein Spannungsbogen reicht von den ernsthaften Kontexten identitärer Selbstbehauptung bis hin zu den erlebnishaft formatierten, seichten Kontexten eines kulturindustriellen Lifestyle-Angebots.[26]

Konturen des Heimatempfindens in der entgrenzten Moderne

Wie steht es also um das Heimatempfinden in der heutigen, durch Globalisierung entgrenzten Moderne? Die Vorstellung von einer lokalisierten ‚Heimat' als einem räumlich fixierten Lebensmittelpunkt ist angesichts der spätmodernen Lebensverhältnisse kaum noch aufrecht zu erhalten.[27] Bindungen an einen Ort und Gefühle des

---

[26] Schmoll, Friedemann: Orte und Zeiten, Innenwelten, Aussenwelten. Konjunkturen und Reprisen des Heimatlichen, in: Costadura, Edoardo/ Ries, Klaus (Hg.): Heimat gestern und heute. Interdisziplinäre Perspektiven. Bielefeld 2016; Joachimsthaler, Jürgen: Heimat, schrecklicher Sehnsuchtsort. Zur Anatomie einer Ambivalenz, in: literaturkritik.de, November 2015, o.S. URL: http://www.literaturkritik.de/public/rezension.php?rez_id=21365, zuletzt aufgerufen am 08.08.2018.

[27] Zum Folgenden siehe Schilling, Heinz: Heimat und Globalisierung. Skizzen zu einem ausgreifenden Thema, in: Alzheimer, Heidrun et.al. (Hg.): Bilder – Sachen – Mentalitäten. Arbeitsfelder historischer Kulturwissenschaften. Wolfgang Brückner zum 80. Geburtstag, Regensburg 2010.

Zuhause-Seins sind auf herkömmliche Weise – also auf der Basis direkter zwischenmenschlicher Kommunikation und sozialörtlich gebundener Umgangspraxis – kaum noch realisierbar infolge der inzwischen für nahezu die gesamte Bevölkerung lebensbestimmend praktizierten Internetnutzung und Virtualisierung der Erlebensgehalte. Damit konzentrieren sich subjektive Verortungsstrategien heute auch weniger auf ein bestimmtes Territorium oder auf eine ortsbezogene Gemeinschaftlichkeit im umfassenden Sinne der Gesamtheit lokaler Sozialverbände. Orte und Räume fungieren in diesem Rahmen nicht mehr als gegebenes Kontinuum, sondern als fragile soziale Errungenschaft, die stets neu hervorgebracht und verteidigt werden muss. Aufgrund des nach wie vor bestehenden Bedürfnisses nach Geborgenheit und sozialer Übereinstimmung richten sich in unserer Gegenwart Heimatbezüge für die Individuen heute mehr denn je auf imaginierte Gemeinsamkeiten: Die unter diesen Bedingungen betrachtete ‚Heimat' verliert „ihre konkrete Ortsbindung und siedelt sich irgendwo an zwischen Region und globalisiertem Medienraum".[28]

Denn die Tauglichkeit für persönlich gesuchte Heimaten schwächt sich ab, da diese Tauglichkeit eines konkreten Ortes sich danach bemisst, wie erfüllend örtliche Heimatangebote für individuell gesuchte Identitätsbezüge gehalten werden. Diese Tauglichkeit verringert sich freilich konsequenterweise, wenn diese Heimatangebote lediglich zeitweise und ohne Bereitschaft zu näherer Eingebundenheit in die dort gegebenen sozialen Situationen angesteuert werden und damit das Individuum mit externen Ansprüchen und Verbindlichkeiten möglichst schwach belegt bzw. davon möglichst frei gehalten ist. Dann definiert nicht mehr die Art und Weise des realen Zusammenlebens von Menschen in einer Gemeinschaft[29] für Viele das Heimatliche, sondern die Vorstellung von frei wählbaren und zeitlich begrenzten Gemeinschaften aufgrund individueller Ungebundenheit.[30] Die Mitglieder der individualisierten Gesellschaft suchen Heimaten auf Zeit. Infolge von Individualisierung und Globalisierung sind die örtlichen Einheiten heute unter den Bedingungen einer entgrenzten Moderne weithin abgelöst von einem örtlich entgrenzten Streben nach einem Gefühl von Gemeinschaftlichkeit. Regionen bieten geografisch solche Voraussetzungen als „überörtliche Wir-Landschaften", wie sie der Kulturwissenschaftler Heinz Schilling nennt.[31] Medial offeriert vor allem das Internet mit seinen Foren solche Bedingungen.

---

28 Schilling 2010, S. 603.
29 Der Begriff „Gemeinschaft" wird hier ethnologisch verstanden im Sinne einer engen Verbindung zu einer sozialörtlichen sozialen Gruppe, die ihr Wir-Gefühl über die Gegenwart in die Vergangenheit ableitet.
30 Schilling 2010.
31 Schilling 2010, S. 601-606, Zitat 606.

Wendet man die Vorstellung von ‚Heimat' konsequent auf gesellschaftliche Realitäten der Gegenwart an und instrumentalisiert sie eben nicht zur Kompensation von als bedrohlich empfundenen Zumutungen moderner Entgrenzungs- und Vermischungsvorgänge, dann muss man insbesondere auch eine Betrachtungsweise einbeziehen, die das migrantische Leben als Teil der Alltagsrealität wahrnimmt und akzeptiert. Angesichts der Präsenz von Menschen mit migrantischem Hintergrund präsentiert sich der Begriff ‚Heimat' auch und gerade für die Mitglieder der Aufnahmegesellschaft verwoben mit Prozessen der Integration. Verpflichtet sich eine offene Gesellschaft zu diesem Verständnis von ‚Heimat', appelliert sie an das Individuum, statt der Ab- und Ausgrenzungspraktiken traditioneller Selbstversicherung selbst aktiv zum Zusammenleben zwischen Einheimischen und Zugewanderten beizutragen.[32] In dieser Situation treten die Ambivalenzen des Heimatbegriffs zwischen Zugehörigkeitsfragen und soziokulturellen Grenzziehungen deutlich hervor.

Was ergibt sich daraus als Fazit? Seine Geschichte wie sein spätmoderne Anpassung präsentieren das Heimatverständnis als eine sehr wandelbare Erscheinung, mit großer Bedeutungsoffenheit und assoziativer Flexibilität. Dem persönlichen Sicherheits- und Zugehörigkeitsbedürfnis steht seit dem 19. Jahrhundert ein machtvolles gesellschaftliches, wirtschaftlich und politisch angeleitetes Heimat-Angebot gegenüber, das den Einzelnen trickreich bedrängt. Es verspricht, DAS Heilmittel gegen die Zumutungen der Gesellschaft zu sein, Kompensation für das Gefühl der Zurückgebliebenheit, für Unsicherheit und für Verlusterfahrungen zu bieten. Außerdem soll es ein bildhafter Ausdruck sein für gemeinschaftliche, vorwiegend regionale Identitäten, die sich zwischen gesellschaftlicher Individualisierung und voranschreitender Globalisierung in die Zange genommen fühlen.

Zum Schluss

Abschließend muss nochmals auf die Ambivalenz und Zwiespältigkeit des Heimatkonzepts hingewiesen werden. Ich möchte zwei pointierten Statements zu Wort kommen lassen, die die Chancen wie auch die Probleme des Umgangs mit ‚Heimat' behandeln. Voll von negativen Konnotationen schreibt der Marburger Literaturwissenschaftler Jürgen Joachimsthaler in seinem 2015 erschienenen Aufsatz mit dem Titel *Heimat, schrecklicher Sehnsuchtsort:* „‚Heimat'. Kaum ein anderes Wort löst so widersprüchliche Reaktionen aus, kaum ein anderes ist so drückend voll von intimster Erinnerung an Angenehmstes und Unangenehmstes, kaum ein ander[e]s rührt so unabweislich nah an frühen Schmerz, Urvertrauen und Angst. Heimat oder, besser,

---

32 Seifert 2011/2012, S. 209-217.

auf Heimat bezogene [Kultur] umfasst alles von rosarotem Kitsch bis zu düsterstem Horror. (...) Gerade die virtuelle Dimension von Heimat ermöglicht die Angestrengtheit, mit der sie gewollt werden kann, das Unangenehme, dumpf Drückende, das mit 'Heimat' von Opfern dieses Konzepts oft verbunden wird."[33] Dagegen bemerkt die deutsche Philosophin Rebekka Reinhard positiv gestimmt in ihrem 2014 publizierten Buchbeitrag mit dem Titel *Auf der Suche nach 'Heimat'. Lebensentwürfe jenseits der Norm:* „In Zeiten metaphysischer Obdachlosigkeit hat dieses Wort Hochkonjunktur. 'Heimat' ist eine Metapher für alles, was wir in der hyperkapitalistischen Umgebung vermissen. Sie verspricht die Rückkehr zu authentischen Lebensformen, in denen etwas zweifellos Wertvolles zum Ausdruck kommt. Aber was genau? Dass wir uns nach einer Heimat sehnen, heißt noch lange nicht, dass wir auch wissen, was das für uns bedeuten soll. Fleisch regionaler Herkunft? Naturnahe Landwirtschaft? Buddhismus? Die Nähe zu geliebten Menschen? Oder ganz einfach das eigene authentische Selbst? Angesichts der Vielfalt an Optionen [...] sehen manche nur einen Ausweg: Ausprobieren statt Theoretisieren, den Aufbruch ins Unbekannte wagen [...]"[34]

‚Heimat' ist all dies. – Und längst noch nicht zu Ende erzählt.

---

[33] Joachimsthaler 2015.
[34] Reinhard, Rebekka: Auf der Suche nach 'Heimat'. Lebensentwürfe jenseits der Norm, in: Münchner Stadtmuseum, Scheutle, Rudolf (Hg.): Luxus der Einfachheit – Lebensformen jenseits der Norm, Ausstellungskatalog, Heidelberg/Berlin 2014, o.S..

LITERATUR

Binder, Beate: Heimat als Begriff der Gegenwartsanalyse? Gefühle der Zugehörigkeit und soziale Imaginationen in der Auseinandersetzung um Einwanderung, in: Zeitschrift für Volkskunde 104 (2008), S. 1-17.

Binder, Beate: Beheimatung statt Heimat. Translokale Perspektiven auf Räume der Zugehörigkeit, in: Manfred Seifert (Hg.): Zwischen Emotion und Kalkül. ‚Heimat' als Argument in der Moderne, Leipzig 2010, S. 189-204.

Bollnow, Otto Friedrich: Neue Geborgenheit. Das Problem einer Überwindung des Existenzialismus, 2. Auflage, Stuttgart 1960.

Bollnow, Otto Friedrich: Mensch und Raum, 7. Auflage, Stuttgart/Berlin/Köln 1994.

Bossle, Lothar: Heimat als Daseinsmacht, in: Bundeszentrale für politische Bildung (Hg.): Heimat. Analysen, Themen, Perspektiven,. Band 1, Bonn 1990, S. 122-133;

Di Fabio, Udo: Heimat und Herkunft in entgrenzter Welt, in: Klose, Joachim/ Lindner, Ralph (Hg.): Zukunft Heimat, Dresden 2012, S. 43-58.

Dutton, Kevin: Psychopathen. Was man von Heiligen, Anwälten und Serienmördern lernen kann, 3. Auflage, München 2013 .

Forschung und Lehre, Heft 2/2011 mit dem Themenschwerpunkt „Heimat und Fremde".

Hall, Stuart: Wer braucht ‚Identität'?, in: Ders.: Ideologie, Identität, Repräsentation. Ausgewählte Schriften 4, hrsg. v. Juha Koivisto und Andreas Merkens, Hamburg 2004, S. 167-187.

Hare, Robert D.: Gewissenlos: die Psychopathen unter uns, Wien/New York 2005.

von Horváth, Ödön: Fiume, Belgrad, Budapest, Preßburg, Wien, München, in: Krischke, Traugott (Hg.): Ödön von Horvath. Gesammelte Werke, Band 11. 3. Auflage, Frankfurt a.M. 2017, S. 184-195.

Hüther, Gerald: Geborgenheit. Wo Heimat im Gehirn zu Hause ist, in: Stapferhaus Lenzburg (Hg.): Heimat – Eine Grenzerfahrung, Lenzburg/Zürich 2017, S. 50-56.

Joachimsthaler, Jürgen: Heimat, schrecklicher Sehnsuchtsort. Zur Anatomie einer Ambivalenz, in: literaturkritik.de, November 2015, o.S., URL: http://www.literaturkritik.de/public/rezension.php?rez_id=21365.

Joisten, Karen: Zur „Heimat" verurteilt?, in: der blaue reiter 23 (2007), Heft 1, S. 40-45.

Kühne, Olaf/Spellerberg, Annette: Heimat in Zeiten erhöhter Flexibilitätsanforderungen. Empirische Studien im Saarland, Wiesbaden 2010.

Lenz, Siegfried: Heimatmuseum, Hamburg 1978.

Loer, Thomas: Ortloser Logos. Kann Wissenschaft eine Heimat haben?, in: Forschung und Lehre, Heft 2/2011, S. 106-108,

Mitzscherlich, Beate: Die psychologische Notwendigkeit von Beheimatung, in: Bucher, Anton/ Gutenthaler, Andreas: Heimat in einer globalisierten Welt. Wien 2001, S. 94-109.

Plessner, Helmut: Die Stufen des Organischen und der Mensch. Einleitung in die philosophische Anthropologie (1928), Berlin/New York 1975.

Reinhard, Rebekka: Auf der Suche nach ‚Heimat'. Lebensentwürfe jenseits der Norm, in: Münchner Stadtmuseum, Scheutle, Rudolf (Hg.): Luxus der Einfachheit – Lebensformen jenseits der Norm, Ausstellungskatalog, Heidelberg/Berlin 2014, o.S.

Rosa, Hartmut: Heimat im Zeitalter der Globalisierung, in: der blaue reiter 23 (2007), Heft 1, S. 13-18.

Seifert, Manfred: Heimat und Spätmoderne. Über Suchbewegungen nach Sicherheit angesichts von Mobilität, Migration und Globalisierung, in: Rheinisches Jahrbuch für Volkskunde 39 (2011/2012), S. 199-221.

Seifert, Manfred: Heimat in Bewegung. Zur Suche nach soziokultureller Identität in der Spätmoderne, in: Klose, Joachim/ Lindner, Ralph/ Seifert, Manfred (Hg.): Heimat heute. Reflexionen und Perspektiven, Dresden 2012, S. 15-34.

Seifert, Manfred: Subjektives Heimatempfinden als sozialer Prozess, in: Verein Philosophie.ch (Hg.): Blog „Nachdenken über Heimat", o.S.URL: https://www.philosophie.ch/philosophie/highlights/nachdenken-ueber-heimat/subjektives-heimatempfinden-entwickelt-sich-als-sozialer-prozess.

Sieder, Reinhard: Subjekt, in: Anne Kawaschik, Anne/Wimmer, Mario (Hg.): Von der Arbeit des Historikers. Ein Wörterbuch zu Theorie und Praxis der Geschichtswissenschaft, Bielefeld 2010, S. 197-202.

Soziale Arbeit GmbH (Hg.): Denk ich an Heimat. Ein Straßenbuch von APROPOS, Salzburg 2010.

Schilling, Heinz: Heimat und Globalisierung. Skizzen zu einem ausgreifenden Thema, in: Alzheimer, Heidrun et.al. (Hg.): Bilder – Sachen – Mentalitäten. Arbeitsfelder historischer Kulturwissenschaften. Wolfgang Brückner zum 80. Geburtstag, Regensburg 2010, S. 589-606.

Schmoll, Friedemann: Orte und Zeiten, Innenwelten, Aussenwelten. Konjunkturen und Reprisen des Heimatlichen, in: Costadura, Edoardo/ Ries, Klaus (Hg.): Heimat gestern und heute. Interdisziplinäre Perspektiven. Bielefeld 2016, S. 25-46.

Schmoll, Friedemann: Heimat – Zwischen Fürsorge und Verbrechen, in: Verein Philosophie.ch (Hg.): Blog „Nachdenken über Heimat", o.S.. URL: https://www.philosophie.ch/philosophie/highlights/nachdenken-ueber-heimat/heimat-zwischen-fuersorge-und-verbrechen.

Straub, Jürgen: Identität, in: Jäger, Friedrich/Liebsch, Burkhard (Hg.): Handbuch der Kulturwissenschaften, Band 1, Stuttgart 2004, S. 277-303.

Türcke, Christoph: Heimat wird erst, in: der blaue reiter 23 (2007), Heft 1, S. 35-39.

Museen und ihre Besucher im Spannungsfeld kultureller Tradierungs- und Transformationsprozesse – Strukturtheoretische Überlegungen zur Museumsausstellung als Ort kultureller Differenzerzeugung

Leopold Klepacki

Dass Museen aufgrund ihrer Funktionen und Aufgaben[1] u.a. damit betraut sind, Kultur[2] und Geschichte anhand materieller Dinge zu vermitteln, erscheint auf den ersten Blick direkt einsichtig – es ist sozusagen alltagsempirisch evident.[3] Dass Museen zur Erfüllung dieser Vermittlungsaufgabe Ausstellungen konzipieren, die auf bestimmten Logiken und Systematiken aufbauen, ist insofern ebenfalls direkt einsichtig, als in Museumsausstellungen Dinge eben nicht beliebig zusammengetragen werden, sondern ausgewählt und in bestimmte systematische Zusammenhänge gebracht werden. Dass Museumsausstellungen dadurch zu Orten der (An-)Ordnung von Dingen und damit der Konstruktion von bestimmten Narrationen[4] werden, ist aus der Sicht

---

[1] Vgl. z.B. Walz, Manuel: Begriffsgeschichte, Definition, Kernaufgaben, in: Ders. (Hg.): Handbuch Museum. Geschichte – Aufgaben – Perspektiven, Stuttgart 2016, S. 8-14.

[2] Dem vorliegenden Text wird ein bedeutungs- und wissensorientierter sowie ein praxeologisch ausgerichteter Kulturbegriff zugrunde gelegt. Kultur meint dementsprechend „die Dimension kollektiver Sinnsysteme, die in Form von Wissensordnungen handlungsanleitend" wirken (Reckwitz, Andreas: Die Transformation der Kulturtheorien. Zur Entwicklung eines Theorieprogramms, Weilerswist 2000, S. 90). Diese symbolischen Ordnungen manifestieren bzw. materialisieren sich in sozialen Praktiken und werden zugleich über diese hervorgebracht und tradiert sowie transformiert. Dementsprechend ist sowohl von einer konstitutiven wechselseitigen Verwobenheit materieller und immaterieller Dimensionen von Kultur als auch von einer kontextuell-relationalen Zirkulation kultureller Praxismuster auszugehen.

[3] Dass die verallgemeinernde Rede von „dem" Museum weder in empirischer noch in theoretisch-systematischer noch in historischer Hinsicht hinreichend präzise sein kann, ist offensichtlich. Ebenso offensichtlich ist, dass sich Museen je nach inhaltlichem Fokus, je nach ihren organisationalen Strukturen und je nach ihrem Selbstverständnis erheblich in ihren Modalitäten und Praktiken unterscheiden. Es soll an dieser Stelle dennoch auf den Versuch einer Kategorisierung von Museumstypen verzichtet werden, da Museumstypologien grundsätzlich von bestimmten, differierenden Logiken des Systematisierens geprägt sind, die an unterschiedlichen Stellen zu je spezifischen Systematisierungsproblemen bzw. Unschärfen führen. Museumstypologien sind dementsprechend selbst heterogen und weisen jeweils auch selbst eine gewisse Historizität auf (vgl. Walz 2016, S. 78ff.). Dem vorliegenden Text soll deshalb ein möglichst offenes, aber dennoch inhaltlich tragfähiges Verständnis dessen zugrunde gelegt werden, was als Museum verstanden werden kann. Museen werden dementsprechend als dauerhafte gesellschaftliche Einrichtungen verstanden, die „Sammlungen materieller Dokumente" bewahren und überliefern „sowie intern und extern Wissen um diese materiellen Dokumente" generieren (vgl. Walz 2016, S. 12).

[4] Vgl. z.B. Thiemeyer, Thomas: Das Museum als Wissens- und Repräsentationsraum, in: Walz, Markus (Hg.): Handbuch Museum. Geschichte – Aufgaben – Perspektiven, Stuttgart 2016, S. 18-21; Flacke,

von Museumsbesuchern dabei nicht unbedingt offensichtlich. Entscheidend für die im Folgenden anzustellenden Überlegungen ist jedoch genau dieser Umstand: Museen präsentieren in ihren Ausstellungen eben nicht nur schlicht materielle Dinge und rekonstruieren anhand dieser Dinge Geschichte und Kultur zum Zwecke der Vermittlung, vielmehr wirken sich die Logiken und Praktiken musealer (Re-)Konstruktionstätigkeit unweigerlich auf die Struktur und Semantik von Museumsausstellungen aus. Museumsausstellungen bilden nicht nur den Rahmen für die Exponate, sondern beeinflussen auch die mit diesen Dingen in Verbindung gebrachten (kulturhistorischen und informationellen) Narrationen und dadurch wiederum die Wahrnehmungs-, Erfahrungs- und Erkenntnismöglichkeiten der Besucher. In der konkreten Situation des Ausstellungsbesuchs haben diese Ordnungen einerseits eine formierende Wirkung auf die Konstitution des Besuchersubjekts, da sie grundsätzliche Möglichkeiten der Rezeption der Exponate beinhalten. Andererseits bringen die Besucher aber nicht nur ihre eigenen Interessen und Wissensbestände in den Ausstellungsbesuch ein, sondern v.a. auch ihre eignen habitualisierten Praktiken des Wahrnehmens, Bewegens, Kommunizierens, Aufmerksam-Seins usw.

Daraus folgt zweierlei: Erstens existieren die Menschen als Besucher dementsprechend nicht ‚an sich', sondern treten nur in der konkreten Situation in ihrem Verhältnis zur Ausstellung und den Exponaten in Erscheinung. Zweitens realisiert sich der Ausstellungsbesuch aber in gleichem Maße erst in den spontanen kognitiven, sinnlichen und körperlichen Positionierungen der Besuchersubjekte zu den Exponaten bzw. zu den Inhalten, Formen und Strukturen der Ausstellung. Im Rahmen dieser Verhältnisbildung subjektivieren sich die Menschen also als Museumsbesucher und adressieren dadurch die Dinge als Exponate, genauso, wie die Exponate und die Ausstellung den Menschen als Besucher adressieren.[5] Hieraus ergibt sich letztlich eine situativ gebundene, relationale, soziodingliche Struktur,[6] in der sich Dinge als Exponate und Menschen als Besucher überhaupt erst wechselseitig generieren.

Monika: Ausstellung als Narration, in: Walz, Markus (Hg.): Handbuch Museum. Geschichte – Aufgaben – Perspektiven, Stuttgart 2016, S. 253-256.

5 Subjektivierung wird in diesem Kontext als Prozess verstanden, in dem Menschen einerseits zu Subjekten ‚gemacht' werden und sich andererseits als Subjekte selbst-bildend hervorbringen. Subjektivierung meint dementsprechend die prozessuale „(Epi-)Genesis des Subjekts […], [die] sich als und in Praktiken vollzieht, so dass Handlungen und Strukturen nicht mehr als bloß oppositional einander gegenüberstehende Momente begriffen werden können." (Ricken, Norbert: Zur Logik der Subjektivierung, in: Gelhard, Andreas/Alkemyer, Thomas/Ricken, Norbert: Techniken der Subjektivierung, München 2013, S. 31.)

6 Vgl. Nohl, Arnd-Michael: Pädagogik der Dinge, Bad Heilbrunn 2011.

Wenn sich die Struktur der Museumsausstellung also zwischen die Dinge und Menschen ‚schaltet', dann werden in einer Museumsausstellung nicht nur Besucher mit Exponaten zusammengeführt, sondern es werden Menschen mit jeweils spezifischen Hintergründen (z.B. biographisch, kulturell, sozial) mit konstruierten Anordnungen konfrontiert, die die dingbezogenen Wahrnehmungen, Erfahrungen und Erkenntnisprozesse der Besucher lenken und damit deren Subjektivierungsprozesse als Besucher beeinflussen. Etwas überspitzt könnte man sagen, dass Museen durch diese Struktur Ordnungen und Muster der Konstruktion und Tradierung von Kultur und/oder Geschichte und damit Entwürfe von Kultur und Geschichte festschreiben, anhand derer sich Menschen verorten. Museen stellen dadurch zentrale gesellschaftliche Definitionsmächte[7] dessen dar, was den Besuchern als ‚eigene' oder ‚fremde' Geschichte bzw. als ‚eigene' oder ‚fremde' Kultur erscheint.

Diese Erfahrung – so die in diesem Text vertretene These – beruht damit nicht ausschließlich auf der Konfrontation der Besucher mit (tendenziell) ‚fremden' oder mit der ‚eigenen' Kultur und Geschichte zugehörigen Dingen, die aus ihren ursprünglichen Kontexten losgelöst sind, sondern vielmehr auf dem situativ entstehenden Verhältnis von Mustern, Praktiken und Traditionen kultureller Identitätsbildung bzw. -konstruktion[8] der Besucher und den Strategien, Logiken und Vorgehensweisen der Darstellung von Geschichte und Kultur durch das Museum. Museumsausstellungen generieren zwar eine kulturell und gesellschaftlich gebundene, aber je nach Ausstellung spezifisch ausgeprägte Kohärenz. Diese unterscheidet sich jedoch insofern von der Historizität der Besucher, als von einer jeweiligen Eigenzeitlichkeit sowohl der Dinge an sich, der Dinge als Exponate, des Museums bzw. der Ausstellung als auch der Besucher auszugehen ist. Die Zusammenführung unterschiedlicher Zeitlichkeiten im Sinne einer „Vielfalt voneinander unabhängiger Reihen mit unterschiedlichen

---

7 Vgl. Mörsch, Carmen/Sachs, Angeli/Sieber, Thomas (Hg.): Ausstellen und Vermitteln im Museum der Gegenwart, Bielefeld 2017.
8 In Anlehnung an Stuart Hall (Vgl.: Hall, Stuart: Rassismus und kulturelle Identität. Ausgewählte Schriften 2. Hamburg 1994.) wird Identität hier nicht als etwas Gegebenes, als ein unveränderlicher Kern eines fixierbaren Ich gesehen, sondern als prozessuales und transformatorisches Geschehen der Identifikation verstanden. Die Vorstellung eines autonom handelnden Subjekts „als Träger einer widerspruchsfreien und stabilen Identität" (Krönert/Hepp 2015, S. 266) wird in dieser Perspektive dementsprechend zugunsten einer Idee der dezentrierten und fragmentierten Identität, die immer wieder konstituiert werden muss, aufgegeben. Der Begriff der Identifikation verweist bei Hall somit jenseits essenzialistischer Identitätskonzepte auf die Notwendigkeit einer anhaltenden, nicht abschließbaren Konstruktionsleistung. (Vgl. Krönert, Veronika/Hepp, Andreas: Identität und Identifikation, in: Hepp, Andreas et al. (Hg.): Handbuch Cultural Studies und Medienanalyse, Wiesbaden 2015, S. 265-273.)

Verlaufsgeschwindigkeiten"[9] wirkt differenzerzeugend, da sich Menschen und Dinge in unterschiedlichen Sinnordnungen befinden. Diese Differenz ist in der Konstruiertheit musealer Ausstellungen begründet, die über ihre jeweilige Darstellung von Kultur und Geschichte sowie über ihre Vermittlungskonzepte Sinnzusammenhänge generieren. Identifikatorische Prozesse in Museumsausstellungen sind damit nur über das Moment der (historischen, kulturellen, hermeneutischen, epistemischen usw.) Differenz zu denken.

Blickt man auf aktuelle gesellschaftliche Transformationsdynamiken in (post-)migrantisch[10] und damit transkulturell geprägten Lebenswelten, in denen sich nicht nur eine Pluralisierung von Wirklichkeiten, sondern v.a. auch eine Pluralisierung von Mustern kultureller Traditionsbildung und damit auch eine Vervielfältigung kollektiver Gedächtnisformen und Erinnerungskulturen sowie kultureller Wissens- und Erfahrungsmuster ereignet, dann stellt sich zwangsläufig die Frage, welche Relevanz bzw. Funktionalität den etablierten Mechanismen musealer Konstruktion von historisch-kultureller Wirklichkeit sowie von historisch-kulturellem Wissen (noch) zu eigen sein kann. Die Bearbeitung dieser Frage bedeutet für Museen v.a. eine Selbstreflexion, in der das Museum selbst als Akteur und als Ergebnis kultureller Tradierungs- und Transformationsprozesse begriffen wird. Diese Perspektive thematisiert damit zugleich seine je konkrete kulturhistorische Gewordenheit bzw. Gebundenheit und seine spezifischen Mechanismen der Generierung von Möglichkeiten (und Grenzen) der Auseinandersetzung mit Kultur und Geschichte im Hinblick auf die kulturelle Diversität der Museumsbesucher in einer globalisierten Welt. Ein derartiger Blick auf die eigene Verfasstheit würde dann aber auch bedeuten, Prozesse kultureller Identifikation eben gerade nicht als Vorgänge der Fest-Stellung eines stabilen kulturellen Kerns zu verstehen, sondern in einer postkolonialen Perspektive als Prozesse der Herstellung von Andersheit, in denen bzw. durch die Differenzverhandlungen nötig und möglich werden.[11]

Wenn Museen vor diesem Hintergrund in einer reflektierten, kulturelle Pluralität und Diversität anerkennenden und nicht-affirmativen Art und Weise Prozesse der individuellen und kollektiven Identitätsbildung ermöglichen möchten, dann müssen sie sich also zunächst der Konstruktionsmechanismen und -parameter ihrer eigenen,

---

9 Assmann, Aleida: Zeit und Tradition. Kulturelle Strategien der Dauer, Köln/Weimar/Wien 1999, S.
10 Vgl. z.B. Yildiz, Erol/Hill, Marc: Nach der Migration. Postmigrantische Perspektiven jenseits der Parallelgesellschaft, Bielefeld 2014.
11 Vgl. Göhlich, Michael: Homi K. Bhabha: Die Verortung der Kultur. Kontexte und Spuren einer postkolonialen Identitätstheorie, in: Jörissen, Benjamin/Zirfas, Jörg (Hg.): Schlüsselwerke der Identitätsforschung, Wiesbaden 2010, S. 315-330.

als historisch gewordene und als transformativ zu verstehende Identität bewusst werden. Mit den – durchaus provokativen – Worten Stuart Halls würde das bedeuten: „Museums have to understand their collections and their practices as […] temporary stabilisations. What they are […] is as much defined by what they are not. Their identities are determined by their constitutive outside; they are defined by what they lack and by their other. The relation to the other no longer operates as a dialogue of paternalistic apologetic disposition. It has to be aware that it is a narrative, a selection, whose purpose is not just to disturb the viewer but to itself be disturbed by what it can not be, by its necessary exclusions. It must make its own disturbance evident so that the viewer is not entrapped into the universalized logic of thinking whereby because something has been there for a long period of time and is well funded, it must be true and of value in some aesthetic sense. Its purpose is to destabilise its own stabilities. […] [I]t has to turn its criteria of selectivity inside out so that the viewer becomes aware of both the frame and what is framed".[12]

Dieses Postulat stellt im Kern zunächst einmal eine Gegenposition zu kulturellen Tradierungsprozessen dar, die hegemoniale Bestrebungen bejahen, interpretiert zugleich aber das Prinzip der Destabilisierung von konstruierter Identität produktiv, indem ihm eine die Besucher betreffende Dimension zugesprochen wird, die *cultural awareness* ermöglichen kann. Im Folgenden soll nun die Frage danach, inwiefern Museen heute (noch) als identitätsstiftende Kulturinstitutionen wirksam werden können, anhand von zwei Aspekten untersucht werden: einerseits anhand einer kritisch-reflexiven Auseinandersetzung mit der Struktur kultureller Tradierungs- und Transformationsprozesse in globalisierten, pluralisierten Lebenswelten und andererseits anhand der Modalitäten der Relationsbildung zwischen Besuchern und Dingen in und durch Museumsausstellungen und den damit einhergehenden sowohl zusammenführenden als auch differenzerzeugenden Prozessen zwischen Exponaten und Besuchern.

Museen und Menschen im Kontext kultureller Tradierungs- und Transformationsprozesse

Musealisierung[13] kann als kulturhistorisch entstandene und konservatorisch bzw. kompensatorisch angelegte ‚Reaktion' auf die Erfahrung der Vergänglichkeit kultureller

---

[12] Hall, Stuart: Museums of Modern Art and the End of History, in: Campbell, Sarah/Tawadros, Gilane (Hg.): Annotations 6: Stuart Hall and Sarat Maharaj: Modernity and Difference. London: Institute of International Visual Arts 2001, pp. 8-23. URL: https://de.scribd.com/document/189850881/Stuart-Hall-Museums-of-Modern-Art-and-the-End-of-History, zuletzt aufgerufen am 13.04.2018.

[13] Vgl. Zacharias, Wolfgang (Hg.): Zeitphänomen Musealisierung. Das Verschwinden der Gegenwart und die Konstruktion der Erinnerung, Essen 1990.

Wirklichkeiten aufgefasst werden. Versteht man Museen zugleich als Akteure und Resultate dieser kulturellen Tradierungs- und Transformationsprozesse, so erscheinen sie einerseits als institutionalisierte Mechanismen der Erzeugung und Formierung von Geschichtsnarrativen und andererseits als in ihren Konzeptionen, Strukturen, Formen und Funktionen je zeitgebundene und damit historisch wandelbare Institutionen.[14] Ob bzw. inwiefern Museen identitätsstiftende Orte sein können, ist eine Frage der Betrachtung des Verhältnisses zwischen den Prinzipien der Konstruktion von kulturhistorischer Wirklichkeit durch Museen und den sich historisch verändernden kulturell-gesellschaftlichen Bedingungen und Mentalitäten, im Rahmen derer die jeweiligen Aufgaben und Funktionen von Museen überhaupt erst ihren Sinn und ihre Bedeutung erhalten.

In diesem Sinne wären Museen bzw. Museumsausstellungen stets zweierlei: Spiegel gesellschaftlicher Interessen an der Repräsentation von Kultur und Geschichte und Akteure der Darstellung von Kultur und Geschichte und damit zusammenhängend auch spezifischer Umgangsformen mit Kultur und Geschichte. In Anlehnung an Aleida Assmann[15] ist dementsprechend zu konstatieren, dass es eben kein Zufall, sondern ein signifikanter Effekt spezifischer historischer Gesellschaftsbedingungen ist, ob beispielsweise die Geschichte des „heiligen Römischen Reichs deutscher Nation" „monumental, imperial, glanzvoll, plakativ"[16] oder eher reflexiv-kontrastierend, relativierend und dementsprechend europäisch-dezentriert in einem transnationalen Rahmen präsentiert wird.

Museen tradieren Geschichte und Kultur offensichtlich nicht nur, sondern sie transformieren diese auch und zwar im Rahmen sich ebenfalls transformierender kultureller und gesellschaftlich-politischer Kontexte. Kulturelle Identität[17] bzw. auch die institutionelle Identität von Museen könnte in dieser Perspektive folgerichtig nur als transformative Identität gedacht werden, die immer wieder unter neuen Bedingungen

---

14 Vgl. te Heesen, Anke: Theorien des Museums zur Einführung, Hamburg 2012.
15 Assmann, Aleida: Konstruktion von Geschichte in Museen, in: Aus Politik und Zeitgeschichte 49, 2017, S. 6-13.
16 Assmann 2007, S. 7.
17 Auch kulturelle Identität soll hier als etwas grundsätzlich Transformatives und Offenes gedacht werden, das sich „immer in einem Prozess der Herausbildung befindet" (Hall 1994, S. 72). Kulturelle Identität ist damit weder als gemeinsamer „Erfahrungsschatz" im Sinne einer kollektiv geteilten Geschichte noch „als etwas Gegebenes [...] [zu verstehen], in das Individuen hineingeboren werden, sondern als eine diskursive Praxis, durch die sich Individuen in Rückgriff auf unterschiedliche symbolische Ressourcen sozial und kulturell verorten" (Krönert/Hepp 2015, S. 267). Mit Stuart Hall ist kulturelle Identität dementsprechend als eine „Art der Repräsentation" (Hall 1994, S. 74) aufzufassen, „durch die sich Individuen als soziale Subjekte entwerfen und die im Zuge der symbolischen Selbst-Konstitution permanent fortgeschrieben wird" (Krönert/Hepp 2015, S. 267).

hergestellt bzw. entwickelt werden muss und die grundsätzlich deshalb unabschließbar und fragil erscheint, weil Transformationen Prozesse darstellen, die den einzelnen Menschen bzw. gesellschaftlichen Gruppen, aber auch Institutionen „Neu- oder Umorientierungen [oder] zumindest Reformulierungen bisheriger Orientierungen"[18] abnötigen.

Transformationsdynamiken beschleunigen und intensivieren sich in globalisierten, (post-)migrantischen und post- bzw. neokolonialen Lebenswelten, in denen neue gesellschaftliche Wertedebatten, politische Proklamationen von Leitkultur und kultureller Identität vor dem Hintergrund gesellschaftlicher Spaltungsprozesse sowie verstärkte nationalistische Strömungen beobachtet werden können, die allesamt als Reaktion auf die Orientierungsnöte in einer unübersichtlich gewordenen Welt gelesen werden können. Angesichts dessen erscheint die Frage in analytischer als auch in konzeptioneller Hinsicht relevant, wie die museale Konstruktion von Kultur und Geschichte einerseits sinngenerierend, besuchergemäß und nachhaltig und andererseits in einem kritischen Bewusstsein für die Konstruiertheit von kultureller Identität und damit jenseits affirmativ-hegemonialer Traditionskonstruktionen gestaltet werden kann. Denn dies hat Auswirkungen auf die Logiken und Praktiken des Ausstellens und Vermittelns: Nicht nur, dass Museen seit geraumer Zeit verstärkt ihre Rolle als Wissensgeneratoren und -vermittler hinterfragen, entwerfen sie sich auch vermehrt programmatisch als „Orte des Wissensaustauschs und als Schauplätze einer beteiligungsorientierten Verknüpfung von Geschichte und Gegenwart"[19].

Angesichts der oben beschriebenen wechselseitigen Verbindung musealer Tradierungs- und Transformationsprozesse mit gesellschaftlich-kulturellen Tradierungs- und Transformationsprozessen ist es kein Zufall, dass sich Museen seit geraumer Zeit deutlicher als spezifische Akteure einer kritisch-reflexiven, interaktiven und partizipativen kulturellen Praxis verstehen. Derartige konzeptionelle Schwerpunktsetzungen können durchaus als Reaktion auf die Transformationsdynamiken digitalisierter Informations- und individualisierter Erlebnisgesellschaften und damit als Versuch verstanden werden, an die Lebenswelt der Besucher anzuknüpfen.

Versteht man erstens digitalisierte Wirklichkeiten als Welten, in denen digitale Medialitäten und damit Hardware (Interfaces), digitale Codes (Software), digitale Objekte (Daten) und digitale Verbindungen (Netzwerke) zu konstitutiven bzw.

---

18 Düllo, Thomas: Kultur als Transformation. Eine Kulturwissenschaft des Performativen und des Crossover, Bielefeld 2011, S. 28.
19 Mörsch, Carmen/Sachs, Angeli/Sieber, Thomas: Vorwort, in: Dies. (Hg.): Ausstellen und Vermitteln im Museum der Gegenwart, Bielefeld 2017, S. 10.

selbstverständlichen Momenten des Lebens wurden[20] bzw. Digitalität als Set der Ermöglichung der Verknüpfung von (menschlichen und nichtmenschlichen) Akteuren auf Basis der Infrastruktur digitaler Netzwerke,[21] dann erscheint es geradezu notwendig, dass sich Museen von Orten der dingzentrierten Repräsentation zu Orten der dingbezogenen Information sowie von Orten der kontemplativen Betrachtung von Dingen zu Orten der medial unterstützten (inter-)aktiven Partizipation an der Generierung von musealen Mensch-Ding-Relationierungen entwickeln.

Geht man in diesem Zusammenhang zweitens mit Andreas Reckwitz[22] davon aus, dass in spätmodernen Gesellschaften die Suche nach dem einzigartigen, authentischen Erlebnis sowie das Originelle und Unverwechselbare von Situationen und Subjekten zu einem Leitmotiv wird, dann erscheint es letztlich auch folgerichtig, dass sich Museumsausstellungen seit geraumer Zeit (tendenziell bzw. partiell) von Orten der materiellen Objekte in Orte des subjektiven Erlebnisses (vergangener oder fremder Welten) transformieren. Dies ist hinsichtlich des Stellenwertes der Exponate durchaus folgenreich, denn „in dem Maße […], wie das Erlebnis in Ausstellungen die Evokation von Wissen und Präsenzeffekten mithilfe materieller Relikte zurückdrängt, wird das Objekt entbehrlich. Versteht sich das Museum zunehmend als ‚manufacturer of experience', als Erlebnisfabrik, die durch suggestive Arrangements historische Ereignisse als Erlebnis oder Erfahrung vermitteln will, dann kann es auf die ‚Erinnerungsveranlassungsleistung' der Dinge vertrauen […]. Allerdings, und das ist das Entscheidende, ist das Objekt für ein Museum, das dem Besucher vor allem ein Erlebnis bzw. eine besondere Erfahrung bieten will, entbehrlich. Die Perspektive ändert sich vom Objekt zum Subjekt, von den echten Dingen zu den authentischen subjektiven Erlebnissen. Nicht die Originalität, also die Einzigartigkeit und ursprüngliche materielle Substanz des Objekts ist dann entscheidend, sondern seine Fähigkeit, als ‚authentisch' wahrgenommene Erlebnisse zu erzeugen – mit oder ohne Exponate."[23]

---

20 Vgl. Jörissen, Benjamin: Digitale Bildung und die Genealogie digitaler Kultur: Historiographische Skizzen, in: Honegger, Beat Döbeli/Moser, Heinz/Niesyto, Horst/Rummler, Klaus (Hg.): MedienPädagogik – Zeitschrift für Theorie und Praxis der Medienbildung. Themenheft Nr. 25: Medienbildung und informatorische Bildung – quo vadis? 2016, S. 1-15.
21 Vgl. Stalder, Felix: Kultur der Digitalität, Berlin 2016.
22 Reckwitz, Andreas: Die Gesellschaft der Singularitäten. Zum Strukturwandel der Moderne, Berlin 2017.
23 Thiemeyer, Thomas: Die Sprache der Dinge. Museumsobjekte zwischen Zeichen und Erscheinung, in: Museen für Geschichte (Hg.): Online-Publikation der Beiträge des Symposiums "Geschichtsbilder im Museum" im Deutschen Historischen Museum Berlin, Februar 2011. URL: http://www.museenfuergeschichte.de/downloads/news/Thomas_Thiemeyer-Die_Sprache_der_Dinge.pdf, zuletzt aufgerufen am 13.04.2018.

Derartige Transformationsprozesse von Museen können durchaus auch als Versuche der Ermöglichung einer Identifikation der Besucher mit den Inhalten, Strukturen und Modalitäten der Ausstellung verstanden und damit als Ansätze des Aufnehmens von Prozessen der konstruktiven Behauptung kultureller Identität in transformativen Wirklichkeiten gelesen werden. Es ist zu fragen, inwiefern die Inhalte, Strukturen, Logiken, Narrationen und Ordnungen der Museumsausstellung den Museumsbesuchern spezifische Subjektpositionen zuweisen und wie sich die Museumsbesucher zu ebendiesen Dimensionen in Bezug setzen (können) und sich darüber als Besuchersubjekte artikulieren und hervorbringen.

Museumsausstellungen als Kontexte der Relationsbildung zwischen Besuchern und Dingen

Versteht man vor dem Hintergrund der bisherigen Überlegungen Museumsausstellungen erstens als Kontexte, in denen Menschen und Dinge zusammengeführt werden und geht man zweitens davon aus, dass diese Zusammenführung nicht neutral, sondern eingebettet in ein Netz aus kulturellen bzw. museal-institutionellen Prämissen, Traditionen, Strukturen, Logiken und Modalitäten abläuft, dann werden in und durch Museumsausstellungen nicht nur die Dinge als Exponate formiert, sondern eben auch spezifische dingbezogene bzw. dingzentrierte Narrationen erzeugt, die ihrerseits bedeutungs- und wirklichkeitskonstituierend wirksam werden. Zu dieser räumlich-dinglich-informationalen Anordnung werden nun wiederum die Besucher mit ihren individuellen kulturellen, sozialen und biographischen Hintergründen durch die Museumsausstellung in einen relationalen Bezug zueinander gebracht[24] und dadurch in ihrer Subjektposition als Besucher ebenfalls formiert. Museumsausstellungen können somit als Anordnungen verstanden werden, die die Wahrnehmungs-, Erfahrungs- und Handlungsprozesse der Besucher und damit auch deren Lern- und Bildungsprozesse strukturieren.

In und durch Museumsausstellungen werden strukturell die Ebene der konkreten materiellen Präsentation von Dingen mit der Ebene der Repräsentation der abwesenden Primärkontexte und Primärbedeutungen der Dinge mittels der informationellen Rahmungen und der sekundären, inszenatorischen Kontextualisierung der Dinge im Rahmen der Ausstellung gekoppelt.[25] Dadurch überlagern sich in Museumsausstellungen ästhetische Erscheinungshaftigkeiten mit epistemischen Zeigestrukturen, die in ihrer wechselseitigen Verschränktheit darauf ausgerichtet sind, bei den

---

24 Vgl. Nohl 2011, S. 184ff.
25 Vgl. Thiemeyer 2011.

Besuchern Sinn- und Präsenzeffekte[26] zu evozieren. Museumsausstellungen intendieren damit sowohl auf der Sinnebene, dem Bereich des verstehenden Erkennens von bedeutungshaft strukturierten Phänomenen, als auch auf der Präsenzebene, dem Bereich der sinnlich erfahrbaren zeitlich-räumlichen materiellen Gegenwärtigkeit, eine Konjunktion zwischen Menschen und Dingen im Hier und Jetzt der Ausstellung. Diese Konjunktion könnte man auf den ersten Blick als Möglichkeit der Initiierung identitätsbildender Prozesse erachten. Bezieht man an dieser Stelle jedoch noch einmal die Medialität der Museumsausstellung, die Eigenheiten von Museumsdingen bzw. Exponaten und die lebensweltlichen Hintergründe der Besucher mit in die Betrachtungen ein, so ergibt sich ein komplexeres Bild:

Gottfried Korff[27] versteht Museumsdinge als de- und rekontextualisierte, rekodierte und i.d.R. restaurierte bzw. nicht selten rekonstruierte Dinge, denen eine Bedeutungsunschärfe zu eigen ist,[28] die Gegenstand wissenschaftlich-epistemischer Prozesse sind und die als Exponate in einer ästhetisch, semantisch und epistemisch verbesonderten bzw. diskriminierten Art und Weise zu Wahrnehmungs-, Erfahrungs- und Erkenntnisdingen werden. In diesem Sinn sind Museumsdinge nicht nur Repräsentanten ihrer (tendenziell) nicht mehr einholbaren Primärkontexte und dementsprechend Repräsentanten kultureller Tradierungs-, Transformations- und Verlust- bzw. Vergessensprozesse,[29] sondern sie sind auch Repräsentanten ihrer Geschichte als Exponate und erscheinen damit immer auch als entfremdete und re-integrierte Dinge, da sie in eine sekundäre Existenzform überführt wurden, die an den Rahmen des Museums bzw. der Ausstellung gebunden ist. Daraus folgt, dass, selbst wenn Museumsbesucher ein Exponat aus ihren eigenen lebensweltlichen Kontexten kennen, das Ding in einer charakteristischen Distanziertheit verweilt und zwar gerade deshalb, weil es als Exponat präsent ist und darüber auf etwas Abwesendes verweist.

Für die Frage nach dem Museum als Ort der Ermöglichung von identifikatorischen Prozessen ist dieser Umstand insofern von Bedeutung, als die Konfrontation von Menschen und Dingen notwendigerweise zu Prozessen der Differenzerzeugung

---

26 Vgl. Gumbrecht, Hans-Ulrich: Diesseits der Hermeneutik. Die Produktion von Präsenz, Frankfurt am Main 2004, S. 17ff.
27 Vgl. Korff, Gottfried: Zur Eigenart der Museumsdinge (1992), in: Ders.: Museumsdinge deponieren – exponieren. Hg. von Martina Eberspächer, Gudrun Marlene König und Bernhard Tschofen, Köln/Weimar/Wien 2007, S. 140-145.
28 Vgl. Pomian, Krzysztof: Der Ursprung des Museums. Vom Sammeln, Berlin 1988, S. 73ff.
29 Vgl. Klepacki, Leopold: Das Museum: Die dinglich-ästhetische Vergegenwärtigung absenter kultureller Bedeutungssysteme. Eine strukturtheoretische Betrachtung des Zusammenhangs von (individueller) sinnlicher Wahrnehmung und (kollektiver) historischer Gedächtnisbildung, in: Bubmann, Peter/Dickel, Hans: Ästhetische Bildung in der Erinnerungskultur, Bielefeld 2014, S. 75-95.

führt, da sich Menschen und Dinge in der Museumsausstellung zwar in einer konkreten situativen Ko-Präsenz, jedoch in unterschiedlichen historischen (und damit kulturellen) Ordnungen befinden. Museumsausstellungen sind damit Orte, an denen „die Ungleichzeitigkeit und Unterschiedlichkeit des Gleichzeitigen"[30] zur Basis der Konstitution eines speziellen „soziodinglichen Kollektivs"[31] wird, in dem einerseits „Menschen und Dinge aufeinander gestimmt werden"[32], diese andererseits aber nicht in einen gemeinsamen primären oder originär lebensweltlichen, „konjunktiven Transaktionsraum"[33] sondern in einen artifiziell arrangierten Differenzkontext eingebunden sind und sich damit tendenziell fremd sind.

Diese wechselseitige Fremdheit eröffnet jedoch zugleich eine bildungstheoretisch relevante Kontaktzone zwischen Exponaten und Besuchern, in der die historisch gewordene Sinnstrukturiertheit sowohl der Exponate als auch der Besucher materiell-sinnlich präsent und dadurch erfahrbar wird.[34] Durch die Medialität der Museumsausstellung als inszenatorisch-sinnlichem und informationell-semantischem Rahmen ereignet sich für den Besucher damit eine konstitutive Verschränkung von aisthetisch-ästhetischen Erfahrungsmöglichkeiten mit epistemisch-hermeneutischen Erkenntnispotentialen. Allerdings ist das, was sich zwischen Menschen und Dingen ereignet bzw. ereignen kann, unweigerlich auch an die Vorerfahrungen, das explizite und implizite Wissen sowie die subjektiven Theorien und damit an die biographischen Hintergründe bzw. die sozialen und kulturellen Praxismuster der Museumsbesucher gebunden.

Die sich aus dieser Struktur heraus während eines Besuches einer Ausstellung ereignende, differenzerzeugende Kollusion von erstens dem sinnlich präsenten, materiellen Ding als präsentiertem Exponat, zweitens der Medialität der Museumsausstellung und drittens dem einzelnen Besucher beinhaltet somit das Potential, „dass einem das Eigene fremd und das Fremde vertraut werden kann"[35] – und zwar sowohl hinsichtlich

---

[30] Nohl 2011, S. 170.
[31] A.a.O., S. 14.
[32] A.a.O., S. 176.
[33] Nach Arnd-Michael Nohl sind sog. konjunktive Transaktionsräume zu verstehen als „soziodingliche Kollektive, in denen Menschen und Dinge aufeinander gestimmt werden. […] Das verbindende, Konjunktive der besagten Räume konstituiert sich also in der primären experience, der Kontagion bzw. der Transaktionen. Ausgehend von diesen Transaktionen ergeben sich kollektive Praktiken, in denen die Verwicklung von Menschen und Dinge stabilisiert wird. Diese kollektiven Praktiken bilden den Kern der konjunktiven Transaktionsräume, verbinden sie doch Mensch und Welt auf ihre je eigentümliche Weise miteinander" (Nohl 2011, S. 176/177).
[34] Vgl. Gumbrecht 2004, S. 111ff.
[35] Loewy, Hanno: Identität und Zweideutigkeit. Hohenemser Erfahrungen mit den Dingen der Zerstreuung, in: Mörsch, Carmen/Sachs, Angeli/Sieber, Thomas (Hg.): Ausstellen und Vermitteln im

der Besucher als auch hinsichtlich des Museums. Grundsätzlich sind Museumsausstellungen damit als Orte anzuerkennen, an denen „verschiedene Identitätsentwürfe, Selbstbilder und Interpretationen aufeinandertreffen" (können) und an denen „kulturelle Hegemonie[n] infrage gestellt werden"[36] (können). Ein Museumsbesuch kann somit als Prozess der Herstellung einer spezifischen kulturellen und sozialen Wirklichkeit verstanden werden, die nur während des Besuches, also durch die Präsenz der Besucher, existent ist. Das Bildungspotential von Museumsausstellungen als über Differenzerzeugungen identifikatorische Prozesse ermöglichende Kontaktzonen äußert sich dementsprechend in der Möglichkeit, dass sich die Besucher während des Besuches als differente ‚Andere'[37] artikulieren können, durch die die Konstruiertheit (musealer) kulturell-historischer Wirklichkeit zum Vorschein kommt und durch die sowohl die semantische Kohärenz als auch der hegemoniale Deutungscharakter der Ausstellung brüchig werden – vorausgesetzt, die Ordnungslogiken der Museumsausstellung adressieren die Besucher in einer Art und Weise, die die Einnahme einer derartigen Subjektposition und damit die Möglichkeit einer dementsprechenden Artikulation der Besucher zulässt[38].

Das bedeutet schließlich, dass ein Museum, das sich unter dem Eindruck der Transformationsdynamiken in globalisierten, pluralisierten und (post-)migrantischen Lebenswelten als kultureller Bildungsort verstehen möchte, seine kulturell-historische Deutungsmacht thematisieren und zur Verhandlung stellen müsste. Es müsste im Sinne eines *third space*[39] einen Raum eröffnen, in dem sowohl die etablierte *agency* des Museums als auch diejenige der Besucher insofern produktiv destabilisiert werden kann, als über wechselseitige Befremdungen sowohl die Relativität und Vorläufigkeit von Mustern und Praktiken der Weltdeutung als auch die dispositionierende Wirksamkeit symbolischer Ordnungen erfahrbar gemacht werden kann. In diesen sich dadurch eröffnenden Raum der Unbestimmtheit hinein könnten sich sodann

Museum der Gegenwart, Bielefeld 2017, S. 87.
36 A.a.O., S. 92.
37 Vgl. Mörsch, Carmen: Contact Zone (Un)realised, in: Mörsch, Carmen/Sachs, Angeli/Sieber, Thomas (Hg.): Ausstellen und Vermitteln im Museum der Gegenwart, Bielefeld 2017, S. 173-188.
38 Zum Zusammenhang von Adressierung, Subjektwerdung und Artikulation vgl. z.B.: Reh, Sabine/Rabenstein, Kerstin: Die soziale Konstitution des Unterrichts in pädagogischen Praktiken und die Potentiale qualitativer Unterrichtsforschung, in: Zeitschrift für Pädagogik. 59. Jahrgang, Heft 3, 2013, S. 291-307.
39 Der Begriff des third space wurde im postkolonialen Diskurs insbes. von Homi K. Bhabha geprägt und meint einen Raum, „in dem agency performiert, konstituiert und verhandelt (negotiations) wird. Es ist ein Raum, in dem sich die koloniale Autorität ihrer selbst nicht sicher sein kann und dem kolonisierten (versklavten, migrantischen) Subjekt in seiner Einstellung Macht zukommt" (Göhlich 2010, S. 327).

Bildungsprozesse[40] ereignen, deren Bezugspunkt nicht die affirmative Beglaubigung kultureller Identität darstellt, sondern die auf den reflexiven Umgang mit den Möglichkeitshorizonten der Konstruktion von kultureller Identität abheben.

LITERATUR

Assmann, Aleida: Zeit und Tradition. Kulturelle Strategien der Dauer, Köln/Weimar/Wien 1999.
Assmann, Aleida: Konstruktion von Geschichte in Museen, in: Aus Politik und Zeitgeschichte 49 (2007), S. 6-13.
Böhme, Hartmut et al. (Hg.): Transformation. Ein Konzept zur Erforschung kulturellen Wandels, München 2011.
Düllo, Thomas: Kultur als Transformation. Eine Kulturwissenschaft des Performativen und des Crossover, Bielefeld 2011.
Flacke, Monika: Ausstellung als Narration, in: Walz, Markus (Hg.): Handbuch Museum. Geschichte – Aufgaben – Perspektiven, Stuttgart 2016, S. 253-256.
Göhlich, Michael: Homi K. Bhabha: Die Verortung der Kultur. Kontexte und Spuren einer postkolonialen Identitätstheorie, in: Jörissen, Benjamin/Zirfas, Jörg (Hg.): Schlüsselwerke der Identitätsforschung, Wiesbaden 2010, S. 315-330.
Gumbrecht, Hans-Ulrich: Diesseits der Hermeneutik. Die Produktion von Präsenz, Frankfurt am Main 2004.
Hall, Stuart: Rassismus und kulturelle Identität. Ausgewählte Schriften 2, Hamburg 1994.
Hall, Stuart: Museums of Modern Art and the End of History, in: Campbell, Sarah/Tawadros, Gilane (Hg.): Annotations 6: Stuart Hall and Sarat Maharaj: Modernity and Difference. London 2001, S. 8-23, URL: https://de.scribd.com/document/189850881/Stuart-Hall-Museums-of-Modern-Art-and-the-End-of-History.
Jörissen, Benjamin: Digitale Bildung und die Genealogie digitaler Kultur: Historiographische Skizzen, in: Honegger, Beat Döbeli/Moser, Heinz/Niesyto, Horst/Rummler, Klaus (Hg.): MedienPädagogik – Zeitschrift für Theorie und Praxis der Medienbildung. Themenheft Nr. 25: Medienbildung und informatorische Bildung – quo vadis?, 2016, S. 1-15.
Klepacki, Leopold: Das Museum: Die dinglich-ästhetische Vergegenwärtigung absenter kultureller Bedeutungssysteme. Eine strukturtheoretische Betrachtung des Zusammenhangs von (individueller) sinnlicher Wahrnehmung und (kollektiver) historischer Gedächtnisbildung, in: Bubmann, Peter/Dickel, Hans: Ästhetische Bildung in der Erinnerungskultur, Bielefeld 2014, S. 75-95.
Korff, Gottfried: Zur Eigenart der Museumsdinge (1992), in: Ders.: Museumsdinge deponieren – exponieren. Hg. von Martina Eberspächer, Gudrun Marlene König und Bernhard Tschofen, Köln/Weimar/Wien 2007, S. 140-145.
Krönert, Veronika/Hepp, Andreas: Identität und Identifikation, in: Hepp, Andreas et al. (Hg.): Handbuch Cultural Studies und Medienanalyse. Wiesbaden 2015, S. 265-273.

---

40 Zum Zusammenhang von Bildung und Unbestimmtheit vgl. Marotzki, Winfried/Jörissen, Benjamin: Bildungstheorie und Neue Medien, Bad Heilbrunn 2009, S. 18-21.

Loewy, Hanno: Identität und Zweideutigkeit. Hohenemser Erfahrungen mit den Dingen der Zerstreuung, in: Mörsch, Carmen/Sachs, Angeli/Sieber, Thomas (Hg.): Ausstellen und Vermitteln im Museum der Gegenwart, Bielefeld 2017, S. 87-96.

Marotzki, Winfried/Jörissen, Benjamin: Bildungstheorie und Neue Medien, Bad Heilbrunn 2009.

Mörsch, Carmen/Sachs, Angeli/Sieber, Thomas (Hg.): Ausstellen und Vermitteln im Museum der Gegenwart, Bielefeld 2017.

Mörsch, Carmen/Sachs, Angeli/Sieber, Thomas: Vorwort, in: Dies. (Hg.): Ausstellen und Vermitteln im Museum der Gegenwart, Bielefeld 2017, S. 9-12.

Mörsch, Carmen: Contact Zone (Un)realised, in: Mörsch, Carmen/Sachs, Angeli/Sieber, Thomas (Hg.): Ausstellen und Vermitteln im Museum der Gegenwart, Bielefeld 2017, S. 173-188.

Nohl, Arnd-Michael: Pädagogik der Dinge, Bad Heilbrunn 2011.

Pomian, Krzysztof: Der Ursprung des Museums. Vom Sammeln, Berlin 1988.

Reckwitz, Andreas: Die Transformation der Kulturtheorien. Zur Entwicklung eines Theorieprogramms, Weilerswist 2000.

Reckwitz, Andreas: Die Gesellschaft der Singularitäten. Zum Strukturwandel der Moderne, Berlin 2017.

Reh, Sabine/Rabenstein, Kerstin: Die soziale Konstitution des Unterrichts in pädagogischen Praktiken und die Potentiale qualitativer Unterrichtsforschung, in: Zeitschrift für Pädagogik. 59. Jahrgang, Heft 3, 2013, S. 291-307.

Ricken, Norbert: Zur Logik der Subjektivierung, in: Gelhard, Andreas/Alkemyer, Thomas/Ricken, Norbert: Techniken der Subjektivierung, München 2013, S. 29-47.

Stalder, Felix: Kultur der Digitalität, Berlin 2016.

te Heesen, Anke: Theorien des Museums zur Einführung. Hamburg 2012.

Thiemeyer, Thomas: Die Sprache der Dinge. Museumsobjekte zwischen Zeichen und Erscheinung, in: Museen für Geschichte (Hg.): Online-Publikation der Beiträge des Symposiums "Geschichtsbilder im Museum" im Deutschen Historischen Museum Berlin, Februar 2011. URL: http://www.museenfuergeschichte.de/downloads/news/Thomas_Thiemeyer-Die_Sprache_der_Dinge.pdf.

Thiemeyer, Thomas: Das Museum als Wissens- und Repräsentationsraum. In: Walz, Markus (Hg.): Handbuch Museum. Geschichte – Aufgaben – Perspektiven, Stuttgart 2016, S. 18-21.

Walz, Manuel: Begriffsgeschichte, Definition, Kernaufgaben, in: Ders. (Hg.): Handbuch Museum. Geschichte – Aufgaben – Perspektiven, Stuttgart 2016, S. 8-14.

Yildiz, Erol/Hill, Marc: Nach der Migration. Postmigrantische Perspektiven jenseits der Parallelgesellschaft, Bielefeld 2014.

Zacharias, Wolfgang (Hg.): Zeitphänomen Musealisierung. Das Verschwinden der Gegenwart und die Konstruktion der Erinnerung, Essen 1990.

Sprache in der Demokratie zwischen Begriffe besetzen und ‚political correctness'

Martin Wengeler

Einleitung

Dass der vorliegende museumspädagogisch ausgerichtete Sammelband sich dem Thema „Heimat und Identität" widmet, liegt wohl auch daran, dass die mit den beiden Wörtern auf den Begriff gebrachten Konzepte in aktuellen öffentlich-politischen Debatten kontrovers diskutiert werden. Solche kontroversen Debatten um „Begriffe" geben immer Aufschluss über die zeitgenössischen Selbstverständnisse einer Gesellschaft und gehören – so die These dieses Beitrags – genuin zu einer heterogenen demokratischen Gesellschaft, sind somit kennzeichnend für die Sprache in der Demokratie. Im Folgenden kann nicht die Begriffsentwicklung von ‚Heimat' und ‚Identität' nachgezeichnet werden. Vielmehr wird das Thema „Sprache in der Demokratie" grundlegender anhand der im Titel genannten aktuell intensiv diskutierten Phänomene erörtert – mit dem Ziel zu zeigen, inwiefern diese Phänomene zu einer demokratischen Gesellschaft gehören und dass sie historisch eine längere Tradition haben als es im tagespolitischen Geschäft oft erscheint.

Zum Einstieg dient mir dabei ein Diskussionsformat im Netz, das vom grünen EU-Parlamentarier Sven Giegold organisiert wird: Drei Tage nach der Bundestagswahl 2017 diskutierten der grüne stellvertretende schleswig-holsteinische Ministerpräsident Robert Habeck und der Kommunikations- und Politikberater Johannes Hillje, der kurz vor der Wahl sein Buch „Propaganda 4.0. Wie rechte Populisten Politik machen" veröffentlicht hatte. In diesem geht es darum, wie „Rechtspopulisten mittels Sprache im öffentlichen Diskurs"[1] Politik machen. Die Diskussion drehte sich entsprechend darum, wie es den etablierten, vor allem den linken Parteien gelingen könne, „im Diskurs verloren gegangenes Gelände zurückzuerobern"[2]. Was Hillje schreibt: „Zunächst sollten die anderen Parteien die Sprachstörung zwischen ihnen und den Bürgern beheben", wurde in der Diskussion u.a. anhand von politischen und ethischen „Begriffen" wie ‚Heimat', ‚Sicherheit' und ‚Vertrauen' konkretisiert: Es ginge darum, solche „Begriffe" mit eigenen Inhalten zu besetzen, sie nicht den Rechtspopulisten zu überlassen und eine emotionalere, nicht rein rational-sachliche Sprache zu entwickeln.

---

1 Hillje, Johannes: Propaganda 4.0. Wie rechte Populisten Politik machen. Bonn 2017, hier S. 11.
2 So Hillje, Johannes: „Die Macht der AfD, in: Der Tagesspiegel vom 08.09.2017, URL: https://causa.tagesspiegel.de/politik/nach-dem-parteitag-wie-gefaehrlich-ist-die-afd/der-machtfaktor-der-afd.html, zuletzt aufgerufen am 28.9.2017.

Genau diese Forderung greift die älteste mir bekannte Stellungnahme zum „Besetzen von Begriffen" aus den 1930er Jahren auf: Ernst Bloch erklärte seinerzeit die Tatsache, dass die Nazis „ungestört in große, ehemals sozialistische Gebiete" eingedrungen seien, u.a. damit, ihnen sei es gelungen, großbürgerliche Kategorien des Irrationalen wie „Leib, Seele, Unbewusstes, Nation, Ganzheit, Reich" zu „besetzen". Die kommunistische Partei habe es versäumt, dies nicht bloß zu „entlarven, sondern [sie müsse dies] konkret überbieten und sich des alten Besitzes dieser Kategorien erinnern [...]; sie könnten, richtig besetzt, Breschen sein oder zumindest Schwächungen der reaktionären Front." Es bestehe daher „die Pflicht zur Prüfung und Besetzung möglicher Gehalte"[3] dieser Kategorien. Das Besetzen von Begriffen erscheint Bloch also für die Linke „als die Waffe im Kampf um die Herzen des Volkes"[4].

Im Folgenden werde ich die wieder neu entbrannte Diskussion um das Besetzen von Begriffen zeithistorisch verorten, indem ich kurz wichtige Stationen der Debatte um dieses Konzept vorstelle. Als eine Ausprägung dieser betrachte ich auch den Kampf um die sogenannte *political correctness*. Auch hier will ich den Fokus stärker auf dessen Geschichte lenken, da dies erlaubt, die heutigen Diskussionen besser einzuordnen. Unmittelbar mit dieser Auseinandersetzung zu verknüpfen wäre als drittes Phänomen die aktuelle Debatte um die sog. *Hasssprache/hate speech*, auf die ich aus Platzgründen aber nicht eingehen kann und für die ich daher auf ein aktuelles Themenheft der Zeitschrift *Aptum. Zeitschrift für Sprachkritik und Sprachkultur* (Heft 2/2017) verweise.

Das Konzept des Begriffe besetzens

„Revolutionen finden heute auf andere Weise statt. Statt der Gebäude der Regierungen werden die Begriffe besetzt, mit denen sie regiert, die Begriffe, mit denen wir unsere staatliche Ordnung, unsere Rechte und Pflichten und unsere Institutionen beschreiben. Die moderne Revolution besetzt sie mit Inhalten, die es uns unmöglich machen, eine freie Gesellschaft zu beschreiben und – auf Dauer – in ihr zu leben. [...] Wir erleben heute eine Revolution, die sich nicht der Besetzung der Produktionsmittel, sondern der Besetzung der Begriffe bedient."[5]

---

[3] Bloch, Ernst: Erbschaft dieser Zeit, Frankfurt a.M. 1977, hier S. 16ff.

[4] Reuffer, Petra: Das Besetzen von Begriffen. Anmerkungen zu Ernst Blochs Theorie der Ungleichzeitigkeit, in: Liedtke, Frank/Wengeler, Martin/Böke, Karin (Hg.): Begriffe besetzen. Strategien des Sprachgebrauchs in der Politik. Wiesbaden 1991, S. 123-131, hier S. 124.

[5] Kurt Biedenkopf, zitiert nach: Klein, Josef: Kann man „Begriffe besetzen"? Zur linguistischen Differenzierung einer plakativen politischen Metapher, in: Liedtke, Frank/ Wengeler, Martin/ Böke, Karin (Hg.): Begriffe besetzen. Strategien des Sprachgebrauchs in der Politik. Wiesbaden 1991, S. 44-69, hier S. 46.

Martin Wengeler

Auch wenn – wie eben angeführt – das Konzept schon älter ist und sich heute sowohl Linke wie Rechte gerne auf Antonio Gramsci (1891-1937) beziehen[6], so ist es doch die Rede eines CDU-Generalsekretärs auf einem Parteitag, die Sprache im Allgemeinen und das „Begriffe besetzen" im Besonderen erstmals an einer solchen zentralen öffentlichen Stelle zum Thema gemacht hat. Kurt Biedenkopf lenkte damit 1973 die Aufmerksamkeit der Unionsparteien auf die Sprache. Neben der „Rückeroberung" wichtiger Hochwertwörter wie ‚Freiheit' oder ‚Demokratie' in Form ihrer Besetzung mit eigenen Inhalten gehörte die Etablierung neuer Begriffe zu den Zielen des Fokus der Unionsparteien auf die Sprache in den 1970er Jahren. Die zitierte Rede war der Startschuss für die Hoch-Zeit einer öffentlichen politischen Auseinandersetzung um Sprache, bei der von konservativer Seite in zahlreichen Veröffentlichungen „der Linken" vorgehalten wurde, zentrale „Begriffe" der öffentlichen Auseinandersetzung in unrechtmäßiger Weise mit eigenen Inhalten besetzt zu haben.[7] In der CDU bestand von 1973 bis 1977 sogar eine eigene „Projektgruppe Semantik" – deren Arbeit und Erträge allerdings laut Insider-Auskunft des Kollegen Josef Klein ausgesprochen mager gewesen sein sollen[8]. Zur Illustration der öffentlichen Relevanz dieser Auseinandersetzung um Sprache seien hier die wichtigsten Publikationstitel genannt: Gerd-Klaus Kaltenbrunners Sammelband von 1975: „Sprache und Herrschaft. Die umfunktionierten Wörter" mit Aufsätzen wie „Die rote Semantik" (Heinrich Dietz) und „Despotie der Wörter. Wie man mit der Sprache die Freiheit überwältigen kann" (Helmut Kuhn); Hans Maiers „Können Begriffe die Gesellschaft verändern?" (erstmals 1972); Helmut Schelskys „Macht durch Sprache"[9] sowie Wolfgang Bergsdorfs Sammelband „Wörter als Waffen. Sprache als Mittel der Politik" (1979).

Als erfolgreicher Begriffsbesetzer aus den Reihen der CDU/CSU galt der seit 1977 amtierende CDU-Generalsekretär Heiner Geißler. Ihm werden sprachpolitische Erfolge der CDU mit „neuen" Begriffen wie ‚Chancengerechtigkeit' (statt ‚Chancengleichheit'),

---

6   Vgl. dazu Maas, Utz: Sprachpolitik und politische Sprachwissenschaft. Frankfurt a.M. 1989, S. 274ff.
7   Vgl. dazu die ausführlichen Analysen von Behrens/Dieckmann/Kehl 1982, Kopperschmidt 1991 und Wengeler 1995: Behrens, Manfred/ Dieckmann, Walther/ Kehl, Erich: Politik als Sprachkampf, in: Heringer, Hans-Jürgen (Hg.): Holzfeuer im hölzernen Ofen. Aufsätze zur politischen Sprachkritik. Tübingen 1982, S. 216-265; Kopperschmidt, Josef: Soll man um Worte streiten? Historische und systematische Anmerkungen zur politischen Sprache, in: Liedtke, Frank/ Wengeler, Martin/ Böke, Karin (Hg.): Begriffe besetzen. Strategien des Sprachgebrauchs in der Politik. Wiesbaden 1991, S. 70-89; Wengeler, Martin: Streit um Worte" und „Begriffe besetzen" als Indizien demokratischer Streitkultur, in: Kilian, Jörg (Hg.): Sprache und Politik. Deutsch im demokratischen Staat. Duden – Thema Deutsch Bd. 6. Mannheim 2005, S. 177-194.
8   Vgl. Klein 1991, S. 48f.
9   Erstmals am 12.4.1974 in: Deutsche Zeitung, Nr. 15, S. 2, wieder abgedruckt in Kaltenbrunner 1975.

‚neue soziale Frage', ‚Erneuerung der Sozialen Marktwirtschaft' sowie Neubesetzungen von Schlüsselbegriffen wie ‚Solidarität' und ‚Gerechtigkeit' zugeschrieben. Deshalb wurde Geißler auch Anfang der 1980er Jahre – komplementär zur Empörung der Konservativen in den 1970er Jahren über die „linken" Sprachveränderer – von den sog. neuen sozialen Bewegungen, aber auch von den Sozialdemokraten als führender Sprachmanipulateur ausgemacht[10]. Insbesondere in der Umwelt- und Friedensbewegung wurde in dieser Zeit Sprache als Machtwerkzeug der Herrschenden in der Tradition von Gramsci, Bloch und Herbert Marcuse („Politische Linguistik ist [...] eine der wirksamsten ‚Geheimwaffen' von Herrschaft und Verleumdung"[11]) thematisiert. Dabei ging es aber weniger um die „Besetzung" von Hochwertbegriffen durch den Gegner, sondern mehr um die Kreation neuer, als beschönigend und verschleiernd kritisierter „Begriffe" wie ‚Entsorgungspark', ‚Restrisiko', ‚Kernkraftwerk', ‚Nachrüstung', ‚Null-Lösung'. Auch dafür zur Illustration ein paar „sprechende" Titel: „Kernenergiewerbung. Die sprachliche Verpackung der Atomenergie. Aus dem Wörterbuch des Zwiedenkens" (Hartmut Gründler 1977), „Enteignung der Sprache im militärischen Sektor" (Albrecht Schau 1982), „Von AWACS bis Zwangsanleihe. ABC aktueller Schlagwörter" (Schau 1985), „Aus dem neuen Wörterbuch des Unmenschen" (Rainer Jogschies 1987).

1984 bot der Germanistentag den Generalsekretären der beiden großen Parteien Heiner Geißler und Peter Glotz ein Forum, über politische Sprache zu reflektieren und zu diskutieren[12]. Sie nutzten die Gelegenheit, wiederum dem politischen Gegner das „Begriffe besetzen" vorzuhalten. Geißler kritisierte u.a. ‚Frieden', ‚Berufsverbot' und ‚Gewalt' im Sprachgebrauch seiner Gegner, Glotz z.B. ‚Sicherheit', ‚Leistung' und ‚Demokratie' in der Sprache der Rechten. Geißler vertrat das Begriffe besetzen auch offensiv als eigene Strategie. Bezeichnend für Glotz' Haltung und die der linksliberalen Intellektuellen zu diesem Thema ist dagegen der Titel seines Vortrags: „Die Rückkehr der Mythen in die Sprache der Politik". Alle sprachlichen und konzeptionellen Bemühungen des politischen Gegners (CDU und Die Grünen) werden von ihm als „Re-Mythisierung der Politik", als „Gegenaufklärung und Gegenreform"[13] sowie als

---

[10] Vgl. Uske, Hans: Die Sprache der Wende. Bonn 1986, S. 13ff.

[11] Marcuse, Herbert: Versuch über die Befreiung, in: ders.: Schriften, Band 8. Frankfurt a.M. 1984, S. 302f.

[12] Vgl. Geißler, Heiner: Sprache und Politik, in: Stötzel, Georg (Hg.): Germanistik – Forschungsstand und Perspektiven. Vorträge des Deutschen Germanistentages 1984. Berlin/New York 1985, S. 222-230; Glotz, Peter: Die Rückkehr der Mythen in die Sprache der Politik, in: Stötzel, Georg (Hg.): Germanistik – Forschungsstand und Perspektiven. Vorträge des Deutschen Germanistentages 1984. Berlin/New York 1985, S. 231-244.

[13] Glotz 1985, S. 234.

„konsequenter Nominalismus"[14] gebrandmarkt. Wenn er als eigene Strategie nur eine „zu den Sachen" stimmende Sprache, „die auch Phantasie und Leuchtkraft hat [...] und dennoch nicht lügt, dennoch keine Mythen fabriziert"[15], empfiehlt, so liegt das auf der gleichen Linie wie die Antwort der SPD-nahen Intellektuellen Mitte der 1970er Jahre. Sie setzten 1976 der Sprachoffensive der Konservativen mit ihrem Buch „Worte machen keine Politik" (Iring Fetscher/Horst-Eberhard Richter) ein Konzept entgegen, das die wirklichkeitskonstituierende Leistung der Sprache auch für die eigene Politik eher ignoriert oder abstreitet. Offensichtlich hat die Linke, wie mein Eingangsbeispiel illustriert, diese Geringschätzung des Faktors „Sprache" inzwischen abgelegt. Der Grüne Robert Habeck etwa bezieht sich in der Ende September 2017 gesendeten Debatte ausdrücklich auf die linguistische Einsicht in die realitätskonstitutive Kraft der Sprache.

Allerdings ging von Ökologie-, Frauen- und Friedensbewegung – wie erwähnt – schon in den 1980er Jahren die auch heute wieder zu beobachtende Thematisierung des „Begriffe besetzens" durch „die anderen" aus: Man kann daran – so meine These – sehen, dass den Zeitgenossen offenbar intuitiv klar ist, wer im öffentlichen Diskurs die Wirklichkeitsinterpretationen, die sich in sprachlichen Benennungen niederschlagen, dominiert. Die kulturelle Hegemonie war – nicht nur qua Regierungsübernahme, sondern auch im öffentlichen Diskurs – offensichtlich auf die konservative Seite übergegangen – wenn auch mit thematischen Ausnahmen in der ersten Hälfte der 1980er Jahre bezüglich des Themas „Frieden" und „Aufrüstung", bei dem von konservativer Seite ganz allgemein die Begriffsbesetzungen der Friedensbewegung und speziell der „Missbrauch" des Hochwertwortes ‚Frieden' durch die Friedensbewegung wiederholt beklagt wird[16]. Als kennzeichnend für die „linke" Empörung über die Begriffsbesetzung durch die Konservativen können die Buchpublikation *Die Sprache der Wende* (Hans Uske 1986) sowie ein *Zeit*-Artikel von Barbara Sichtermann angeführt werden, der die Begriffsbesetzungsmetapher schon im Titel führt. Sichtermann reflektiert den Sprachgebrauch ihres politischen Gegners im Kontext der Debatten um die Ausgestaltung des § 218. Sie verbindet dabei ihre Kritik an der Begriffsbesetzung der anderen („Die Gegner des reformierten Paragraphen 218 sind zur Sammlung und Offensive übergegangen. Sie haben die Begriffe besetzt": *Die Zeit* 23.06.1989) mit Forderungen nach einer alternativen Terminologie und zeigt damit, wie bewusst ihr die realitätskonstituierende Kraft der Sprache ist, über die heute auch wieder in der Auseinandersetzung mit der AfD aufzuklären versucht wird.

[14] Glotz 1985, S. 240.
[15] Glotz 1985, S. 243.
[16] Vgl. dazu Wengeler, Martin: Die Sprache der Aufrüstung. Zur Geschichte der Rüstungsdiskussionen nach 1945. Wiesbaden 1992, S. 271ff.

‚political correctness' seit den 1990er Jahren

Auch wenn nach den AfD-Erfolgen das „Besetzen von Begriffen" heute erneut öffentliche Aufmerksamkeit erregt, so rückte doch sowohl in der öffentlichen wie in der wissenschaftlichen Beschäftigung mit politischer Sprache seit 1993/94 das Thema ‚political correctness' in den Mittelpunkt. Auch dieses Thema beschäftigt die Gesellschaft also schon seit 25 Jahren und nicht erst in der aktuellen Auseinandersetzung mit den „neuen" Rechten. 1993/94 erschienen in den großen deutschen Zeitungen und Nachrichtenmagazinen die ersten Artikel zu dem Phänomen, die häufig über den Sprachstreit in den USA berichten, aber auch deutsche Themen ansprechen. Inzwischen ist die Herkunft des Konzepts und der Bezeichnung aus den USA in vielen Publikationen beschrieben worden. Dort ist die pc-Bewegung vor den sozialgeschichtlichen Hintergründen des Civil Rights Movement, des Women's Liberation Movement und der Multikulturalismus-Diskussionen entstanden, als zentrale Themen der US-Debatte können die Neubewertung der Geschichte, Universitätszulassung und Quotenregelungen, Kanondebatte und Speech Codes angesehen werden.[17]

In der deutschen Presse der 1990er Jahre wird wie zuvor auch schon in den USA und wie Karsta Frank schon 1996 dargelegt hat[18] ‚political correctness' zum Stigmawort – womit, um den Bezug zum ersten Teil des Beitrags herzustellen, eine gelungene Begriffsbesetzung vorläge: Niemand sagt von sich und seinen sprachkritischen Positionen, dass sie ein Fall von ‚political correctness' oder dass er selbst ein „politisch Korrekter" sei. Erst in jüngster Zeit gibt es Versuche, den „Begriff" für die eigene Position und somit positiv zu verwenden: Anatol Stefanowitsch hat in diesem Jahr im Dudenverlag ein kleines Büchlein mit dem Titel „Eine Frage der Moral. Warum wir politisch korrekte Sprache brauchen" publiziert. Wie auch heute werden ‚pc' und ‚political correctness' schon 1993/94 in der Regel aber zur Abwertung des Gegners verwendet. Er wird damit entweder lächerlich gemacht oder es wird ihm damit ‚Sprachzensur', ‚Denkverbot', ‚Tugendterror' oder ein Auftritt als ‚Sprach-' oder ‚Wortpolizei' vorgeworfen. Dass diese Haltung zu ‚pc' nicht erst mit Thilo Sarrazin oder mit der rechtsextremen Webseite ‚politically incorrect' aufgekommen ist, lässt sich mit dem folgenden Zitat von 1995 aus dem *Focus* gut illustrieren: ‚Pc', so zitiert wiederum der *Focus* die Zeitschrift *Neue Rundschau,* stehe auch in Europa „zunehmend

---

[17] Vgl. dazu etwa Wierlemann, Sabine: Political Correctness in den USA und in Deutschland. Berlin 2002; Kapitzky, Jens: Sprachkritik und Political Correctness in der Bundesrepublik Deutschland. Aachen 2000.

[18] Vgl. Frank, Karsta: Political Correctness: Ein Stigmawort, in: Diekmannshenke, Hajo/Klein, Josef (Hg.): Wörter in der Politik. Analysen zur Lexemverwendung in der politischen Kommunikation. Opladen 1996, S. 185-218.

für strenge Sprachregelungen", hinter denen sich „erklärtermaßen der Wunsch nach Denkregelungen" verberge. Was dabei herauskomme, nenne das Blatt „neue Denkverbote", „in die Gesellschaft getragen durch den ‚Terror der Gutwilligen'. Politisch Korrekte fallen dadurch auf, dass sie unentwegt nach politisch Unkorrekten fahnden. […] ‚Rassist', ‚Faschist', ‚Frauenfeind', ‚Ausländerfeind' oder ‚Geschichtsrevisionist' lauten die gängigsten Unterstellungen, welcher sich die einheimische pc-Hatz zur Markierung ihrer Jagdziele bedient."

„Historische und politische Korrektheit zusammen" ergäben, so zitiert der *Focus* zuletzt Behrens/von Rimscha[19], „ein ‚Koordinatengefängnis', aus dem es kein Entrinnen gibt" (*Focus* 16/15.04.1995, S. 78).

Martin Walser beklagt in diesen Jahren im Spiegel, „betroffen" von der gescheiterten Präsidentschaftskandidatur des 2017 für die AfD in den Bundestag eingezogenen Steffen Heitmann: „Zur Zeit ist es also der Tugendterror der political correctness, der freie Rede zum halsbrecherischen Risiko macht." (*Der Spiegel* 45/1994, S. 134) Damit ist schon früh der Tonfall vorgegeben, in dem das Thema bis heute „verhandelt" wird. Kaum jemand bezeichnet sich selbst als Anhänger der ‚political correctness', vielmehr taugt das Wort als Beelzebub für alle sprachkritischen Versuche, mit denen gesellschaftliche Gruppen, Interessenverteter, politische Aktivisten auf potentielle Diskriminierungen durch Sprache, auf problematische, durch sprachliche Benennungen vermittelte Sichtweisen auf die Welt hinweisen. Diese empfinden die Kritiker, die ‚pc' als Stigmawort gebrauchen, als Einschränkung ihrer Redefreiheit, sie unterstellen solchen Versuchen, dass damit die kulturelle Hegemonie – womit wir wieder bei Gramsci und dem Begriffe besetzen wären – der mit einem anderen Stigmawort als ‚Gutmenschen' Bezeichneten durchgesetzt oder verfestigt werden solle.

Hier kann – anders als beim Begriffe besetzen-Konzept – nicht die Geschichte der Auseinandersetzung um pc seit den 1990er Jahren in Kürze dargestellt werden, und auch die wissenschaftlichen Reflexionen dazu können in diesem Rahmen nicht referiert werden. Beides ist allzu vielfältig und komplex, um ihm hier gerecht zu werden. Es kann aber doch festgehalten werden, dass es bestimmte Themenfelder sind, auf die sich die pc-Sprachkritik und die Versuche, sie zu denunzieren, beziehen: Es geht in Deutschland um den Umgang mit der NS-Vergangenheit, um gendergerechte Sprache und um Diskriminierungen von Minderheiten wie LGBTQ, Menschen mit Behinderungen, ethnische Gruppen wie ‚Schwarze' und ‚Zigeuner' oder um die Bezeichnung von Zuwanderern.

---

[19] Behrens, Michael/ von Rimscha, Robert: „Politische Korrektheit" in Deutschland. Eine Gefahr für die Demokratie. 2., erw. und durchges. Aufl. Bonn 1995.

Wie vielleicht schon aus meiner bisherigen Darstellungsweise hervorgeht, verstehe ich – der Kritik an diesen entgegen – die von mir mit ‚pc' gemeinten Ausführungen zu diesen Themen, die sich auf Sprache beziehen, als Bemühungen um eine erhöhte Sprachsensibilität. Sie gewinnen ihre sprachtheoretische Rechtfertigung aus der Überzeugung von der realitätskonstitutiven Kraft der Sprache. Danach ist es eben nicht gleichgültig, ob z.B. eine Hilfsorganisation ‚Aktion Sorgenkind' oder ‚Aktion Mensch' heißt, ob Menschen als ‚Behinderte' oder ‚Menschen mit Behinderung' bezeichnet werden, ob von ‚Flüchtlingskrise' und ‚Flüchtlingswelle' oder von ‚Flüchtlingssituation' und ‚verstärkter Zuwanderung', ob von ‚3. Welt-Ländern' oder ‚Ländern des globalen Südens' gesprochen wird.

Allerdings hat ebenfalls schon in den 1990er Jahren der Literaturwissenschaftler Hans-Ulrich Gumbrecht (im *Fachdienst Germanistik* H. 9/1994, S. 5) zur pc einen schönen Satz gesagt, der durchaus ein auch von mir gesehenes Dilemma beschreibt: Sie sei „unerträglich aber notwendig". Unerträglich ist sie, wenn ihre sprachkritischen Einlassungen und Forderungen mit dem Gestus der moralischen Empörung, der menschlichen Abwertung oder mit dem undifferenzierten und somit banalisierten Vorwurf des „Faschismus" (oder auch des „Rassismus" oder „Sexismus") vorgebracht werden, wenn sie sich in mit Sanktionen geahndeten Vorschriften niederschlagen oder wenn sie zur moralischen Diskreditierung – und mehr – von Menschen führt, die nicht beständig auf ihren Sprachgebrauch achten oder sich einmal unglücklich ausgedrückt haben. Dass es gesellschaftliche Gruppen gibt, die eine solche „unerträgliche" Haltung an den Tag legen, soll nicht bestritten werden. Eine solche Haltung als dominanter und allgemeiner Gestus solcher Sprachkritik im öffentlich-politischen Raum der Bundesrepublik wäre allerdings zunächst einmal plausibel zu belegen und nicht bei den Vorwürfen immer schon als selbstverständlich gegeben vorauszusetzen. Vielmehr dürfte die Unterstellung einer solchen Haltung von pc-Kritikern eher als strategisches Argument im Sprach-Kampf um eine kulturelle Hegemonie eingesetzt werden und dazu, die Grenzen des Sagbaren im Diskurs so, wie es die Rechtspopulisten mit ihren gezielten Tabu-Brüchen tun, in Richtung nationalistischer, menschenfeindlicher Positionen zu verschieben.

Dem entgegen möchte ich hier noch einmal ein Plädoyer für sprachliche Sensibilität, für sprachkritische Aufmerksamkeit, für die „Notwendigkeit" von ‚pc', das ich schon vor 18 Jahren zum ersten Mal vorgetragen habe, in sieben Thesen wiederholen[20]:

---

[20] Vgl. in ausführlicherer Form erstmals Wengeler, Martin: „1968", öffentliche Sprachsensibilität und political correctness, in: Muttersprache 112 (2000), S. 1-14.

1. *pc* ist eine zu begrüßende Form öffentlicher Sprachsensibilität, denn die von ihren Kritikern behaupteten Denk-, Meinungs- und Sprachverbote gibt es in Deutschland nicht – wenn, dann nur als subsistente Normen, gegen die aber jeder ohne Sanktionierung verstoßen kann.
2. *pc* insistiert auf dem Recht, mit dem eigenen Namen angeredet zu werden – insbesondere für die „Angehörigen diskriminierter Bevölkerungsgruppen [als] das exklusive Recht […], sich selbst zu definieren."[21]
3. Wenn Wörter als „Vehikel von Gedanken" betrachtet werden können, dann bedroht *pc* nicht unsere Rede- und Meinungsfreiheit, sondern lediglich „unsere Freiheit, uns einzubilden, daß unsere Wahl sprachlicher Mittel ohne Bedeutung sei"[22].
4. *pc* ist zu verstehen als Akt des Anstands und der Höflichkeit, denn „die Zivilität des sprachlichen Ausdrucks hat immer schon darin bestanden, einigen sprachlichen Mehraufwand zu treiben für etwas, das man grob auch knapper sagen kann. Mit militärischer Kürze ist Zivilität nicht zu haben."[23]
5. Dem Argument, das Denken und Handeln des Sexisten oder Rassisten ändere sich nicht, wenn er nur seine Sprache ändert, ist entgegenzuhalten, dass dies eine Unterschätzung des Einflusses sprachlicher Benennungen impliziert: „Der herrschende Sprachgebrauch ist auch *ein Teil* unserer Lebenswelt. […] Wer […] den Sprachgebrauch verbessert und Diskriminierung verhindert oder vermindert, hat gleichzeitig auch die herrschenden Zustände verbessert."[24]
6. In ihrer Ausprägung als „historische Korrektheit" in Deutschland (Stichworte etwa: ‚entartete Kunst', Walsers ‚Moralkeule Auschwitz', Höckes ‚Mahnmal der Schande') trägt *pc* dazu bei, den Konsens über die Verurteilung der Nazi-Verbrechen aufrechtzuerhalten und die bleibende Aufgabe der Erinnerung zu befördern.
7. *pc* in Deutschland ist ein Versuch, Grenzen des öffentlich Sagbaren zu ziehen. Sie trägt dazu bei zu verhindern, dass Positionen in der gesellschaftlichen Mitte verankert werden, die den gesellschaftlichen Konsens zum Umgang mit der Nazi-Vergangenheit (z.B. die Interpretation des Kriegsendes als ‚Befreiung') und zum Umgang mit Minderheiten oder Machtlosern (z.B. die prinzipielle

---

21 Frank 1996, S. 215.
22 Cameron, Deborah: „Wörter, nichts als Wörter?", in: Das Argument 213 (1996), S. 13-23, hier S. 23.
23 Weinrich, Harald: Die Etikette der Gleichheit, in: Der Spiegel H. 28 (1994), S. 163-166, hier S. 166.
24 Gloning, Thomas: Die Verbesserung der Zustände auf sprachlichem Wege. Eine cis-atlantische Betrachtung über political correctness, in: Sprache und Literatur in Wissenschaft und Unterricht 78 (1996), S. 38-48, hier S. 43.

Anerkennung der Gleichwertigkeit der Geschlechter und von Menschen unterschiedlicher Herkunft) aufzubrechen bestrebt sind.

Als ein Ergebnis der Bemühungen um größere Sprachsensibilität und auch – wenn man doch den Versuch machen will, den „Begriff" neutral zu verwenden – um politische Korrektheit können z.B. zum Komplex „Sprache und Rassismus" die im letzten Jahrzehnt von einer Hamburg-Berliner Forschergruppe vorgelegten Lexika mit den Titeln „Afrika und die deutsche Sprache", „Wie Rassismus aus Wörtern spricht" und „Rassismus auf gut Deutsch"[25] angeführt werden, deren kritische Schlüsse ich für aufschlussreich und bedenkenswert halte, auch wenn gerade diese Autorinnengruppe sicherlich nicht der Gefahr entgeht, mit ihrer Kritik und ihren Forderungen auch als „unerträglich" wahrgenommen zu werden.

Mit diesen Thesen und dem Hinweis auf diese Publikationen widerspreche ich ausdrücklich auch dem angesehenen germanistischen Linguisten Peter Eisenberg, der 2017 im „Zweiten Bericht zur Lage der deutschen Sprache" „das Streben nach einer politisch korrekten Sprache"[26] und „das Gendern"[27] als Gefahren für die deutsche Sprache ausmacht und dabei so argumentiert, als gäbe es nur die oben gemeinte „unerträgliche" moralisch-inquisitorische Variante von ‚pc'. Als eine solche, die den Zielen einer gut begründeten wissenschaftlichen Sprachkritik wenig dienlich ist, sehe ich die in den letzten Jahren des Öfteren von der Kollegin Elisabeth Wehling in Zeitungsinterviews geäußerte Kritik am Ausdruck ‚Flüchtling':

„(S)chon ‚Flüchtling' ist ein Frame, der sich politisch gegen Flüchtlinge richtet. […] Mit der Endung ‚-ling' wird der Flüchtende klein gemacht, abgewertet. Klein sein steht metaphorisch oft für die Idee des Schlechtseins oder des Minderwertigseins. Nehmen Sie den ‚Schreiberling' oder auch den ‚Schönling'. Schön ist eigentlich ein positiv besetzter Begriff, der allein durch die Endung ins Negative verkehrt wird. Außerdem ist der Flüchtling ein männliches Konzept. […] Der Flüchtling impliziert: Er ist eher stark als hilfsbedürftig. Er ist eher aggressiv als umgänglich. […] Streichen Sie das Wort Flüchtling aus Ihrem Vokabular! Sie richten damit Schaden an. Besser ist es, von

---

[25] Arndt, Susan/Hornscheidt, Antje (Hg.): Afrika und die deutsche Sprache. Ein kritisches Nachschlagewerk, Münster 2004; Arndt, Susan/Ofuatey-Alazard, Nadja (Hg.): Wie Rassismus aus Wörtern spricht – (K)Erben des Kolonialismus im Wissensarchiv deutsche Sprache – Ein kritisches Nachschlagewerk. Münster 2011; Nduka-Agwu, Adibeli/Lann Hornscheidt, Antje (Hg.): Rassismus auf gut Deutsch – Ein kritisches Nachschlagewerk zu rassistischen Sprachhandlungen. Frankfurt a.M. 2010.

[26] Eisenberg, Peter: Standarddeutsch: Überdachung der Varietäten, in: Deutsche Akademie für Sprache und Dichtung/Union der deutschen Akademien der Wissenschaften (Hg.): Vielfalt und Einheit der deutschen Sprache. Zweiter Bericht zur Lage der deutschen Sprache. Tübingen 2017, S. 54-104, hier S. 92.

[27] Eisenberg 2017, S. 94.

Flüchtenden oder Geflüchteten zu sprechen. Die Geflüchtete, der Geflüchtete, das geflüchtete Kind – das wird den unterschiedlichen Menschen, die zu uns kommen, eher gerecht."[28]

Anatol Stefanowitsch hat diesen Ausdruck demgegenüber angemessener linguistisch analysiert:

„Aus dieser [einer sprachstrukturellen] Analyse ergibt sich, dass Flüchtling zwar nicht notwendigerweise negativ behaftet sein muss, dass es für diejenigen, die das so empfinden, aber durchaus eine sprachliche Grundlage für ihre Empfindung gibt. [...] Aus dieser [einer Gebrauchs-] Analyse ergibt sich, dass Flüchtling offenbar weithin als neutrale Bezeichnung verwendet wird. Das zeigt sich auch daran, dass es von allen politischen Lagern verwendet wird. Mit den ansteigenden Flüchtlingszahlen und der entsprechenden Berichterstattung ist es im öffentlichen Sprachgebrauch sprunghaft angestiegen. [...] Flüchtling ist nach wie vor ein neutral verwendetes Wort zur Bezeichnung von Menschen, die vor Krieg, Armut oder ähnlichem fliehen."[29]

Er kommt somit zu einem anderen Schluss als Wehling, nach deren Kritik auch bei wohlmeinenden, sprachsensiblen Menschen häufig der bei der pc-Kritik als Vorwurf zu hörende Eindruck übrigblieb: „Was darf man denn jetzt noch sagen, wenn man nicht-diskriminierend sprechen möchte?" Nichtsdestotrotz ist auch diese in den letzten Jahren geführte Debatte um den „Begriff" ‚Flüchtling' im Sinne beider hier auch in ihren zeithistorischen Dimensionen vorgestellten Phänomene ein Beleg für eine lebendige Sprachdiskussion, die zu einer demokratischen heterogenen Gesellschaft gehört und wegen derer ich beide Phänomene bzw. die Debatte um sie als genuine Bestandteile der „Sprache in der Demokratie" vorgestellt habe.

Schlussbemerkung

Während also das „Begriffe besetzen" von mir als eine genuin demokratische Angelegenheit zu begründen versucht wurde und die Bemühungen um eine größere Sprachsensibilität nicht als Meinungszensur, sondern als Schutz von Minderheiten, als Akte der Höflichkeit und Rücksichtnahme und als Versuch, Grenzen des Sagbaren in einer demokratischen, heterogenen, multiethnischen Gesellschaft zu verteidigen, dargestellt wurden und damit die Verwendung von ‚political correctness' ausschließlich als Stigmawort problematisiert wurde, würde es beim ganz und gar nicht

---

28 Bruckner, Johanna: „Aktuell spielen alle Parteien der AfD in die Hände", in Süddeutsche Zeitung vom 17.02.2016, URL: http://www.sueddeutsche.de/kultur/sprache-in-der-fluechtlingsdebatte-das-wort-fluechtling-richtet-schaden-an-1.2864820-2,zuletzt aufgerufen am 03.05.2018.
29 Stefanowitsch, Anatol: Flüchtlinge zu Geflüchteten?, in: Sprachblog vom 12.12.2015, URL: http://www.sprachlog.de/2015/12/12/fluechtlinge-zu-gefluechteten/,zuletzt aufgerufen am 03.05.2018.

demokratischen, sondern menschenfeindlichen und verbal gewalttätigen Phänomen ‚hate speech' darum gehen zu zeigen, wie in einer wehrhaften Demokratie damit umgegangen werden kann. Ein Beispiel dafür hat die Kollegin Konstanze Marx in der erwähnten Zeitschrift Aptum vorgelegt[30]: Sie analysiert einige Beispiele, wie prominente Politikerinnen und Journalistinnen mit hate speech, die über die Sozialen Medien an sie gerichtet ist, umgehen. Marx zeigt damit, wie das Bedrohliche der Hass-Reden produktiv und reflexiv aufgegriffen, wie ihm Widerstand entgegengesetzt werden kann und wie es dadurch gelingt, sich durch Einschüchterungen und Bedrohungen nicht mundtot machen zu lassen. Der Umgang mit hate speech kann auf diese Weise ebenso als ein Beispiel für „Sprache in der (wehrhaften) Demokratie" betrachtet werden.

LITERATUR

Arndt, Susan/Antje Hornscheidt, Antje (Hg.): Afrika und die deutsche Sprache. Ein kritisches Nachschlagewerk, Münster 2004.
Arndt, Susan/Nadja Ofuatey-Alazard, Nadja (Hg.): Wie Rassismus aus Wörtern spricht – (K)Erben des Kolonialismus im Wissensarchiv deutsche Sprache – Ein kritisches Nachschlagewerk, Münster 2011.
Behrens, Michael / Rimscha, Robert von: „Politische Korrektheit" in Deutschland. Eine Gefahr für die Demokratie, 2. Auflage, Bonn 1995.
Behrens, Manfred/ Dieckmann, Walther/ Kehl, Erich: Politik als Sprachkampf, in: Heringer, Hans-Jürgen (Hg.): Holzfeuer im hölzernen Ofen. Aufsätze zur politischen Sprachkritik, Tübingen 1982.
Bloch, Ernst: Erbschaft dieser Zeit, Frankfurt am Main 1977.
Bruckner, Johanna: „Aktuell spielen alle Parteien der AfD in die Hände", in Süddeutsche Zeitung vom 17.02.2016, URL: http://www.sueddeutsche.de/kultur/sprache-in-der-fluechtlingsdebatte-das-wort-fluechtling-richtet-schaden-an-1.2864820-2, Artikel vom 17.02.2016.
Cameron, Deborah: „Wörter, nichts als Wörter?", in: Das Argument 213 (1996), S. 13-23.
Eisenberg, Peter: Standarddeutsch: Überdachung der Varietäten, in: Deutsche Akademie für Sprache und Dichtung/Union der deutschen Akademien der Wissenschaften (Hg.): Vielfalt und Einheit der deutschen Sprache. Zweiter Bericht zur Lage der deutschen Sprache, Tübingen 2017, S. 54-104.
Frank, Karsta: Political Correctness: Ein Stigmawort, in: Diekmannshenke, Hajo/ Klein, Josef (Hg.): Wörter in der Politik. Analysen zur Lexemverwendung in der politischen Kommunikation, Opladen 1996, S. 185-218.

---

[30] Marx, Konstanze: Rekontextualisierung von Hate Speech als Aneignungs- und Positionierungsverfahren in Sozialen Medien, in: Aptum. Zeitschrift für Sprachkritik und Sprachkultur 13.2 (2017), S. 132-147.

Geißler, Heiner: Sprache und Politik, in: Stötzel, Georg (Hg.): Germanistik – Forschungsstand und Perspektiven. Vorträge des Deutschen Germanistentages 1984, Berlin/ New York 1985, S. 222-230.
Gloning, Thomas: Die Verbesserung der Zustände auf sprachlichem Wege. Eine cis-atlantische Betrachtung über political correctness, in: Sprache und Literatur in Wissenschaft und Unterricht 78 (1996), S. 38-48.
Glotz, Peter: Die Rückkehr der Mythen in die Sprache der Politik, in: Stötzel, Georg (Hg.): Germanistik – Forschungsstand und Perspektiven. Vorträge des Deutschen Germanistentages 1984, Berlin/ New York 1985, S. 231-244.
Hillje, Johannes: Propaganda 4.0. Wie rechte Populisten Politik machen, Bonn 2017.
Hillje, Johannes: Die Macht der AfD, in: Der Tagesspiegel vom 08.09.2017, URL: https://causa.tagesspiegel.de/politik/nach-dem-parteitag-wie-gefaehrlich-ist-die-afd/der-machtfaktor-der-afd.html.
Kapitzky, Jens: Sprachkritik und Political Correctness in der Bundesrepublik Deutschland, Aachen 2000.
Klein, Josef: Kann man „Begriffe besetzen"? Zur linguistischen Differenzierung einer plakativen politischen Metapher, in: Liedtke, Frank/ Wengeler, Martin/ Böke, Karin (Hg.): Begriffe besetzen. Strategien des Sprachgebrauchs in der Politik, Wiesbaden 1991, S. 44-69.
Kopperschmidt, Josef: Soll man um Worte streiten? Historische und systematische Anmerkungen zur politischen Sprache, in: Liedtke, Frank/ Wengeler, Martin/ Böke, Karin (Hg.): Begriffe besetzen. Strategien des Sprachgebrauchs in der Politik, Wiesbaden 1991, S. 70-89.
Maas, Utz: Sprachpolitik und politische Sprachwissenschaft, Frankfurt am Main 1989.
Marcuse, Herbert: Versuch über die Befreiung, in: Ders.: Schriften, Band 8, Frankfurt am Main 1984.
Marx, Konstanze: Rekontextualisierung von Hate Speech als Aneignungs- und Positionierungsverfahren in Sozialen Medien, in: Aptum. Zeitschrift für Sprachkritik und Sprachkultur 13.2 (2017), S. 132-147.
Nduka-Agwu, Adibeli/Antje Lann/Hornscheidt, Antje (Hg.): Rassismus auf gut Deutsch – Ein kritisches Nachschlagewerk zu rassistischen Sprachhandlungen, Frankfurt am Main 2010.
Reuffer, Petra: Das Besetzen von Begriffen. Anmerkungen zu Ernst Blochs Theorie der Ungleichzeitigkeit, in: Liedtke, Frank/Wengeler, Martin/Böke, Karin (Hg.): Begriffe besetzen. Strategien des Sprachgebrauchs in der Politik, Wiesbaden 1991, S. 123-131.
Schelsky, Helmut: Macht durch Sprache, in: Deutsche Zeitung vom 12.04.1974, Nr. 15, S. 2.
Stefanowitsch, Anatol: Flüchtlinge zu Geflüchteten?, in: Sprachblog vom 12.12.2015, URL: http://www.sprachlog.de/2015/12/12/fluechtlinge-zu-gefluechteten/, Artikel vom 12.12.2015.
Uske, Hans: Die Sprache der Wende, Bonn 1986.
Weinrich, Harald: Die Etikette der Gleichheit, in: Der Spiegel Heft 28 (1994), S. 163-166.
Wengeler, Martin: Die Sprache der Aufrüstung. Zur Geschichte der Rüstungsdiskussionen nach 1945, Wiesbaden 1992, S. 163-166.
Wengeler, Martin: „1968", öffentliche Sprachsensibilität und political correctness, in: Muttersprache 112 (2000), S. 1-14.
Wengeler, Martin: „Streit um Worte" und „Begriffe besetzen" als Indizien demokratischer Streitkultur, in: Kilian, Jörg (Hg.): Sprache und Politik. Deutsch im demokratischen Staat. Duden – Thema Deutsch Bd. 6, Mannheim 2005, S. 177-194.
Wierlemann, Sabine: Political Correctness in den USA und in Deutschland, Berlin 2002.

Kulturelle Differenzen in der „flüchtigen Moderne" – Herausforderungen für das Museum

Karl Borromäus Murr

Nie zuvor in der Geschichte sah sich die westliche Gesellschaft derart von Pluralität, Diversität, Differentem, Heterogenem, Fremdem, Fragmentiertem, Inkommensurablem, Unsicherem oder Instabilem herausgefordert wie in der globalisierten Welt von heute, in der sich die transnationale Zirkulation von Nachrichten, Wissensbeständen, Bildern, Gütern und Menschen bis zu einen nie gekannten Maß gesteigert hat. Der britische Soziologe Anthony Giddens hat dementsprechend konstatiert, dass sich gegenwärtig Identitäten zunehmend nicht nur aus den nationalen oder ethnischen, sondern auch aus den klassenspezifischen, verwandtschaftlichen und lokalen Bezügen lösen.[1] In der Tat ist der „flexible Mensch"[2] der so beschleunigten Moderne zurückgeworfen auf eine „Risikogesellschaft"[3], die die globalen Unsicherheiten zur Aufgabe der (vermeintlich) so freien Individuen gemacht hat.

Vor diesem Hintergrund verwundert es nicht, dass auch die Konstruktion kollektiver Identität, die in Politik, Kultur und damit auch in der Museumswelt selbstverständlich mit der Moderne einhergegangen war, in Zeiten einer „flüchtigen Moderne"[4] äußerst fragwürdig geworden ist. So ist das klassische Identitätskonzept, das immer mit sozialen In- und Exklusionen operiert, gehörig unter Druck geraten. Dieser Befund bleibt trotz der reflexhaft wiederkehrenden Forderungen nach Leitkultur bestehen, die im Zeichen des wiedererstarkten Nationalismus oder Regionalismus von einer homogenen Gesellschaft träumen.

Moderne Identitätstheorien hingegen, wie sie etwa Stuart Hall, Jacques Derrida oder Jan Assmann im Geist des Konstruktivismus vorgelegt haben, verstehen Identität nicht mehr als eine homogene Substanz, sondern vielmehr als eine kontingent geformte Entität, die das dichotome Verständnis von Eigenem und Fremden sprengt.[5] Mehr noch als diese Theorien versuchen Überlegungen zum Themenkreis

---

1 Vgl. Giddens, Anthony: Modernity and Self-Identity. Self & Society in the Late Modern Age, Cambridge/UK 1991.
2 Sennet, Richard: Der flexible Mensch. Die Kultur des neuen Kapitalismus, Berlin 1998.
3 Beck, Ulrich: Risikogesellschaft: auf dem Weg in eine andere Moderne, Frankfurt/M. 1986.
4 Vgl. Bauman, Zygmunt: Flüchtige Moderne, Frankfurt/M. 2003. Reinhard Kreissl übersetzt den originalen Ausdruck „liquid modernity" als „flüchtige Moderne". Es ließe sich von daher auch an Übersetzungen wie „verflüssigte" oder „flüssige" Moderne denken.
5 Vgl. meinen Beitrag „Identität und Museum – Bestandsaufnahme einer komplexen Beziehungsgeschichte" im vorliegenden Band.

der Differenz, des Divergenten oder des Fremden herkömmliche Identitätskonzepte, die mit binären Oppositionen operieren, zu erweitern, zu komplementieren, zu transzendieren oder gar zu ersetzen. Theorien kultureller Differenz, die sich in der Regel gleichfalls aus dem Konstruktivismus herleiten, versprechen, Zugehörigkeiten so zu formulieren, dass sie Alteritäten, Brüche, Hybrides, sich Überlagerndes oder sich Überbietendes produktiv in sich aufnehmen.

Inwieweit können Museen, die sich der deutlich gesteigerten Herausforderung von kultureller Andersheit stellen müssen, mit Konzepten der Differenz arbeiten? Zeugt nicht allein die Rede von ‚Andersheit' schon von den Engführungen der Identitätsthematik, deren Verflüssigung doch der Kultur – und damit auch den Museen – aufgegeben ist?

Im Folgenden sollen ausgewählte theoretische Konzepte der Differenz, die gleichwohl auf den Identitätsdiskurs bezogen bleiben, vorgestellt und auf ihre Relevanz für eine Museologie des 21. Jahrhunderts hin befragt werden. Diesen Ansätzen ist gemein, dass sie mit ihrem konstruktivistischen Credo die Bedeutung von kulturellen Differenzen relativieren bzw. in ein neues Bezugsgefüge bringen. Die Untersuchung hebt an mit dem Ansatz „Un/doing Differences", wie ihn Stefan Hirschauer vertritt. Daraufhin rückt das Plädoyer für kulturelle Differenz und Hybridität von Homi K. Bhabha in den Mittelpunkt, erweitert durch die Überlegungen zur Transdifferenz von Helmbrecht Breinig und Klaus Lösch. Schließlich interessieren die noch radikaleren Theorieentwürfe von Differenz bzw. Fremdem, die auf François Jullien, Munasu Duala-M'bedy und Gilles Deleuze zurückgehen.[6] Die museologische Schlussfolgerung, die aus den Erörterungen der Differenztheorien gezogen wird, spricht sich schließlich für das „liquid museum" aus, wie es Fiona Cameron vorgeschlagen hat.

Genährt ist der vorliegende Beitrag letztlich von der Idee, dass eine überzeugende Museumspolitik der Zukunft auf einer treffenden Analyse der politisch-sozialen Situation der Gegenwart beruhen muss, auf die mehr oder weniger komplexe Identitäts- bzw. Differenztheorien adäquat zu antworten versuchen. In einem Zeitalter des wieder erstarkenden Nationalismus, der mit Fremdenfeindlichkeit gepaart ist, bedarf es gesteigerter intellektueller Anstrengung, Identität und Differenz anders zu denken.

---

6 Auf den für die Systemtheorie zentralen Begriff der ‚Differenz' im Sinne der Unterscheidung von System und Umwelt sei an dieser Stelle zumindest hingewiesen. Vgl. Luhmann, Niklas: Soziale Systeme. Grundriß einer allgemeinen Theorie, Frankfurt/M. 1994, S. 242-285.

Doing/Undoing Differences

Einen konstruktivistisch-praxeologischen Ansatz verfolgt der Soziologe Stefan Hirschauer, der in seinen Forschungen zur Humandifferenzierung nicht zuallererst auf Identitäten, sondern auf Differenzen seinen Blick richtet.[7] Anstelle von Identitätsbildung hebt er auf ein „prozesshaftes Verständnis von Differenzen als Differenzierungen"[8] ab. Ethnizität, religiöse Zugehörigkeit, nationale Zuschreibungen, Geschlechterdifferenz und die Klassifikation nach Leistung betrachtet Hirschauer nicht als fixierte oder ontologisierte Eigenschaften sozialer Gruppen, sondern als Kategorisierungen, die prozessual im Sinne von „doing differences" hergestellt werden. Hirschauer macht insbesondere auf die Tatsache aufmerksam, dass sich Menschen zuallermeist nicht nur unter eine Identitätskategorie, sondern unter mehrere subsumieren. Geht man von solchen Mehrfachzugehörigkeiten aus, stellt sich die Frage nach ihrer „Ko-Existenz, ihrer Wechselwirkung und ihren konkurrierenden Relevanzen" - Zugehörigkeiten, die sich „überlagern, verstärken oder relativieren".[9] Bestimmt der Fokus auf die soziale Praxis der Differenzierung im Sinne des Vollzuges die Betrachterperspektive, erscheinen „Individuen weder als Akteure noch als Träger von Identitäten, sondern als bloße Vermittler sozialer Praxis".[10] Ebenso wichtig wie der praktische Vollzug von Differenzen ist für Hirschauer die Möglichkeit, dass Unterscheidungen auch negiert oder wieder zurückgenommen werden können. Hier kommt die Option des „undoing differences" ins Spiel, die Zugehörigkeiten als „temporäre Aktualisierung einer Differenz" versteht, „mit der Personen mehr oder weniger stark identifiziert werden".[11] Die Begriffsschöpfung „un/doing differences" verweist damit auf „einen stets flüchtigen Schwebezustand", auf „einen fragilen Moment der Ununterschiedenheit, in dem Prozesse des „doing" oder „undoing" einsetzen."[12]

Museal würde das bedeuten, der angedeuteten Ununterschiedenheit von sozio-kulturellen Differenzierungsprozessen, in denen Mehrfachzugehörigkeiten offen verhandelt werden, in Ausstellungen entsprechend Raum zu geben. Ein solcher Ansatz verlangt von den Kuratoren, Exponate, Inszenierungen, Szenographien oder auch

[7] Hirschauer, Stefan: Un/doing Differences. Die Kontingenz sozialer Zugehörigkeiten, in: Zeitschrift für Soziologie 43 (1997), S. 170-191; Ders. (Hg.): Un/doing Differences. Praktiken der Humandifferenzierung, Weilerswist 2017.
[8] Hirschauer, Stefan/Boll, Tobias: Undoing Differences. Zur Theorie und Empirie eines Forschungsprogramms, in: Ders.: Un/doing differences: Praktiken der Humandifferenzierung, Weilerswist 2017, S. 7-26, S. 7.
[9] Ebenda, S. 11.
[10] Ebenda.
[11] Ebenda.
[12] Ebenda, S. 11f.

partizipative Formate anzubieten, die kulturelle Unterscheidungen der eindeutigen Zuordnung entziehen. Nicht überzeugend gelungen ist dies beispielsweise in der Ausstellung „Immer bunter – Einwanderungsland Deutschland", die die Stiftung Haus der Geschichte der Bundesrepublik 2014/2016 in Bonn und Leipzig gezeigt hat.[13] Statt Stereotype und Klischees aufzuweichen, lief die Schau immer wieder Gefahr, genau diese zu wecken oder zu bestätigen.[14] So haben Exponate und Bilder Differenzen überdeutlich markiert und wiederholt das vermeintlich Fremdländische akzentuiert. Zudem kam es zu einer polarisierenden Reduktion von Migranten zu entweder Opfern oder Tätern. Gerade die letzte Ausstellungsabteilung, in der unter anderem eine Burka, eine Polizeiuniform, eine Koranausgabe, die Kofferbombe der jihadistischen Sauerlandzelle, Thilo Sarrazins Buch „Deutschland schafft sich ab" von 2010 zu sehen waren, spannte einen, wenngleich sicherlich anders intendierten, unbehaglichen Horizont zwischen Arbeitsmigration, Xenophobie und Terrorismus auf, der den Mehrfachzugehörigkeiten von Migranten kaum gerecht wurde, geschweige denn, dass sie als eigenständige Akteure gesellschaftlichen Handelns in den Blick kamen.

Anders agiert hingegen die Ausstellung „Rassismus. Die Erfindung von Menschenrassen", die das Deutsche Hygienemuseum Dresden 2018/19 präsentiert.[15] Die Ausstellung rekonstruiert und dekonstruiert überzeugend Prozesse (pseudo-)wissenschaftlicher Naturalisierungen und Klassifizierungen von menschlichen Rassen, näherhin von Rassenunterschieden, beispielsweise unter Einsatz von Anthropometrie oder Hautfarbenbestimmungen. Kriminalisten, Forensiker und Kolonialherren zogen gemeinsam an einem Strang, wenn es in der Zeit des Kaiserreichs darum ging, Charaktermerkmale von humanbiologischen Äußerlichkeiten abzuleiten. Auch wenn die Dresdener Ausstellung die Konstruktion von Menschenrassen historisch erhellt, löst sie den darin inhärenten Rassismus, der zweifelsohne bis in die Gegenwart reicht, zu keinem Zeitpunkt diskursiv auf. Sie adressiert vielmehr den heutigen Rassismus in künstlerischen Projekten, YouTube-Tutorials und filmischen Interviewsequenzen. So lädt sie dazu ein, einen ebenso ausgrenzenden wie menschenverachtenden Rassismus zu hinterfragen, der tief in der deutschen Gesellschaft verwurzelt ist. Die Faszination für das Fremde erscheint oft nur als die Kehrseite der Furcht vor dem Fremden.

---

[13] Vgl. Citron, Bettina/ Rösgen, Petra (Hg.): Immer bunter: Einwanderungsland Deutschland. Begleitbuch zur Ausstellung im Haus der Geschichte der Bundesrepublik Deutschland, Mainz 2014.
[14] Vgl. die Ausstellungsrezension: Böhnlein, Lukas: Rezension zu: Immer bunter. Einwanderungsland Deutschland, 10.12.2014 – 09.08.2015 Bonn, in: H-Soz-Kult, 01.08.2015, URL: , zuletzt aufgerufen am 25.08.2018.
[15] Wernsing, Geulen, Christian/Vogel, Klaus (Hg.): Rassismus. Die Erfindung von Menschenrassen, Göttingen 2018.

Kulturelle Differenz, Hybridität und Transdifferenz

Der kulturellen Differenz ist das Denken des Literaturwissenschaftlers und Theoretikers des Postkolonialismus Homi K. Bhabha verpflichtet.[16] Dieser richtet sich gegen eine Konzeption von Kultur, die von gleichbleibenden, homogenen, stabilen, abgeschlossenen und letztlich tatsächlich existierenden Entitäten ausgeht – eine Haltung, die Bhabha mit dem Begriff der „kulturellen Diversität" assoziiert.[17] Für ihn repräsentiert eine solche Position „eine radikale Rhetorik der Trennung von Kulturen, die als Totalität gesehen werden und so, nicht besudelt von der Intertextualität ihrer historischen Orte, in der Sicherheit der Utopie einer mythischen Erinnerung an eine einzigartige kollektive Identität ihr Leben fristen."[18] Im Gegensatz zu diesem auf Homogenität setzenden Kulturessentialismus favorisiert Bhabha eine diskursive Vorstellung von kultureller Differenz, die stets umstritten, ausgehandelt, verflüssigt und neu erzeugt wird. „Kulturelle Differenz" bedeutet nicht die fixe Feststellung von Unterschieden, sondern einen produktiven epistemologischen Grenzverkehr, in dem kulturelle Mischformen der sich wechselseitig Infragestellenden aufscheinen. Für Bhabha stellen solchermaßen verflüssigte Differenzen Phänomene der Hybridität dar, die das Resultat von permanenten Austauschprozessen bilden.[19] Bhabha sucht, abschließende oder abkapselnde Grenzen von Kulturen, die immer auf exkludierenden Grenzziehungen von Begriffen und Symbolen fußen, um ein neues Forum, einen Zwischenraum bzw. einen „dritten Raum" zu erweitern, in dem fluide und freie Bedeutungszuschreibungen möglich sind.[20] „Dieser zwischenräumliche Übergang zwischen festen Identifikationen eröffnet die Möglichkeit einer kulturellen Hybridität, in der es einen Platz für Differenz ohne eine übernommene oder verordnete Hierarchie gibt."[21] Der Hybridität ermöglichende „Dritte Raum" ist mithin dazu angetan, sich

---

16 Vgl. Bhabha, Homi K.: Die Verortung der Kultur, übersetzt von Michael Schiffmann, Jürgen Freudl, Tübingen 2000. Vgl. Moosmüller, Alois: Kulturelle Differenz: Diskurse und Kontexte, in: Ders. (Hg.): Konzepte Kultureller Differenz, Münster 2009, S. 13-45; Bonz, Jochen/Struve, Karen/ Bhabha, Homi K.: Auf der Innenseite kultureller Differenz: „in the middle of differences", in: Moebius, Stephan/Quadflieg, Dirk (Hg.): Kultur. Theorien der Gegenwart, 2. Auflage, Wiesbaden 2011, S. 132-145.
17 Vgl. Bhabha, Homi K.: Das theoretische Engagement, in: Ders.: Die Verortung der Kultur, Tübingen 2000, S. 29-58, hier S. 52f. Vgl. Struve, Karen: Zur Aktualität von Homi K. Bhabha, Wiesbaden 2013, S. 64-68.
18 Bhabha 2000, S. 52.
19 Vgl. Young, Robert J. C.: Colonial desire: hybridity in theory, culture and race, London u.a. 1995. Goetsch, Paul: Funktionen von „Hybridität" in der postkolonialen Theorie, in: Literatur in Wissenschaft und Unterricht 30 (1997), S. 135-145.
20 Vgl. Bhaba 2000, S. 57. Vgl. Struwe, Karen: Zur Aktualität von Homi K. Bhabha. Einleitung in sein Werk, Wiesbaden 2013, S. 121-130.
21 Bhabha, Homi K.: Einleitung: Verortungen der Kultur, in: Ders.: Verortung, S. 1-28, hier S. 5.

ausschließende Abgrenzungen aufzuweichen und dabei aus den binären Ausschlussmechanismen von Identität und Alterität auszubrechen. „Eben jener Dritte Raum konstituiert, obwohl ‚in sich' nicht repräsentierbar, die diskursiven Bedingungen der Äußerung, die dafür sorgen, daß die Bedeutung und die Symbole von Kultur nicht von allem Anfang an einheitlich und festgelegt sind und daß selbst ein und dieselben Zeichen neu belegt, übersetzt, rehistorisiert und gelesen werden können."[22] Bhabha verwendet für diesen Zusammenhang auch das Bild eines Treppenhauses, das einen „Schwellenraum zwischen den Identitätsbestimmungen"[23] darstellt. Ist die Vorstellung von Hybridität und vom „Dritten Raum" auch im Zeichen des Postkolonialismus entwickelt, lässt sich dieser besondere Raum in sämtlichen westlichen Gesellschaften lokalisieren, in denen migrantische Bevölkerung seit Generationen ihr Zuhause gefunden hat.

Ähnlich wie Bhabha versuchen Helmbrecht Breinig und Klaus Lösch mit ihrem Konzept der „Transdifferenz" der theoretischen Engführung von traditionellen Identitätskonstrukten zu entkommen.[24] Auch diese Autoren zielen auf kulturelle Momente der „Ungewissheit, der Unentscheidbarkeit und des Widerspruchs, die in Differenzkonstruktionen auf der Basis binärer Ordnungslogik ausgeblendet werden."[25] Im Gegensatz zu einer utopischen Aufhebung jeglicher Differenzen geht es Breining und Lösch darum, in ihrem Theoriegebäude das Verständnis von Differenzen komplementär mit der Vorstellung einer Transdifferenz zu erweitern. Da letztere quer zu den herkömmlichen Differenzen, die auf Unterschiede setzen, läuft, lässt sie sich nicht eindeutig einer Seite der Identitätsbehauptungen zuordnen. Lösch schließt sich mit seinem Kulturverständnis an James Clifford an. „If culture is not an object to be described, neither is it a unified corpus of symbols and meanings that can be definitively interpreted. Culture is contested, temporal, and emergent. Representation and explanation – both by insiders and outsiders – is implicated in this emergence".[26]

---

[22] Bhabha 2000, S. 57.
[23] Ders.: Verortungen der Kultur, in: Bronfen, Elisabeth/Marius, Benjamin/Steffen, Therese (Hg.): Hybride Kulturen, Beiträge zur anglo-amerikanischen Mulitkulturalismusdebatte, Tübingen 1997, S. 123-148, S. 127.
[24] Vgl. Breinig, Helmbrecht/Lösch, Klaus: Transdifference: Journal for the Study of British Cultures 13/2 (2006), S. 105-122; Lösch, Klaus: Begriff und Phänomen der Transdifferenz: Zur Infragestellung binärer Differenzkonstrukte, in: Allolio-Näcke, Lars/Kalscheuer, Britta/Manzeschke, Arne (Hg.): Differenzen anders denken. Bausteine zu einer Kulturtheorie der Transdifferenz, Frankfurt/M., New York 2005, S. 26-49.
[25] Lösch 2005, S. 27.
[26] Clifford, James: Introduction: Partial Truths, in: Ders./Marcus, George E. (Hg.): Writing Culture: The Poetics and Politics of Ethnography, Berkeley 1986, S. 1-26, hier S. 19.

Karl Borromäus Murr

Museologisch übersetzt, ließe sich das Museum als ein hybrider „Dritter Raum", als ein Austragsort von Transdifferenz beschreiben, der ein Forum bietet, das sich nicht in der dichotomen Binarität beispielsweise von Leitkultur und migrantischer Kultur verliert, sondern einen aktiven Ort zur Verhandlung der Bedeutungen von Zugehörigkeit darstellt. Museen könnten mit Bhabha als Orte der Übersetzung fungieren, die eine „Inszenierung kultureller Differenz"[27] ermöglichen.

Ein Ausstellungsprojekt, das sich solchermaßen als ein „Dritter Raum", als Ort der Transdifferenz deuten lässt, begegnete in der 15. Istanbuler Biennale des Jahres 2017. Die von dem skandinavischen Künstlerduo Elmgreen & Dragset kuratierte Schau, die in einer Auswahl 2017/2018 von der Münchner Pinakothek der Moderne gezeigt wurde, stand unter dem Motto „A good neighbour".[28] Die beiden Kuratoren gingen von dem Befund aus, dass in der Gegenwart sicher geglaubte Allianzen verblassen, das friedliche Miteinander an Selbstverständlichkeit verliert, während neue Zugehörigkeiten entstehen. Wie gehen wir heute mit Nachbarschaften um? „Do we accept the differences we might have in relation to the people next to us?"[29] Viele der vertretenen künstlerischen Positionen loteten mit dem Thema Nachbarschaft die sich überschneidenden Polyvalenzen von Lebensräumen aus, die – sei es im gemeinsamen Mietshaus, in existentiellen Lebenssituationen oder sogar im benachbarten Kriegsgebiet – immer entlang von offenen Grenzen verlaufen, die die Biennalebeiträge vielfach in Frage stellten und solchermaßen verflüssigten. Die künstlerischen Arbeiten rangen solchermaßen um hybride Orte, die wesentlich instabil sind. Elmgreen & Dragset ließen sich für ihre Kuration von dem französischen Schriftsteller Georges Perec inspirieren, der bezüglich der Verortung der Kultur feststellte: „Such places don't exist, and it's because they don't exist that space becomes a question, ceases to be self-evident, ceases to be incorporated, ceases to be appropriated. Space is a doubt: I have constantly to mark it, so designate it. It's never mine, never given to me, I have to conquer it." Wie Elmgreen & Dragset mit ihren sechs verschiedenen Ausstellungsorten in Istanbul, die untereinander eine hybride Topographie von Nachbarschaft bildeten, die „co-existence of multiple identities" imaginierten, so eröffnete auch die ausgewählte Fassung in der Pinakothek der Moderne die Erfahrung des „Dritten Raums", in dem binäre Grenzziehungen verschwammen.

---

27 Bhabha, Homi K.: Wie das Neue in die Welt kommt: Postmoderner Raum, postkoloniale Zeiten und die Prozesse kultureller Übersetzung, in: Ders.: Verortung, S. 317-352, hier S. 339.
28 Vgl. iyi bir komşu/a good neighbour. 15. İstanbul Bienali/15th Istanbul Biennal, 16.09.17 – 12.11.17, Sergi/Exhibition, Istanbul 2017.
29 Elmgreen & Dragset: An Introduction, in: iyi bir komşu/a good neighbour, Sergi/Exhibition, S. 41-51, hier S. 43.

Abstand statt Differenz

Jüngst hat sich der französische Philosoph und Sinologe François Jullien mit einem Essay zu Wort gemeldet, der den provokanten Titel trägt: „Es gibt keine kulturelle Identität".[30] Während der Autor das Konzept der Identität für die Bereiche des Singulären oder des Subjektiven für durchaus angemessen hält,[31] verwehrt er sich der Begriffsanwendung einer ‚kollektiven Identität', deren epistemologische Möglichkeiten er äußerst kritisch sieht. Somit wendet sich auch Jullien gegen eine Essentialisierung, Ontologisierung oder Verdinglichung von kollektiver Identität. In seiner Schrift versucht er dagegen, kulturelle Phänomene der kollektiven Zugehörigkeit jenseits des Begriffspaares von Identität und Differenz zu fassen. „Anstatt die Verschiedenheit der Kulturen als Differenz zu beschreiben, sollten wir uns ihr mithilfe des Konzepts des *Abstands* [écart; Anm. des Autors] nähern; wir sollten sie nicht im Sinn von *Identität* […] verstehen."[32] Während nämlich ‚Differenz' klassifikatorisch bzw. typologisch arbeitet, bezeichnet ‚Abstand' eine relative Entfernung. Funktioniert die Erkenntnisarbeit mittels ‚Differenz' mit Ähnlichkeiten und Unterschieden, operiert die Figur des ‚Abstandes' nicht mit der „Identifikation, sondern der Exploration, die andere Möglichkeiten zutage fördert."[33] Der Vorgang der Differenzierung zielt hingegen auf eine begriffliche Separierung, wie sie etwa Samuel P. Huntington in seiner kruden Reduzierung der Weltkulturen auf Typologien vor Augen geführt hat.[34] Wer solchermaßen Kulturunterschiede klassifiziert und damit festschreibt, kann sie letztlich nur noch – ob der Unauflösbarkeit von Differenzen – im Sinne von Huntington in einem Clash aufeinanderprallen lassen. Demgegenüber beruht das Abstand-Nehmen im Denken Julliens auf einer genuinen Dialektik, welche die im Abstand zueinander betrachteten Gegenstände in ihrer stets aktiven, wechselseitigen Aufhellung in den Blick nimmt. Das aus einem relativen Abstand heraus entstehende Spannungsfeld eröffnet ein „Zwischen", das die aufeinander bezogenen Begriffe semantisch offenhält, stets wechselseitig aktiviert und somit produktiv über ihre Grenzen treten lässt. So bestimmt sich das „Zwischen dadurch, dass es weder das eine noch das andere ist, so jedes von seinem anderen überzogen, seines An-sich und seiner ‚Eigenheit' enthoben ist."[35]

Nicht zuletzt sieht Jullien im kulturellen Abstand auch „eine ethische und politische

---

[30] Jullien, François: Es gibt keine kulturelle Identität: wir verteidigen die Ressourcen einer Kultur, übersetzt von Erwin Landrichter, Frankfurt/M. 2017.
[31] Ebenda, S. 62.
[32] Ebenda, S. 36.
[33] Ebenda, S. 37.
[34] Ebenda, S. 49f.
[35] Ebenda, S. 41.

Berufung".[36] Denn nur wer Differenzierungen nicht als abschließend und fixiert betrachtet, ist in der Lage, die Kommunikation mit dem Anderen produktiv fortzuführen. Da Jullien Kultur als Transformation fasst, müssen ihm identitätsbasierte Differenzen als begriffliche oder ontologische Sackgassen erscheinen, die einer lebendigen kulturellen Vielfalt widersprechen. Denn diese überbietet sich in einem offenen semantischen Spiel gleichsam aus sich heraus. Wird Kultur so verstanden, mag sie als ein erfinderisches, kreatives Reservoir, als fruchtbare Ressource wirken. Letztlich zielt Jullien auf eine neue Form des Gemeinsamen, das – als geteiltes Gemeinsames – in der Anerkennung der kulturellen Singularität und der Vielfalt gleichermaßen die wechselseitigen Positionen aktiviert und überdenken lässt. Anstelle einer kollektiven Identität, die Kulturen voneinander isoliert, favorisiert Jullien ein Gemeinsames, das sich je neu aus den Abständen von kulturellen Positionen heraus aktiviert. Überdies kommt es hierbei im Blick auf den je anderen auf die öffnende Perspektive an, „was es dort an anderem Möglichen zu entdecken gibt."[37]

Julliens Denkansatz transzendiert bewusst die klassische philosophische Begriffsbildung, die auf dem fundamentalen Wechselspiel von Identität und Differenz basiert, und damit auch das herkömmliche Seinsdenken. Er zeigt somit eine gewisse Nähe zu seinem Landsmann, dem Philosophen Gilles Deleuze, auch wenn er sich vollkommen von der Vorstellung einer kulturellen Differenz verabschiedet. So kreativ die Einführung der relativen Kategorie des Abstandes sein mag, so unbestimmt bleibt epistemologisch, wie Jullien die in den Abständen aufscheinenden Divergenzen konzeptualisieren will. Gleichwohl gelangt er zu der Formulierung einer entscheidenden Zugehörigkeit, nämlich der des Gemeinsamen, das sich auch als politische Herausforderung aus dem kulturellen Abstand heraus konstituiert.

Museologisch lädt Julliens konsequente Ablehnung eines ontologischen und epistemologischen Essentialismus von Identität und Differenz dazu ein, in Ausstellungsprojekten kulturelle Divergenzen relativ, das heißt in der Bezugnahme aufeinander zu bestimmen. Julliens „Zwischen", das den jeweiligen Abstand zwischen kulturell Divergentem auslotetet, erscheint darüber hinaus dem hybriden „Dritten Raum" von Bhabha nicht unähnlich, da sich beide Konzepte ohne fixierte semantische Festlegungen aus der Relativität verschiedener Positionen definieren.

36 Ebenda.
37 Ebenda, S. 91.

Xenologie: Dimensionen des Fremden

Unter dem Begriff „Xenologie" haben sich verschiedene humanwissenschaftliche Disziplinen vor allem in Deutschland versammelt, um auf die wachsenden Herausforderungen einer zunehmend globalisierten und als solche durch vielerlei Medien im Alltag näher gerückten Welt mit ihren multiethnischen Gesellschaften, ihren transnationalen Migrations- und Fluchtbewegungen zu reagieren.[38] In dieser Welt gesteigerter Fremdheitserfahrung sei, so Peter Härtling, das Fremdsein „die uns zeitgemäße Existenzform".[39] Die dem Konstruktivismus verpflichtete Xenologie versucht dementsprechend, das Fremde nicht als Bedrohung, sondern als kulturellen Reichtum zu verstehen. Als interdisziplinäre Reflexion von Fremdheit geht sie von der grundlegenden Sozialdistinktion von Eigenem und Fremdem, von Identität und Alterität, von Unbekanntem und Vertrauten etc. aus – einer Distinktion, die es produktiv zu wenden gilt. Als Identitätsstrukturen sind Fremdes und Eigenes allerdings nicht als schlichte Gegensätze, sondern als interdependente Bezugsgrößen aufzufassen. So definiert sich das Fremde je neu aus der Perspektive des Eigenen, die erkenntniskonstitutiv wirkt. In diesem Sinne stellen Aleida und Jan Assmann fest: In der „durch die Kenntnis des Anderen begründeten Selbstaufklärung und Selbstdistanzierung liegen die Aufgaben einer kulturwissenschaftlichen Xenologie".[40] Die diskursive Entschlüsselung des Fremden lässt sich durchaus als konstruktivistische Hermeneutik begreifen. Anstelle dem als Fremden verfemten Anderen mit einer negativen Stereotypisierung zu begegnen, geht es darum, den Fremden aus einer tendenziellen Dämonisierung zu befreien und wieder in den Stand eines eigenständigen Subjekts oder Akteurs zu versetzen. Die Andersheit des Fremden gilt es letztlich nicht in der Identität des Eigenen aufzulösen, sondern in seiner Relativität als interkulturelle Kommunikation wirksam werden zu lassen. Walter Veit spricht in diesem Kontext von der „Produktivität der Entfernung".[41]

Was nun das Museum als möglichen Begegnungsort mit dem Fremden anbelangt,

---

38 Wierlacher, Alois: Kulturwissenschaftliche Xenologie – Ausgangslage, Leitbegriffe, Problemfelder, in: Ders. (Hg.): Kulturthema Fremdheit: Leitbegriffe und Problemfelder kulturwissenschaftlicher Fremdheitsforschung, München 1993, S. 19-112; Ders./Albrecht, Corinna: Kulturwissenschaftliche Xenologie, in: Nünning, Ansgar/Nünning, Vera (Hg.): Konzepte der Kulturwissenschaften. Theoretische Grundlagen – Ansätze – Perspektiven, Stuttgart 2003, S. 280-306.
39 Härtling, Peter: Der Wanderer, Darmstadt 1988, S. 128.
40 Assmann, Aleida/Assmann, Jan: Kultur und Konflikt. Aspekte einer Theorie des unkommunikativen Handelns, in: Assmann, Jan/Harth, Dietrich (Hg.): Kultur und Konflikt, Frankfurt/M. 1990, S. 11-48, S. 39.
41 Veit, Walter: Überlegungen zur Hermeneutik der Germanistik in Australien. Aspekte eines Paradigmas interkultureller Literaturwissenschaft, in: Wierlacher, Alois (Hg.): Das Fremde und das Eigene. Prolegomena zu einer interkulturellen Germanistik, München 1985, S. 314-326, hier S. 322.

so zeigt sich die orthodoxe Spielart der Xenologie, die sich auf Munasu Duala-M'bedy beruft,[42] äußerst zurückhaltend.[43] Denn „[d]ie Welt des Museums als eine Welt des Konservierens, Klassifizierens und Präsentierens steht in einem prinzipiellen Gegensatz zu entscheidenden Grundforderungen der Xenologie."[44] „Wieweit […] kann es überhaupt ‚Fremdes' im Museum geben, liegt nicht gerade die Aufgabe des Museums darin, bisher Unbekanntes in die Zone des Eigenen zu rücken, es mithin zu ent-fremden, ihm darin gerade den Charakter des Fremden zu nehmen, um es, auf welcher Ebene auch immer begegnen zu lassen?"[45] Die Herausforderung, in Ausstellungen dem Fremden xenologisch adäquat zu begegnen, ist für das Museum ungemein groß, das lange Zeit allein um die eigene, in sich nahezu abgeschlossene Identität kreiste. Denn ein xenologisch gedachtes Museum verlangt weit mehr. „Das xenisch Strukturierte, xenographisch Erfaßte und Präsentierte erscheint freilich erst dann in der Dimension der Xenologie, wenn es – unter Überwindung der xenischen und xenograpischen Domestikation – zu seinerseits Provozierendem wird, wenn es seine Subjektstruktur wiedergewinnt, zum interpolaren Gegenüber des Eigenen wird."[46] Ein Weg, auch im Museum die Begegnung mit dem Fremden in dessen genuiner Erscheinung zu ermöglichen, führt über die Entdeckung des Fremden im Eigenen – eine Entdeckung, die das Eigene als vermeintlich stabile Identität in Frage stellt. Der vielleicht radikalste Denker der Andersheit des Anderen, Emmanuel Levinas, fasste die Abhängigkeit des Eigenen vom Fremden bzw. Anderen folgendermaßen: „Das Ich ist nicht autark und autonom, sondern ein von Fremdheit und Verschiedenheit des Anderen geschaffenes und durchzogenes Ich - der ‚Andere des Anderen'."[47]

In eine ähnliche Richtung zielen, wenngleich weniger radikal, die Kritik und das Plädoyer von Peter Sloterdijk, der das Museum als eine „Schule des Befremdens" empfiehlt.[48] Der Autor verweist darin auf die tiefe Verstrickung des abendländischen Museums in das Geschäft der identitären Aneignung der Welt, die im Grunde alles

---

42 Duala-M'bedy, Munasu: Xenologie. Die Wissenschaft vom Fremden und die Verdrängung der Humanität in der Anthropologie, München 1977; Bremshey, Christian/Hoffmann, Hilde/May, Yomb/Ortu, Marco (Hg.): Den Fremden gibt es nicht. Xenologie und Erkenntnis, Münster 2004.
43 Duala-M'bedy, Munasu (Hg.): Die Entgegnung des Fremden im Museum. Xenologie und Museumspädagogik, Oberhausen 1999.
44 Hoefer, Carl-Hellmut: Herausforderung und Entgegnung. Xenographie und Xenologie im Museum, in: Duala-M'bedy, Entgegnung, S. 81-91, S. 91.
45 Ebenda, S. 89.
46 Ebenda, S. 90f.
47 Lévinas, Emmanuel: Die Spur des Anderen. Untersuchungen zur Phänomenologie und Sozialphilosophie. Freiburg ²1987, S. 224.
48 Sloterdijk, Peter: Museum – Schule des Befremdens, in: Ders.: Der ästhetische Imperativ. Schriften zur Kunst, Frankfurt/M. 2014, S. 354-370.

Differente oder Fremde schonungslos appropriiert und assimiliert. Dagegen sieht es Sloterdijk, der die Fremdheitserfahrung als eine ontologische Grunderfahrung kennzeichnet, als Aufgabe des Museums an, „eine Gesellschaft, die sich an Identifizierungen klammert, in einen intelligenten Grenzverkehr mit dem Fremden zu verwickeln – auch mit dem ‚Eigenen'"[49].

Eine Ausstellung, der dies gelungen ist, hat das Deutsche Hygienemuseum 1999/2000 unter dem Titel „Fremdkörper – Fremde Körper" gezeigt.[50] Ausgehend von der körperlichen Erfahrung von Fremdkörpern, die wie Nägel, Projektile oder Gallensteine den eigenen Leib gleichsam sich entfremden, explorierte die Schau die Konstruktion von fremden Körpern, wie sie zunächst die klassifizierende Medizin und Naturwissenschaft geleistet haben, bevor abschätzige „Fremdbilder" oder Klischees etwa auf Menschen in den deutschen Kolonien übertragen worden sind. So ging die Dresdener Ausstellung der Erzeugung von identitätsstiftenden Fremdbildern nach, die sie – wie die notorische Physiognomie der jüdischen Nase – als Konstrukte entlarvt. Die szenografische Gestaltung der Dresdener Ausstellung verstand es, mit ihren in Schwarz-Weiß gehaltenen Räumen die Ambivalenz des Fremden als Bedrohung und Bereicherung vor Augen zu führen – eine Komplexitätsreduktion, die – so das Plädoyer der Ausstellung – in Richtung Toleranz gegenüber dem Anderen aufgebrochen werden muss.[51]

Differenzen jenseits von Identität

Ein früherer, aber in seiner Radikalität bis heute unerreichter Versuch, das für die abendländische Philosophie so typische Identitätsdenken auszuhebeln, stammt von dem bereits erwähnten Philosophen Deleuze aus dem Jahr 1968.[52] Ihm geht es vor-

---

49 Ebenda, S. 364.
50 Hürlimann, Annemarie (Hg.): Fremdkörper - fremde Körper: von unvermeidlichen Kontakten und widerstreitenden Gefühlen, Ostfildern-Ruit 1999.
51 Anschlussfähig an das Konzept der Xenologie ist das Konzept der Transkulturalität, wie es der deutsche Philosoph Wolfgang Welsch vertritt. Welsch, Wolfgang: Transkulturalität - Lebensformen nach der Auflösung der Kulturen, in: Luger, Kurt/Renger, Rudi (Hg.): Dialog der Kulturen. Die multikulturelle Gesellschaft und die Medien, Wien 1994, S. 147-169. ‚Transkulturalität' geht davon aus, dass der Mensch der Gegenwart durchdrungen ist von ganz verschiedenen Identitätsmomenten, die ihn offen machen zum gegenseitigen Verstehen und zur wechselseitigen Kommunikation mit anderen transkulturellen Identitäten. Die Vorstellung von „Multikulturalität" ebenso wie von „Interkulturalität" lehnt Welsch hingegen ab, weil diese nicht das überkommene monolithische Identitätskonzept verlassen. Vgl. ebenda, S. 149, 160ff.
52 Deleuze, Gilles: Differenz und Wiederholung, übersetzt von Joseph Vogl, 3. Auflage, München 2007. Vgl. dazu Foucault, Michel: Theatrum philosophicum, in: Ders.: Schriften in vier Bänden, Bd. II: 1970-1975, hg. von Daniel Defert, François Ewald, aus dem Französischen von Reiner Ansén u.a.,

rangig um eine Neubewertung von Differenz, die er völlig neu zu fassen versucht. Sein poststrukturalistischer Schlüsseltext „Differenz und Wiederholung" gilt dem Bemühen, den titelgebenden Begriffen, die bis dahin von Identität und Negation regiert worden sind, eine nicht abhängige, sondern genuine Bedeutung zu verleihen. Nicht um eine Differenz, die auf Identität, Ähnlichkeit, Analogie oder Gegensatz bezogen bleibt, geht es Deleuze, sondern um eine freie Differenz, die sich auf andere Unterschiede bezieht. „Wir wollen die Differenz an sich selbst und den Bezug des Differenten zum Differenten denken, unabhängig von der Repräsentation, durch die sie auf das Selbe zurückgeführt und durch das Negative getrieben wird."[53] Deleuze führt hier den Begriff des ‚Simulakrums' ein als einer Referenz, mithilfe derer freie Differenzen sich kennzeichnen lassen. Neben die freie Differenz tritt die komplexe Wiederholung, die keine mechanisch-serielle Repetition Desselben darstellt, sondern sich von Mal zu Mal verschiebt, aber auf keine ursprüngliche Ausgangsform reduziert werden kann. In diesem Sinne formulierte Andy Warhol: „Isn't life a series of images that change as they repeat themselves?"[54] So erscheint die moderne Welt mit ihren Simulakren als „eine autonome Welt solch freier Differenzen und komplexer Wiederholungen."[55] – ein sich stets überbietendes und verschiebendes Differenzenspiel, das sich allein aufgrund der unweigerlichen Zeitlichkeit entfesselt. Es kann kaum überraschen, dass Deleuze letztlich an Friedrich Nietzsches affirmatives Konzept der „ewigen Wiederkehr des Gleichen" anzuschließen versucht.[56]

Welche Anregungen lassen sich aus Deleuzes radikaler Kritik am Identitätskonzept für eine Museologie der Gegenwart gewinnen? Positiv zu verzeichnen wäre mit der Dispensierung der auf Einheit setzenden Identität die hohe Wertschätzung der Vielheiten, des Differenten und Heterogenen. Reizvoll erscheint auch die potenzielle Subversivität der rhythmischen, in sich differenten Wiederholungen. Versucht man diese Idee auf ein Ausstellungsformat zu übertragen, ließe sich ein Projekt denken, das von Tag zu Tag, von Zeit zu Zeit seine Perspektive verschiebt und sich solchermaßen permanent selbst dekonstruiert. Inwieweit sich der machtkritische Deleuze mit seiner Vorliebe für das Nicht-Hierarchische, für das Dezentrierte überhaupt auf

---

Frankfurt/M. 2002, S. 93-122.
[53] Ebenda, S. 11.
[54] Zitiert nach Daggett Dillenberger, Jane: The Religious Art of Andy Warhol, New York 1998, S. 116. Vgl. zum Thema Wiederholung bei Deleuze: Ott, Michaela: Deleuze – Zur Einführung, Hamburg 2005, S. 66.
[55] Welsch, Wolfgang: Différence et répétition, in: Volpi, Franco/Nida-Rümelin, Julian (Hg.): Lexikon der philosophischen Werke, Stuttgart 1988, S. 176f.
[56] Vgl. Harders, Gerd: Der gerade Kreis - Nietzsche und die Geschichte der Ewigen Wiederkehr, Berlin 2007.

öffentliche Institutionen wie Museen, die klassischerweise eher hierarchisch operierende Zentren von Wissens- und Identitätspräsentation sowie -produktion darstellen, eingelassen hätte, ist allerdings fraglich. Denn Deleuze und Félix Guattari geht es mehr, wie Fiona Cameron betont, um „institutions as dispersed and interconnected, as mobile, and as emergent".⁵⁷ Deleuzes und Guattaris Favorisierung des Nomadischen, Flüchtigen und Instabilen verweigert sich Ausstellungen, die innerhalb stabiler Architekturen für eine gewisse Zeit auf Dauer setzen. Temporäre, bewegliche oder zerstreute Interventionen, die gleichwohl rhizomartig miteinander verbunden sind, entsprechen eher dem philosophischen Ansatz der beiden Genannten.

Kritisch erscheint allerdings Deleuzes vorbehaltlose Affirmation der sich verschiebenden Wiederholungen. Denn ihnen liegt auch eine aggressive, ja destruktive Kraft beschlossen, die für die Kohärenz von Kollektiven und Individuen gleichermaßen bedrohlich ist. Wie Deleuze unumwunden konstatiert, vermag eine dieser Art entfesselte Aggression die „schöne Seele" zu zerstören, „indem sie diese ihrer Identität beraubt und ihren guten Willen bricht".⁵⁸ Während die ethische Affirmation, die auf die Anerkennung der ewigen Wiederkehr des Gleichen setzt, kritisch erscheint, bieten die von Deleuze vorgelegten Überlegungen auf der Ebene einer auf Heterogenität sich konzentrierenden Epistemologie einerseits und einer Medienontologie andererseits, die permanent in Differenzen und Wiederholungen sich zeigt, fruchtbare Anregungen.

Ein „liquid museum" im Zeichen einer „liquid modernity"

Im Zeitalter der „flüchtigen Moderne" sind die Aufgaben für die Einrichtung Museum gewaltig, die sich im Zeichen von globalen Austausch- und Migrationsbewegungen mit einem deutlich gesteigerten Maß an Differenz konfrontiert sieht. Wie kann das Museum mit diesen nie gekannten Alteritäten verantwortungsvoll umgehen? Die vorstehenden Ausführungen haben deshalb den Versuch unternommen, verschiedene Theorieansätze zu Alterität, Fremdheit und kultureller Differenz auf ihr Anregungspotenzial hinsichtlich einer gegenwärtigen Museologie zu befragen. Es spannte sich ein inhaltlich weiter Bogen von der Aufweichung binärer Zuschreibungen im Sinne eines „Un/Doing Differences" über das Plädoyer für kulturelle Differenzen, Hybridität und Transdifferenz bis hin zur völligen Neubewertung von Differenzen eines Gilles Deleuze. All diesen Ansätzen, die im Sinne einer Machtkritik eine grundlegende Skepsis gegenüber kultureller Repräsentation teilen, ist jedoch gemeinsam, dass sie

---

57 Cameron, Fiona: The Liquid Museum. New Institutional Ontologies for a Complex, Uncertain World, in: Witcomb, Andrea/Message, Kylie (Hg.): Museum Theory (The International Handboooks of Museum Studies 1), 2015, S. 345-361, S. 355.
58 Deleuze 2007, S. 12.

auf der Basis des methodologischen Konstruktivismus das klassische Verständnis von Identität im Sinne einer essentialistischen Homogenität äußerst kritisch erachten. Aus deren binären Ausschlussmechanismen – wie sie etwa für Klasse, Rasse oder Geschlecht so typisch sind – suchen sie, in verschiedenerlei Richtung auszubrechen. Konsequent fragen sie nach der Bedeutung von Differenz, deren Produktion sie in den Fokus nehmen. So eint die verschiedenen Ansätze ein praxeologisches Konzept von Differenzen, bei denen es um die Herstellung von Bedeutung geht. Dabei können verschiedene Differenzen bzw. Mehrfachzugehörigkeiten nicht nur nebeneinander existieren, sondern auch inhaltlich zueinander in Konkurrenz treten. Übertragen auf das Museum können sich mithin viele Stimmen von Differenz artikulieren, die diskursiv miteinander ringen, Bedeutungszuschreibungen aushandeln, Widersprüche formulieren – allesamt Prozesse, in denen hybride Differenzierungen sich entfalten können. Museen sind von daher eingeladen, Orte zu sein oder zu werden, in denen die „performative Natur differentieller Identitäten"[59] Platz hat. Mit Bhabha und Jullien ließe sich das Museum als ein diskursiver Zwischenraum beschreiben, in dem kulturelle Differenzen zur Sprache kommen – Differenzen, die sich im Spannungsfeld ihres relativen Abstands zueinander ausloten lassen. Museen sind eingeladen, als „Dritter Raum" zu fungieren, um die inhumane Logik von Eigenem und Fremdem, von Freund und Feind, von Innen und Außen auszuhebeln. Klassische Identitätsvorstellungen zu kritisieren, heißt mithin nicht, die zentralen Fragen nach Zugehörigkeit zu dispensieren.

Zugleich ist Wachsamkeit angebracht, nicht nur gegenüber einem naiven Multikulturalismus-Verständnis,[60] sondern auch gegenüber einer ebenso arglosen Würdigung sämtlicher Differenzen, die doch auch ins Zerstörerische umschlagen können – denn Kultur endet dort, wo Gewalt beginnt. Deleuze hat angedeutet, dass heillose Affirmation jeglicher Alterität eine destruktive Potenz in sich trägt.

Kultur im Allgemeinen und den Museen im Besondern ist es deshalb aufgetragen, die zerstörerischen Dimensionen von Alterität zu bannen und deren produktive Dimensionen zu fördern. Gelingt es Museen, Differenzen positiv zu erschließen, Räume für hybride Identitäten zu schaffen, können neue Narrative entstehen, die als vielstimmige temporale Sinnbildungen Kultur mit Bedeutung für die Gesellschaft belegen.

Neben die temporale Sinnbildung hybrider Identitäten sei indes als Erweiterung die spatiale Sinnkonstitution gestellt, die nicht weniger mit Identitäten operiert. Der

---

59 Bhabha, Wie das Neue in die Welt kommt, S. 327.
60 Vgl. Welsch, Transkulturalität, S. 160-163. Vgl. allgemein Modood, Tariq/Werbner, Pnina (Hg.): The Politics of Mulitculturalism in the New Europe: Racism, Identity and Community, London, New York 1997.

„Spatial Turn" hat deutlich gemacht, dass es gerade mit dem Blick auf die Gegenwart bei manchen soziopolitischen Problemlagen angebrachter erscheint, gesellschaftliche Verantwortung im gleichzeitigen Raum zu adressieren als sie in historischen Verlaufsmodellen aufzulösen.[61] So stellen Fragen etwa von sozialer Gerechtigkeit, transnationaler Solidarität, internationaler Friedensordnung, globaler Klimaerwärmung etc. Herausforderungen dar, die Museen gerade in ihrer Gegenwärtigkeit interessieren müssen. Insofern dienten Museen nicht nur der heterochronischen, sondern auch der heterotopischen Auseinandersetzung.[62]

Ein museologischer Ansatz, der temporale und spatiale Verantwortung gleichermaßen für sich in Anspruch nimmt, geht auf Fiona Cameron zurück. Angesichts einer „flüchtigen Moderne" („liquid modernity"; Anm. des Autors), die gleichsam verflüssigte Identitäten hervorbringt, fordert sie ein „liquid museum" mit „new ontologies and knowledge practices"[63]. Dieser Vorschlag rüttelt an den institutionellen Grundlagen des hergebrachten Museums, was der Xenologie von Duala-M'bedy und auch der Philosophie von Deleuze jedoch durchaus entspräche. Denn, so Cameron: „In a liquidity frame, institutions are no longer solely conceived as hierarchical, closed or fixed to a physical location. Instead institutional structures and forms are replaced with soft power, porours borders, and heterogeneous practices that are distributed, light, fluid, mobile, contingent, unpredictable, and emergent."[64] Ein solches Verständnis von Museen, so Cameron, biete einen passenderen konzeptionellen Rahmen, um eine Vorstellung davon zu entwickeln, „how institutions might operate within the fluid, turbulent, and complex globalizing world, but also disrupts the stolid and solid imaginary of the modern museum and its hard, disciplinary, authoritative powers and reformatory agenda."[65]

---

61 Vgl. allgemein Döring, Jörg/Thielman, Tristan (Hg.): Spatial Turn. Das Raumparadigma in den Kultur- und Sozialwissenschaften, Bielefeld 2008; Günzel, Stephan (Hg.): Raumwissenschaften, Frankfurt/M. 2009.

62 Im Bereich der spatialen Metaphern trifft sich Michel Foucaults Vorstellung von Heterotopie mit Bhabhas Konzept des „Dritten Raums" ebenso wie mit Edward Sojas Idee vom „thirdspace". Vgl. Foucault, Michel: Die Heterotopien, in: Ders.: Die Heterotopien – Der utopische Körper. Zwei Radiovorträge, zweisprachige Ausgabe, übersetzt von Michael Bischoff, Frankfurt/M. 2005, S. 8-22; Ders.: Von anderen Räumen, in: Dünne, Jörg/Günzel, Stephan (Hg.): Raumtheorie. Grundlagentexte aus Philosophie und Kulturwissenschaften, Frankfurt/M. 2006, S. 317-329; Soja, Edward: Thirdspace: Journeys to Los Angeles and Other Real-and-imagined Places, Cambridge/MA 1996; Ders.: Thirdspace – Die Erweiterung des Geographischen Blicks, in: Gebhardt, Hans/Reuber, Paul/Wolkersdorfer, Günter (Hg.): Kulturgeographie: Aktuelle Ansätze und Entwicklungen, Heidelberg/Berlin 2003, S. 269–288.

63 Cameron 2015, S. 345-361, hier S. 345.

64 Ebenda, S. 354f.

65 Ebenda, S. 355.

Camerons Konzept des „liquid museum", das auch als hybrider, „Dritter Raum" gedeutet werden kann, stellt sicherlich für viele bestehende Museen eine große Herausforderung dar, die es sich jedoch, um der „flüchtigen Moderne" adäquat begegnen zu können, anzunehmen lohnt. Drei mögliche Strategien, die in Richtung eines „liquid museum" weisen, seien zum Schluss zumindest angedeutet. Alle drei Strategien versuchen, den herkömmlichen Repräsentationsmodus des Museums in Richtung Relation aufzubrechen, Museen solchermaßen als Kontaktzonen zu interpretieren, wie es einst James Clifford vorgeschlagen hat.[66]

Die erste Strategie empfiehlt die Arbeit mit zeitgenössischer Kunst, deren Präsentation nicht allein Kunstmuseen vorbehalten ist. Denn die Auseinandersetzung mit zeitgenössischer Kunst, die zuallermeist eine Position in der Gegenwart bezieht, erlaubt, Identitätskonstruktionen der Gesellschaft zu entlarven, zu verflüssigen und zu invertieren. Dies ermöglicht, einen „verantwortlichen Blick"[67] auf die Vollzüge der Politik, Formationen des Sozialen, kulturelle Praktiken und ästhetische Strategien zu werfen.

Die zweite Strategie ließe sich in Outreach-Projekten finden, die das Museum bewusst über die eigenen Mauern hinaus in Kindergärten, Schulen, Jugendhäuser, zu sozialen Brennpunkten etc. führt. Das Zusammentreffen an einem dritten Ort erlaubt, Schwellenängste gegenüber einer wissensautoritären Einrichtung, die verdächtigt wird, mit einem Begriff von Hochkultur zu operieren, abzubauen, und ermöglicht die Begegnung mit musealen Gestaltungsprozessen auf Augenhöhe. Hier geht es im Sinne des „empowerment" darum, die Kraft einer selbstreflexiven Narrativierung sowie die kulturelle Macht von Diskursivität überhaupt erst zu entdecken und zu nutzen. Letztlich lassen sich dadurch Prozesse in Gang setzen, die wiederum Zugehörigkeitsvorstellungen aufbrechen, relativieren und erweitern, wodurch zugleich identitätskonkrete Gruppenbildungen angestoßen werden können.

Eine dritte Strategie auf dem Weg zu einem „liquid museum" gründet schließlich in dem gleichsam übergeordneten Konzept der Partizipation, womit die aktive zivilgesellschaftliche Teilhabe an öffentlichen Kulturgütern und -einrichtungen gemeint ist. Das partizipative Museum besteht – im Gegensatz zu einer bloßen Repräsentationsfunktion von Identität – in einer Einladung an die Besucher, soziale Zugehörigkeit an einem öffentlichen Ort zu diskutieren, zu hinterfragen und zu erarbeiten. Ein nicht zu unterschätzendes, weil erweitertes Feld der zivilgesellschaftlichen Aneignung des

---

[66] Clifford, James: Museums as Contact Zones, in: Ders.: Routes. Travel and Translation in the Late Twentieth Century, Cambridge/MA 1997, S. 188-219.
[67] Rogoff, Irit: Der unverantwortliche Blick - Kritische Anmerkungen zur Kunstgeschichte, in: kritische berichte. Zeitschrift für Kunst und Kulturwissenschaften 21 (1993), S. 41-49, S. 43.

Museums bietet sich im Einsatz von sozialen Medien dar. Das physische Museum stellt sich von daher als ein Knotenpunkt eines Netzwerkes dar, das auf virtuellem Weg die Museumsmauern hinter sich lässt. Ob digital oder physisch real, muss sich das Museum zu einem aktiven Austrags- und Erfahrungsort des partizipativen Miteinanders von Zivilgesellschaft und Museumsmitarbeitenden entwickeln, die sich – im Sinne von Joseph Beuys' Idee einer „permanenten Konferenz"[68] – gemeinsam über kulturelle Identität oder Differenz verständigen. Pointiert ließe sich formulieren: Das Museum der Zukunft wird partizipativ sein oder es wird nicht sein.

Diese Forderung ist letztlich eine eminent politische, weil sie Museen unter den Anspruch stellt, die kulturelle Teilhabe der gesamten Bevölkerung im Sinne einer Chancengleichheit zu ermöglichen. Das „liquid museum" stellt sich von daher als eine Institution dar, die sich machtkritisch und emanzipativ gleichermaßen für eine liberal-demokratische Gesellschaft einsetzt, die in ihrer Vielfalt vereint ist.

LITERATUR

Assmann, Aleida/Assmann, Jan: Kultur und Konflikt. Aspekte einer Theorie des unkommunikativen Handelns, in: Assmann, Jan/Harth, Dietrich (Hg.): Kultur und Konflikt, Frankfurt/M. 1990, S. 11-48.
Bauman, Zygmunt: Flüchtige Moderne, Frankfurt/M. 2003.
Beck, Ulrich: Risikogesellschaft: auf dem Weg in eine andere Moderne, Frankfurt/M. 1986.
Bhabha, Homi K.: Die Verortung der Kultur, Tübingen 2000.
Bhabha, Homi K.: Verortungen der Kultur, in: Bronfen, Elisabeth/Marius, Benjamin/Steffen, Therese (Hg.): Hybride Kulturen, Beiträge zur anglo-amerikanischen Mulitkulturalismusdebatte, Tübingen 1997, S. 123-148.
Böhnlein, Lukas: Rezension zu: Immer bunter. Einwanderungsland Deutschland, 10.12.2014 – 09.08.2015 Bonn, in: H-Soz-Kult, 01.08.2015, URL: www.hsozkult.de/exhibitionreview/id/rezausstellungen-228.
Bonz, Jochen/Struve, Karen/Bhabha, Homi K.: Auf der Innenseite kultureller Differenz: „in the middle of differences", in: Moebius, Stephan/Quadflieg, Dirk (Hg.): Kultur. Theorien der Gegenwart, Wiesbaden 2011, S. 132-145.
Breinig, Helmbrecht/Lösch, Klaus: Transdifference: Journal for the Study of British Cultures 13/2 (2006), S. 105-122.
Bremshey, Christian/Hoffmann, Hilde/May, Yomb/Ortu, Marco (Hg.): Den Fremden gibt es nicht. Xenologie und Erkenntnis, Münster 2004.
Cameron, Fiona: The Liquid Museum. New Institutional Ontologies for a Complex, Uncertain World, in: Witcomb, Andrea/Message, Kylie (Hg.): Museum Theory (The International Handbooks of Museum Studies 1), 2015, S. 345-361.

---

[68] Beuys, Joseph: Das Museum – ein Ort der permanenten Konferenz, in: Kurnitzky, Horst (Hg.): Notizbuch 3. Kunst. Gesellschaft. Museum, Berlin 1980, S. 47-74.

Citron, Bettina/Rösgen, Petra (Hg.): Immer bunter: Einwanderungsland Deutschland. Begleitbuch zur Ausstellung im Haus der Geschichte der Bundesrepublik Deutschland, Mainz 2014.
Clifford, James: Museums as Contact Zones, in: Ders.: Routes. Travel and Translation in the Late Twentieth Century, Cambridge/MA 1997, S. 188-219.
Clifford, James: Introduction: Partial Truths, in: Ders./Marcus, George E. (Hg.): Writing Culture: The Poetics and Politics of Ethnography, Berkeley 1986, S. 1-26.
Daggett Dillenberger, Jane: The Religious Art of Andy Warhol, New York 1998.
Deleuze, Gilles: Differenz und Wiederholung, übersetzt von Joseph Vogl, München 2007.
Döring, Jörg/Thielman, Tristan (Hg.): Spatial Turn. Das Raumparadigma in den Kultur- und Sozialwissenschaften, Bielefeld 2008.
Duala-M'bedy, Munasu (Hg.): Die Entgegnung des Fremden im Museum. Xenologie und Museumspädagogik, Oberhausen 1999.
Duala-M'bedy, Munasu: Xenologie. Die Wissenschaft vom Fremden und die Verdrängung der Humanität in der Anthropologie, München 1977.
Foucault, Michel: Von anderen Räumen, in: Dünne, Jörg/Günzel, Stephan (Hg.): Raumtheorie. Grundlagentexte aus Philosophie und Kulturwissenschaften, Frankfurt/M. 2006, S. 317-329.
Foucault, Michel: Die Heterotopien, in: Ders.: Die Heterotopien – Der utopische Körper. Zwei Radiovorträge, zweisprachige Ausgabe, übersetzt von Michael Bischoff, Frankfurt/M. 2005, S. 8-22.
Foucault, Michel: Theatrum philosophicum, in: Ders.: Schriften in vier Bänden, Bd. II: 1970-1975, hg. von Daniel Defert, François Ewald, aus dem Französischen von Reiner Ansén u.a., Frankfurt/M. 2002.
Giddens, Anthony: Modernity and Self-Identity. Self & Society in the Late Modern Age, Cambridge/UK 1991.
Goetsch, Paul: Funktionen von „Hybridität" in der postkolonialen Theorie, in: Literatur in Wissenschaft und Unterricht 30 (1997), S. 135-145.
Günzel, Stephan (Hg.): Raumwissenschaften, Frankfurt/M. 2009.
Harders, Gerd: Der gerade Kreis - Nietzsche und die Geschichte der Ewigen Wiederkehr, Berlin 2007.
Härtling, Peter: Der Wanderer, Darmstadt 1988, S. 128.
Hirschauer, Stefan (Hg.): Un/doing Differences. Praktiken der Humandifferenzierung, Weilerswist 2017.
Hirschauer, Stefan/Boll, Tobias: Un/doing Differences. Zur Theorie und Empirie eines Forschungsprogramms, in: Ders.: Un/doing differences: Praktiken der Humandifferenzierung, Weilerswist 2017, S. 7-26.
Hirschauer, Stefan: Un/doing Differences. Die Kontingenz sozialer Zugehörigkeiten, in: Zeitschrift für Soziologie 43 (1997), S. 170-191.
Hürlimann, Annemarie (Hg.): Fremdkörper - fremde Körper: von unvermeidlichen Kontakten und widerstreitenden Gefühlen, Ostfildern-Ruit 1999.
Jullien, François: Es gibt keine kulturelle Identität: wir verteidigen die Ressourcen einer Kultur, übersetzt von Erwin Landrichter, Frankfurt/M. 2017.
Lévinas, Emmanuel: Die Spur des Anderen. Untersuchungen zur Phänomenologie und Sozialphilosophie. Freiburg 1987.

Lösch, Klaus: Begriff und Phänomen der Transdifferenz: Zur Infragsestllung binärer Differenzkonstrukte, in: Allolio-Näcke, Lars/Kalscheuer, Britta/Manzeschke, Arne (Hg.): Differenzen anders denken. Bausteine zu einer Kulturtheorie der Transdifferenz, Frankfurt/M., New York 2005, S. 26-49.

Luhmann, Niklas: Soziale Systeme. Grundriß einer allgemeinen Theorie, Frankfurt/M. 1994.

Modood, Tariq/Werbner, Pnina (Hg.): The Politics of Mulitculturalism in the New Europe: Racism, Identity and Community, London, New York 1997.

Moosmüller, Alois: Kulturelle Differenz: Diskurse und Kontexte, in: Ders. (Hg.): Konzepte Kultureller Differenz, Münster 2009, S. 13-45.

Rogoff, Irit: Der unverantwortliche Blick - Kritische Anmerkungen zur Kunstgeschichte, in: kritische berichte. Zeitschrift für Kunst und Kulturwissenschaften 21 (1993), S. 41-49.

Sennet, Richard: Der flexible Mensch. Die Kultur des neuen Kapitalismus, Berlin 1998.

Sloterdijk, Peter: Museum – Schule des Befremdens, in: Ders.: Der ästhetische Imperativ. Schriften zur Kunst, Frankfurt/M. 2014.

Soja, Edward: Thirdspace – Die Erweiterung des Geographischen Blicks, in: Gebhardt, Hans/Reuber, Paul/Wolkersdorfer, Günter (Hg.): Kulturgeographie: Aktuelle Ansätze und Entwicklungen, Heidelberg/Berlin 2003, S. 269–288.

Soja, Edward: Thirdspace: Journeys to Los Angeles and Other Real-and-imagined Places, Cambridge/MA 1996.

Struve, Karen: Zur Aktualität von Homi K. Bhabha, Wiesbaden 2013.

Veit, Walter: Überlegungen zur Hermeneutik der Germanistik in Australien. Aspekte eines Paradigmas interkultureller Literaturwissenschaft, in: Wierlacher, Alois (Hg.): Das Fremde und das Eigene. Prolegomena zu einer interkulturellen Germanistik, München 1985, S. 314-326.

Welsch, Wolfgang: Transkulturalität - Lebensformen nach der Auflösung der Kulturen, in: Luger, Kurt/Renger, Rudi (Hg.): Dialog der Kulturen. Die multikulturelle Gesellschaft und die Medien, Wien 1994, S. 147-169.

Welsch, Wolfgang: Différence et répétition, in: Volpi, Franco/Nida-Rümelin, Julian (Hg.): Lexikon der philosophischen Werke, Stuttgart 1988, S. 176f.

Wernsing, Geulen, Christian/Vogel, Klaus (Hg.): Rassismus. Die Erfindung von Menschenrassen, Göttingen 2018.

Wierlacher, Alois/Albrecht, Corinna: Kulturwissenschaftliche Xenologie, in: Nünning, Ansgar/Nünning, Vera (Hg.): Konzepte der Kulturwissenschaften. Theoretische Grundlagen – Ansätze – Perspektiven, Stuttgart 2003, S. 280-306.

Wierlacher, Alois: Kulturwissenschaftliche Xenologie – Ausgangslage, Leitbegriffe, Problemfelder, in: Ders. (Hg.): Kulturthema Fremdheit: Leitbegriffe und Problemfelder kulturwissenschaftlicher Fremdheitsforschung, München 1993, S. 19-112.

Young, Robert J. C.: Colonial desire: hybridity in theory, culture and race, London u.a. 1995.

Heimat/Museum. Vielfalt der Handlungsraume

Rainer Wenrich

Museen können relativ schnell und offen auf aktuelle gesellschaftlich relevante Themen reagieren und diese in ihre Ausstellungs- und Vermittlungsprogramme integrieren. Die Schaffung von Museen als diskursiven Orten kann neben *inreach/ outreach*-Projekte auch Einfluss auf die hausinternen Rahmenbedingungen, Personalentwicklungskonzepte oder *compliance* Richtlinien nehmen. Auch in dieser Hinsicht können Museen davon profitieren, sich mit den Konzepten ‚Heimat' und ‚Identität' zu befassen und dadurch Impulse für die eigene Weiterentwicklung setzen.

In den nachfolgenden Beiträgen haben wir aus verschiedenen Häusern Projekte und Handlungsansätze zusammengetragen, wie Museen Ausstellungs- und Vermittlungskonzepte an einer Auseinandersetzung mit Identität und Heimat entwickeln.
So kann Stefanie Buchhold als Museumsleiterin des Oberhausmuseum Passau in ihrem Beitrag davon berichten, wie ein Sammlungsaufruf für eine Sonderausstellung dazu führte, dass sich die Ausstellungskonzeption durch die persönlichen Geschichten und Objekte weiter formte und veränderte. Der Bezirksheimatpfleger für Oberbayern, Norbert Göttler, wirft die Frage auf, ob sich in der Heimat als „Garten des Menschlichen" auch Verwerfungen und Brüche befinden, die es zu beachten gelte. Gerade in der Heimatpflege sei dies längst einer der Aufgaben. Eine zeitgemäße Heimatpflege, so Göttler, reiche längst über den singulären „Garten" hinaus und verhandelt auch die größeren Zusammenhänge, die Ballungsräume des menschlichen Zusammenlebens ebenso wie Demokratie, Menschenrechte und Rechtsstaatlichkeit. Daran kann auch Günter Dippold, Bezirksheimatpfleger für Oberfranken, anknüpfen: In seinem Beitrag lässt sich der Wandel des Heimatsbegriffs innerhalb der vergangenen einhundert Jahre nachvollziehen. Dippold zeigt, dass der Begriff Heimat seit Beginn des 20. Jahrhunderts unterschiedliche Formen der Aufladungen erfuhr, die ihrerseits wiederum Auswirkungen auf den Handlungsraum (Heimat-)Museum hatten. Auch Petra Zwaka, ehemalige Leiterin des Jugendmuseum Schöneberg, zeigt anhand dieses Museums Wege auf, ‚Heimatmuseum' neu zu denken. Robert Fuchs und Katrin Schaumburg vom Dokumentationszentrum und Museum über die Migration in Deutschland e. V. (DOMiD) stellen in ihrem Beitrag die Planungen für ein Migrationsmuseum vor, in dem es essentiell ist, sich multiperspektivisch mit dem Begriff ‚Heimat' zu befassen. Inwiefern vielfältige Perspektiven auch in der Auseinandersetzung mit Geschichtsnarrativen

wichtig sind, zeigt auch der Jörg Skriebeleit, Leiter der KZ-Gedenkstätte Flossenbürg. Diese wirkt erheblich über den Ausstellungsraum der Gedenkstätte in die Gemeinde hinein und fragte in einer Sonderausstellung danach *was bleibt?* und wie mit diesem Ort in der Gemeinde nach Ende des Zweiten Weltkriegs umgegangen wurde.

Beatrice Wichmann berichtet von einer Plakatserie, die für Schulklassen konzipiert wurde und sich mit *Migration in Bayern nach 1945* befasst. Auch hier geht es darum, die jüngere Geschichte sachlich aufzuarbeiten und in der Anwendung in der Schule zur Diskussion anzuregen. Kirsten Huwig und Bettina Salzhuber stellen in ihrem Beitrag *outreach*-Projekte vor, die vom Museum der bildenden Künste Leipzig ausgingen, um dadurch Menschen eine Stimme im musealen Umfeld zu geben, die bisher nicht zum Publikum des Hauses gehörten. Durch den partizipativen Prozess verändern sich die Menschen, aber auch die Institution Museum. Die Transformation erreicht dann ihren Zielpunkt, wenn ansonsten museumsferne Menschen, die Rolle des Kunstvermittlers einnehmen oder das Museum auch zum Austragungsort für unterschiedliche Formen des Dialogs nutzen. Auch in diesem Fall lässt sich die relationale Ästhetik als Leitfigur herauslesen, und es mag nicht verwundern, dass insbesondere derartige Formate auch bei Judith Prokasky Anlass zu Diskussion geben. Sie betont in ihrem Beitrag die Notwendigkeit der Öffnung und des Dialogs im Museum, nach innen und nach außen. Gleichzeitig macht sie an dem Beispiel Humboldt-Forum deutlich, wie stark sich letztendlich eine solche Institution im politischen Raum befindet, in einem multimodalen Raum und in Relation zu Politik, Museum und Gesellschaft.

Wenn man über die Öffnung von Museen nach außen spricht, kann nicht nur von Partizipation die Rede sein, sondern auch Inklusion in den Blick genommen werden. Diesem Aspekt widmen sich die beiden letzten Artikel in diesem Kapitel, die ein Plädoyer für gegenseitige Wertschätzung sind. Alessandra Vicentini argumentiert in ihrem Text, welchen Mehrwert Vermittlungsprogramme für Menschen mit Demenz sein können. Bei der Entwicklung solcher Programme geht es vor allem darum, die Bedürfnisse der Menschen kennenzulernen. In diesem Sinne plädiert auch Edith Wölfl als Sonderpädagogin für die Schaffung einer positiven Atmosphäre im Museum, welche die Barrieren für Menschen mit körperlichen oder seelischen Beeinträchtigungen senken können. Essentiell ist dabei ebenfalls der respektvolle Umgang mit den Besuchergruppen im Museum. In ihrem Beitrag zeigt sie auf, wie sich musealer Raum und die darin präsentierten Exponate zu einem Ort des wechselseitigen Respekts und der Erkenntnisfreude entwickeln kann.

Heimat, Garten des Menschlichen?
Demokratie und Menschenrechte als Aufgabe von Heimatpflege und Museumsarbeit

Norbert Göttler

Im Jahr 1977 veröffentlichte der Physiker und Philosoph Carl Friedrich von Weizsäcker den Band „Der Garten des Menschlichen"[1] und lenkte damit den Blick auf den gefährdeten Lebensraum Erde, sowie auf seine - gleichermaßen gefährdete wie gefährdende – Bewohnerschaft, die Menschheit. Es ging Weizsäcker damals um eine Sensibilisierung für die Vielgestaltigkeit unseres gemeinsamen Lebensraums Erde. „In einem Garten gibt es Wege", so schreibt er, „und ein verständig angelegter Garten zeigt von jedem Blickpunkt aus ein jeweils anderes, sinnvolles Bild."[2] Unseren Lebensraum mit dem Bild des Gartens zu charakterisieren, ist nicht neu. Bereits die Schöpfungsgeschichte weist dem Menschen einen Garten als Handlungsraum zu, den er sorgfältig zu schützen und zu bewahren habe. Die Schönheit, aber auch die Verletzlichkeit des „Gartens Erde" ist ständiges Thema von Literatur, Philosophie und Weltreligionen. Auch Weizsäcker wollte mit seinem Buch auf die ständige Gefährdung des „Gartens des Menschlichen" hinweisen. Neben wirtschaftlichen, militärischen und ökologischen Verwerfungen nannte er die zunehmende Unfähigkeit der Weltpolitik, die Völker der Erde noch humanitär und gewaltfrei zu regieren: „Minderheiten haben gelernt, Gewalt zu üben und erzeugen damit einen Drang der ‚schweigenden Mehrheit' zur Billigung eines Polizeistaates. Die Welt wird unregierbarer."[3]

Siebenunddreißig Jahre sind seit Weizsäckers Analyse vergangen. Die Welt hat sich, zumal seit dem Fall der Mauer und der immer deutlicher erfahrbaren Globalisierung, fundamental verändert, manche ehedem brisante Themen sind in den Hintergrund gerückt – doch die Frage nach dem Verhältnis zwischen Individuum und Gesellschaft, zwischen den menschenrechtlich-demokratischen Ansprüchen des Einzelnen und den realpolitischen Wirklichkeiten vieler Staaten hat weltweit an Dringlichkeit eher zugenommen. Weizsäcker hatte globale Lebensräume im Blick. Liegt es aber nicht auf der Hand, dass das Bild vom „Gartens des Menschlichen" auch auf jenes Phänomen anzuwenden ist, das wir ‚Heimat' nennen?

---

[1] Weizsäcker, Carl Friedrich von: Der Garten des Menschlichen. Beiträge zur geschichtlichen Anthropologie, München 1977.
[2] Ebd. S.15f
[3] Ebd. S.55.

Heimat als globales Phänomen

Überall auf der Welt gibt es ‚Heimaten', in der Ferne und in der Nähe. Überall gibt es Menschen, die sich Heimaten verbunden fühlen, überall aber auch Diktaturen, Vertreibungen, Zwangsumsiedelungen, Gleichschaltung, Verelendung, Folter, Todesstrafe. Können wir so tun, als ob das alles der konkreten Heimatpflege in Bayern nichts anginge? Glauben wir tatsächlich, in einer globalisierten Welt könnten wir in unserer Heimat auf einer Art ‚Insel der Seligen' leben? Kann jemand annehmen, die Gefährdungen auch unseres Heimatraumes durch totalitäre, rassistische und menschenverachtende Bewegungen seien ein für allemal gebannt? Nichts ist selbstverständlich! Wer in der Demokratie schläft, wird in der Diktatur erwachen, so heißt es. Kann eine Diktatur Heimat sein? Kann man sich in einem totalitären, menschenverachtenden Staat heimisch machen, ohne mitschuldig zu werden? Zweifellos gibt es die innere Emigration, die Möglichkeit, in kleinen Nischen Schutz und Geborgenheit zu suchen. Einen totalitären Staat in seiner Gesamtheit hingegen als Heimat zu interpretieren, wird kaum ohne ideologischen Kotau vor sich gehen können. Das ist die bittere Erfahrung, die auch die Heimatpflege im Dritten Reich machen musste, als sie meinte, ihre Ziele mit den Mitteln der Anbiederung und Anpassung erreichen zu können.

Um im eingangs angebotenen Bild zu bleiben: Lange Jahre hat die Heimatpflege sich damit begnügt, sich liebevoll um einzelne Pflanzen und Tiere im ‚Garten Heimat' zu kümmern. Sinnvollerweise ist langsam ein Bewusstsein entstanden, sich auch mit den Verwerfungen und Brüchen im Erdreich dieses Gartens auseinanderzusetzen und Gefährdungen festzustellen. Ist es jetzt nicht an der Zeit, uns aufzurichten und über den Gartenzaun zu blicken? Wie immer man weltweit jenes Bemühen auch nennen mag, das wir mit dem Begriff ‚Heimatpflege' bezeichnen, ihre Vertreter haben sich in den letzten hundert Jahren große Verdienste um den Erhalt einzelner Kulturgüter erworben. Bei allem Schmerz um Verluste, die kulturelle Welt wäre überall deutlich ärmer ohne das Bemühen, Denkmäler und Ensembles, Ortsbilder und Landschaften, Bräuche und Musiktraditionen, Mundarten und Regionalliteraturen zu erhalten, sowie historisches und volkskundliches Wissen zu vermehren.

Aber es ist auch an der Zeit, kritische Bilanz zu ziehen. Die Heimatpflege verliert sich zu oft in Einzelaktionen und singulären Liebhabereien, ohne sich Gedanken über die großen Gefährdungsszenarien zu machen, die unsere Heimat wirklich bedrohen. Das Bild des Gärtners kann diesen Sachverhalt illustrieren: Wir bemühen uns liebevoll um einzelne wohlriechende Kräuter und Blumen, gekieste Seitenwege und barocke Brunnen, während schon die Schubraupen ihre Motoren angeworfen haben, den Garten wegen eines neuen Bauprojektes über den Haufen zu schieben. Wir hören zwar irgendwelche bedrohlichen Geräusche und riechen Abgase, wir heben aber nicht einmal den Kopf, um uns die Gefahr wirklich zu gegenwärtigen. Es ist schwer nachzuvollziehen, auch schwer zu vermitteln, mit welch liebevollen Detailgenauigkeit wir uns um Trachtenpflege und Musikkultur, um Bräuche und Denkmäler kümmern, während wir hilf- oder interesselos die wirklich lebens- und kulturverändernden Flutwellen über uns ergehen lassen, die mit zunehmender Wucht auf unsere Dörfer und Städte heranrollen.

Was bedeutet es etwa, wenn in den Ballungsräumen der Metropolregionen Zersiedelung, Landverbrauch und Grundstücksspekulation nie gekannte Ausmaße erreichen, während in anderen Regionen Landflucht und Strukturschwäche ganze Dörfer veröden lassen? Wie gehen wir mit der Tatsache um, dass sich in der globalisierten Welt Armutsmigration nicht mehr mit Polizeimaßnahmen verhindern lässt, sondern nur mit einem wirtschaftspolitischen Bemühen um eine gerechtere Welt? Was sagen wir dazu, dass auch in Deutschland viele Menschen wieder abschätzig die Nase rümpfen, wenn sie Begriffe wie Demokratie, Menschenrechte und Rechtsstaatlichkeit hören? Dass bereits in vielen Lebensbereichen wieder ein Klima der Angst herrscht, weil politische und religiöse Extremisten zu den altbewährten Mechanismen von Gewalt und Einschüchterung greifen. Dass auch in Deutschland Rassismus und Antisemitismus wieder Hass und Zerstörung in die Dörfer und Städte tragen? Das alles sollen keine Fragen der Heimatpflege sein? Von welcher Heimat reden wir dann?

Eine ganz besondere Rolle kommt in diesem Reflexionsprozess der Museumsarbeit zu. Gut geführte Museen waren nie statische Aufbewahrungsorte, sondern lebendige Kommunikationszentren. Auf der Basis eines enormen historischen und volkskundlichen Wissens haben sie Bezüge zu Fragestellungen der Gegenwart geschaffen. Wie die Heimatpflege, so ist auch moderne Museumsarbeit der Gegenwart, vor allem aber der Zukunft verpflichtet. Nirgends lässt sich die Frage, welche Heimat, welche Kultur wir den nächsten und übernächsten Generationen weitergeben wollen, besser stellen als in einem modernen Museumsforum. Speziell kommunale und regionale Museen verfügen über topographisches Detailwissen, das wichtige Anknüpfungspunkte für den Dialog einer lebendigen Zivilgesellschaft sein kann. Landschaften haben ebenso ihre Geschichte wie politische, soziale und kulturelle Strukturen. Wo könnten sie besser dargestellt und in aktuelle Bezüge gesetzt werden als in einem Museum?

Ein gepflegter Garten, ein „Garten des Menschlichen", braucht ganz gewiss Menschen, die sich liebevoll um Details kümmern, die wiederkehrende, manchmal vielleicht ermüdende und stupide Handarbeit leisten. Er braucht aber auch Menschen, die rechtzeitig vor verheerenden Trockenheiten, Sintfluten, herannahenden Straßenwalzen und Schubraupen warnen. Auch diese Menschen sind Heimatpfleger im besten Sinn des Wortes. Ihnen wurde in der Vergangenheit der klassischen Heimatpflege zu wenig Gehör geschenkt. In den Bereichen der Ökologie und der Friedensforschung, der sozialen, politischen und religiösen Zukunftsverantwortung sind aus dem Bereich der Heimatpflege in den letzten Jahrzehnten – bei allen löblichen Ausnahmen - zu wenig Impulse ausgegangen. Prospektive Heimatpflege ist aber - bei aller Bescheidenheit unserer Ressourcen und Mittel – überparteiliches, politisches Wirken. Heimatpflege ist Zukunftsvorsorge. Es liegt auf der Hand, dass ein dergestalt erweiterter Heimatpflegebegriff nicht von einer Handvoll ehren- oder hauptamtlicher Kräfte allein geleistet werden kann. Er muss ausgeweitet werden auf alle Bürgerinnen und Bürger, die sich um das heimatliche Gemeinwesen kümmern. In diesem Sinn ist natürlich auch Kommunalpolitik, insofern sie dem Allgemeinwohl und nicht Partikularinteressen verpflichtet handelt, praktische Heimatpflege. Heimatpflege muss aus historisch fundierter Verantwortung heraus gegenwärtige und zukünftige Lebensprozesse unserer Gesellschaft reflektieren und mitgestalten. Steckt hinter dieser These eine hybrische Selbstüberforderung? Der Anspruch ist in der Tat hoch. Aber er stammt nicht von uns selbst, sondern von Staat und Gesellschaft, expressis verbis ausgedrückt etwa in der *Gemeinsamen Bekanntmachung des Bayerischen Kultur- und Innenministerium,* neu aufgelegt im Jahr 1998[4]: „Die Heimatpfleger werden gebeten, auch in Zukunft dazu beizutragen, unsere Heimat vor Verlusten zu bewahren und den vorhandenen Werten neue hinzuzufügen."

   Es liegt auf der Hand, dass in dieser Formulierung die Begriffe Heimat und Heimatpflege sehr umfassend zu interpretieren sind. Heimatpfleger ist jeder, der sich für seine Region verantwortlich fühlt, sich für sie engagiert, sich Wissen über sie aneignet und dieses Wissen in geeigneter Weise weitergibt. Zuallererst geschieht dies in den vielen haupt- und ehrenamtlich geführten Museen. Die Formulierung „neue Werte hinzufügen" gibt dabei auch den Museumsverantwortlichen neue Freiheiten und Perspektiven. Die Fülle an Themen für Ausstellungen und Vorträgen ist bei weitem noch nicht ausgeschöpft, je näher sich die Stoffe an der Lebenswirklichkeit des modernen Menschen orientieren, desto größer ist auch der zu erwartende Erfolg bei Besucherschaft und Medien. Keine Scheu sollte man daher auch vor kontrovers diskutierten Themen haben, schon in der klassischen Antike waren Museen Orte des bürgerschaftlichen Dialogs, der leidenschaftlich aber fair geführt werden soll.

4   Vgl. Fn. 3.

Norbert Göttler

Menschenrechte als Nagelprobe von Heimatpflege und Museumsarbeit

In der Philosophie gibt es den Begriff der Evidenz. Evident ist eine Tatsache dann, wenn sie einen unmittelbaren und unbezweifelbaren Wahrheitsanspruch besitzt, der nicht mehr lange theoretisch diskutiert werden muss. Nach den Erfahrungen von Holocaust und KZ-Terror hielt man Meinungsfreiheit, Religionsfreiheit und andere Menschenrechte für evident, subjektive Rechte, die jedem Menschen allein aufgrund seines Menschseins zustünden. Die relativ einmütige Annahme der *Allgemeinen Erklärung der Menschenrechte* durch die Mitgliedsstaaten der Vereinten Nationen am 10. Dezember 1948 (48 Ja-Stimmen, 8 Enthaltungen, keine Gegenstimme) belegt diese Grundstimmung. Der Teufel lag allerdings schon damals im Detail. Uneinig war man sich nicht nur über die Frage, was man sich genau unter dem Begriff Menschenrechte vorzustellen hatte, sondern auch über Einklagbarkeit und Sanktionierung bei Missachtung. Immer mehr Staaten fanden genügend innenpolitische Gründe, sich um eine grundlegende Menschenrechtspolitik zu drücken. Die Folge waren Gründungen wie Writers in Prison der Schriftstellerorganisation PEN 1960, oder die der Gefangenenhilfsorganistion amnesty international 1961. Später, 1978, folgte dann Human Rights Watch. Sie formulierten wenigstens den Minimalkonsens: Keine Folter! Keine Todesstrafe! Keine politischen Gefangenen!

Heute, fast siebzig Jahre danach, erlebt die Menschenrechtsarbeit eine zusätzliche Krise. Wurden die Menschenrechte früher klammheimlich und mit einem gewissen Unrechtsbewusstsein gebrochen, werden sie heute von immer mehr Staaten, etwa von China, von arabischen und afrikanischen Ländern offen und demonstrativ abgelehnt, da sie nicht der eigenen, sondern – ihrer Ansicht nach – nur einer westlichen, christlich geprägten Wertewelt entsprächen, aus deren Kulturraum sie entstammen. Das Insistieren westlicher Staaten auf Einhaltung der Menschenrechte empfinden sie als Werte-Kolonialismus. In diesen Chor stimmen manche westliche Kommentatoren ein. Einigen von ihnen sind lautere Motive nicht abzusprechen, viele haben aber eher Absatzmärkte und ungestörte Feriendomizile im Auge. Die bittere Folge: Über die Universalität und Evidenz der Menschenrechte gibt es in der heutigen Staatengemeinschaft – auch im Westen! – de facto keine Einigkeit mehr. Die Menschenrechtslage ist weltweit heute bedrückender denn je, schwere Menschenrechtsverletzungen – Folter, Scheinhinrichtungen, Todesstrafe, Inhaftierung und Verschwindenlassen von Dissidenten und Minderheiten ohne Prozess – werden laut *amnesty international* (Jahresbericht 2013) in mindestens 112 Ländern der Erde systematisch und offenkundig betrieben. Vor den Augen und ohne nennenswerte Reaktion der Weltöffentlichkeit!

Recht auf Heimat?

An dieser Stelle soll nicht versäumt werden, auf eine sehr strittige Diskussion hinzuweisen, nämlich auf die Debatte um das so genannte ‚Recht auf Heimat?'. Es sei ein Menschenrecht, so die Befürworter, nicht zum Verlassen seiner Heimat gezwungen werden zu können, bzw. nach einer Emigration nicht in die angestammte Heimat zurückkehren zu dürfen. Diese Formulierung findet sich vor allem in der Charta der deutschen Heimatvertriebenen von 1950. Im internationalen Recht wurde sie bisher nicht allgemein anerkannt, nur einige deutsche Landesverfassungen, wie die von Baden-Württemberg und Sachsen, haben entsprechende Bestimmungen aufgenommen. Unabhängig von der Tatsache, dass in der Folgezeit vor allem rechtspopulistische Parteien ein ‚Recht auf Heimat' postulierten und es im Sinne von Revanchismus und Schutz vor ‚Überfremdung durch Heimatfremde' interpretierten, hat der Begriff ‚Recht auf Heimat' heute eine neue Relevanz gefunden. Institutionen wie die Gesellschaft für bedrohte Völker oder Greenpeace benutzen ihn, um auf die Bedrohung von Menschen durch kultur- oder naturzerstörende Maßnahmen aufmerksam zu machen. Von einer völker- und staatsrechtlichen Anerkennung des ‚Rechtes auf Heimat' als allgemeines Menschenrecht kann zum heutigen Zeitpunkt aber nicht gesprochen werden.

Demokratie – eine ungefährdete Staatsform?

Die Schere, die sich in der Durchsetzung der Menschenrechte öffnet, ist auch in Bezug auf Demokratie und Rechtsstaatlichkeit festzustellen. Während auf der einen Seite weltweit eindrucksvoll Initiativgruppen die Demokratisierung ihrer Länder fordern, sinkt die Zahl demokratischer und freier Gesellschaften de facto seit Jahren. Die unabhängige US-Forschungseinrichtung *Freedom House* hat 194 Staaten in Hinblick auf freie Wahlen, politischer Pluralismus und Unabhängigkeit der Justiz untersucht.[5] Die Organisation schätzte im Jahr 2011 87 Staaten als „frei", 60 als „teilweise frei" und 47 als „unfrei" ein. Während die Zahl der klassischen Demokratien zwischen 2005 und 2011 von 123 auf 115 fiel, mehrte sich die Zahl autoritärer Staaten, die mit „wachsender Aggressivität, Selbstsicherheit und Missachtung der internationalen Meinung" ihre Staatsraison durchzusetzen versuchten, so der Bericht.

Wie die Analyse der internationalen Situation, so bereitet auch der Blick auf das deutsche Inland gleichermaßen Grund zur Hoffnung und zur Sorge. Einer Untersuchung des *Instituts für Demoskopie Allensbach* von 2013 zu Folge bezeichnen 57% der Bevölkerung vor allem den Rechtsextremismus als „großes Problem", 28% meinen,

---

[5] Zitiert nach: Herzinger, Richard: Anzahl der Demokratien weltweit gesunken, URL: http://www.welt.de/politik/ausland/article12117201.de, zuletzt aufgerufen am 02.08.2018.

dass sich diese Tendenz noch verstärken werde.[6] Auf der anderen Seite steigt erfreulicherweise die Zahl derer, die demokratiefeindliche Extremismen aller Art ablehnen. 64% möchten keine Linksextremisten als Nachbarn, 85% keine Rechtsextremisten. 75% aller Bundesbürger bejahen die Aussage „Demokratie ist für die Bundesrepublik Deutschland die beste Staatsform". Die Frage bleibt, wofür die restlichen 25% votieren würden.

Ein großes Problem scheint die aktive Teilhabe der Bevölkerung an der bundesdeutschen Demokratie[7]. Lag die Wahlbeteiligung Mitte der 80er Jahre noch bei durchschnittlich rund 90%, so ist sie bis 2013 auf rund 70% zurückgegangen. Gerade in bildungsfernen und sozial schwachen Schichten wird sich diese Tendenz auch auf lange Sicht noch verstärken. Grund dafür ist weniger eine aktive Protesthaltung, sondern Gleichgültigkeit und Lethargie. 2013 lag die Wahlbeteiligung in manchen Milieus nur noch bei 25 Prozent.

Was bedeutet das für uns?
So bedauerlich solche Entwicklungen sein mögen, wird der eine oder andere nun sagen, aber was hat all dies mit Heimatpflege zu tun? Sehr viel, meiner Ansicht nach. Der radikale Veränderungsprozess der Globalisierung betrifft den Heimatbegriff in doppelter Weise. Mögen ihn manche als Alternativentwurf gegen die Auflösung geschlossener Milieus betrachten, ist doch erkennbar, dass die Globalisierung fundamental auch unsere Lebensgewohnheiten prägen wird. Die Welt wird zum globalisierten Dorf. Wenn Heimat immer mehr auch die Heimat des Anderen ist, die es gemeinsam zu gestalten gilt, werden manche lieb gewonnenen Gewohnheiten fragwürdig und mancher Kompromiss nötig. Das gilt auch für die konkrete Ausgestaltung und Gewichtung einzelner Elemente von Demokratie und Menschenrecht. Zu Recht gibt es darüber eine interkulturelle Diskussion. Nicht alles, was sich in einem Kulturraum positiv entwickelt hat, muss schon für einen völlig anderen gelten. Diese Toleranz darf aber nicht zu Nihilismus und Relativismus führen. Der Kerngedanke der Menschenrechte, die Würde eines jeden Menschen darf nicht angetastet werden, ist keine post-kolonialistische Bevormundung, sondern eine menschheitsgeschichtliche Errungenschaft, hinter die wir nicht zurückfallen dürfen. Wenn wir aus eigener intellektuell-ethische Trägheit nicht bereit sind, dies anderen Kulturen und Regierungen zu vermitteln, fallen wir nicht nur all jenen in den Rücken, die sich weltweit für

---

6   Petersen, Thomas: Weniger Toleranz gegenüber Extremisten, in: Frankfurter Allgemeine Zeitung Nr. 116 vom 22.Mai 2013.
7   „Nichts motiviert so stark zur Stimmabgabe wie das persönliche Umfeld", Pressemeldung der Bertelsmann-Stiftung, Gütersloh, vom 10. Juni 2013.

Menschenrechte und Demokratisierung einsetzen, sondern nehmen es hin, dass sich auch für unsere eigene Heimat enorme Konsequenzen ergeben werden:
1. Die unmittelbarste Folge: Die Opfer der Diktaturen kommen zu uns. Niemand kann ihnen das zum Vorwurf machen und niemand wird sie aufhalten. Unsere eigenen Vorfahren haben ebenso gehandelt. Bei aller Gastfreundschaft, werden die sozialen Spannungen in den Städten und Dörfern steigen. Aufnahme von Flüchtlingen ist eine dringend gebotene Nothilfe, aber keine dauerhafte Strategie für eine gerechtere Welt.
2. Indifferenz in Fragen von Demokratie und Menschenrechten wird uns in unserer eigenen Heimat einholen. Woraus schöpfen wir die trügerische Sicherheit, totalitäre Kräfte hätten in Westeuropa für immer ausgedient? Wenn es uns nicht gelingt, in wirtschaftlich guten Zeiten Demokratie, Rechtstaatlichkeit und Menschenrechte irreversibel zu verankern, wird es nur eine Frage der Zeit sein, bis unsere Enkel und Urenkel wieder ohne wirkliche Meinungsfreiheit leben müssen, bis sie wieder Opfer von staatlicher, militärischer oder paramilitärischer Gewalt werden könnten – im eigenen Land!
3. Die Vertreter der Zweiten und Dritten Welt fordern immer vehementer, dem klassischen Kanon der Menschenrechte auch Rechte hinzuzufügen, die ihnen – ihrer Ansicht nach – von den Industrienationen vorenthalten werden: Recht auf eine gerechte Weltwirtschaft, auf Zugang zu Wasserressourcen, auf Bildung und Gesundheit. Wenn es uns nicht gelingt, einen partnerschaftlichen Umgang mit ihnen zu kultivieren, wird man sich holen, von dem man glaubt, das einem zusteht. Niemand wird das verhindern können. Und das alles soll nichts mit Heimat und Heimatpflege in unserem Land zu tun haben?
4. Die Erfahrung, dass es verblendete Hassprediger, Terroristen und organisierte Verbrecher immer geben wird, zeigt leider die Geschichte. Die Erfahrung lehrt aber auch, dass Gesellschaften, die indifferent und lethargisch ihrem eigenen Wertesystem gegenüberstehen, besonders anfällig dafür sind, zu Opfern dieser Geißeln der Menschheit zu werden. Wie glaubwürdig sind wir in unseren westlichen Staaten, wenn wir von Demokratie und Menschenrechten sprechen? Welches Bild geben wir nach außen ab? Das der hemmungslosen Kapitalisten und Konsum-Fetischisten? Unterstützen wir in angemessener Weise demokratische Aufbrüche und Menschenrechtsgruppen, oder sehen wir in ihnen in zynischer Weise nur die Gefährder unseres nächsten Tauchurlaubes? Dann werden wir uns nicht wundern müssen, dass weltweit genügend Kräfte rekrutiert werden können, die Hass, Gewalt und Zerstörung auch in unsere Dörfer und Städte tragen werden.

Die Verantwortung von zeitgemäßer Museumsarbeit

Das alles, so wird man an dieser Stelle einwenden können, sei nachvollziehbar, liege aber doch in erster Linie in der Verantwortung von Politik und Wirtschaft. Die großen nationalen und internationalen Entwicklungen entzögen sich dem Einfluss der kleinen Ebene, hätten gar eine Eigendynamik erreicht, die unregulierbar geworden sei. Ein solcher Einwand entbehrt nicht jeder Plausibilität, ist aber doch erfahrungsresistent gegenüber den vielen Beispielen, in denen eine breite Masse von Bürgerinnen und Bürgern gesellschaftliche Veränderungen vollziehen konnte. Natürlich hat nicht jeder die gleichen Möglichkeiten Einfluss auszuüben, aber trotz gelegentlich gegenteiliger und sicherlich frustrierender Wahrnehmung werden Heimatpfleger in der Öffentlichkeit gehört, haben einen politischen Stellenwert, haben Chancen, Themen und Positionen zu platzieren. Chancen, die leider zu selten wahrgenommen werden.

Einige Handlungsmöglichkeiten für haupt- und ehrenamtliche Museums-Verantwortliche seien an dieser Stelle beispielhaft skizziert.

Wissen vermitteln

Eine Binsenweisheit – Wissen und Aufklärung sind immer noch der beste Schutz gegen enge und falsche Weltbilder, gegen Indoktrination und Volksverhetzung. Museen können Vorträge und Ausstellungen über die politische Geschichte ihrer Region, über die kleinräumige Entstehung der Demokratie und ihre Unterdrückung im Dritten Reich anbieten. Zeitgeschichtliche Angebote und Geschichtswerkstätten finden erfahrungsgemäß auch beim jüngeren Publikum und bei den Medien Anklang.

Die Zukunft thematisieren

Moderne Museumsarbeit ist historisch fundiert, aber der Zukunft verpflichtet. Workshops und Zukunftswerkstätten, die sich mit der Gefährdung der heimatlichen Region beschäftigen, sollten auf den örtlichen Heimatpfleger und Museumsfachmann nicht verzichten. Er kann ein wichtiges, überparteiliches Bindeglied zur Kommunalpolitik und Kommunalverwaltung darstellen und sollte sich dieser Aufgabe nicht entziehen.

Sich mit Gleichgesinnten vernetzen

Nahezu in jeder Kommune gibt es Einrichtungen der Menschenrechtsarbeit, der Erwachsenenbildung und der politischen Bildung. Museen sollten der natürliche Partner dieser Institutionen sein, sollten sie mit ihrem Spezialwissen unterstützen und auf regionale Angebote drängen.

Haltung zeigen

Museen sind Orte des öffentlichen Interesses. Es wird wahrgenommen, ob und wie sie sich zu demagogischen Meinungen in der öffentlichen Diskussion oder gar zu gewaltsamen Übergriffen in ihren Dörfern und Städten äußern. Nicht selten berufen sich Volksverhetzer auf historische Traditionen. Dann ist es an der Reihe der Mueumsmacher, ihrem Auftrag zu folgen und für unsere demokratische, freie und plurale Gesellschaftsordnung einzutreten.

Die Wurzeln des Übels erkennen

Verächtlichmachung von Demokratie und Menschenrechten beginnt im Kleinen. In der unpassenden Benennung von Straßen, in der Diskriminierung von Asylsuchenden, im Gebaren von Antiquaren, die ihre Hauptgeschäfte mit NS-Devotionalien betreiben, in rassistischen Äußerungen und Verhaltensweisen in Vereinen und Verbänden. Dann muss der Leiter eines Museums seiner Verantwortung gerecht werden und laut und deutlich seine Meinung sagen. Keine noch so gut gemeinte Traditionspflege ist legitim, wenn sie Hass und Intoleranz sät.

Ein anderer Blick auf die Geschichte

Schlimm genug, in welcher menschenverachtenden Weise die Gewaltverherrlichung in Film und Fernsehen um sich greift. Längst geht es dort nicht mehr um Kunst, sondern um die Quote, die Gunst des Voyeurs. Das Maß an konsumierter Gewalt korrespondiert erschreckend mit der zynischen Verweigerung, sich der weltweiten realen Gewalt entgegenzustellen. Historiker und Museumsleute, Journalisten und Heimatpfleger sollten hingegen ihr Augenmerk auf die wirklichen Helden der Gesellschaft richten, auf Menschen, die sich unter Lebensgefahr für ein friedliches, gerechtes und tolerantes Miteinander einsetzen.

Museumsarbeit hat sich in der Vergangenheit als lernfähig erwiesen und muss diese Fähigkeit auch in Zukunft bewahren. Dass Themen der Zeitgeschichte heute unumstritten zum Kanon regionaler Geschichtsforschung gehören, dass Orte totalitärer Unterdrückung als ‚Denkmale' gepflegt werden, ist hoch erfreulich – es war vor dreißig Jahren nicht unbedingt vorauszusehen! Diese Lernfähigkeit macht zuversichtlich, dass die Heimatpflege und museale Arbeit auch den nächsten Schritt gehen wird, und sich einreihen wird in die Zahl jener Männer und Frauen, denen eine humanitäre Gesellschaft am Herzen liegt. Auf Männer und Frauen, für die ihre Heimat nicht Aufmarschplatz von Maßlosigkeit und Rücksichtslosigkeit, von Ausgrenzung und Intoleranz ist, sondern - im Sinne Carl Friedrich von Weizsäckers - ein „Garten des Menschlichen".

LITERATUR

Herzinger, Richard: Anzahl der Demokratien weltweit gesunken, URL: http://www.welt.de/politik/ausland/article12117201.de vom 8.1.2014.
Petersen, Thomas: Weniger Toleranz gegenüber Extremisten, in: Frankfurter Allgemeine Zeitung Nr. 116 vom 22.Mai 2013.
Weizsäcker, Carl Friedrich von: Der Garten des Menschlichen. Beiträge zur geschichtlichen Anthropologie, München 1977.

Vom Auftrag des Heimatmuseums

Günter Dippold

„In den Heimatmuseen erkennt das Volk sich selbst."[1] Diesen Satz sagte Georg Hager (1863–1941) in einem Vortrag mit dem Titel „Die Museen und der Mensch". Diese Rede hielt er 1913 zu Beginn eines neuntägigen Museumskurses[2], der die Teilnehmer quer durch Bayern von Burghausen an der Salzach bis nach Speyer führte. Er wurde noch im selben Jahr in der Vereinszeitschrift des Rheinischen Vereins für Denkmalpflege und Heimatschutz abgedruckt.[3]

Hager wachte seit 1908 als Generalkonservator der Kunstdenkmäler und Altertümer Bayerns über den Denkmalbestand des Königreichs; er war auch zuständig für die Betreuung der nichtstaatlichen Museen.[4] Zuvor hatte er zwei Jahrzehnte lang im Bayerischen Nationalmuseum gearbeitet, zuletzt als stellvertretender Direktor.

Hager sah in seiner Gegenwart eine wachsende Bedeutung der Institution Museum. Alte, fürstliche Sammlungen hätten sich der Allgemeinheit geöffnet: „Die Museen sind aus aristokratischen Schöpfungen zu volkstümlichen Anstalten geworden."[5] Zahllose Museen seien neu gegründet worden. „Keine Stadt ist so klein, daß sie nicht eines Tages das Recht auf ein Museum proklamiert. Rühmen sich doch auch schon Dörfer eines Museums."[6]

In seinem Vortrag stellte Hager das Wesen großer, fachwissenschaftlich geführter Häuser den Charakteristika der Heimatmuseen gegenüber, um dann ein Loblied auf Letztere anzustimmen: „Kreismuseum, Bezirksmuseum, Lokalmuseum – alle diese Namen erwecken von vornherein einen trauten Klang in uns. Sollen sie doch Heimatmuseen sein, sollen sie doch eine Verbindung herstellen mit dem Boden, in dem

---

1 Hager, Georg: Die Museen und der Mensch, Düsseldorf 1913, S. 10.
2 Stäbler, Wolfgang: Museen, Menschen und eine Meuterei. Vom Museumskurs zum Bayerischen Museumstag, in: Museum heute 30 (2006), S. 49–58, hier S. 50.
3 Mitteilungen des Rheinischen Vereins für Denkmalpflege und Heimatschutz 7 (1913), S. 135–146; im Nachgang auch separat erschienen (siehe Anm. 1).
4 Zu Hagers Wirken auf dem Feld der Museen nunmehr Bendl, Eva: Inszenierte Geschichtsbilder. Museale Sinnbildung in Bayerisch-Schwaben vom 19. Jahrhundert bis in die Nachkriegszeit, Berlin/München 2016 (Bayerische Studien zur Museumsgeschichte 2), S. 139–144. Es erscheint bemerkenswert, dass Hager zu Beginn seiner Amtszeit lokale Museen als nicht dauerhaft betrachtete und ihre Bedeutung namentlich darin erblickte, dass sie „Reservoire […] schaffen, die zum Teil später als Quelle zur Speisung größerer, fachmännisch geleiteter Provinzialmuseen dienen können" (zit. nach ebd., S. 140). Spätere Äußerungen weisen nicht mehr in diese Richtung.
5 Hager 1913, S. 4.
6 Ebd., S. 3.

jeder das Liebste, was er auf Erden hat, fest verankert weiß. Den Heimatmuseen ist ein Geschenk, das ihnen gegenüber den großen Museen einen ganz eigenartigen Charakter und einen besonderen Vorzug verleiht, schon in die Wiege gelegt worden: sie sprechen nicht nur zum Auge, sondern auch und vor allem zum Herzen. Und diese Herzenssprache versteht jeder, auch wenn er nicht zu den sog. Kunstgebildeten zählt."[7]

Was ein gutes Heimatmuseum ausmache, beantwortete Hager so: Es solle die „lokale Eigenart in Geschichte, Kunst und Kultur" konzentriert herausarbeiten. Den Häusern, denen es gelinge, maß er eine hohe Bedeutung zu: Sie sollten durch die Rückschau „befreiend, erlösend, erhebend, veredelnd auf die Volksseele wirken, […] anregen zu neuem Schaffen und Gestalten".[8]

Als Hager seinen Vortrag hielt, war die Gattung „Heimatmuseum", zumindest aber ihre Bezeichnung gerade ein Jahrzehnt alt.[9] Das Wort „Heimat", lange eher als Rechtsbegriff genutzt, war im ausgehenden 19. Jahrhundert emotional aufgeladen worden. Die Wortführer der Heimat- oder Heimatschutzbewegung sahen durch gesellschaftliche Umwälzungen – Industrialisierung, Urbanisierung, gesteigerte Mobilität – das Typische der Orte und Landschaften gefährdet. Diese Strömung wies einen modernitätskritischen, wenn nicht sogar -feindlichen Zug auf und verklärte hingegen das Untergegangene oder vom Niedergang Bedrohte, ob es traditionelle Lieder, Kleidungs-, Bau- oder Produktionsweisen waren. Die große Stadt wurde, obwohl mit Ernst Rudorff (1840–1916)[10] ausgerechnet ein Berliner an der Spitze der Heimatschutzbewegung stand, kritisch betrachtet, das moderne Verkehrsmittel Eisenbahn oder die frühen Automobile mit Argwohn beäugt, alles vermeintlich Modische verdammt. Heimat diente, um es mit Hermann Bausinger zu sagen, „als Besänftigungslandschaft, in der scheinbar die Spannungen der Wirklichkeit ausgeglichen sind".[11]

Diese – hier sehr zugespitzte – Haltung spiegelte sich in den Heimatmuseen, wie sie in Bayern ab 1902 gegründet wurden. Sie waren nämlich vor allem für die von

---

7 Ebd., S. 9f.
8 Ebd., S. 10.
9 Zur Geschichte der Heimatmuseen (mit regionalen Beispielen aus Oberfranken) Dippold, Günter: Das Heimatmuseum – Tradition und Perspektiven, in: Christoph, Barbara /Dippold, Günter (Hg.): HeimatMuseum. Vergangenheit und Zukunft, Bayreuth 2014 (Banzer Museumsgespräche 5), S. 9–31.
10 Über ihn Knaut, Andreas: Ernst Rudorff und die Anfänge der Heimatbewegung, in: Klueting, Edeltraud (Hg.): Antimodernismus und Reform. Zur Geschichte der deutschen Heimatbewegung, Darmstadt 1991, S. 20–49.
11 Bausinger, Hermann: Heimat in einer offenen Gesellschaft. Begriffsgeschichte als Problemgeschichte, in: Kelter, Jochen (Hg.): Die Ohnmacht der Gefühle. Heimat zwischen Wunsch und Wirklichkeit, Weingarten 1986, S. 89–115, hier S. 96.

Georg Hager angesprochene Gründungswelle verantwortlich. Bei anderer Gelegenheit schrieb er 1913: „Museen wachsen wie Pilze aus dem Boden. Alles sammelt. Jeder Ort sucht seine letzten Reste alter Kunst und Kultur festzuhalten. In letzter Stunde. Durch weite Volkskreise geht's wie heiße Angst, daß die Eigenart und die Schönheit, das Anziehende der Heimat abbröckeln."[12]

Man sammelte und präsentierte also in den Heimatmuseen alte Kultur, die wesenhaft für die örtliche oder regionale „Eigenart" zu sein schien. So wurde das einstige Handwerk verklärt.[13] Zunftaltertümer können geradezu als Leitobjekte der frühen Heimatmuseen gelten, ob diese sich nun für einen Ort oder für eine ganze Region zuständig sahen. Stets fand der Besucher Zunfttruhen, Prozessionsstangen, Bahrschilder und anderes mehr.[14] In Bamberg erscheint 1914 die Bezeichnung „Zunftmuseum" sogar als Synonym für ein geplantes Heimatmuseum.[15]

Im ambitioniertesten Projekt jener Zeit in Oberfranken, dem Frankenwaldmuseum Naila, für das sogar ein stattlicher Neubau erstehen sollte, war eine der acht geplanten Abteilungen für das alte „Handwerks- und Zunftwesen" vorgesehen. Weitere Abteilungen sollten sich anderen untergegangenen oder erheblich geschrumpften Gewerben wie dem Bergbau oder der Hausweberei widmen, eine dem Schuhmacherhandwerk, eine der ‚Tracht', eine dem historischen Hausrat. Doch andererseits sollten die florierenden Branchen der Gegenwart nicht fehlen „wie die Porzellanindustrie bei Tettau, die weltberühmten Schieferbrüche [...] bei Lehesten usw.".[16]

Ähnlich verhielt es sich im 1908 eröffneten Fichtelgebirgsmuseum Wunsiedel. Auch hier sehen wir das vertraute Bild: „An die ‚gute alte Zeit' erinnern zahlreiche, zum Teil reichgeschnitzte Zunfttruhen, die unsere Vorfahren Heiligtümern gleich hochhielten."[17] Es bildete für die Verantwortlichen jedoch keinen Widerspruch, 1911 als neue Sehenswürdigkeit eine Vitrine mit den aktuellen Erzeugnissen der Drahtfabrik

---

12 Hager, Georg: Bayerische Museumsfahrt 1913, in: Bayerische Staatszeitung vom 21.3.1913.
13 Hierzu Dippold, Günter: Berufszuschreibungen und Erwerbsrealität in fränkischen Kleinstädten vom 16. bis ins frühe 19. Jahrhundert, in: Jahrbuch für Volkskunde 28 (2005), S. 115–136, hier S. 115–118.
14 Vgl. etwa Büchert, Gesa: Schauräume der Stadtgeschichte. Städtische Heimatmuseen in Franken von ihren Anfängen bis zum Ende des Zweiten Weltkriegs, Berlin/München 2011 (Bayerische Studien zur Museumsgeschichte 1), S. 114.
15 Staatsarchiv Bamberg, K 3 Präs.reg., Nr. 1819, Stadtmagistrat Bamberg, 24.1.1914.
16 Zum Konzept: Hofer Anzeiger vom 21., 23., 24.1.1911; Dippold, Günter: Museen in Oberfranken. Teil 2: Von Wachstum und Niedergang, Historismus und Heimateuphorie (Mitte des 19. Jahrhunderts bis zum Ersten Weltkrieg), Bayreuth 2002 (Heimatbeilage zum Oberfränkischen Schulanzeiger 292), S. 80–85.
17 Staatsarchiv Bamberg, K 3 – 1971, Nr. 9557, Zeitungsausschnitt.

in Frankenhammer bei Berneck aufzustellen.[18]

Trotz der Darstellung gegenwärtiger Stärken des Ortes oder der Region herrschten nostalgische, beschönigende Rückblicke vor. In einer Zeit, da elektrisches Licht sich verbreitete, stellte man Kienspanhalter und altertümliche Laternen aus. Während Maschinen in der Landwirtschaft auf dem Vormarsch waren, zeigten die Museumsmacher früheres Arbeitsgerät. Als in kleinstädtischen Zeitungen Kaufhäuser für Konfektionsware warben, zeigte das Museum Trachtenteile.

Dabei entstanden Heimatmuseen nicht nur da, wo tatsächlich Verluste an alter Bausubstanz oder offensichtliche gesellschaftliche Umwälzungen zu verzeichnen waren, sondern in gleichem Maße dort, wo sich Ortsbild oder Erwerbsverhältnisse noch gar nicht so sehr verändert hatten; oft hing die Gründung schlicht von einzelnen Persönlichkeiten ab. Das erste Heimatmuseum in Oberfranken, das einen solchen Namen trug, entstand 1903/04 im bäuerlich geprägten Dörfchen Hain bei Küps, wo es seinen Platz im ungenutzten Herrenstand der kleinen Kirche fand. Recht früh, nämlich 1911, folgte ein Heimatmuseum in Seßlach, einer Ackerbürgerstadt mit intakter Stadtmauer und ohne nennenswerte Industrie, erst kurz zuvor durch eine Stichbahn ans Eisenbahnnetz angeschlossen.[19]

Viel von dem, was die Vertreter der Heimatbewegung gefordert hatten und was dank ihrer Umtriebigkeit breite Zustimmung fand, schienen die Nationalsozialisten einzulösen. Heimatschutzverbände begrüßten die Machtergreifung daher allzu bereitwillig. Gleichwohl war Heimat für die braunen Machthaber keine vorherrschende Kategorie. Heimat, wenn sie nicht mit Deutschland gleichgesetzt wurde, war für sie zu klein, zu eng, zu behaglich, letztlich zu unpolitisch. Sie strebten nach dem Großen: Reich, Nation, Volk, Rasse, Boden. Die Heimat im Sinn des geliebten Nahraums beschwor man eher, wenn es um den schönen, beschaulichen Schein ging, der das Verbrecherische des Regimes bemäntelte: heimatliche Bauweise in den Siedlungen, Heimatabende, Heimatfilme, auch Heimatmuseen.

In den 50er und 60er Jahren wurde Heimat verkitscht. Wieder liefen Heimatfilme in den deutschen Kinos, geprägt durch ein einheitliches Muster: flache, vorhersehbare Handlung – meist Liebesgeschichte mit Happy End –, angesiedelt im Voralpenland oder in den Bergen, in der Lüneburger Heide oder in pittoresken Städten. Solche unecht-süßlichen Bilder haben den Heimatbegriff verdorben.

Über Jahrzehnte hinweg mochte das klebrige Wort kaum jemand mehr anfassen – bis es jetzt, in den letzten Jahren, eine Renaissance erlebt. Bei der bayerischen

---

18 Dippold 2002, S. 61.
19 Ebd., S. 56f., 66f.

Günter Dippold

Landtagswahl des Jahres 2018 führte jede größere Partei die Heimat im Mund, wenn auch in unterschiedlicher Häufigkeit und mit divergierendem Verständnis des Begriffs. Seit 2008 erklärt sich in Bayern ein Ministerium für Heimat verantwortlich[20], seit 2017 in Nordrhein-Westfalen[21] und im Bund[22]. Der Bayerische Rundfunk produziert seit 2012 das Fernsehmagazin „Heimatrauschen" für ein jüngeres Zielpublikum und sendet seit 2015 im Digitalradio „BR Heimat" fast durchweg ‚Volksmusik'. Lebens- und Genussmittel aller Art werden mit dem werbewirksamen Prädikat „Heimat" versehen.

Die wechselhaften Konjunkturen, die der Heimatbegriff in den zurückliegenden hundert Jahren erlebte, haben sich auf die Heimatmuseen bemerkenswert wenig ausgewirkt – sieht man davon ab, dass, zumal seit den 80er Jahren, etliche dieser Museen das rückständig und unprofessionell wirkende Bestimmungswort abgelegt haben und unter der Bezeichnung „Stadtmuseum" oder unter dem Namen ihres Gebäudes (z. B. „Alte Schule") firmieren. Andere Heimatmuseen haben ihren Charakter verändert, indem sie den universellen Anspruch aufgaben, sich einem örtlichen Gewerbe ausschließlich zuwandten und so zum „Spezialmuseum"[23] wurden.[24]

Im Inneren aber ist den fortbestehenden Heimatmuseen die grundsätzliche Ausrichtung geblieben: ein nostalgischer Rückblick auf Verhältnisse oder Einrichtungen, die vergangen sind oder nicht mehr das sind, was sie einst waren. So wie die Menschen des frühen 20. Jahrhunderts sich, wenn sie ein Heimatmuseum schufen, nach der Zeit von Zunft, Kerzenschein und Postkutsche sehnten, so denken die Heutigen wehmütig daran zurück, als die örtlichen Fabriken noch Hunderten Arbeit gaben, als noch etliche Wirtshäuser an der Hauptstraße Gäste einluden, als die heimische Exportbierbrauerei noch ihre Holzfässer versandte, als noch Dampfloks auf der eingleisigen Nebenbahn schnauften. Darauf bezogene Exponate erscheinen dann als museumswürdig. Überhaupt bestimmt die Wirtschaftsgeschichte – von der ländlichen Hauswirtschaft

---

[20] Bayerisches Staatsministerium der Finanzen, für Landesentwicklung und Heimat.
[21] Ministerium für Heimat, Kommunales, Bau und Gleichstellung.
[22] Bundesministerium des Innern, für Bau und Heimat.
[23] Zu diesem unscharfen Begriff Dippold, Günter: Spezialmuseum – Geschichte und Wesen (Speciální muzeum – jeho historie a podstata.), in: Spezialmuseen. 13. Tagung bayerischer, böhmischer und sächsischer Museumsfachleute, Neukirchen b. Hl. Blut 15.–17. September 2004. München/Chemnitz/Liberec 2007 (Museum-Bulletin-Muzeum 13), S. 18–29.
[24] Kritisch zu dieser Entwicklung vom Heimat- zum Technikmuseum äußert sich Mieth, Katja Margarethe: Stadtmuseum – Zukunfts- oder Auslaufmodell in der sächsischen Museumslandschaft. Länderbericht aus Sachsen (Městské muzeum – progresivní či výběhový model ve skupině saských muzeí. Zpráva k situaci v Sasku.), in: Die Stadt und ihre Identität(en). Über Potential und Zukunft der Stadtmuseen. 23. Internationale Fachtagung bayerischer, böhmischer, oberösterreichischer und sächsischer Museumsfachleute. 21. bis 23. September 2014, Ried im Innkreis. Leonding 2016 (Museum Bulletin Muzeum 23), S. 9–16, hier S. 11f.

übers Handwerk bis zur Großindustrie – die Heimatmuseen ähnlich wie vor hundert Jahren. Da stellt sich durchaus die Frage, ob Ökonomie allein geeignet ist, die (um Hagers Formulierung aufzunehmen) „lokale Eigenart" darzustellen.

Gibt es eine solche „Eigenart" überhaupt? Wer war und wer ist heute das „Volk", das sich im Museum wiedererkennen sollte? Die Heimatschutzbewegung idealisierte die vormoderne Gesellschaft als homogen und im Grunde harmonisch; sie erschuf so ein Gegenbild zur Gegenwart, die ihr von sozialen Spannungen und entstellenden Veränderungen geprägt schien. In der Tat zeichnen dingliche Reste von Handwerksorganisationen, hochstehende Erzeugnisse örtlicher Handwerker und alte Gerätschaften nur einen engen Ausschnitt der historischen Wirklichkeit, zumal dann, wenn man die Objekte auf ihren ästhetischen Wert oder ihre Funktionalität reduziert. Die frühen Heimatmuseen entwarfen ein recht einseitiges Bild der Vergangenheit.

Bis heute kommen Arme und Außenseiter wenig vor, und Frauen erscheinen mehr als Objekt der Geschichte denn als handelnde Personen. Gewiss ist an etliche Personengruppen mit genuin musealen Mitteln, sprich: mit Hilfe von aussagekräftigen Gegenständen schwer zu erinnern. Aber ein Bewusstsein dafür, dass sich in den Exponaten nur ein Segment menschlichen Lebens und gesellschaftlicher Wirklichkeit spiegelt, sollte vorhanden sein und den Besuchern auch vermittelt werden.

Schon die Stadt oder das Dorf der frühen Neuzeit war keine einheitliche Gesellschaft, sondern wies ein starkes soziales Gefälle auf. Jeder Ort hatte Perspektiven über den Nahraum hinaus: Er war Teil regionaler und selbst überregionaler Handelskreisläufe, und die Einwohnerschaft war mancherorts durch ein bemerkenswertes Maß an Mobilität bestimmt – und schon deshalb keineswegs uniform.

Dennoch ist es eine Seltenheit, wenn Neubürger zum Thema gemacht werden.[25] Ein Beispiel hierfür ist das Museum Bayerisches Vogtland in Hof, das 2012 um eine umfangreiche Abteilung erweitert wurde: „Flüchtlinge und Vertriebene in Hof".[26] Sie widmet sich den Heimatvertriebenen infolge des Zweiten Weltkriegs, wobei nicht deren verlorene Heimat, sondern ihre neue Heimat in Hof – und ihre mitgebrachte materielle und immaterielle Habe – im Fokus steht. Um dartun zu können, wie Sudetendeutsche, Schlesier, Ostpreußen, Pommern und andere mehr in Hof ankamen, wie sie sich dort zurechtfanden und wie sie endlich ihren neuen Wohnort bereicherten,

---

25 Hampe, Henrike (Hg.): Migration und Museum. Neue Ansätze in der Museumspraxis, Münster 2005 (Europäische Ethnologie 5); Baur, Joachim: Die Musealisierung der Migration. Einwanderungsmuseen und die Inszenierung der multikulturellen Nation, Bielefeld 2009; Kramer, Dieter: Regional- und Lokalmuseen zu Beginn des 21. Jahrhunderts, in: Christoph/Dippold 2014, S. 161–188, hier S. 173–176.
26 Kastner, Sandra: Heimat verlieren, Heimat finden. Die neue Abteilung „Flüchtlinge und Vertriebene in Hof" des Museums Bayerisches Vogtland, in: Christoph/Dippold 2014, S. 111–134.

musste erst eine Sammlung geschaffen werden. Objekte aus dieser Zeit waren bis dahin im Bestand des Museums kaum vorhanden.

Welches Heimatmuseum – abgesehen von personell angemessen ausgestatteten Stadtmuseen in Metropolen – verfügt heute über Sammlungsgut, das über die sogenannten Gastarbeiter der 50er und 60er Jahre oder über spätere Zuwanderer erzählt? Dabei könnte das Heimatmuseum dadurch sein Scherflein zur emotionalen Bindung dieser Menschen und ihrer Nachkommen beitragen.

Nicht nur von Angekommenen hätte ein ortskundliches Museum zu berichten. Im Norden und Osten Bayerns sind viele Landstriche von Abwanderung und Überalterung betroffen. Gehören in solchen Räumen nicht Objekte, die vom demografischen Wandel berichten, ebenfalls ins Museum, wenn es seine Pflicht als Ding-Archiv ernst nimmt?

Was macht in Dörfern und Städten mit ihrer bunten Bevölkerungsstruktur die „Eigenart" aus, die ein Heimatmuseum darzustellen hat? Diese Frage wird oftmals nicht gestellt. Stattdessen bewegt man sich im ausgefahrenen Gleis behaglicher Rückschau. Eine Leitfrage für die Entwicklung der Sammlung könnte lauten: Was formt heute den Museumsstandort? Wie wird er von außen gesehen, wie stellt er sich nach außen dar, wie sehen ihn unterschiedliche Gruppen der Einwohnerschaft – Junge und Alte, Eingesessene, Zugezogene und Fortgezogene?

Nimmt ein Heimatmuseum seine Aufgabe ernst, ein Bild des Ortes oder der Region zu konstruieren, in dem sich möglichst viele Menschen erkennen, dann wird es häufig kein statisches Bild sein, eher ein Kaleidoskop. Es wird eher Geschichten erzählen als Geschichte – und entsprechend sein Sammlungskonzept ausrichten. Dabei gilt es, Beliebigkeit zu vermeiden, um weder die Ausstellung zu überfrachten noch das Depot zu überfüllen. Gerade ein Heimatmuseum wandert auf einem schmalen Grat: Es muss die Gesellschaft in ihrer Breite abbilden, darf sich aber nicht als ‚deponia pia' missbrauchen lassen, wenn der Lehnsessel des Großvaters daheim im Weg ist, aber dennoch nicht auf die Müllhalde wandern soll.

Indem es Geschichten von der Vergangenheit eines Raums vermittelt und so Sichten eröffnet, übt das Heimatmuseum hohe Verantwortung aus. Es trägt dazu bei, dass ein Ort – oder auch eine Landschaft – Profil erhält. Es entscheidet mit, welche dinglichen Zeugnisse der örtlichen Geschichte verwahrens- und erhaltenswert sind, und es schafft und verwaltet auf diese Weise die Geschichten, die auf lange Frist über den Ort erzählt werden.

Um solche Verantwortung wahrzunehmen, braucht es Offenheit für die unterschiedlichen Facetten menschlichen Lebens – und Haltung. Gerade in Zeiten, als

Demokratie allzu vielen Menschen hierzulande verzichtbar scheint, ist das Museum wie jede gesellschaftliche Kraft aufgerufen, Position zu beziehen.

Das Heimatmuseum des frühen 20. Jahrhunderts, zur Zeit der Monarchie, zeigte nicht selten historische Porträts von Herrschenden. Deutschland ist seit 1918 Republik. Das bedeutet selbstverständlich nicht, dass keine Fürstenbilder mehr hängen sollten, und absolutistische Herrscher mit heutigen Maßstäben zu messen, ist und bleibt abwegig. Aber eine örtliche republikanisch-demokratische Tradition mitzupflegen, kann durchaus Pflicht des Museums sein. Dazu braucht es Objekte. Wie viele Museen haben von der Bayernwahl des Jahres 2018 Plakate und andere Werbemittel gesichert? Vermutlich wird nur ein kleiner Teil der Häuser solches Material akquiriert haben, das doch von Parteien, zumal auf regionaler Ebene, selten über Jahrzehnte aufbewahrt wird.

Haltung steht einem Heimatmuseum auch in anderen Bereichen gut an. Um nur ein Beispiel anzuführen: Georg Hager sah es in seinem eingangs zitierten Vortrag als „Aufgabe der Lokalmuseen, das Volk über den Denkmälerschatz des Ortes und der Gegend aufzuklären".[27] Die Bildungsarbeit des Museums sollte – und dies gilt für ein Heimatmuseum in besonderem Maß – nicht am Ausgang enden. So wie es anhand seiner Objekte Geschichte(n) vermittelt, kann es auch in situ erhaltene Baudenkmäler oder kulturlandschaftliche Strukturen in sein Narrativ einbinden. Dies trüge zur Kenntnis und zur Wertschätzung solcher Spuren der Vergangenheit bei. Denn den Denkmalbehörden ist es in vielen Jahrzehnten nicht gelungen, ausreichend Verständnis für Denkmäler zu wecken und ein breites Bewusstsein für ihren Wert zu schaffen, kurz: die Öffentlichkeit dafür zu bilden und zu begeistern. Die Museen hingegen können Bildung, denn sie ist eine ihre Kernaufgaben.

Heimat ist ein schwer zu definierendes Wort. Sie haftet an Sinneswahrnehmungen. Der Anblick vertrauter Straßenzüge, Ortsbilder, Landschaften löst ein solches Empfinden aus. Doch entstehen kann ein Heimatgefühl nicht durch Dinge, sondern durch Menschen. Heimat ist der Ort der Geborgenheit, des Verstehens und Verstandenwerdens – und damit der menschlichen Begegnung. Nimmt also ein Heimatmuseum heute seinen im Namen liegenden Auftrag ernst, dann sollte es sich auch als Platz der Begegnung, als sozialer Ort verstehen.

Dies meint nicht, dass aus dem Museum eine bloße Hülle für Events werden sollte. Vielmehr sollte es eine Stätte des Dialogs sein, der sich um einzelne Objekte entspinnt. Zu diesem Dialog können viele etwas beitragen: Fachleute aus dem Museum, Experten für die konkrete Thematik und komplette „Laien".

27 Hager 1913, S. 13.

Bei einem solchen diskursiven Ansatz darf jedoch nicht der Eindruck entstehen, als brauche es für die Tätigkeit im Museum keine einschlägige Vorbildung. Selbstverständlich ist Museumsarbeit eine Sache für Fachleute. Der Ansatz des Mitmach-Museums wäre dann verfehlt, wenn es nicht eine ganz der Fachlichkeit vorbehaltene Sphäre gäbe oder wenn das Primat der wissenschaftlichen Arbeit bestritten würde. Andererseits haben im Museum beschäftigte Wissenschaftler die Weisheit nicht gepachtet. Zur Deutung eines Exponats können viele Menschen etwas beitragen. Sie sind dazu umso besser in der Lage, je mehr das Museum ihnen nicht Ergebnisse vorsetzt, sondern Kompetenzen vermittelt. Wie ein Museum entsteht, welche Probleme es dabei gibt, welche Entscheidungen zu fällen sind, all dies muss nicht schamhaft verborgen werden.

Ein wahres Heimatmuseum wäre also das Haus, das seine Besucher so heranbildet, dass sie Museumsarbeit ansatzweise verstehen und in begrenztem Rahmen an ihr selbst mitwirken. Denn Heimat entsteht aus Gemeinschaft, und solches Miteinander wächst am besten anhand gemeinsamer Aufgaben. Ein Museum, dem es gelingt, sich selbst zur Aufgabe einer aktiven Stadt- oder Dorfgesellschaft zu machen und damit Teil der Heimat zu werden, verdient den Namen „Heimatmuseum".

LITERATUR

Baur, Joachim: Die Musealisierung der Migration. Einwanderungsmuseen und die Inszenierung der multikulturellen Nation, Bielefeld 2009.
Bausinger, Hermann: Heimat in einer offenen Gesellschaft. Begriffsgeschichte als Problemgeschichte, in: Kelter, Jochen (Hg.): Die Ohnmacht der Gefühle. Heimat zwischen Wunsch und Wirklichkeit, Weingarten 1986, S. 89–115.
Bendl, Eva: Inszenierte Geschichtsbilder. Museale Sinnbildung in Bayerisch-Schwaben vom 19. Jahrhundert bis in die Nachkriegszeit, Berlin/München 2016 (Bayerische Studien zur Museumsgeschichte 2).
Büchert, Gesa: Schauräume der Stadtgeschichte. Städtische Heimatmuseen in Franken von ihren Anfängen bis zum Ende des Zweiten Weltkriegs, Berlin/München 2011 (Bayerische Studien zur Museumsgeschichte 1).
Dippold, Günter: Das Heimatmuseum – Tradition und Perspektiven, in: Christoph, Barbara / Dippold, Günter (Hg.): HeimatMuseum. Vergangenheit und Zukunft, Bayreuth 2014 (Banzer Museumsgespräche 5), S. 9–31.
Dippold, Günter: Spezialmuseum – Geschichte und Wesen (Speciální muzeum – jeho historie a podstata.), in: Spezialmuseen. 13. Tagung bayerischer, böhmischer und sächsischer Museumsfachleute, Neukirchen b. Hl. Blut 15.–17. September 2004. München/Chemnitz/Liberec 2007 (Museum-Bulletin-Muzeum 13), S. 18–29.
Dippold, Günter: Berufszuschreibungen und Erwerbsrealität in fränkischen Kleinstädten vom 16. bis ins frühe 19. Jahrhundert, in: Jahrbuch für Volkskunde 28 (2005), S. 115–136.

Dippold, Günter: Museen in Oberfranken. Teil 2: Von Wachstum und Niedergang, Historismus und Heimateuphorie (Mitte des 19. Jahrhunderts bis zum Ersten Weltkrieg), Bayreuth 2002 (Heimatbeilage zum Oberfränkischen Schulanzeiger 292), S. 80–85.
Hager, Georg: Die Museen und der Mensch, Düsseldorf 1913.
Hager, Georg: Bayerische Museumsfahrt 1913, in: Bayerische Staatszeitung vom 21.3.1913.
Hampe, Henrike (Hg.): Migration und Museum. Neue Ansätze in der Museumspraxis, Münster 2005 (Europäische Ethnologie 5).
Kastner, Sandra: Heimat verlieren, Heimat finden. Die neue Abteilung „Flüchtlinge und Vertriebene in Hof" des Museums Bayerisches Vogtland, in: Christoph, Barbara / Dippold, Günter (Hg.): HeimatMuseum. Vergangenheit und Zukunft, Bayreuth 2014 (Banzer Museumsgespräche 5), S. 111–134.
Knaut, Andreas: Ernst Rudorff und die Anfänge der Heimatbewegung, in: Klueting, Edeltraud (Hg.): Antimodernismus und Reform. Zur Geschichte der deutschen Heimatbewegung, Darmstadt 1991, S. 20–49.
Kramer, Dieter: Regional- und Lokalmuseen zu Beginn des 21. Jahrhunderts, in: Christoph, Barbara /Dippold, Günter (Hg.): HeimatMuseum. Vergangenheit und Zukunft, Bayreuth 2014 (Banzer Museumsgespräche 5), S. 161–188.
Mieth, Katja Margarethe: Stadtmuseum – Zukunfts- oder Auslaufmodell in der sächsischen Museumslandschaft. Länderbericht aus Sachsen (Městské muzeum – progresivní či výběhový model ve skupině saských muzeí. Zpráva k situaci v Sasku.), in: Die Stadt und ihre Identität(en). Über Potential und Zukunft der Stadtmuseen. 23. Internationale Fachtagung bayerischer, böhmischer, oberösterreichischer und sächsischer Museumsfachleute. 21. bis 23. September 2014, Ried im Innkreis. Leonding 2016 (Museum Bulletin Muzeum 23), S. 9–16
Mitteilungen des Rheinischen Vereins für Denkmalpflege und Heimatschutz 7 (1913), S. 135–146.
Stäbler, Wolfgang: Museen, Menschen und eine Meuterei. Vom Museumskurs zum Bayerischen Museumstag, in: Museum heute 30 (2006), S. 49–58.

Heimatmuseum reloaded – das Beispiel Jugend Museum in Berlin

Petra Zwaka

Das Wort ‚Heimat' hat wieder Konjunktur. Immer dann, wenn das Vertrauen in die Gegenwart schwindet, scheint das Feststellen der eigenen Identität besonders wichtig zu werden. Ganze Artikelserien der großen Tageszeitungen widmen sich derzeit den neuen ‚Heimatgefühlen'. Unter solchen Titeln wie „Hilfe, es heimatet sehr!" oder „Was ist Heimat?" lässt man hierzu verschiedene Menschen aus Kultur und Wissenschaft zu Wort kommen[1]. Auf politischer Ebene changiert die Debatte zwischen rechter Heimatschutzpropaganda, dem Kampf für ein offenes Verständnis von Heimat und der Frage, wer eigentlich die Deutungshoheit für diesen kontrovers diskutierten Begriff hat.

Was aber bedeutet heute ‚Heimat' im musealen Selbstverständnis? Wie kaum eine andere Kulturinstitution bieten insbesondere Heimatmuseen die Chance, hierauf Antworten zu geben. Sie sind eng mit dem regionalen Umfeld und seiner Bevölkerung verwoben, bewahren die materiellen und immateriellen Zeugnisse der Stadtgeschichte und können als professionell geführte Einrichtungen ihr Potenzial nutzen, die Orientierungssuche historisch zu fundieren. Denn hier geht es auch um Identifikation und Identität, hier werden Wurzeln gesucht und manchmal auch gefunden.

Es gehört zu den Besonderheiten Berlins, dass jeder der heute zwölf Berliner Verwaltungsbezirke, der jeweils in sich eine Großstadt mit einzelnen Stadtteilen ist, sein eigenes regionalhistorisches Museum hat. Dies lässt sich aus den Besonderheiten der Stadtgeschichte erklären - Groß-Berlin mit seiner föderalistischen Verwaltungsstruktur entstand im Wesentlichen erst im Jahre 1920 mit der Eingemeindung vieler umliegender und bislang selbstständiger Städte, Dörfer und Gemeinden. Einst als Orte unkritischer Nostalgie belächelt oder als Horte eines reaktionären Heimatbegriffs kritisiert, sind die Berliner Regionalmuseen in kommunaler Verantwortung seit den 1980er Jahren in Bewegung geraten und heute ein ernstzunehmender Faktor in der Diskussion um Inhalte, Methoden und Vermittlungsformen der Berliner Stadtgeschichte.[2] Die eigene Museumsgeschichte spiegelt hier am deutlichsten, wie das

---

1 Vgl. die Serien Heimat – Wiederkehr einer Idee im Deutschlandfunk von 2016 und 2018, URL: http://www.deutschlandfunk.de/heimat-wiederkehr-einer-idee.2761.de.html; Schneider, Johannes: Hilfe, es heimatet sehr!, in: ZEIT ONLINE vom 09.10. 2017; außerdem: die Artikelreihe Was ist Heimat? in der Süddeutschen Zeitung 2018, URL: http://www.sueddeutsche.de/thema/Was_ist_Heimat, zuletzt aufgerufen am 26.07.2018.
2 Die Berliner Regionalmuseen sind in einem Arbeitskreis zusammengeschlossen, treten regelmäßig

Wort ‚Heimat' in ‚Heimatmuseum' jeweils interpretiert wurde und wird bzw. welchen Wandel der Heimatbegriff im eigenen Haus erfahren hat.

Dass es nicht allerorten einen solchen Wandel und eine neue Selbstverständlichkeit im Umgang mit ‚Heimat' in diesen Museen gegeben hat, mag mit dazu beitragen, dass bis heute der Typus ‚Heimatmuseum' noch immer als ein Ort gilt, an dem Vergangenheit verklärt wird, geleitet von einem heimelig-biederen Heimatverständnis, ein Ort, der zwar identitätsstiftend sein könnte, aber „in der Regel nur ein monokausales Identifikationsangebot"[3] für die Menschen macht.

Am Beispiel des regionalgeschichtlichen Museums im Berliner Bezirk Tempelhof-Schöneberg, dessen Leitung ich mehr als 25 Jahre innehatte, soll dargestellt werden, wie ein Bezirksmuseum in Bewegung geraten ist und warum aus einem ‚tümelnden' Heimatmuseum das Jugend Museum Berlin wurde, das heute lokal, überregional und international vernetzt arbeitet.

Wessen Heimat ist die Heimat?

In einem Schöneberger Lokalblatt aus dem Jahr 1957 findet sich ein Artikel, überschrieben mit der Frage: „Wessen Heimat ist die Heimat?"[4] Es ist eine Ausstellungsrezension der damaligen ersten Schöneberger ‚Heimatschau' im Rathaus Schöneberg. Sie war vernichtend. Der Journalist nahm die Schau „als regelrechte Heimatschnulze" wahr, inszeniert als „allerliebste Dorfgeschichte". Wenn es nur dieses wäre", fuhr der Autor fort, „so könnte man nur mitleidig lächeln. Aber im Verniedlichen, im Verdrehen und vor allem im Verschweigen treiben es die Veranstalter so weit, daß man ihnen gehörig auf die Finger klopfen muß."

Im Fokus seiner Kritik war der Ausstellungsmacher Kurt Pomplun, ein ehrenamtlicher Heimatforscher, dem er auch noch eine NS-Vergangenheit nachwies. Jener hatte als Ziel formuliert, „keine historische Rumpelkammer zu machen, in der wir einfach alles anhäufen, sondern eine Ausstellung, wo nur Dinge festgehalten werden, die

---

mit Gemeinschaftsprojekten an die Öffentlichkeit und dokumentieren damit das facettenreiche Gesamtbild der Berliner Stadtgeschichte. Die Mitglieder der zehn kommunalen Regionalmuseen erarbeiten gemeinsame Projekte und unterstützen sich in allen Fragen der Museumsarbeit gegenseitig. Siehe: https://www.lmb.museum/de/fach-und-arbeitsgruppen/ak-berliner-regionalmuseen/

3 Novy, Beatrix: Im Heimatmuseum wird Vergangenheit oft verklärt. Elisabeth Tietmeyer [Leiterin des Museum Europäischer Kulturen] im Gespräch mit Beatrix Novy, in: Deutschlandfunk vom 04.08.2016, URL: https://www.deutschlandfunk.de/identitaetsstiftung-im-heimatmuseum-wird-vergangenheit-oft.691.de.html?dram:article_id=362181, zuletzt aufgerufen am 26.07.2018.

4 Stephan Wenzel: Wessen Heimat ist die Heimat?, in: Schöneberger Nachrichten 6 (1957), Nr. 7, S. 4.

historischen Wert in Bezug auf unsere Stadtgeschichte haben."[5]

Den historischen Wert definierte dieser ganz im Zeitgeist der fünfziger Jahre. Die Brücke zur Vergangenheit wurde ohne die Zeit des Nationalsozialismus und die Judenverfolgung gedacht. Leicht und unbelastet sollten die damaligen Themen der Schöneberger Heimatschauen daher kommen: „Wir fahren so gemütlich" oder „Traritrara, die Post ist da".

Der Autor traf den Kern des Problems. Er schrieb für die Schöneberger Nachrichten, ein SEW[6]-nahes Lokalblatt, das von der Nationalen Front des demokratischen Deutschland herausgegeben wurde. Die Heimatschauen der fünfziger Jahre sollten wiedergutmachen, was durch die nationalsozialistische Gewaltherrschaft und den Krieg zerstört worden war. Bereits um die Jahrhundertwende hatte es den Versuch gegeben, eine Heimatausstellung aufzubauen. 1936 bekommt das aufgebaute Heimatarchiv zwar endlich eigene Räume, aber sämtliche Bestände fallen nur wenige Jahre später dem Krieg zum Opfer. Der Neubeginn 1957 soll laut Pomplun das „Rad des Zeitgeschehens um 100 Jahre oder 200 Jahre zurückdrehen" und eine „liebevoll zusammengetragene Sammlung" präsentieren.[7] Diese Heimatschauen wirken wie eine affirmative Selbstbespiegelung des Bezirks, ohne Raum für kritische Fragen und die weniger glanzvollen Themen der Stadtgeschichte. Die etwa zur gleichen Zeit von Alexander Mitscherlich angegriffene „Unwirtlichkeit der Städte" – im Untertitel eine „Anstiftung zum Unfrieden"[8] – hätte in einer solchen Heimatschau keinen Platz gefunden. Das Unwirtliche, Ungemütliche blieb draußen – vor der Ausstellung.

1976 wurden die Schöneberger Heimatschauen dann schließlich in eigenen Räumen zusammengefasst und bekamen den Status eines Heimatmuseums. An den ausgestellten Inhalten änderte sich freilich wenig. Die NS-Zeit fehlte komplett und ein geschichtsunkundiger Mensch wird sich verwundert die Fotoserie zum Wiederaufbau des zerstörten Bezirks in den 1950er Jahren angeschaut haben.

---

5   Unbekannter Autor: Ausstellungsrezension, in: Telegraf, Nr. 212, 1956.
6   SEW = Sozialistische Einheitspartei Westberlins.
7   Unbekannter Autor: Zeitungsartikel, in: Der Tag, Nr. 41, 1957.
8   Mitscherlich, Alexander: Die Unwirtlichkeit unserer Städte. Anstiftung zum Unfrieden, Frankfurt a.M. 1965.

Heimat (museum) neu denken

Erst mit der neuen Geschichtsbewegung in den 1980er Jahren, als im Westteil der Stadt Geschichtswerkstätten und Geschichtsgruppen entstehen und in der Folge auch Museumsleiterinnen und -leiter der ‚neuen Generation' in den Heimatmuseen ihre Arbeit aufnehmen, beginnt eine neue Zeit.[9] ‚Spurensicherung am Ort', ‚Grabe, wo du stehst' und ‚Geschichte von unten' sind die neuen Schlagworte. Im Mittelpunkt steht die Erforschung des Alltags und der kulturellen Lebensformen. Ein neues Verständnis von ‚Heimat' soll definiert werden, das nichts mehr zu tun haben will mit dem völkischen Heimatbegriff. Dies impliziert eine aktive Geschichtsarbeit, zu der die Erforschung der Zeit des Nationalsozialismus und des Holocaust ebenso gehören soll wie die Auseinandersetzung mit der Geschichte von Minderheiten und Andersdenkenden.

Damit gerät auch wieder eine Institution ins Gespräch, auf die man noch zehn Jahre vorher ideologiekritisch allenfalls verächtliche Blicke geworfen hatte: das Heimatmuseum. Hier scheint jetzt der Ort zu sein, wo die Auseinandersetzung über ‚Heimat' neu geführt werden kann.

Im Zuge dieser Diskussion blickten auch einige Berliner Heimatmuseen selbstkritisch auf ihren Namen. Aus dem Heimatmuseum Schöneberg wurde nach einem zweijährigen Diskussionsprozess in der Bezirksverordnetenversammlung das ‚Schöneberg Museum'. In der Begründung der damaligen Kulturamtsleiterin hieß es u.a. „Ich wünsche unserem Museum den schlichten Namen ‚Schöneberg Museum' und würde es gern den späteren Generationen überlassen, das Museum wieder Heimatmuseum zu nennen, wenn mit dem Begriff selbstverständlich assoziiert würde: Toleranz und neugierige Offenheit zwischen den unterschiedlichen Kulturen innerhalb unserer historisch gewachsenen eigenen Kultur in einer längst Realität gewordenen multikulturellen Gesellschaft."[10]

Die vor mehr als 50 Jahren aufgeworfene Frage „Wessen Heimat ist die Heimat?" war ihrer Zeit also weit voraus. Mit Blick auf die gegenwärtigen gesellschaftlichen Diskurse zum Thema Diversität und Migration ist sie heute aktueller denn je.

---

9 Frei, Alfred Georg: Alltag – Region – Politik. Anmerkungen zur neuen Geschichtsbewegung, in: Geschichtsdidaktik 9 (1984), H.2, S. 107 ff.
10 Zit. nach Heinze, Sigrid / Zwaka, Petra: Intentionen, Bedingungen und künftige Aufgaben dezentraler historischer Arbeit durch lokale Museen in Berlin, Unveröffentlichtes Vortragsmanuskript anlässlich eines Colloquiums zur Stadtgeschichte in Berlin-Charlottenburg vom 7.7.-8.7.1990, Archiv zur Geschichte von Tempelhof und Schöneberg.

Petra Zwaka

Vom Heimatmuseum zum lebendigen Geschichtsmuseum für junge Leute

Angesichts der aktuellen Debatten um den Begriff ‚Heimat' ist in Vergessenheit geraten, dass es schon einmal eine Zeit gab, in der das Krisengefühl die Oberhand gewonnen hatte. Im wiedervereinigten Deutschland Anfang der 1990er Jahre heizte sich angesichts der gesellschaftspolitischen Herausforderungen die Stimmung derart auf, dass es zu schweren rechtsradikalen Gewaltausbrüchen kam. Brennende Flüchtlingsunterkünfte in Rostock und Hoyerswerda, Anschläge in Solingen und Mölln und die Rede von der ‚Asylantenflut' bestimmten in jenen Wochen die Berichterstattung der Medien. Die rassistisch-motivierte Übergriffe und die eklatante Zunahme der Diskriminierung von Zugewanderten erschütterten die Öffentlichkeit, denn es waren nicht nur ein paar Verirrte, die da entgleisten, sondern es war eine Stimmung, die aus der Mitte der Gesellschaft kam. Historische Parallelen zur NS-Zeit drängten sich auf.

Spontan gründete sich 1993 bundesweit die Initiative *Museen gegen Fremdenhass*. Über alle institutionellen Grenzen hinaus engagierten sich kleine und große Museen gemeinsam und veranstalteten Aktionen, Treffen und Diskussionsforen. Der Arbeitskreis Berliner Regionalmuseen hat seinerzeit eine eigene Veranstaltungsreihe durchgeführt, an der fast alle der 23 Regionalmuseen[11] in Ost und West beteiligt waren. Unter dem Titel *Fremd in Berlin* wurde über vielfältige Angebote in den Berliner Bezirken der Dialog mit der lokalen Bevölkerung gesucht. Zwar sprach man seinerzeit noch nicht von partizipativer Museumsarbeit, aber diese Aktivitäten waren bereits auf breite Bürgerbeteiligung ausgerichtet, damals – zeitgemäß – vor allem auf jene Menschen, bei denen man eher keinen oder kaum einen Zugang zu kulturellen Einrichtungen vermutete. Auf diesen Ansätzen und Erfahrungen konnten die Museen im Rahmen ihrer Aktivitäten also aufbauen.

Im Schöneberg Museum wurden unter dem Stichwort *Gewalt und Ausgrenzung in der Geschichte* historische Werkstattprojekte für Kinder und Jugendliche durchgeführt. Gerade als regionalgeschichtliches Museum fühlten wir uns prädestiniert, ausgehend von einer aktuellen gesellschaftlichen Situation Fragen an die Geschichte zu stellen. Ausgehend von historischen Fallbeispielen aus der Schöneberger Stadtgeschichte und mit Methoden aus der Museums-, Theater - und Medienpädagogik ermunterten wir die jungen Beteiligten, die eigene Situation ins Verhältnis zu einer vermittelten historischen Erfahrung zu setzen. Im Rahmen der Reihe entstanden verschiedene Projekte zum historischen Lernen: die Theateraktion *Böhmen und Schöneberger Bevölkerung*

---

[11] Bis zur Berliner Verwaltungsreform im Jahr 2001 gab es in Berlin 23 Bezirke mit jeweils einem Heimatmuseum bzw. Heimatkabinett. Danach war Berlin durch eine Verwaltungsreform in zwölf Bezirke aufgeteilt.

im 18. Jahrhundert, eine Ausstellung und ein Film zum Thema *Ausgrenzung von Juden und Nicht-Juden am Werner-Siemens-Realgymnasium* sowie ein Hörrundgang durch das Stadtquartier Bayerisches Viertel. Diese Form der Arbeit war eng mit der Projektmethode verbunden, in deren Zentrum die Tätigkeit des ‚Geschichte machens' steht. Dabei ging es nicht um die Vermittlung abfragbaren historischen Wissens, sondern darum, den Prozess der Geschichtsproduktion durch aktive Teilnahme transparent zu machen.

Wir stellten die Ergebnisse dieser Projekte öffentlich zur Diskussion. Die Resonanz war überwältigend, auch von politischer Seite. Insbesondere Jugendliche zu erreichen war in dieser Zeit gesellschaftlicher Erregung Vielen ein großes Anliegen.

Gründung des Jugend Museums[12]

1994 wurde für das Schöneberger Regionalmuseum eine weitreichende Entscheidung getroffen. Angesichts der positiven Erfahrungen mit den (damals) unkonventionellen Vermittlungsmethoden wollten wir das im Dämmerschlaf versunkene Heimatmuseum, das seit 1976 in sieben winzigen Räumen im Kulturamt untergebracht war, offensiv in ein lebendiges Geschichtsmuseum für junge Menschen verwandeln. Zu dieser Zeit gehörten Schulkinder zur Hauptbesuchergruppe des kleinen Museums. Wir nannten es Jugend Museum, um auch Jugendliche mitanzusprechen, eine Zielgruppe, die in der Regel schwer zu erreichen ist.

Die Neudefinition des Museumsprofils stieß im Bezirk, wie erwartet, nicht überall auf Verständnis. Man bräuchte doch einen Anlaufpunkt für die Heimatgeschichte, war das Argument. Dass die ständige Ausstellung in den sieben kleinen Räumen des Heimatmuseums seit Jahrzehnten in einer eigentümlichen Statik verharrt hatte, die gegenüber Museumsgästen im besten Fall durch den anwesenden Museumspädagogen dynamisiert wurde, überzeugte jene Skeptiker nicht.

Nach einem Allparteienbeschluss stellte uns der Bezirk schließlich eine Gründerzeitvilla zur Verfügung, an der historischen Dorfaue im Herzen Berlin-Schönebergs gelegen, heute – verkehrsumtost - mitten im städtischen Leben. Im gesamten Bezirk Tempelhof-Schöneberg leben aktuell ca. 345.000 Menschen, von denen ca. 35% einen Einwanderungshintergrund haben. In der unmittelbaren Umgebung des Museums befinden sich einzelne Stadtquartiere, in denen dieser Anteil 60% -70% beträgt, mit steigender Tendenz. So eine Nachbarschaft verpflichtet.

---

[12] Vgl. Internetseite des Jugendmuseum Schöneberg, URL: www.jugendmuseum.de, zuletzt aufgerufen am 26.07.2018.

Petra Zwaka

Wir begannen an der Konzeption eines Jugend Museums zu arbeiten, das nah am Puls der Zeit ist, um unmittelbar auf die Gegenwart reagieren zu können, das sich gleichzeitig aber seiner ‚musealen' Aufgaben bewusst ist und dabei auch Verantwortung übernimmt für Dinge, die nicht so einfach fassbar und ausstellbar sind wie Objekte, für Gedanken und Ideen wie die vermeintlich obsolet gewordenen Werte, die oft achtlos in unserer Gesellschaft beiseitegeschoben werden. Die Gründung des Jugend Museums hatte also einen pädagogischen Imperativ, der durchaus moralisch bestimmt war. Eine solche Haltung gegenüber der Museumsarbeit bedeutet, dass das Museum in seiner Entwicklung nicht statisch bleibt, sondern eine Offenheit gegenüber Inhalten und Kooperationen hat, auch mal Seitensprünge abseits gängiger Themen wagt und vor allem jungen Menschen eine Plattform für den eigenen Ausdruck zur Verfügung stellt.

An diesem Anspruch wird deutlich, dass es hier nicht um Wissensvermittlung im allein kognitiven Sinne ging, sondern vor allem darum, jungen Menschen einen lebendigen Ort der Auseinandersetzung, Akzeptanz und Wertschätzung zu bieten, an dem eine vorurteilsbewusste Atmosphäre herrscht, ein Ort, an dem sie neue Erfahrungen durch Begegnung machen können, an dem sie einen kritischen Umgang mit dem historischen Erbe lernen, wo sie mit ästhetisch-künstlerischen Zugangsweisen experimentieren und sich kreativ ausdrücken, wo sie sich auch fordernden Themen der Geschichte stellen.

Zu Beginn war das Jugend Museum noch ein Experimentierfeld. In jener Zeit gab es das Zauberwort der Kulturellen Bildung noch nicht, die Museumspädagogik verstand ihre Aufgaben eher im klassischen Sinne. Vorbilder für eine ‚experimentelle Geschichts- und Museumsarbeit' gab es damals kaum. Learning by doing war deshalb am Anfang unsere Devise. Die ersten Aktionen, die unmittelbar auch den Stadtraum und die Bevölkerung mit einbezogen, setzten ein Zeichen für unsere künftige Arbeit. Kinder und Jugendliche brauchen keine gesondert für sie aufbereiteten Themen, im Gegenteil: der Reiz zur Mitarbeit besteht in der realen Möglichkeit, sich einzumischen, selbst aktiv zu sein, zu forschen, zu fragen Meinungen mitzuteilen und die Ergebnisse im Museum zur Diskussion zu stellen.

Über die Dinge die Welt verstehen

Der Aufbau des Jugend Museums wurde öffentlich kommuniziert und fand – trotz anfänglicher Skepsis - aus Kreisen der Bevölkerung bald große Unterstützung. Das Jugend Museum war zwar mit dem Regionalmuseum und seiner über Jahrzehnte aufgebauten Sammlung aus kulturhistorischen Alltagsobjekten und historischen Dokumenten verzahnt. Aber schon bald zeigte sich, dass ein größerer Objektfundus quasi als didaktische Sammlung von Nöten war, die eigenständiges Forschen und Erkunden, auch im Sinne von Hands-on ermöglichen konnte.

Als wir die Ausstellung ‚Wunderkammern – Wunderkisten' vorbereiteten und mit der Idee an die Öffentlichkeit gingen, wurden wir mit Dingen der Alltagskultur regelrecht überschüttet. Auf der Grundlage dieser Spenden und der historischen Sammlung des Regionalmuseums wurde die Ausstellung konzipiert.

Das Ausstellungskonzept nahm die alte Idee der fürstlichen Schatzkammern, Kuriositätenkabinette und Wunderkammern der Renaissance auf, wo einst Geheimnisvolles, Kostbares und Kurioses zusammengetragen wurde. Auch die Präsentation im Jugend Museum sollte ein Ort mit Geheimnissen bleiben, der zum Sehen und Entdecken animiert und ungewöhnliche Fragen an Geschichte provoziert, aber nicht immer gleich eine Antwort parat hat oder mit dem museumspädagogischen Zeigefinger belehrt.

Zur Ausstellung gehört das Wunderkammern-Archiv zur vertiefenden „Forschung" für Kinder ab 8 Jahren (und alle anderen).
Dirk Hasskarl

Blick in die Ausstellung im Souterrain des Jugend Museums.
Dirk Hasskarl

Das Besondere und Ungewöhnliche waren nicht einzelne herausragende Exponate sondern die Vielfalt der Objekte, die in 54 provisorisch wirkenden mannshohen Transportkisten versammelt wurden. Sie waren nicht aufwändig und suggestiv inszeniert, sondern die Dinge wurden formal präsentiert und behutsam in Szene gesetzt. Die Objekte waren thematisch eingebunden, weil auch authentische Objekte „nicht für sich selbst als Zeichen (wirken)", wie es der Museologe Friedrich Waidacher formuliert hat, sondern weil sie „Träger von individuellen Bedeutungen (sind), (die) in einen Kontext eingebunden werden (müssen), der es dem Publikum überhaupt erst möglich macht, die Aussagen zu verstehen, die mit ihnen verbunden sind."[13]

Das verantwortliche Ausstellungsarchitekturbüro[14] entwickelte ein Präsentationskonzept, das dazu ermuntern wollte, die „Objekte zu lesen, wie wir Bücher lesen – um die Menschen und die Zeiten zu verstehen, die sie schufen, benützten und wieder ablegten."[15] Haushaltsgeräte, Mobiliar, Kleider, Stoffe, Spielzeug, Bücher, Gebrauchsprodukte aus ehemaligen Betrieben, Lehrmaterialien aus Schulen, Bekanntes und Merkwürdiges – viele dieser Dinge bergen Gebrauchsspuren ihrer Vorbesitzer, die wie ein Rätsel entschlüsselt werden können. Das junge Museumspublikum war gefragt, die alte Sprache der Dinge zu entziffern.

Die Ausstellung wurde mit dem bundesweiten Kinderkulturpreis der Kroschke Kinderstiftung ausgezeichnet und war lange das Herzstück unseres Jugend Museums. Es gibt sie bis heute, in verkleinerter Form im Souterrain des Museums.

Interkulturell und interaktiv

Von Beginn an hat das Jugend Museum an seiner interkulturellen Öffnung gearbeitet und entsprechende Programme entwickelt. Ein wichtiger Kooperationspartner waren dabei Schulen aus dem Bezirk und darüber hinaus. Denn insbesondere in den Schulklassen bildet sich rasch ab, was immer mehr zur Realität und von der Politik zu lange geleugnet wurde: Deutschland ist ein Einwanderungsland – mit allen Vorteilen, die wir durch die stetige Einwanderung seit den 1950er Jahren wirtschaftlich und kulturell haben, mit allen Schwierigkeiten und Risiken, die das Zusammenleben unterschiedlicher Kulturen mit sich bringt.

Insbesondere der Anspruch, Geschichte interkulturell zu vermitteln, ist eine Herausforderung, der wir uns auch in den Regionalmuseen neu zu stellen haben. Denn die Deutung von Geschichte erfordert nicht nur Multiperspektivität, sondern einen Umgang mit den verschiedenen Narrativen – den Narrativen der Mehrheit und den eingebrachten Narrativen der Einwanderer(kinder).

Ausgehend von einer Gesellschaft, die heute durch Vielheit und Vielgestaltigkeit

---

13 Waidacher, Friedrich: Vom Wert der Museen, in: Museologie Online 2 (2000), S. 1-20, hier S. 6, URL: http://www.historisches-centrum.de/m-online/00/00-1.pdf, zuletzt aufgerufen am 26.07.2018.
14 Schultz-Hagen, Peter/ Muschelknautz, Johanna www.zera-ausstellungen.de.
15 Lubar, Steven/ Kingery, W. David: Introduction, in: Dies. (Hg.): History from Things. Essays on Material Culture, Washington/London 1993, S. 5.

geprägt ist, wurden im Jugend Museum in den letzten Jahren dazu unterschiedliche kreative Zugänge entwickelt. Allzu oft wissen wir viel zu wenig von den Kindern der dritten und vierten Generation, die inzwischen eine „hybride Identität" haben und nicht einfach dem Migrantenstatus zuzuordnen oder gar zusammenzufassen sind. Migranten bilden keine homogene Gruppe. Deshalb ist bei solchen Themen wie Identität und Zugehörigkeit Kultursensibilität gefordert. Jede Projektarbeit ist deshalb für die Museumsmachenden auch immer Beobachtungs- und Forschungsfeld zugleich.

VILLA GLOBAL[16]

2014 wurde im Jugend Museum eine neue Dauerausstellung in der Bel Etage eröffnet: Die *VILLA GLOBAL*. Die Ausstellungsinstallation umfasst 14 kleine Räume für die Lebensgeschichten von 15 Menschen zwischen 13 und 79 Jahren. Sie gehören zum Leben unserer Stadt und machen mit ihren Geschichten deutlich, warum eindeutige Zuordnungen so schnell problematisch werden können.

Diese Menschen gibt es wirklich – in Schöneberg und anderswo in Berlin. Von Beginn an waren sie als Experten für ihre Geschichte aktiv an der inhaltlichen und räumlichen Gestaltung der Räume beteiligt. Sie entschieden gemeinsam mit dem kuratierenden Team über Exponate, Fotos und Ausstellungsmobiliar, schrieben eigene Texte und redigierten unsere Kommentare. Über ein Vierteljahr dauerte diese Zusammenarbeit, die von intensiven Gesprächen und gemeinsamer Arbeit geprägt war. Grenzen ernstnehmen war dabei eine wesentliche Prämisse in diesem Prozess, nicht nur Nehmen, sondern auch Geben, im Gespräch, im Aushandeln von Schwerpunktsetzungen und Umsetzen von Wünschen. Diese Intensität gibt den Räumen eine Authentizität und Tiefe, die sonst niemals zu erreichen gewesen wäre.

Die *VILLA GLOBAL* trägt den Zusatz *THE NEXT GENERATION*. Das lässt ahnen, dass es auch eine *First Generation* gab. Denn die *VILLA GLOBAL* schreibt bereits selbst Geschichte. 2003 wurde sie im Jugend Museum eröffnet, mit dem Untertitel ‚im Labyrinth der Kulturen'. Ausgehend von den Biografien Zugewanderter der ersten und zweiten Generation, die wir seinerzeit nach ethnisch-nationaler Zugehörigkeit entsprechend der Stärke der Migrantencommunities in der Nachbarschaft auswählten, wollten wir junge Menschen in einen Dialog darüber bringen, warum Respekt und Toleranz für ein ziviles Miteinander in einer demokratischen Gesellschaft notwendig sind. Über die Auseinandersetzung mit dem ‚Fremden' sollten Jugendliche eigene Bilder hinterfragen und sich für die Geschichte der Herkunftsländer der portraitierten Menschen

---

16 Vgl. Internetseite der Ausstellung „Villa Global" des Jugend Museum Schöneberg, URL: www.villaglobal.de, zuletzt aufgerufen am 26.07.2018.

interessieren. Anfang der 90er Jahre entsprach dieser Zugang der Haltung gegenüber der wachsenden multikulturellen Gesellschaft. Die Ausstellung war für maximal zwei Jahre geplant. Die Nachfrage hielt über Jahre an, vor allem von Seiten der Schulen. Zu diesem Zeitpunkt gab es nur wenige Orte des interkulturellen Lernens. So wurde die *VILLA GLOBAL* das Markenzeichen des Jugend Museums.

„Die Neuen" in der VILLA
Jugend Museum

Der Raum von Pegah
Jugend Museum

Wer ein Thema musealisiert, das noch Teil eines laufenden gesellschaftlichen Diskurses ist, muss damit rechnen, dass ihn die Gegenwart irgendwann überholt. So veränderte sich über die Jahre nicht nur die Migrationsdebatte, sondern - bezogen auf die *VILLA GLOBAL* - auch das Museumspublikum selbst, das junge wie das erwachsene. Die nächsten Generationen wuchsen als Nachfahren der Einwandererfamilien von einst heran und die Darstellung der kulturellen Besonderheiten in der Ausstellung traf irgendwann nicht mehr die gesellschaftliche Realität vor der Museumstür.

In unserem Bezirk machen heute die Heranwachsenden mit sogenanntem Migrationshintergrund inzwischen fast die Hälfte der unter 18jährigen aus. Sie leben hier in der dritten und vierten Generation, sind in Berlin geboren, fühlen sich hier zuhause, beherrschen die Alltagscodes der Großstadt. Für ihr Leben ist nicht die klare Zuordnung zu einer ethno-kulturellen Gruppe von Bedeutung, sondern die selbstverständliche Zugehörigkeit zu Berlin. Nur die wenigsten verfügen über eine eigene Erfahrung mit Migration, müssen sich aber immer wieder mit ethnischen Zuschreibungen auseinandersetzen. „Wo kommst du her?" werden sie gefragt, auch dann, wenn sie kein schlechteres Deutsch sprechen als ihre bio-deutschen Mitschüler oder das Herkunftsland ihrer Eltern und Großeltern nur aus den Ferien kennen.

Hatten wir in den 2000er Jahren vor dem Hintergrund der damaligen Diskussion um Multikulti und Integration seinerzeit noch den Schwerpunkt auf Information über die Herkunftsländer der Eingewanderten gesetzt – Wissensvermittlung als Weg zum Abbau von Vorurteilen – sahen wir uns zunehmend dem Vorwurf ausgesetzt, die Personen wären ausschließlich ethno-kulturell festgelegt und die Räume würden zum Teil Stereotype produzieren und so zur Re-Ethnisierung der Jugendlichen beitragen. Ein anderer Blick mit dem Ziel der Erneuerung war also dringend notwendig.

Modellprojekt *HEIMAT BERLIN* – Migrationsgeschichte für Kinder

Zur Vorbereitung der Neugestaltung der *VILLA GLOBAL* entwickelten wir 2011 das Modellprojekt *HEIMAT BERLIN – Migrationsgeschichte für Kinder*[17], quasi als Programm, in dem die Herkunft als wesentliches Identifikationsmerkmal von Menschen in den Hintergrund rücken sollte, zugunsten einer ganzheitlichen Betrachtungsweise, die nicht in die Falle der Kulturalisierung und Ethnisierung tappen wollte.

Doch bevor wir an die Neukonzeption gingen, schalteten wir eine Workshopreihe vor, um mehr über die heutige junge Generation in Erfahrung zu bringen und einen Ausgangspunkt für den Relaunch der *VILLA GLOBAL* zu haben – ein methodisches Prinzip, mit dem wir im Laufe der Jahre äußerst positive und für alle Beteiligten gewinnbringende Erfahrungen gemacht haben.

So konzipierten wir mehrtägige und mehrwöchige Projekte mit offenem Ergebnis, bei denen die Teilnehmenden entlang ihrer Interessen selber forschen, sich mit Geschichte und ihren Artefakten auseinander setzen und Entscheidungen treffen, wenn es um die Festlegung von Schwerpunkten geht.

Unter solchen Titeln wie: *Wer bin ich? Erzähl (d)eine Geschichte!* und *Heimatspuren, Almanya, Almanya – von der Türkei nach Berlin* und *Israelis in Berlin – von der Türkei nach Berlin* und *Israelis in Berlin* machten sich in einem Zeitraum von einem halben Jahr über 1.600 Kinder und Jugendliche auf die Suche nach Orten und Lebensgeschichten in Berlin und nach dem, was Menschen hier verbindet. Sie recherchierten, dokumentierten und befragten Personen, die in den letzten Jahrzehnten nach Berlin eingewandert oder solche, die hier geboren sind und schlüpften in historische Rollen der vergangenen Jahrhunderte. Woher kommen die Menschen, die heute in Berlin leben und was erzählen sie? Wie war das vor 100 oder 200 Jahren? Welche eigene Geschichte kann ich einbringen? Wie fühlt es sich heute an, ein Berliner/ eine Berlinerin zu sein?

---

[17] Gefördert als Modellprojekt im Rahmen des Programms Toleranz fördern- Kompetenz stärken des Bundesministeriums für Familie, Frauen, Senioren und Jugend (2011-2014), URL: https://www.bmfsfj.de/bmfsfj/aktuelles/alle-meldungen/das-bundesprogramm--toleranz-foerdern---kompetenz-staerken-/88656, zuletzt aufgerufen am 26.07.2018.

Projekt *Erzähl' mir deine Geschichte!*
Jugend Museum

Projekt *Israelis in Berlin*
Jugend Museum

Die Ergebnisse ihrer ‚Feldforschungen' im Museum und drum herum wurden am Ende öffentlich präsentiert.[18] In begleitenden Projektvideos kamen die Kinder abschließend auch persönlich zu Wort: Neben den Workshopinhalten erzählen sie mindestens genauso viel über ihr Bedürfnis nach Dazugehören, Anerkennung und gleichberechtigter Teilhabe. Für die Neukonzeption der *VILLA GLOBAL* waren die Ergebnisse und Erfahrungen richtungsweisend.

Die neue *VILLA GLOBAL*

Die Neueinrichtung der Villa war für alle Beteiligten ein Abenteuer. Dabei scheint es sich auf den ersten Blick um ein ganz einfaches Konzept zu handeln: Man bittet eine Reihe von Leuten, jeweils einen biografisch geprägten Raum einzurichten. Für die kuratorische Arbeit bedeutet das vor allem: Zurückhaltung, behutsame Unterstützung.

Am Anfang stand die Frage, wer in der neuen Villa wohnen soll. Wir haben im Team immer wieder diskutiert, nach welchen Kriterien wir die Räume ‚belegen'. Klar war, dass es nicht darum gehen würde, die migrantischen Communities Berlins oder des Bezirks proporzgemäß abzubilden. Im Mittelpunkt sollten nicht die Herkunftsländer der Bewohner_innen stehen, wie das bei der alten Villa z.T. der Fall war, sondern ihr heutiges Alltagsleben in Berlin. Keine ‚Länderkunde' oder klischeehafte ‚Ethnoschau', keine stellvertretende ‚Repräsentation', sondern die Selbst-Präsentation konkreter Menschen und individueller Lebensgeschichten im Zeichen von Diversität und Multiperspektivität – *Be Berlin* sozusagen.

Gleichzeitig wollten wir – pädagogisch motiviert – bestimmte Themen in die neue

---

18 Vgl. Internetseite des Modellprojekts Heimat Berlin. Migrationsgeschichte für Kinder, URL: www.heimat-berlin.info, zuletzt aufgerufen am 26.07.2018.

Villa einbringen: verschiedene Gründe für Migration (Flucht vor politischer Verfolgung, Arbeitsmigration, Finanzkrise, Berlin als coole Stadt für junge Leute aus aller Welt), die 3. Generation, Älter werden, Familienbilder, Glaube, sexuelle Vielfalt.

Aber es gab auch die Frage, was macht diesen oder jenen Menschen für Kinder und Jugendliche interessant, welche Ähnlichkeiten zu ihrem eigenen Leben können sie feststellen, wo sehen sie Unterschiede? Oder: Welche Menschen eignen sich in besonderem Maße, Vorurteile abzubauen und eine bisherige Einstellung in Frage zu stellen?

Da gibt es z.B. Rose-Anne, Journalistin, Buchautorin, Mutter von drei Söhnen und Tochter haitanischer Einwanderer. Sie wuchs in New York auf, lebt seit 13 Jahren in Berlin und hat drei Söhne. Nebenan ‚wohnt' Hanadi, sie arbeitet als Stadtteilmutter in Neukölln, hat ebenfalls drei Kinder, ist geschieden. Eigentlich ist sie in Berlin geboren, hat aber ihre Kindheit im Libanon verbracht und kam irgendwann im Laufe des Bürgerkriegs in den 1980iger Jahren nach Berlin zurück. Über den Flur hört man Jonnis Musik, er ist der Initiator des Rapbattle ‚Rap am Mittwoch'. Als er viereinhalb Jahre war, verließ seine Familie Israel und wanderte nach Berlin ein. Heute fühlt er sich als israelischer Berliner, und manchmal ist er auch ein Berliner Israeli. Ein paar Zimmer weiter kann man bei zwei jungen Frauen an die Tür klopfen, die gerade erst nach Berlin gekommen sind – Theokleia, eine Theaterpädagogin, die aus Griechenland stammt und Marthe aus Ruanda, die in Berlin ein Freiwilliges Soziales Jahr macht. Sie haben sich in einer WG zusammengeschlossen, am Schwarzen Brett hängen Fotos ihrer jüngsten gemeinsamen Aktivitäten. Und zum Schluss sei noch Pegah vorgestellt. Sie ist in Berlin geboren, spricht fließend persisch, aber kennt Iran, das Herkunftsland ihrer Eltern, eher aus Fotoalben. So ließen sich noch neun weitere Menschen vorstellen.

Vorbereitung der Räume unter Beteiligung von Rose-Anne und Hanadi
Jugend Museum

Raum von Jonni, dem Rapper
Jugend Museum

Rose-Anne schrieb am Ende einen kleinen Beitrag für die begleitende Projektdokumentation. Hier ein Auszug aus ihrem Resümee: „In der *VILLA GLOBAL* haben Kinder die Möglichkeit, sich dem Leben eines anderen Menschen anzunähern: anzufassen, zu riechen, zu fühlen – die beste Möglichkeit der Darstellung von Vielfalt für Kinder, deren Geist empfänglich für Eindrücke ist. Dass dies so ist, weiß ich von meinen eigenen Kindern: Ich habe gesehen, wie sie bei ihrem Besuch der *VILLA GLOBAL* Marthes Bibel berührten und Sadafs Gebetskette. Und dann fragten sie: Wie alt war Marthe beim Ausbruch des Bürgerkriegs in Ruanda? Was ist mit den Kindern dort passiert? Ist jemand von ihrer Familie gestorben? Warum wollten die Taliban nicht, dass Mädchen zur Schule gehen? Was ist Fundamentalismus? Es gibt keine einfachen Antworten auf diese Fragen. Aber die Fragen setzten etwas im Kopf meiner Kinder in Bewegung, das Schulbücher, Unterrichtsfilme und Enzyklopädien nicht leisten können. Meine Söhne stellten Fragen über Kinder in anderen Kulturen, weil sie – ohne sich dessen bewusst zu sein – in diesen anderen Leben einen Teil von sich selbst suchen. Sie können nicht anders. Es liegt an den Spiegelneuronen – das, was Wissenschaftler als den angeborenen menschlichen Drang bezeichnen, Verbindungen mit anderen Menschen herzustellen."[19]

Interkulturelle Museumsarbeit so verstanden ist sehr viel mehr als ein bisschen Exotismus in den Museen, hier das Eckchen für die Migrantengeschichte, ein Fest mit Ethnotouch oder türkischer Tee bei Veranstaltungen. Hier wird das dialogische Prinzip ernstgenommen – Menschen mit Hintergrund nicht nur als potentielles Publikum, sondern auch als aktive Akteure zu sehen, deren Perspektiven Eingang in die Präsentationen finden. Diese Form von Partizipation hat eine konsequente Benutzerorientierung zur Voraussetzung, die gewinnbringend ist, sich aber durchaus auch mal konfliktreich gestalten kann.

Die Ausstellung *VILLA GLOBAL* und die begleitende Projekte haben im Hinblick auf die interkulturelle Öffnung des Jugend Museums einen Meilenstein in der Ausgestaltung unseres Museumskonzeptes gesetzt. Sie gilt inzwischen als modellhaft für viele andere Museen, die ‚Heimat' im 21. Jahrhundert neu denken und die kulturelle Teilhabe Menschen ungeachtet ihrer Hintergründe ermöglichen wollen.

---

19 Vgl. Jugend Museum Schöneberg: Heimat Berlin. Migrationsgeschichte für Kinder, Projektdokumentation des gleichnamigen Modellprojektes, Berlin 2014. Kostenfrei erhältlich im Jugendmuseum.

Fazit

Museen als kulturelle Gedächtnisspeicher können zu der Debatte um Identität, Zugehörigkeit und Heimat einen wesentlichen Beitrag leisten. Das setzt voraus, dass sie sich für das Leben vor der Museumstür öffnen und sich über ihre traditionellen Museumsaufgaben hinaus auch als ‚Austragungsorte' für gesellschaftliche Diskurse verstehen.

„Es gibt Wörter, die wir heute nicht mehr so vorbehaltlos aussprechen, wie wir sie früher ausgesprochen haben [...]. Ich glaube, es ist eines der schwerwiegendsten und vielleicht noch gar nicht recht ausgeloteten Ereignisse unseres Jahrhunderts, dass es die Sprache mit der Seuche der Ideologie angesteckt und damit enorm gefährlich gemacht hat [...]".[20] Das Zitat aus einer Rede des ungarischen Schriftstellers und Literaturnobelpreisträgers Imre Kertész von 1996 hat an Aktualität nichts eingebüßt. Ganz im Gegenteil sind Institutionen heute mehr denn je aufgefordert, Visionen zu entwickeln, wie wir in Gegenwart und Zukunft leben wollen. Die kritische Auseinandersetzung mit der Frage, wie man einen aufgeklärten, zukunftsgewandten Heimatbegriff in ein vielkulturelles Heimatkonzept umsetzen könnte, ist ein Muss für jedes sich zeitgemäß verstehendes Museum.

---

[20] Kertész, Imre: Die exilierte Sprache. Reden und Essays, Frankfurt am Main 2004, S. 135f.

LITERATUR

Frei, Alfred Georg: Alltag – Region – Politik. Anmerkungen zur neuen Geschichtsbewegung, in: Geschichtsdidaktik 9 (1984), H.2, S. 107 ff.
Heinze, Sigrid / Zwaka, Petra: Intentionen, Bedingungen und künftige Aufgaben dezentraler historischer Arbeit durch lokale Museen in Berlin, Unveröffentlichtes Vortragsmanuskript anlässlich eines Colloquiums zur Stadtgeschichte in Berlin-Charlottenburg vom 07.07.–08.07.1990, Archiv zur Geschichte von Tempelhof und Schöneberg.
Jugend Museum Schöneberg: Heimat Berlin. Migrationsgeschichte für Kinder, Projektdokumentation des gleichnamigen Modellprojektes, Berlin 2014.
Kertész, Imre: Die exilierte Sprache.Reden und Essays, Frankfurt am Main 2004.
Mitscherlich, Alexander: Die Unwirtlichkeit unserer Städte. Anstiftung zum Unfrieden, Frankfurt am Main 1965.
Novy, Beatrix: Im Heimatmuseum wird Vergangenheit oft verklärt. Elisabeth Tietmeyer [Leiterin des Museum Europäischer Kulturen] im Gespräch mit Beatrix Novy, in: Deutschlandfunk vom 04.08.2016, URL: https://www.deutschlandfunk.de/identitaetsstiftung-im-heimatmuseum-wird-vergangenheit-oft.691.de.html?dram:article_id=362181.
Schneider, Johannes: Hilfe, es heimatet sehr!, in: ZEIT ONLINE vom 09.10.2017.
Unbekannter Autor: Ausstellungsrezension, in: Telegraf, Nr. 212, 1956.
Unbekannter Autor: Zeitungsartikel, in: Der Tag, Nr. 41, 1957.
Stephan Wenzel: Wessen Heimat ist die Heimat?, in: Schöneberger Nachrichten 6 (1957), Nr. 7, S. 4.
Waidacher, Friedrich: Vom Wert der Museen, in: Museologie Online 2 (2000), S. 1-20, URL: http://www.historisches-centrum.de/m-online/00/00-1.pdf.

Internetquellen
Bundesprogramm *Toleranz fördern: Kompetenz stärken* des Bundesministeriums für Familie, Frauen, Senioren und Jugend (2011-2014)
www.bmfsfj.de/bmfsfj/aktuelles/alle-meldungen/das-bundesprogramm--toleranz-foerdern---kompetenz-staerken-/88656
Deutschlandfunk: Gesprächsreihe *Heimat – Wiederkehr einer Idee*
www.deutschlandfunk.de/heimat-wiederkehr-einer-idee.2761.de.html
Internetseite des Modellprojekts *HEIMAT BERLIN:* Migrationsgeschichte für Kinder des Jugend Museum Schöneberg
www.heimat-berlin.info
Internetseite des Jugend Museum Schöneberg
www.jugendmuseum.de
Landesverband der Museen zu Berlin e.V.: Arbeitskreis Berliner Regionalmuseen
www.lmb.museum/de/fach-und-arbeitsgruppen/ak-berliner-regionalmuseen/
Süddeutsche Zeitung: Artikelreihe *Was ist Heimat?*
www.sueddeutsche.de/thema/Was_ist_Heimat
Internetseite der Ausstellung *VILLA GLOBAL* des Jugend Museum Schöneberg
www.villaglobal.de

Eindeutig mehrdeutig: Heimat(en) in einem Migrationsmuseum – Überlegungen zu Theorie und Praxis

Robert Fuchs/Katrin Schaumburg

Ein Blick in die deutschsprachigen Medien und politischen Debatten seit 2015 zeigt, dass wenige Themen so stark diskutiert werden wie das Thema Migration, häufig fokussiert auf aktuelle Fluchtbewegungen.[1] In diesem Zusammenhang werden zumeist Fragen nach vermeintlichen kulturellen Identitäten diskutiert, und auch der Begriff Heimat hat verstärkt Konjunktur.[2] Entgegen des Befundes, dass Migration längst unseren Alltag in vielen Facetten prägt, wird Migration dabei oft nicht als Normalfall behandelt, sondern bewusst dramatisiert oder problematisiert.[3]

Museen sind wichtige Akteure, die zum Beispiel auch mittels historischer Perspektiven einen Beitrag zur Versachlichung dieser Debatten leisten und das Thema Migration entsprechend der Realitäten der Migrationsgesellschaft[4] besetzen können.[5]

---

1 Vgl. beispielsweise zu Talkshows eine Auswertung des ARD-Magazins Monitor vom 19.01.2017: Talkshows. Bühne frei für Populisten. Ein Bericht von Georg Restle, Naima El Moussaoui und Andreas Maus, URL: https://www1.wdr.de/daserste/monitor/sendungen/talkshows-102.html, zuletzt aufgerufen am 12.07.2018.
2 Vgl. die Serie „Was ist Heimat?" in der Süddeutschen Zeitung, 2018, URL: http://www.sueddeutsche.de/thema/Was_ist_Heimat, zuletzt aufgerufen am 13.07.2018; Fratzscher, Marcel: Fratzschers Verteilungsfragen / Heimat-Begriff: Ausgrenzung ist keine Lösung, 04.05.2018, URL: https://www.zeit.de/wirtschaft/2018-05/heimat-begriff-horst-seehofer-ausgrenzung-gesellschaft-sozialpolitik, zuletzt aufgerufen am 13.07.2018; Schüle, Christian: Grenzverluste: Die Suche nach Heimat in Zeiten permanenter Migration, 13.12.2015, URL: https://www.deutschlandfunk.de/grenzverluste-die-suche-nach-heimat-in-zeiten-permanenter.1184.de.html?dram:article_id=337127, zuletzt aufgerufen am 13.07.2018.
3 Vgl. Lüthi, Barbara: Migration and Migration History. Version: 2.0, in: Docupedia-Zeitgeschichte, 06. 07.2018, URL: http://docupedia.de/zg/Luethi_migration_v2_en_2018, zuletzt aufgerufen am 08.06.2018; Hess, Sabine: Politiken der (Un-)Sichtbarmachung. Eine Kritik der Wissens- und Bilderproduktionen zu Migration, in: Yildiz, Erol/ Marc Hill (Hg.): Nach der Migration. Postmigrantische Perspektiven jenseits der Parallelgesellschaft, Bielefeld 2015, S. 49–64, hier S. 54ff; Rass, Christoph/ Ulz, Melanie (Hg.): Migration ein Bild geben. Visuelle Aushandlung von Diversität, Wiesbaden 2018.
4 Zum Terminus ‚Migrationsgesellschaft' vgl. Mecheril, Paul: Subjekt-Bildung in der Migrationsgesellschaft. In: Mecheril, Paul (Hg.): Subjektbildung. Interdisziplinäre Analysen der Migrationsgesellschaft, Bielefeld 2014, S. 12.
5 Vgl. Taylor, Mark: Museen in 25 Jahren, in: Gander, Robert et al. (Hg.): Museum und Gegenwart. Verhandlungsorte und Aktionsfelder für soziale Verantwortung und gesellschaftlichen Wandel, Bielefeld 2015, S. 85–96, hier S. 90; Elpers, Sophie/Palm, Anna : Von Grenzen und Chancen des Sammelns von Gegenwart, in: Dies. (Hg.): Musealisierung der Gegenwart, Bielefeld 2014, S. 9–28, hier S. 13–15. Für Überblicke zur Musealisierung von Migration im Allgemeinen vgl. Baur, Joachim: Die Musealisierung der Migration. Einwanderungsmuseen und die Inszenierung der multikulturellen

Heimat(en) und Identität(en). Museen im politischen Raum

Insbesondere einem Museum, das von Migration als einer der treibenden Kräfte gesellschaftlicher Entwicklungen ausgeht, kommt hierbei eine tragende Rolle zu. Das Dokumentationszentrum und Museum über die Migration in Deutschland e. V. (DOMiD) setzt sich auf dem Weg zur Realisierung eines solchen Hauses entsprechend mit Überlegungen auseinander, was die gesellschaftlichen Notwendigkeiten eines solchen Ortes sind und wie diese Bedarfe umgesetzt werden können.[6] Dabei spielen auch Fragen eine Rolle, wie Identitäts- und Heimatkonzepte erlebt, verstanden und ausgestellt werden können. Als wissenschaftliche Grundlage des aktuellen Verständnisses dienen unter anderem neueste Forschungen[7], die die Mehrdeutigkeit des Konzepts Heimat unterstreichen und die im Folgenden am Beispiel von Naika Foroutans Thesen zu Heimat- und Zugehörigkeitsempfinden skizziert werden. Sie bestätigen das, was den Alltag von Menschen mit Migrationsgeschichte schon lange prägt und bereits häufig unter anderem in künstlerischen, literarischen und/oder aktivistischen Werken thematisiert wurde: Heimat ist vielschichtig und steht in engem Bezug zur empfundenen Zugehörigkeit zu einer Gesellschaft.[8] Im nächsten Schritt erfolgt, abgeleitet aus den genannten theoretischen Ansätzen, ein Blick in die mögliche Praxis: Welche Anforderungen werden an ein modern konzipiertes Migrationsmuseum in Bezug auf Heimat gestellt? Wie kann die Darstellung von Heimat(en) darin aussehen?[9]

Nation, Bielefeld 2009; Wonisch, Regina/Hübel,Thomas(Hg.): Museum und Migration. Konzepte - Kontexte - Kontroversen, Bielefeld 2012.

6 Zur Geschichte des gemeinnützigen Vereins, der 1990 von Migranten gegründet wurde, vgl. zuletzt Fuchs, Robert/Kolb, Arnd: Am Ende des Hindernisparcours? Neue Zeiten und neue Konzepte für ein „zentrales Migrationsmuseum" in der Migrationsgesellschaft, in: IMIS-Beiträge 51/2017, S. 291–307.

7 Für Ansätze aus der Migrationsforschung vgl. Foroutan, Naika: Hybride Identitäten. Normalisierung, Konfliktfaktor und Ressource in postmigrantischen Gesellschaften, in: Brinkmann, Heinz Ulrich/Uslucan, Haci-Halil (Hg.): Dabeisein und Dazugehören. Integration in Deutschland, Wiesbaden 2013, S. 83-99; aus sozialpsychologischer Sicht vgl. beispielsweise Mitzscherlich, Beate: Heimatverlust und Wiedergewinn. Psychologische Grundlagen, in: Leidfaden. Fachmagazin für Krisen, Leid, Trauer 3/2016, 4-13; für politisch-philosophische Forschung vgl. Hemel, Ulrich/Manemann, Jürgen (Hg.): Heimat finden - Heimat erfinden: Politisch-philosophische Perspektiven, Paderborn 2017; für einen Einblick in aktuelle trans- und internationale Forschung verschiedener Disziplinen zum Thema ‚Heimat und Zugehörigkeit', inklusive eines Interviews mit Homi K. Bhabha zum Einstieg, vgl. Kläger, Florian/Stierstorfer, Klaus (Hg.): Diasporic Constructions of Home and Belonging, De Gruyter 2015.

8 Vgl. das Hip-Hop-Lied „Fremd im Eigenen Land" von Advanced Chemistry (1992, MZEE Records); Kurt, Kemal: Was ist die Mehrzahl von Heimat? Bilder eines türkisch-deutschen Doppellebens, Reinbek 1995; Theater-Produktionen des Kollektivs Label Noir, beispielsweise „Heimat, bittersüße Heimat" aus dem Jahr 2010; Oguntoye, Katharina et al. (Hg.): Farbe bekennen. Afro-deutsche Frauen auf den Spuren ihrer Geschichte, Berlin 1986.

9 Der Topos ‚Heimat' ist ein wiederkehrendes Element, der bereits in diversen Ausstellungen und Museen implizit oder seltener explizit verhandelt wurde. In diesem Aufsatz kann aus Platzgründen kein Überblick über die Ausstellungsgeschichte von ‚Migration und Heimat' gegeben werden. Stattdessen

Wie kann die bestehende, historisch gewachsene DOMiD-Sammlung dafür genutzt werden? Und wie können aktuelle Diskurse und Meinungen zum Thema Heimat und zur Migrationsgesellschaft aufgenommen werden?

Heimat(en) und Zugehörigkeit in der Migrationsgesellschaft

Was ist Heimat? Die unterschiedlichen wissenschaftlichen Disziplinen konnten noch keine einheitliche Definition dieses Begriffsfeldes erarbeiten. Einigkeit besteht darüber, dass Heimat über eine geographische Verortung hinausgeht. Während die erste Generation von Migranten, also Menschen mit eigener Migrationserfahrung, oftmals eine Verbindung zum Herkunftsort pflegen, gestaltet sich die Verknüpfung von Heimat mit diesem Ort für die folgenden Generationen häufig schwieriger.[10] Das Gefühl von Heimat beruht auf persönlichen Erfahrungen und individuellem Empfinden, die mit Gerüchen, Jahreszeiten oder auch Mitmenschen zusammenhängen können. Die Sozialwissenschaftlerin Naika Foroutan fasst zusammen: „Heimat besteht also aus Erinnerung, Gefühl und Transfer."[11] Das Konzept Heimat ist fluide, veränderbar und mobil wie die Menschen selbst. Mehr noch, Menschen können auch gar keine Heimat oder gleich mehrere haben.

In ihrem Forschungsprojekt HEYMAT[12] befasste sich Foroutan mit „hybriden europäisch-muslimischen Identitätsmodellen" in Deutschland. Aus der Untersuchung mit Einwanderern aus muslimisch geprägten Familien und ihren Nachfahren entwickelte sie in Zusammenarbeit mit weiteren Wissenschaftlern unter anderem Thesen zur Verortung von Menschen mit „Migrationshintergrund" innerhalb der deutschen Gesellschaft, die in engem Bezug zu den Konzepten Heimat und Identität stehen. Foroutan identifizierte verschiedene Typen von Heimat- und damit auch Zugehörigkeitsempfinden: Ein-, Mehr-, Kein- und Neu-Heimigkeit.[13] Dem ersten Typus entsprechen oftmals

---

wird ein eigener, konkreter Vorschlag zur Umsetzung in einem Migrationsmuseum gemacht.
10 Zu Verortungspraktiken der zweiten und dritten Generationen vgl. auch Yildiz, Erol: Postmigrantische Verortungspraktiken: Ethnische Mythen irritieren, in: Mecheril, Paul et al. (Hg.): Migrationsforschung als Kritik? Wiesbaden 2013; Yildirim, Lale: Der Diasporakomplex. Geschichtsbewusstsein und Identität bei Jugendlichen mit türkeibezogenem Migrationshintergrund der dritten Generation. Bielefeld 2018.
11 Interview mit Naika Foroutan, Mediendienst Integration vom 08.03.2018, URL: https://mediendienst-integration.de/artikel/heimat-heimatministerium-einwanderer-einwanderung-deutschland-naika-foroutan-integration-migration.html, zuletzt aufgerufen am 11.07.2018.
12 Der Titel des Projekts ist eine Anlehnung an den Untertitel „Hybride europäisch-muslimische Identitätsmodelle" und spielt zudem mit dem deutschen Wort ‚Heimat' durch das Ersetzen des ‚I' mit einem ‚Y'. Das Ypsilon soll dabei auf die Fluidität und Hybridität des Konzepts Heimat hinweisen (vgl. Interview, Mediendienst Migration vom 08.03.2018).
13 Für den folgenden Abschnitt vgl. Foroutan, 2013, hier insbesondere S. 92ff.

Migranten der ersten Generation, die sich stärker mit ihrem Herkunftsland als mit Deutschland identifizieren, wenn auch mitunter mit einer gewissen „zwar – aber"-Erklärung, beispielsweise: „Ich besitze zwar die deutsche Staatsangehörigkeit, aber ich bin Italienerin." Diese recht eindeutige Selbstverortung, die meist an nationale Grenzen und Zugehörigkeiten anknüpft, nennt Foroutan Ein-Heimigkeit. Unter der zweiten Generation ist die sogenannte Mehr-Heimigkeit verbreitet, die Bezüge zu mehreren Orten (oder Nationalitäten) zulässt. An die Stelle des „zwar – aber" tritt ein „sowohl – als auch". Quasi im Gegensatz zur Mehr-Heimigkeit steht die Kein-Heimigkeit. Diese empfinden, so Foroutan, vor allem Mitglieder der zweiten und dritten Generationen, wenn sie ausschließlich im deutschen Herkunftskontext sozialisiert wurden und keinen Bezug zum Herkunftsort der Eltern bzw. Elternteile haben, jedoch von außen kontinuierlich das Gefühl vermittelt bekommen, dass Deutschland nicht der Ort ihrer Zugehörigkeit ist. Foroutan nennt als häufige Beispiele dieses Typus' „Afro-Deutsche"[14], die ohne Bezug zum afro-deutschen Elternteil aufgewachsen sind, oder Kinder Geflüchteter, die das Herkunftsland der Eltern nie betreten haben. Als vierten Typus sieht Foroutan die Neu-Heimigen oder auch Weltbürger: „Sie handeln für sich eigene, individuelle Zugehörigkeitskriterien aus und entwickeln eine Abwehr gegen jede Form von Kennzeichnung bzw. Markierung von außen."[15] Mit ihrer über nationalen Identifikation treten sie in der zunehmend transkulturellen, globalisierten Welt jeglicher Zuschreibung von außen entgegen. Wo sich jemand „heimisch" fühlt, hängt also eng mit dem Empfinden und/oder einer bewussten Entscheidung zusammen, wohin man „gehört" oder auch nicht. Dies wird maßgeblich davon beeinflusst, ob sich eine Person in einem spezifischen Kontext erwünscht, respektiert und gehört fühlt.

Kritisch ist in diesem Zusammenhang der Begriff „Migrationshintergrund" zu erwähnen. Das Statistische Bundesamt hat eine Definition aufgestellt, die, in Kürze gesagt, Menschen umfasst, die selbst nach Deutschland eingewandert sind, sowie auch jene, die direkte Nachfahren der Einwanderer sind.[16] Im alltäglichen Sprachgebrauch

---

14 Foroutan, 2013, S. 94. Zur Begriffsgeschichte „Afrodeutsche" vgl. Eggers, Maureen Maisha/Ani, Ekpenyong: Afrodeutsch / Afrodeutsche_r, in: Arndt, Susan/Ofuatey-Alazard, Nadja (Hg.): Wie Rassismus aus Wörtern spricht. Münster 2011, S. 577-579.
15 Foroutan, 2013, S. 94.
16 Die offizielle Definition lautet: „Eine Person hat einen Migrationshintergrund, wenn sie selbst oder mindestens ein Elternteil die deutsche Staatsangehörigkeit nicht durch Geburt besitzt." Die Definition umfasst im Einzelnen folgende Personen: 1. zugewanderte und nicht zugewanderte Ausländer; 2. zugewanderte und nicht zugewanderte Eingebürgerte; 3. (Spät-)Aussiedler; 4. mit deutscher Staatsangehörigkeit geborene Nachkommen der drei zuvor genannten Gruppen." (Bevölkerung und Erwerbstätigkeit. Bevölkerung mit Migrationshintergrund – Ergebnisse des Mikrozensus 2016.

subsummiert der Begriff häufig darüber hinaus all diejenigen – unabhängig davon, ob sie einen deutschen Pass besitzen oder nicht –, die nicht so recht „deutsch" zu sein scheinen und deshalb nicht dazugehören.[17] Besonders die Generationen, die das Label „Migrationshintergrund" zugeschrieben bekommen, obwohl sie selbst keine Einwanderungserfahrung erlebt haben (und das sind ein Drittel der Menschen mit dem sogenannten Migrationshintergrund)[18], erhalten auf diese Weise von außen eine Differenzmarkierung. Die Abgrenzung zu einem „Deutsch-Sein" wird dabei meist zunächst anhand äußerer Merkmale vorgenommen, wie Namen, Aussehen oder Sprache. Ein „Mensch mit Migrationshintergrund" zu sein, bedeutet die unweigerliche Konfrontation mit Fragen, die zentral für die eigene Identität sind: „Was bin ich?" „Wo gehöre ich hin?" „Wie verorte ich mich in der Gesellschaft?". Viele jüngere Generationen erfahren zudem eine „doppelte Differenzerfahrung"[19], da sie weder in dem Land, in dem sie leben, noch in dem Land, das als ihr Herkunftsland bezeichnet wird, als Teil der Gesellschaft anerkannt werden.[20] Foroutan konstatiert in diesem Zusammenhang, dass die Frage nach dem „Was bin ich?" „über-relevant"[21] wird, weil der Mensch zur ständigen Thematisierung seiner eigenen Identität gezwungen wird.

Das Labeln von Menschen mit „Migrationshintergrund" und die damit verbundene Aus- oder Abgrenzung erlaubt nicht nur Rückschlüsse auf die Problematik, die die betroffenen Personen erleben. Sie ermöglicht auch Erkenntnisse über diejenigen, die versuchen, sie in ein System einzuordnen, das „Einheitlichkeit als Maß der Normalität"[22] versteht. Vielfalt und das Abweichen von einer vermeintlichen Norm irritiert diejenigen, die davon ausgehen, dass singuläre, homogene Identitäten existieren, die sich an nationalen und/oder ethnischen Grenzen orientieren. Von außen Kommende und ihre Nachfahren sollen sich, so die Forderung, nach einer gewissen Zeit in diese vermeintlich homogene Gesellschaft integrieren (vor allem im Sinne von ‚Assimilieren'). Auf diese Weise werden Menschen zu Außenseitern gemacht, deren Status undefiniert und in der öffentlichen Wahrnehmung unterrepräsentiert bleibt. Sie

---

Fachserie 1 Reihe 2.2, Statistisches Bundesamt (Destatis), 2017, S. 4.

17 Zur Kritik am Begriff Migrationshintergrund vgl. Utlu, Deniz: Migrationshintergrund. Ein metaphernkritischer Kommentar, in: Arndt/Ofuatey-Alazard, 2011, S. 445-448.

18 Foroutan, Naika (2010a): Neue Deutsche, Postmigranten und Bindungs-Identitäten. Wer gehört zum neuen Deutschland? in: Aus Politik und Zeitgeschichte (APuZ), 46-47/2010, S. 9-15, hier S. 10.

19 Foroutan, Naika (2010b): Deutsch-Sein in der Einwanderungsgesellschaft, in: iaf informationen, Gefühlte und gelebte gesellschaftliche Realitäten, Ausgabe 2/2010, S. 6-9, hier S. 7.

20 Vgl. Foroutan, 2013, S. 92.

21 Foroutan, 2013, S. 92.

22 Foroutan, 2010b, S. 8.

erscheinen als „Abweichung von der 'hiesigen Normalität'"[23]. Dabei sind die deutsche Gesellschaft und ihre Geschichte seit jeher von Migration geprägt. Nicht Einheitlichkeit, sondern Heterogenität sollte Maß der „Normalität" sein. Heute hat jede/r Fünfte in der Bevölkerung einen sogenannten Migrationshintergrund; unter den unter Fünfjährigen sind es knapp 40%.[24] „Vielheit ist kein lästiges importiertes Problem, sondern schlicht die Ausgangslage, die es zu gestalten gilt"[25], stellt Migrationsforscher Mark Terkessidis fest. Das Ziel sollte in der Konsequenz sein, diese „Vielheit" anzuerkennen und mit ihr statt gegen sie zu arbeiten, also nicht Vereinheitlichung anzustreben, sondern einen Ort zu schaffen, an dem Vielheit repräsentiert und verhandelt werden kann. Auf diesem Weg können auch Ergebnisse der Migrationsforschung in öffentliche Diskussionen einfließen, um eine wichtige Brücke zwischen Theorie und Praxis zu schlagen.

Heimat(en) in der musealen Praxis

Museen können eben solche Orte des öffentlichen Diskurses sein. Ein Museum, das sich dieser „Vielheit" widmet, könnte die Möglichkeit bieten, ein neues multiperspektivisches Geschichtsnarrativ zu entwickeln, das die Realitäten der Migrationsgesellschaft abbildet und die Teilhabe möglichst vieler Menschen an der gemeinsamen Geschichte und Gegenwart zulässt. Denn nur wer Teilhabe an beiden hat, kann auch ein Gefühl der Zugehörigkeit entwickeln.[26]

Ausgehend von der Gegenwart unter ständigem Rückbezug auf gemeinsame Geschichte(n) muss in einem solchen Haus die Vielfalt und Heterogenität in der Gesellschaft anerkannt bzw. präsentiert werden. Dies bietet die Möglichkeit, die Migrationsgesellschaft zu entdecken, zu verstehen und sich selbst darin zu verorten. Das Konzept des von DOMiD geplanten Museums geht konsequenterweise nicht von einer homogenen Identität einer Nation und von Sesshaftigkeit als Normalität aus, sondern von Migration als „gesellschaftsbewegende[r] und gesellschaftsbildende[r] Kraft"[27]. „Geschichte aus der Perspektive und Erfahrung von Migration zu erzählen

---

23 Yildiz, Erol: Die weltoffene Stadt, Bielefeld 2013, S. 56.
24 Vgl. Bevölkerung und Erwerbstätigkeit. Bevölkerung mit Migrationshintergrund – Ergebnisse des Mikrozensus 2016. Fachserie 1 Reihe 2.2, Statistisches Bundesamt (Destatis), 2017, S. 4.
25 Terkessidis, Mark: Interkultur. Frankfurt 2010, S. 12.
26 Hier besteht noch immer ein Defizit in der deutschen Museumslandschaft bzw. in der Erinnerungskultur. Vgl. mit weiteren Literaturangaben Fuchs/Kolb, 2017, S. 292–296.
27 Yildiz, Erol: Postmigrantische Perspektiven. Aufbruch in eine neue Geschichtlichkeit. In: Yildiz und Hill, 2015, S. 21; vgl. auch Bayer, Natalie: Post the museum! Anmerkungen zur Migrationsdebatte und Museumspraxis, in: Elpers, Sophie/Palm, Anna (Hg.): Die Musealisierung der Gegenwart. Bielefeld 2014, S. 63-83, hier insbesondere S. 80f.

und dabei marginalisierte Wissensarten sichtbar zu machen"[28], wie Erol Yildiz formuliert, muss dabei eine zentrale Rolle spielen. Das Haus soll damit eine doppelte Repräsentationsfunktion übernehmen, d.h. die symbolisch-öffentliche Anerkennung, dass Deutschland ein Einwanderungsland ist sowie die Sichtbarmachung und Würdigung der Migranten als aktiven Teil der Gesellschaft und ihrer Geschichte(n). Letztlich geht es um die Auflösung der Die-Wir-Dichotomie sowie die Entdramatisierung von Migration.

Wie muss ein solches Museum konzeptionell ausgestaltet sein, um der gesamtgesellschaftlichen Relevanz gerecht zu werden und die oben genannten Bedarfe zu erfüllen?[29] Wie können Themen wie Identität(en) oder Heimat(en) adäquat vermittelt werden?

Die folgenden Ausführungen zur möglichen Umsetzung in einem „Migrationsmuseum"[30] basieren auf Vorschlägen aus einer Machbarkeitsstudie, die 2016 von DOMiD in Auftrag gegeben wurde.[31] Sie sind erste Ideen bzw. zeigen exemplarisch Optionen auf, die in der Realisierungsphase noch ausgearbeitet werden müssen.[32]

Ausgangspunkt eines solchen Migrationsmuseums ist die Gegenwart.[33] Es behandelt zentrale Fragen des Zusammenlebens: Wie leben wir heute in der Gesellschaft

---

28 Yildiz, 2015, S. 21.
29 Für Überblicke zu ausgewählten Ausstellungsprojekten zum Thema Migration seit 1990 vgl. Toepper, Marie: Temporäre Ausstellungen als Triebkräfte der Musealisierung von Migration in Deutschland seit 1990, in: IMIS-Beiträge 51/2017, S. 17–42; Bayer, 2014; Osses, Dietmar: Perspektiven der Migrationsgeschichte in deutschen Ausstellungen und Museen, in: Wonisch/Hübel, 2012, S. 69-87.
30 Bei dem Begriff „Migrationsmuseum" handelt es sich um einen Arbeitstitel.
31 Die Studie wurde durch das Ministerium für Kinder, Familie, Flüchtlinge und Integration des Landes Nordrhein-Westfalen (MKFFI) und die NRW-Stiftung finanziert. Die Landesregierung NRW hat das Projekt Migrationsmuseum 2017 in ihren Koalitionsvertrag aufgenommen und die Stadt Köln setzt sich per Ratsbeschluss für eine Ansiedlung in der Stadt ein. Wichtige inhaltliche Aspekte der Machbarkeitsstudie sind veröffentlicht bei Fuchs/Kolb, 2017 sowie zusammengefasst in einer Broschüre (URL: https://www.domid.org/sites/default/files/broschuere_migrationsmuseum.pdf, zuletzt aufgerufen am 15.07.2018).
32 Da Teilhabe sich nicht nur auf die inhaltliche Repräsentation bezieht, sondern auch auf die Beteiligung am Konzeptionsprozess und im laufenden Betrieb, stellt Partizipation einen zentralen Punkt in der Realisierungsphase dar. Zu DOMiDs Strategien bzgl. Partizipation vgl. Vacca, Sandra: Auf der Suche nach Expert_innen der Migration: Wissenstransfers und Konzepte partizipativer Ausstellungsgestaltung in Deutschland und Großbritannien, in: IMIS-Beiträge 51/2017, S. 219-243, hier insbesondere S. 221ff. Zu Partizipation und Sammeln im Besonderen vgl. Bluche, Lorraine/Miera, Frauke: Partizipatives Sammeln in der Einwanderungsgesellschaft, in: Bluche, Lorraine et al. (Hg.): NeuZugänge. Museen, Sammlungen und Migration. Bielefeld 2013, S. 23-38.
33 Für das geplante Haus ergibt sich daraus ein zeitlicher Rahmen von 1945 bis in die Gegenwart. Räumlich wird die Migration in der BRD und der ehemaligen DDR in den Fokus genommen, wobei auch transnationale Aspekte eine Rolle spielen.

zusammen? Wie wurde und wird diese durch Migration geprägt? Wie soll das zukünftige Zusammenleben aussehen? Diese Fragestellungen führen auf die Überlegung hin, welche zentralen Aspekte, Kategorien, Begriffe oder Konzepte die Gesellschaft mit Blick auf Migration gegenwärtig beschäftigen. Dazu zählen z.B. ‚Nation', ‚Fremdheit', ‚Grenze', ‚Wandel' und eben auch ‚Identität'. Diese Konzepte gilt es aus möglichst vielen Blickwinkeln zu beleuchten, zu hinterfragen und zu dekonstruieren. Dabei steht Migration nicht als spezifisches Thema im Fokus, sondern wird in übergeordneten „Konzepträumen" wie ein Leitmotiv verwoben.[34] Heimat als mögliches Unterthema hat beispielsweise, wie oben skizziert, deutliche Bezugspunkte zu unterschiedlichen Konzepten wie ‚Nation', ‚Grenze', ‚Fremdheit' und ‚Wandel'.[35]

Im Folgenden wird aufgezeigt, wie der Begriff Heimat exemplarisch innerhalb des Konzeptraums ‚Identität'[36] als eigenständiger Themenbereich in seinen unterschiedlichen, ineinandergreifenden Facetten verhandelt werden kann (s. Abb. 1). Dies wird anhand von beispielhaften Objekten und Geschichten aus der DOMiD-Sammlung konkretisiert.

Abb. 1: Räumlicher Einblick in den Entwurf des Konzeptraums ‚Identität'
© Krafthaus Das Atelier von facts and fiction

---

[34] Der Begriff ‚Konzepträume' und auch die Titulierung derselben sind Arbeitstitel.
[35] Hier wird deutlich, dass die Konzepträume auch untereinander verzahnt sind und im Zusammenspiel ein Ganzes ergeben.
[36] Im Konzeptraum ‚Identität' soll die multiple Zusammensetzung und die Konstruktion von Identität(en) aufgezeigt werden. Die Besucher können auf diese Weise unter anderem ihre eigenen Wahrnehmungen und Identitätsvorstellungen hinterfragen und erfahren, dass diese nicht statisch sind und die Herkunft nur eine Rolle unter vielen spielt. Zudem kann hier der Zusammenhang zwischen Gruppenzugehörigkeit bzw. -zuschreibung sowie -abgrenzung und Identitätsvorstellungen aufgegriffen werden.

Der erste Bereich befasst sich mit der Subjektivität von Heimat(en) im Gegensatz zur vermeintlich objektiven Herkunft.[37] Wörterbucheinträge anderer Sprachen, die keine direkte inhaltliche Übersetzung für den Begriff Heimat kennen, können beispielsweise zeigen, wie das Konzept ‚Heimat' auf linguistischer Ebene in anderen Kontexten umschrieben wird oder eine andere Bedeutung hat. Zitate und Texttafeln können genutzt werden, um in die Diskussion um den Heimatbegriff und die Identitätspolitik in Deutschland einzuführen, was aber auch beispielsweise im Konzeptraum ‚Nation' denkbar wäre.

In einer weiteren Abteilung wird die Bedeutung von regionaler Herkunft anhand von Exponaten aus der DOMiD-Sammlung und Hintergrundinformationen zur Objektgeschichte und zu den Biografien der Leihgeber veranschaulicht. Der Bezug der Objekte untereinander, auf verschiedene zeitliche Kontexte und unterschiedliche Facetten von Migration kann dazu verhelfen, die Wir-Die-Dichotomie aufzulösen und Migration als Normalfall darstellen. Zur Thematisierung von territorialer Ein-Heimigkeit, die oft an regionale Herkunft oder Sozialisation anknüpft, eignet sich zum Beispiel eine Sammlung von Plaketten, die auf den jährlichen Treffen eines Vereins von sogenannten Heimatvertriebenen verteilt wurden (s. Abb. 2). Sie gehörten einer Frau, die als Deutsche in der Folge des Zweiten Weltkriegs 1946 mit 19 Jahren ihren Geburtsort Kraslice in Tschechien verlassen musste und mit ihren Eltern nach Westdeutschland kam. Sie und ihre Eltern dachten – wie viele andere „Heimatvertriebene" – noch lange, dass sie wieder zurückkehren würden. Zeit ihres Lebens bildete ihr Geburtsort für sie einen zentralen Referenzpunkt der eigenen Identität. Die Tochter fuhr zu den jährlichen Treffen, baute neue Kontakte in ihrem Geburtsort auf und dokumentierte fotografisch die Entwicklung ihres Geburtshauses.

Abb. 2: Plakette zum 13. Graslitzer
Heimatkreis-Treffens in Aschaffenburg 1984
DOMiD-Archiv, Köln

---

37 Die Herkunftsbezeichnung sagt nicht zwangsläufig etwas darüber aus, wie eine Person sich selber verortet. Jemand der aus Deutschland kommt, kann sich primär als Bayer, ein Italiener als Sarde oder ein türkischer Staatsbürger als Kurde sehen.

Ein weiteres Exponat, das Ein-Heimigkeit veranschaulicht und zudem intergenerationelle Verflechtungen und Auseinandersetzungen verdeutlicht, ist das Miniaturmodell des nordgriechischen Dorfs Ptelea. Dieses fertigte ein in Griechenland geborener Mann, der 1949 nach Deutschland kam, für einen Dokumentarfilm seiner Tochter an. Für den Film „Passing DRAMA" von 1999 spürte die Filmemacherin Angela Melitopoulos der eigenen Familiengeschichte sowie im größeren Kontext Flucht und Zwangsarbeit nach dem Ersten Weltkrieg nach.[38] Angeregt durch die Erinnerungsaufarbeitung mit seiner Tochter stellte der Vater in Kleinstarbeit den Ort, den er als Heimat bezeichnete, so als Miniatur her, wie er ihn erinnerte. Sein Werk erzählt mittels eingearbeiteter biografischer Notizen von seiner Fluchtgeschichte und von der Erinnerung an seine Heimat.

Abb. 3: Modell einer Karavelle, ca. Mitte des 20. Jahrhunderts
DOMiD-Archiv, Köln

---

[38] Für mehr Informationen zum Film „Passing DRAMA" vgl. Karentzos, Alexandra: Weben und Verweben. Zur Ästhetik der Migration in Angela Melitopoulos' Video ‚Passing DRAMA', in: IMIS-Beiträge 46/2015, S. 21-33.

Diese Auseinandersetzung der zweiten Generation mit der eigenen Familienbiografie und Herkunft kann als thematische Annäherung an das Konzept der „Mehr-Heimigkeit", das in der nächsten Abteilung vorgestellt und definiert wird, dienen. Sie behandelt multilokale Lebensentwürfe, für die die regionale Verankerung eine untergeordnete Rolle spielt. Neben der Perspektive der zweiten und dritten Generationen müssen hier unter anderem auch hoch qualifizierte und mobile Arbeitskräfte und die nach Foroutan „Kein-Heimigen" oder „Neu-Heimigen" zu Wort kommen. Die Miniatur einer Karavelle aus der DOMID-Sammlung ist eines der Objekte, die eine solche Geschichte erzählen können (s. Abb. 3). Sie gehörte einem Portugiesen, der eigentlich Schiffsbau studieren wollte, dann aber als Arbeitsmigrant in den 1960er Jahren nach Deutschland ging. Seine Mutter schenkte ihm das Schiffsmodell, um ihn an seinen „großen Traum" zu erinnern und ihn damit zur Rückkehr zu bewegen. Ihr Sohn blieb jedoch und kehrte erst nach seiner Verrentung nach Portugal zurück. Als er hörte, dass seine Nichte 2007 ebenfalls nach Deutschland migrierte, gab er ihr dieses für ihn kostbare Gut mit auf die Reise, um auch sie an eine baldige Rückkehr zu erinnern. Die Nichte folgte nach dem Studium ihrer Liebe zu einem Schwaben und ging nach Deutschland, wo sie zunächst arbeitete. Später ging es dann beruflich nach Polen, wo das Paar heiratete. Heute ist sie als Abteilungsleiterin eines Großkonzerns in Brasilien tätig. Ihr Mann und die gemeinsame Tochter begleiteten sie hierhin. Die Karavelle erinnert die Frau an eine für sie wichtige Heimat, nämlich den Ort, an dem sie ihre Kindheit und Jugend verbracht hat. Daneben bezeichnet sie jedoch auch jeden Ort als Heimat, an dem sie zusammen mit ihrem Mann und ihrer Tochter lebt. Erzählungen wie diese können transnationale Lebenswege und -stile in einer globalisierten Welt und die Bedeutungen von „Mehr-Heimigkeit", „Kein-Heimigkeit" und „Neu-Heimigkeit" verdeutlichen.

Wichtige Aspekte im Themenbereich Heimat sollten außerdem die Verwendung des Heimatbegriffs als politischem Kampfbegriff und der Widerstand gegen die Vereinnahmung im Wandel der Zeit sein. Plakate, Zeitungsschlagzeilen und Ausschnitte von politischen Diskussionen sowie aus digitalen Medien sind Zeugen dieser Instrumentalisierung und kritischen Stimmen. Anschauliche Beispiele reichen von Demonstrationen von „Heimatvertriebenen" für „Ein Recht auf Heimat" bis zur Kampagne „Solidarität statt Heimat".[39]

So könnte der Begriff und der Diskurs um Heimat(en) dekonstruiert und (historisch)

---

39 Im Jahr 1966 demonstrierten Mitglieder des Bundes der Vertriebenen in Bonn für das sogenannte Recht auf Heimat. Mehr als 70.000 Menschen nahmen teil. Vgl. „Solidarität statt Heimat": https://solidaritaet-statt-heimat.kritnet.org/ zuletzt aufgerufen am 25.07.2018.

eingeordnet werden. Ziel ist, die Vorstellung homogener Bezugsgruppen infrage zu stellen und aufzuzeigen, dass die in den Konzepträumen behandelten Themen alle Menschen betreffen. Die Vielzahl der Beispiele brechen Dichotomien wie „Wir und die Anderen" auf und entdramatisieren heutige Migrationsdebatten über das Aufzeigen historischer Entwicklungen. Die Objekte, Interviews und Fotografien aus der DOMiD-Sammlung erlauben, die mitunter komplexen Sachverhalte für Besucher niederschwellig zu veranschaulichen, zu übersetzen und sie individuell nachvollziehbar werden zu lassen, ohne ein ‚Richtig' und ‚Falsch' vorzugeben.

Die Vermittlung der unterschiedlichen Perspektiven und der Gegenwartsbezug können nur durch eine entsprechende Sammlung erfolgen. DOMiD trägt seit 1990 historische Zeugnisse zusammen. Die Sammlung umfasst mittlerweile über 150.000 Objekte, Dokumente, Interviews, Fotos etc. aus West- und Ostdeutschland von 1945 bis in Gegenwart und wird kontinuierlich erweitert. Der Ansatz war dabei schon immer, auf Menschen zuzugehen, sie in ihrem Umfeld zu befragen, ihre eigene Geschichte erzählen zu lassen und langfristige Kontakte zu pflegen. Aus dem Anspruch, die aktuelle Migrationsgesellschaft abzubilden, ergibt sich die Notwendigkeit, Gegenwartsbezüge herzustellen und auch Menschen, die bisher nicht erreicht wurden oder sich aus verschiedenen Gründen nicht angesprochen gefühlt haben, anzusprechen. Über die bisherige und weiter verfolgte Sammlungstätigkeit hinaus erlaubt das von der Integrationsbeauftragten der Bundesregierung für Migration, Flüchtlinge und Integration geförderte Projekt „Gemeinsam unterwegs? Geschichte(n) der Migrationsgesellschaft" einen flächendeckenden Weg in die bundesweite Gesellschaft hinein, auf dem die Menschen in ihren Wohnorten angesprochen und zum Austausch eingeladen werden. Auf diese Weise können auch Stimmen zu aktuellen Fragen von Identität(en) und Heimat(en) in der Migrationsgesellschaft gesammelt werden.[40]

Ab dem Frühjahr 2019 wird ein Projektteam von DOMiD durch die Republik reisen und das Thema Migration auf öffentliche Plätze tragen.[41] Dabei liefert das Team historische Informationen und bietet zugleich Räume für Begegnungen. Durch verschiedene mobile Elemente sollen unterschiedliche Zielgruppen angesprochen werden. Tafeln zur Geschichte der Migrationsgesellschaft mit Texten, Fotos und

---

40 Als ein aktuelles Projekt zur Sammlung von gegenwärtigen Stimmen zum Thema Heimat ist der Aufruf „Gib uns deine Heimat!" unter der Frage „Was ist Heimat für dich?" des Berliner Museums für Europäische Kulturen zu nennen. Vgl. Schühle, Judith: Gib uns Deine Heimat! Wie das Museum Europäischer Kulturen Heimaten sammelt, URL: http://blog.smb.museum/gib-uns-deine-heimat-wie-das-museum-europaeischer-kulturen-heimaten-sammelt/ zuletzt aufgerufen am 31.07.2018.

41 Vgl. die Webseite www.meinwanderungsland.de. Neben den hier skizzierten Reisetätigkeiten sind weitere Formate wie Workshops und an den einzelnen Tour-Stationen transkulturelle Stadtrundgänge und andere Veranstaltungen, jeweils gemeinsam mit lokalen Kooperationspartnern, geplant.

Grafiken bieten Basisinformationen für Besucher, die sich einen inhaltlichen Überblick verschaffen möchten. Zudem können die Besucher an verschiedenen Stationen Objekte, Fotos sowie Interviews und Musik entdecken. Ein weiteres Element lädt zum Verweilen und Austausch ein: An einem Tisch können Passanten Platz nehmen, Tee oder Kaffee trinken und weitere Objekte entdecken, die wiederum Geschichten der Migrationsgesellschaft erzählen oder zum Erzählen anregen. Ein für die Sammlungstätigkeit relevantes und partizipatives Tool bildet eine Foto- und Filmbox, in der Menschen mit und ohne eigene Migrationserfahrung ihre Geschichten und Perspektiven zum „Meinwanderungsland" dokumentieren. Unter dem Hashtag #Meinwanderungsland sammelt und teilt das Projekt während der Tour individuelle, persönliche Geschichten.[42] Im besten Fall inspiriert durch die Geschichten und Gespräche, die an den Stationen der bundesweiten Tour angeregt werden, können sie sich mit einem mitgebrachten Objekt filmen oder fotografieren lassen und kommentieren dies mit einem kurzen Text. Diese Fotos und Filme können direkt in den Social-Media-Kanälen mit dem Hashtag #Meinwanderungsland gepostet werden, sodass die Geschichten von den analogen Plätzen direkt im digitalen Raum sichtbar werden und zur weiteren, virtuellen Partizipation anregt. Wenn Interesse besteht, die Objekte auch als Schenkung oder Leihgabe in die Sammlung zu übergeben oder ausführlicher zu berichten, können im Nachgang tiefergehende Interviews geführt werden. Die unterschiedlichen Perspektiven und Geschichten zu zentralen Facetten oder Fragen mit Bezug auf das Thema Migration und die Migrationsgesellschaft können dann an dem geplanten Migrationsmuseum miteinander verknüpft werden und die bereits existierenden Sammlungsinhalte ergänzen.

Durch einen solchen Ansatz, der eine kritische Auseinandersetzung, Diskussion, Partizipation und das Sammeln einer Vielzahl von Stimmen in den Vordergrund stellt, scheint es möglich, Themen wie Heimat und Identität multiperspektivisch zu behandeln. Konzepte werden nicht einheitlich „für alle" definiert, sondern von allen Seiten mittels der Teilnahme der Menschen, die sie betreffen, beleuchtet. Dies entspricht nicht nur dem heutigen Stand der wissenschaftlichen Forschung, die die Komplexität von Konzepten wie Heimat und Identität längst erkannt hat, sondern ermöglicht im besten Fall gleichzeitig, dass möglichst viele Menschen der Migrationsgesellschaft Anknüpfungspunkte finden und diese Anschlussfähigkeit dazu verhilft, sich selbst in der Gesellschaft und ihrer Geschichte zu verorten, ohne sich ausgeschlossen zu

---

42 Der Begriff Meinwanderungsland deutet an, dass ‚Einwanderungsland', oft als abstraktes Konzept in politischen Debatten verwendet, alle Menschen der Gesellschaft inkludiert. Die Kombination von ‚Mein' und ‚Einwanderungsland' soll zusätzlich eine affektive Verbindung zu diesem Begriff ermöglichen – von Menschen mit und ohne Migrationshintergrund.

fühlen. Im besten Fall entsteht auf diese Weise ein Ort, an dem Migration entdramatisiert und von der Gesellschaft in einem offenen, möglichst viele Menschen einschließenden Diskurs verhandelt werden kann.

LITERATUR

Baur, Joachim: Die Musealisierung der Migration. Einwanderungsmuseen und die Inszenierung der multikulturellen Nation, Bielefeld 2009.
Bayer, Natalie: Post the museum! Anmerkungen zur Migrationsdebatte und Museumspraxis, in: Elpers, Sophie/Palm, Anna (Hg.): Die Musealisierung der Gegenwart, Bielefeld 2014.
Bluche, Lorraine/Miera, Frauke: Partizipatives Sammeln in der Einwanderungsgesellschaft, in: Bluche, Lorraine et al. (Hg.): NeuZugänge. Museen, Sammlungen und Migration, Bielefeld 2013.
Eggers, Maureen Maisha/Ani, Ekpenyong: Afrodeutsch / Afrodeutsche_r, in: Arndt, Susan/Ofuatey-Alazard, Nadja (Hg.): Wie Rassismus aus Wörtern spricht, Münster 2011.
Elpers, Sophie/Palm, Anna: Von Grenzen und Chancen des Sammelns von Gegenwart, in: Dies. (Hg.): Musealisierung der Gegenwart, Bielefeld 2014.
Foroutan, Naika (2010a): Neue Deutsche, Postmigranten und Bindungs-Identitäten. Wer gehört zum neuen Deutschland? In: Aus Politik und Zeitgeschichte (APuZ), 46-47/2010.
Foroutan, Naika (2010b): Deutsch-Sein in der Einwanderungsgesellschaft, in: iaf informationen, Gefühlte und gelebte gesellschaftliche Realitäten, Ausgabe 2/2010.
Foroutan, Naika: Hybride Identitäten. Normalisierung, Konfliktfaktor und Ressource in postmigrantischen Gesellschaften, in: Brinkmann, Heinz Ulrich/Uslucan, Haci-Halil (Hg.): Dabeisein und Dazugehören. Integration in Deutschland, Wiesbaden 2013.
Fratzscher, Marcel: Fratzschers Verteilungsfragen / Heimat-Begriff: Ausgrenzung ist keine Lösung, 04.05.2018, URL: https://www.zeit.de/wirtschaft/2018-05/heimat-begriff-horst-seehofer-ausgrenzung-gesellschaft-sozialpolitik.
Fuchs, Robert/Kolb, Arnd: Am Ende des Hindernisparcours? Neue Zeiten und neue Konzepte für ein „zentrales Migrationsmuseum" in der Migrationsgesellschaft, in: IMIS-Beiträge 51/2017.
Hess, Sabine: Politiken der (Un-)Sichtbarmachung. Eine Kritik der Wissens- und Bilderproduktionen zu Migration, in: Yildiz, Erol/Hill, Marc (Hg.): Nach der Migration. Postmigrantische Perspektiven jenseits der Parallelgesellschaft, Bielefeld 2015.
Karentzos, Alexandra: Weben und Verweben. Zur Ästhetik der Migration in Angela Melitopoulos' Video „Passing DRAMA", in: IMIS-Beiträge 46/2015.
Kläger, Florian/Stierstorfer, Klaus (Hg.): Diasporic Constructions of Home and Belonging, De Gruyter 2015.
Kurt, Kemal: Was ist die Mehrzahl von Heimat? Bilder eines türkisch-deutschen Doppellebens, Reinbek 1995.
Lüthi, Barbara: Migration and Migration History. Version: 2.0, in: Docupedia-Zeitgeschichte, 06.07.2018, URL: http://docupedia.de/zg/Luethi_migration_v2_en_2018.
Mecheril, Paul: Subjekt-Bildung in der Migrationsgesellschaft, in: Mecheril, Paul (Hg.): Subjektbildung. Interdisziplinäre Analysen der Migrationsgesellschaft, Bielefeld 2014.

Mitzscherlich, Beate: Heimatverlust und Wiedergewinn. Psychologische Grundlagen, in: Leidfaden. Fachmagazin für Krisen, Leid, Trauer 3/2016, 4-13.
Oguntoye, Katharina et al. (Hg.): Farbe bekennen. Afro-deutsche Frauen auf den Spuren ihrer Geschichte, Berlin 1986.
Osses, Dietmar: Perspektiven der Migrationsgeschichte in deutschen Ausstellungen und Museen, in: Wonisch, Regina/Hübel,Thomas (Hg.): Museum und Migration. Konzepte - Kontexte - Kontroversen, Bielefeld 2012.
Rass, Christoph/Ulz, Melanie (Hg.): Migration ein Bild geben. Visuelle Aushandlung von Diversität, Wiesbaden 2018.
Schühle, Judith: Gib uns Deine Heimat! Wie das Museum Europäischer Kulturen Heimaten sammelt, URL: http://blog.smb.museum/gib-uns-deine-heimat-wie-das-museum-europaeischer-kulturen-heimaten-sammelt/.
Schüle, Christian: Grenzverluste: Die Suche nach Heimat in Zeiten permanenter Migration, 13.12.2015, URL: https://www.deutschlandfunk.de/grenzverluste-die-suche-nach-heimat-in-zeiten-permanenter.1184.de.html?dram:article_id=337127.
Taylor, Mark: Museen in 25 Jahren, in: Gander, Robert et al. (Hg.): Museum und Gegenwart. Verhandlungsorte und Aktionsfelder für soziale Verantwortung und gesellschaftlichen Wandel, Bielefeld 2015.
Terkessidis, Mark: Interkultur, Frankfurt am Main 2010.
Toepper, Marie: Temporäre Ausstellungen als Triebkräfte der Musealisierung von Migration in Deutschland seit 1990, in: IMIS-Beiträge 51/2017.
Utlu, Deniz: Migrationshintergrund. Ein metaphernkritischer Kommentar, in: Arndt, Susan/Ofuatey-Alazard, Nadja (Hg.): Wie Rassismus aus Wörtern spricht, Münster 2011.
Vacca, Sandra: Auf der Suche nach Expert_innen der Migration: Wissenstransfers und Konzepte partizipativer Ausstellungsgestaltung in Deutschland und Großbritannien, in: IMIS-Beiträge 51/2017.
Wonisch, Regina/Hübel,Thomas (Hg.): Museum und Migration. Konzepte - Kontexte - Kontroversen, Bielefeld 2012.
Yildiz, Erol: Postmigrantische Verortungspraktiken: Ethnische Mythen irritieren, in: Mecheril, Paul et al. (Hg.): Migrationsforschung als Kritik? Wiesbaden 2013.
Yildiz, Erol: Die weltoffene Stadt, Bielefeld 2013.
Yildiz, Erol: Postmigrantische Perspektiven. Aufbruch in eine neue Geschichtlichkeit, in: Yildiz, Erol/Hill, Marc (Hg.): Nach der Migration. Postmigrantische Perspektiven jenseits der Parallelgesellschaft, Bielefeld 2015.
Yildirim, Lale: Der Diasporakomplex. Geschichtsbewusstsein und Identität bei Jugendlichen mit türkeibezogenem Migrationshintergrund der dritten Generation, Bielefeld 2018.

Einstürzende Neubauten
Zur fragilen Statik von Entlastungsnarrativen

Jörg Skriebeleit

Was bleibt – Nachwirkungen einer Ausstellung

Im Oktober 2011 wurde in der KZ-Gedenkstätte Flossenbürg eine neue Dauerausstellung zur 65jährigen Nachgeschichte des Konzentrationslagers eröffnet. Unter dem schlichten Titel „was bleibt – Nachwirkungen des Konzentrationslager Flossenbürg" präsentierten die Kuratoren eine pointierte rezeptionsgeschichtliche Schau, die sich an vier Leitfragen, nach „Tätern, „Überlebenden", „Erinnerung" und nicht zuletzt „Ort", orientiert. Eingebettet in ein strenges chronologisches Raster nahmen die Ausstellungsmacher für sich etwas präpotent in Anspruch mit diesem inhaltlichen und dem daraus resultierenden gestalterischen Konzept „Denken als offenes System zu begreifen und somit Erkenntnis durch die Lesbarkeit von Zusammenhängen" zu erreichen.[1] Popkultureller formuliert, versuchte das Ausstellungsteam dem Klassiker der 80er Jahre Band *Fehlfarben* auch erinnerungskulturellen Spätruhm zu verleihen. Unter dem Arbeitstitel „Keine Atempause, Geschichte wird gemacht" sollten Geschichtsbilder und Geschichtsmythen, die sich im Kontext mit dem „Erinnerungsort" Flossenbürg formierten, lesbar gemacht und damit dekonstruiert werden.

Dieser hermeneutische und für zeithistorische Ausstellungen ambitionierte Ansatz zeitigte aus Sicht der Kuratoren durchaus die erwünschte Wirkung. Die neue Präsentation in der KZ-Gedenkstätte Flossenbürg fand medial äußerst breiten Nachhall, der selbst Monate nach der Eröffnung noch nicht verebbt war.[2] Tektonische Erschütterung erfuhr aber auch die atmosphärische Statik das Dorfes Flossenbürg. Denn gerade das Thema „was bleibt vom Ort eines Konzentrationslagers" war eine der Leitfragen, mit der sich Medien wie auch Besucher am konsequentesten beschäftigten.[3] Den Verantwortlichen und den Bewohnern der Gemeinde Flossenbürg kam nun nicht nur eine neue überregionale Aufmerksamkeit für das lange Jahrzehnte „vergessene Konzentrationslager" zu, die sie wenige Jahre zuvor bei der Eröffnung der Ausstellung

---

1 Schwarz, Uli: Die Vergegenständlichung der Zeit durch den Raum, in: KZ-Gedenkstätte Flossenbürg (Hrsg.): was bleibt. Nachwirkungen des Konzentrationslagers Flossenbürg. Katalog zur Dauerausstellung, Göttingen 2011, S.17.
2 Im Sommer 2011 wurde die Ausstellung „was bleibt" mit dem bayerischen Museumspreis ausgezeichnet.
3 Vgl. Siebeck, Cornelia: Ein Dorf und seine KZ-Vergangenheit. Ortsbesichtigung in Flossenbürg, in: Medaon. Magazin für jüdisches Leben in Forschung und Bildung 8 (2011), S.1-11.

zur Geschichte der Konzentrationslagers im Jahr 2007 noch sichtlich genossen hatten.[4] Vor allem sahen sie sich mit einer kritischen Auseinandersetzung über das eigene Ortsbild konfrontiert, im baulich-manifesten wie symbolisch-politischen Sinn.

Obwohl die überörtliche Berichterstattung sich bisweilen fast empathisch in die Flossenbürger Verhältnisse einfühlte,[5] und obwohl die Exemplarität des Ortes stets betont wurde,[6] zeigten die innerörtlichen Reaktionen, wie brüchig der Firnis des eigenen Selbstbildes, „man habe aus der Geschichte gelernt", war. Daher nutze der Bürgermeister des Dorfes, Johann Kick, den Besuch der Fraktionen des Kreistages wenige Wochen nach der Eröffnung der Ausstellung für ein flammendes Plädoyer, in dem einige Koordinaten dieses örtlichen Selbstbildes aufscheinen: „Der Bürgermeister zitierte die meistgestellte Frage der Besucher: ‚Wie könnt ihr in diesem Ort des Schreckens eigentlich wohnen?' Es sei eine sehr ehrenvolle Aufgabe, hier Gedenkstättenarbeit zu begleiten, konterte Kick. (…) Inzwischen könne Flossenbürg schon ein wenig stolz sein, wie mit der Vergangenheit umgegangen werde. (…) Sein Appell an die Kollegen: Sie sollten einen Teil dazu beitragen. ‚Das ist nicht nur Flossenbürger Geschichte, sondern gesamtdeutsche Geschichte.'"[7]

Orte des Schreckens - Erinnerungsorte – Wohnorte: Multiple Orte

„Wie kann man an einem Ort des Schreckens wohnen?" Die Frage markiert die beiden Pole der Wahrnehmung des Begriffs Flossenbürg: Der „Ort des Schreckens" als Metapher für die Zeit des Konzentrationslagers, die den Namen Flossenbürg seit 1938 kontaminiert und den zu neutralisieren sich die Gemeinde seit nunmehr über 70 Jahren mit unterschiedlichen Strategien bemüht. Der Wohnort, der befremdet, der irritierte Reaktionen jener hervorruft, die Flossenbürg besuchen, um dort etwas über die Geschichte des Konzentrationslagers zu erfahren oder ihrer Angehörigen zu gedenken.

---

[4] Vgl. exemplarisch Houschka, Wolfgang: „Ein Stück Würde zurückgeben", in: Der Neue Tag vom 23. Juli 2007 sowie Kurtz, Theo: „Das ‚vergessene KZ' erwacht aus der Totenstille", in: Frankenpost vom 24. Juli 2007.

[5] Vgl. Kirchgessner, Kilian: Neue Offenheit, Wie die Flossenbürger heute mit der Geschichte ihres Ortes und der Erinnerung an das ehemalige KZ umgehen, in: Jüdische Allgemeine Zeitung vom 16. Dezember 2010.

[6] Vgl. Probst, Robert: 'Wir sind dagestanden wie immer'. Die neue Dauerausstellung des ehemaligen KZ Flossenbürg präsentiert exemplarisch deutsche Erinnerungsgeschichte, in: Süddeutsche Zeitung vom 9. Oktober 2010; vgl. ebenfalls Willfurth, Reinhold: ‚Was bleibt': in der KZ-Gedenkstätte Flossenbürg kann man exemplarisch den Umgang mit den dunkelsten Seiten der deutschen Geschichte erleben, in: Mittelbayerische Zeitung vom 8. Oktober 2010.

[7] Staffe, Martin: Verantwortung für ganz Deutschland, in: Der Neue Tag vom 7. Dezember 2010.

Jörg Skriebeleit

James Young hat am Beispiel von Auschwitz bereits frühzeitig auf die Unterschiedlichkeiten der Perspektiven hinsichtlich der Orte der ehemaligen Lager hingewiesen. „Für die meisten, die nicht mit dem Ort selbst verbunden sind, ist Auschwitz in erster Linie zum Symbol geworden, wobei die physische Topographie von der historischen Bedeutung überlagert wird. (…) Für die Polen von Oswiecim [sic] jedoch ist es auch ihr Zuhause und dieser kleine Umstand hat einen direkten Einfluß auf die Form der Erinnerung, die wir hier vorfinden. Was in Auschwitz geschehen ist, gehört möglicherweise auch zur Erinnerung der Dorfbewohner hier, doch der rostende Stacheldraht, die verfallenden Baracken und die Busse voller Touristen bilden noch etwas anderes, nämlich tägliche Realitäten, durch die das gegenwärtige Leben bestimmt wird. Für die benachbarten Bauern und Dorfbewohner haben sich die Ruinen in Birkenau nicht in ein Denkmal oder einen heiligen Ort verwandelt, sondern in eine Landschaft zum Leben."[8]

Erinnerungsorte an Gewaltverbrechen verfügen über vielfältige Assoziationsressourcen, die von den Bedeutungszuschreibungen derjenigen abhängen, die über diese sprechen und schreiben, diese besuchen, konzipieren, verwalten oder in ihrer Nähe leben. Die Vielschichtigkeit und Komplexität der Lagerorte ergibt sich also nicht zuletzt durch die Heterogenität der Erinnerungen und Perspektiven all jener, die, in welcher Weise auch immer, mit ihnen räumlich, historisch, sozial oder diskursiv verbunden sind.[9] Im Folgenden soll die Kollision zweier Perspektiven, die hier verallgemeinernd mit Selbst- und Fremdwahrnehmung benannt sind, im Umgang mit dem materiellen und symbolischen Erbe des Konzentrationslagers Flossenbürg kompakt skizziert werden. Dabei soll herausgearbeitet werden, welche Strategien der Ort Flossenbürg in den letzten 70 Jahren entwickelte, um einerseits sein Selbstbild den Verhaltenserwartungen und -zumutungen von außen anzupassen und andererseits das von außen projiziert Fremdbild im eigenen Sinn aktiv zu modulieren.

---

[8] Young, James E.: Formen des Erinnerns. Gedenkstätten des Holocaust, Wien 1997, S. 203.
[9] Vgl. Assmann, Aleida: Erinnerungsräume. Formen und Wandlungen des kulturellen Gedächtnisses, München 1999, S. 329.

Das KZ-Stigma

Im Juni 1945, zwei Monate nach der Besetzung des Ortes Flossenbürg und der Befreiung des Konzentrationslagers durch amerikanische Einheiten, verfertige der evangelische Pfarrer des Dorfes auf Anordnung des zuständigen Dekans einen Bericht über die Einnahme des Ortes:

„Das gesamte Leben in der Gemeinde Flossenbürg wurde auch in den letzten Monaten des Krieges wie in den vorangegangenen Kriegsjahren bestimmt vom Konzentrationslager. Man kann sagen, dass der drückende Einfluss des Lagers bis in die innersten Angelegenheiten der Familien spürbar war. Über dem ganzen Dorf lastete wie ein schwerer Albdruck die Frage: Was wird aus dem Dorf, den Familien, insbesondere den Kindern, wenn die Wellen des Krieges auch über Flossenbürg brausen, das Lager seine Pforten öffnen muss und dem Hass und der aufgespeicherten Wut der Insassen freier Lauf gegeben werden? Niemand konnte sich wohl irgendwie optimistisch gearteten Erwartungen hingeben. Gottlob ist dann alles für das Dorf gut gegangen".[10]

Die Wochen kurz vor und unmittelbar nach dem Einmarsch der Amerikaner markieren für den Ort Flossenbürg eine Schwellensituation, in der die bisherige Haltung profitierender Passivität gegenüber dem Konzentrationslager in einen Zustand angespannten Ausgeliefertseins gegenüber den amerikanischen Besatzern und den sich nun im Ort frei bewegenden ehemaligen Häftlingen überging. Die Besetzung des Ortes und die gleichzeitige Befreiung des Lagers wurden in Flossenbürg als irreversible Öffentlichmachung des ohnehin Öffentlichen wahrgenommen.

Rasch wurde dieses unausgesprochen Unrechtsbewusstsein aber durch erste Maßnahmen der amerikanischen Besatzer verdrängt. Diese hatten im fast vollständig geräumten Konzentrationslager hunderte tote Körper entdeckt. In einem Akt der Konfrontation sollten diese Leichen der deutschen Zivilbevölkerung vor Augen geführt und die Toten in einem ehrenvollen Begräbnis zur Ruhe gebettet werden. Alle Einwohner ab dem sechzehnten Lebensjahr wurden zur Teilnahme an der Beerdigungsfeier verpflichtet. Ein Begräbniszug mit geschmückten Ochsen- und Pferdewagen, die von ortsansässigen Bauern gestellt werden mussten, führte am 3. Mai 1945 in einer Prozession vom Lager in die Ortsmitte wo die Toten in einem religiösen Ritus beigesetzt wurden. Das Begräbnis wurde im Ort als Vergeltungsmaßnahme aufgefasst und im örtlichen Narrativ als solche tradiert: als ein Willkürakt der Besatzer, die dem Ort das Stigma der Schuld und der Verantwortung für das

---

10 Bericht zur Kriegschronik des Evangelisch-Lutherischen Pfarramtes Flossenbürg vom 9. Juli 1945, Landeskirchliches Archiv Nürnberg, Dekanat Weiden 160.

Konzentrationslager aufbürdeten. Diese Verantwortung wurde mit der Anlage des Ehrenfriedhofs in das topographische und symbolische Zentrum des Ortes implantiert.[11] Von nun an imprägnierte das Stigma des Konzentrationslagers fast alle öffentlichen Diskurse im und über den Ort.

Räumliche und symbolische Exterritorialisierung des KZ-Stigmas

Der Umgang mit den Immobilien des Konzentrationslagers war für die amerikanischen Militärbehörden hingegen ein rein pragmatischer. Bereits im Juli 1945 wurde das KZ-Areal zu einem SS-Kriegsgefangenenlager umfunktioniert. Im April 1946 wurden die Gebäude des Lagers dann zu einem Camp für sogenannte Displaced Persons (DPs), das von der örtlichen Bevölkerung als „Polenlager" bezeichnet wurde. Anders als den deutschen SS-Gefangenen schlug den polnischen DPs von Seiten der Dorfbevölkerung sprühende Ablehnung entgegen. Die polnischen Kriegsopfer wurden in der stereotypen Kontinuität von KZ-Häftlingen wahrgenommen. Dieser negative Bedeutungsrahmen bezog sich nicht nur auf die DPs selbst. Er entwickelte eine reflexive Wirkmächtigkeit, die wiederum die Rezeption des früheren Konzentrationslagers beeinflusste, da das mutmaßliche Verhalten der DPs, es ging um Vorkommnisse wie Feld- und Frucht-Diebstahl, Schwarzhandel und illegale Schnapsbrennerei, nachträglich die Vorstellung von der generellen Strafwürdigkeit der KZ-Häftlinge zu unterstreichen schien.[12] Diese interpretative Verklammerung von DPs und KZ verstärkte sich im lokalen Milieu noch mehr, als einige Personen aus dem DP-Lager als Initiatoren eines Denkmalkomitees für die Opfer des Konzentrationslagers auftraten. Von 1946 bis 1947 schuf dieses Komitee in Flossenbürg eine der ersten großen Gedenkanlagen für die Opfer eines Konzentrationslagers in Europa. Das Denkmalskonzept konzentrierte sich dabei auf zwei Projekte: die Aufwertung des von den Amerikanern unmittelbar nach der Befreiung angelegten Friedhofes in der Dorfmitte sowie die Gestaltung einer monumentalen christianisierten Gedenklandschaft am Rande des ehemaligen KZ-Geländes – im „Tal des Todes".[13]

Der 1946/47 neu gestaltete und architektonisch aufgewertete Ehrenfriedhof in der

---

11 Vgl. hierzu Skriebeleit, Jörg: Erinnerungsort Flossenbürg, Akteure, Zäsuren Geschichtsbilder, Göttingen 2009, S. 63-70.
12 Vgl. Hammermann, Gabriele: Das Kriegsende in Dachau, in: Rusinek, Bernd-A. (Hg.): Kriegsende 1945. Verbrechen, Katastrophen, Befreiungen in nationaler und internationaler Perspektive, Göttingen 2004, S. 32.
13 Zur Entstehung und Struktur der Gedenkanlagen vgl. Skriebeleit, Jörg: Relikte Sinnstiftungen und memoriale Blueprints, in: Allmeier, Daniela /Manka, Inge/Mörtenböck, Peter / Scheuvens, Rudolf (Hg.): Erinnerungsorte in Bewegung. Zur Neugestaltung des Gedenkens an Orten nationalsozialistischer Verbrechen, Bielefeld 2016, S. 101-123.

Dorfmitte stellte in den Augen der Bevölkerung jedoch ein wesentlich dominanteres Stigma und einen größeren Fremdkörper dar als die ab 1946 entstehende Gedenkanlage auf dem ehemaligen Lagergelände. Da das ehemalige KZ-Areal auch verwaltungstechnisch nicht zur eigenen Kommune zählte, bestand die Strategie der Gemeinde darin, das Konzentrationslager und die Erinnerung an dieses im eigenen Bewusstsein sowie der öffentlichen Wahrnehmung quasi zu exterritorialisieren. Das Konzentrationslager wurde historisch und diskursiv vom eigenen Ort abgespalten, womit das Dorf seine territoriale und diskursive Souveränität zu behaupten versuchte.[14]

Opferkonkurrenz und Selbstviktimisierung

Der unmittelbar an der tschechischen Grenze gelegene Ort Flossenbürg wurde aber auch noch von anderen Entwicklungen überrollt. Aufgrund seiner Grenznähe waren 1946 einige hundert Sudetendeutsche mit ihren Familien aus den benachbarten Orten nach Flossenbürg geflüchtet, mit Beginn der systematischen Aussiedlungen deutscher Bewohner aus Schlesien und Böhmen stieg diese Anzahl weiter an. 1947 stellten Flüchtlinge und Vertriebene mit über 700 Personen ein Drittel der Gesamtbevölkerung in Flossenbürg und den zugehörigen Ortsteilen.[15] Neben den alltäglichen sozialen und administrativen Schwierigkeiten im Umgang mit diesen Flüchtlingen und Heimatvertriebenen erkannten die Kommune und der Landkreis jedoch alsbald eine einmalige strukturpolitische Chance: Das Ende der 1940er Jahre von der amerikanischen Militärverwaltung an bayerische Behörden übergebene Lagergelände wurde von nun an ausschließlich unter dem Blickwinkel des mobilen und immobilen Realwertes und des disponiblen Wohnraums betrachtet.

Zur gleichen Zeit wurde der ehemalige KZ-Steinbruch von der bayerischen Finanzverwaltung an ein Gewerkschaftsunternehmen, die neu gegründete Oberpfälzer Steinindustrie (OSTI), verpachtet. Die kommunalen Gebietskörperschaften und das genossenschaftliche Unternehmen verfolgten von nun an das gemeinsame Ziel der konsequenten praktischen Umnutzung des früheren KZ-Areals – und damit auch der symbolischen Umwertung: „Jeder Arbeiter soll ein Stück Grund und Boden als Schrebergarten erhalten, um darauf später ein Häuschen zu erbauen. Alles muss verschwinden, was den Charakter des Lagers trägt, die Baracken, der Eingang, die Wachtürme. Aus der Stätte des Todes soll eine Stätte der Arbeit werden."[16] Längst ging

---

14 Ähnliche „Ausgemeindungen" gab es auch an anderen Lagerorten, so zum Beispiel in Dachau, vgl. Hoffmann, Detlef: Dachau, in: Ders. (Hg.): Das Gedächtnis der Dinge. KZ-Relikte und KZ-Denkmäler 1945-1995, Frankfurt a.M. 1998, S. 44f.
15 Vgl. hierzu Skriebeleit 2009, S. 161-182.
16 Protokoll des Staatssekretariates für Flüchtlingswesen vom 11. Februar 1948, Bayerisches

es nicht mehr nur um die Linderung augenblicklicher sozialer und materieller Not von Flüchtlingen und Vertriebenen. Es war vielmehr die einmütige Absicht, sich des ehemaligen KZ-Geländes als materieller Ressource zu bemächtigen und mit dieser Zukunftsperspektive die KZ-Vergangenheit zu überwinden.

Landgewinn – „Tal des Todes" und „Tal des Lebens"
Nachdem sich Anfang der 1950er Jahre die Besiedlungspläne in den komplexen Verwaltungsstrukturen verfangen hatten, verfasste der Flossenbürger Gemeinderat 1953 ein als „Denkschrift" tituliertes Streitpapier, das den neuen Identitätskanon festschrieb und ihn für die folgenden Jahrzehnte buchstäblich zementierte. Die Denkschrift beginnt mit den Sätzen: „Die Gemeinde Flossenbürg bemüht sich seit Ende des Krieges um eine Wiedergutmachung des moralischen und materiellen Schadens, den sie durch die Errichtung des Konzentrationslagers in Flossenbürg erlitten hat. Es ist jedem Eingeweihten bekannt, daß die Gemeinde mit ihrer Einwohnerschaft weder Schuld noch Anteil am Konzentrationslager hat. Umso bedauerlicher ist es, daß der Name Flossenbürg zum Inbegriff der Schande und des Greuels wurde und in aller Welt zu einer traurigen Berühmtheit gelangte, die als moralische Last noch heute auf dem Orte liegt."[17]

Die Denkschrift ist ein Musterbeispiel eines integrationistischen Opferdiskurses, der die 50er Jahre in der Bundesrepublik prägte und der in einem früheren KZ-Ort wie Flossenbürg besonders virulent war. Mit ihm wurde der Unterschied zwischen Opfern des Nationalsozialismus und Opfern des Krieges intentional eingeebnet.[18] Konsequent beschritt die Gemeinde diesen Weg der Selbstviktimisierung. Sie stilisierte sich zum eigentlichen Opfer des Konzentrationslagers und reklamierte Wiedergutmachung in Form des KZ-Areals für sich.

Allerdings tauchte in der Argumentation der Gemeinde erstmals ein Motiv auf, das die Formen der Erinnerung an das Konzentrationslager Flossenbürg betraf: „Das Andenken der zahlreichen Opfer des KZ-Lagers soll selbstverständlich gewahrt werden und zwar in einer Form, die solcher Opfer würdig ist."[19] Mit dem Adjektiv „würdig" skizzierte die Gemeinde eine Dichotomie, mit der sie die Erinnerungswürdigkeit der

Hauptstaatsarchiv München, MArb 1662.
17 Denkschrift der Gemeinde Flossenbürg, betr. Antrag der Gemeinde Flossenbürg um Freigabe und Rückübereignung der Grundstücke des ehemaligen Konzentrationslagers im Rahmen der Wiedergutmachung, Juli 1953, Gemeindearchiv Flossenbürg, 064, Ehem. KZ-Lager nach 1945, Unterordner 6.
18 Vgl. Goschler, Constantin: „Versöhnung" und „Viktimisierung". Die Vertriebenen und der deutsche Opferdiskurs, in: ZfG 10 (2005), S. 874-877.
19 Denkschrift der Gemeinde Flossenbürg, Juli 1953.

Opfer des Konzentrationslagers Flossenbürg nun nicht mehr grundsätzlich ablehnte, aber bemüht war, diese auf die Formen der symbolischen Totenehrung zu reduzieren und vor allem topographisch einzugrenzen. Die vom Dorf und dem künftigen Besiedelungsgebiet abseits gelegene Erinnerungslandschaft im „Tal des Todes" wurde zur Referenz, mit der sich die Weiternutzung des eigentlichen Lagergeländes rechtfertigen ließ.

„Unwürdig und pietätlos dagegen wirkt auf jeden Besucher und Bewohner Flossenbürgs das ausgeschlachtete ehemalige KZ-Lager. Die traurigen Reste niedergerissener Baracken und anderer Bauten werden von Brennnesseln und Unkraut überwuchert. […] Die Gemeinde kann nicht glauben, daß durch die Erhaltung dieses Zustandes der Pietät mehr gedient sei, als durch eine geordnete Bebauung des Geländes mit sauberen Häusern und gepflegten Gärten."[20]

Zu Beginn des Jahres 1958 konnten Landrat und Bürgermeister dann endlich gemeinsam verkünden, dass in diesem Jahr 20 Häuser mit insgesamt 40 Wohneinheiten auf den Terrassen des früheren Konzentrationslagers entstehen würden.[21] „Lange genug warf die Vergangenheit ihre Schatten über das ehemalige KZ Flossenbürg. Neben dem ‚Tal des Todes' entsteht nun ein ‚Tal des Lebens'. Die bisher öden Stätten werden bald von schönen Häusern und Gärten abgelöst, in denen zahlreiche Flüchtlingsfamilien nach zehn Jahren Barackendasein froh und glücklich leben können."[22] Der Leitspruch – „Neben dem ‚Tal des Todes' entsteht nun ein ‚Tal des Lebens'" – wurde zum neuen Gründungsmythos des Ortes Flossenbürg und zum triumphalen Zeichen der Überwindung der KZ-Vergangenheit.

Vom Stigma zum Standortfaktor

Die Kommune konnte sich jedoch noch auf ganz anderem Terrain profilieren. Zunächst unwillentlich, bald selbstbewusster, gelang es ihr, die alltagspolitischen Bürden des ehemaligen Konzentrationslagers für eigene Zwecke zu nutzen. Dabei profitierte sie von den Unzulänglichkeiten der staatlichen Betreuungsbehörde für die Gedenkstätte im ‚Tal des Todes', der Bayerischen Verwaltung der staatlichen Schlösser, Gärten und Seen. Durch deren Passivität wurde die Gemeinde Flossenbürg sukzessive in eine Rolle gedrängt, die ihr allmählich den Status einer halb-offiziellen Anlaufstelle für diverse mit der Gedenkstätte verbundenen Belange und Bedürfnisse verlieh.

20 Ebenda.
21 N.N.: Im Lager Flossenbürg können endlich Wohnungen gebaut werden, in: Oberpfälzer Nachrichten vom 25. Januar 1958.
22 N.N.: Richtfest für 18 Häuser des Landkreissiedlungswerkes in Flossenbürg, in: Oberpfälzer Nachrichten vom 16. August 1958.

Die Betreuung ausländischer Delegationen, so unwillig und ressentimentbehaftet sie anfänglich vom Dorfbürgermeister übernommen wurde, entwickelte sich für die Gemeinde schon bald zu einer zentralen legitimatorischen Koordinate und einem wesentlichen politischen Argument, mit dem sie den Umgang mit der eigenen KZ-Vergangenheit nunmehr positiv und auch fordernd nach außen darstellen konnte. Die Anerkennung der Würdeform „symbolische Totenehrung" war der kleinste gemeinsame Nenner, auf dem sich die Gemeinde mit der Erinnerung an das Konzentrationslager arrangiert hatte. Die Betreuung aus- und inländischer Besuchergruppen und die weitgehende Tilgung aller baulichen Spuren des Lagers stellten für die Gemeinde keinerlei Widerspruch dar. Sie entwickelten sich ganz im Gegenteil zum zentralen Narrativ eines von KZ-Relikten faktisch dekontaminierten Ortes bei gleichzeitiger Präsentation eines historisch geläuterten Vorzeige-Selbstbildes.

In jahrzehntelangen ambivalenten Suchbewegungen hatte die Gemeinde um eine Haltung im Umgang mit dem Erbe des ehemaligen Konzentrationslagers gerungen. Im Rahmen dieser Suchbewegungen hatte sie „unablässig an einer öffentlich nachvollziehbaren, plausiblen und (auch nach ‚außen') legitimationsfähigen ‚Basiserzählung' gearbeitet."[23] Wie tragfähig, wirkungsmächtig und politisch erfolgreich die sich daraus entwickelnden Narrative waren und wie selbstbewusst sie vorgetragen wurden, sollte sich in den kommenden Jahren erweisen.

Ungemach drohte der Gemeinde Flossenbürg auf ganz anderer Ebene, denn der Ort sollte bei der von der bayerischen Regierung 1971 avisierten großen Gebietsreform seiner eigenen Verwaltungshoheit verlustig gehen.[24] Der Kampf um den Erhalt der kommunalen Selbständigkeit machte deutlich, wie offensiv die Kommune inzwischen die Gedenkstätte und ihre eigene Haltung zur KZ-Vergangenheit in politisches Kapital ummünzte. Als der Gemeinderat für die anstehenden politischen Auseinandersetzungen Kriterien zusammentrug, „die für den Fortbestand der Gemeinde von Bedeutung sind"[25], maß er der Gedenkstätte eine zentrale Rolle zu. Im Anhörungsverfahren zur Gebietsreform machte die Gemeinde mit allem Nachdruck die „Sonderaufgaben internationaler Prägung" geltend:[26] „Die mit dem KZ-Lager, ehem. Häftlingen bzw. deren Angehörigen zusammenhängenden Probleme konnten durch die intensive Arbeit der

---

[23] Naumann, Klaus: Institutionalisierte Ambivalenz. Deutsche Erinnerungspolitik und Gedenkkultur nach 1945, in: Mittelweg 36, 2/2004, S. 70.
[24] Vgl. hierzu Skriebeleit 2009, S. 297–301.
[25] Protokoll der Sitzung des Gemeinderats Flossenbürg vom 12. Januar 1972, Gemeindearchiv Flossenbürg, Sitzungsbuch des Gemeinderates Flossenbürg Nr. 18.
[26] Protokoll der Sitzung des Gemeinderats Flossenbürg vom 5. Juli 1973, Gemeindearchiv Flossenbürg, Sitzungsbuch des Gemeinderates Flossenbürg Nr. 19.

Gemeinde Flossenbürg auf diesem Gebiet gelöst werden. Die Gemeinde Flossenbürg konnte aufgrund ihrer Vergangenheit und dem Wissen um die anstehenden Probleme ein gutes Stück Völkerverbindung mitgestalten."[27] Aufgrund dieser Argumentation erhielt die Gemeinde Flossenbürg schließlich tatsächlich ihre kommunale Selbständigkeit zurück. Die Pflege der Erinnerung an das Konzentrationslager hatte sich also zur offiziellen politischen Dorfraison entwickelt, zumindest in einem streng eingehegten und selbst kontrollierbaren Rahmen.

Tektonische Erschütterungen

Die 1980er Jahre markieren in der Bundesrepublik den Zeitpunkt eines kritischen geschichtspolitischen Aufbruchs von unten. In Flossenbürg engagierten sich nun verstärkt gewerkschaftliche und kirchliche Kreise, die vor allem den parkähnlichen Zustand der Gedenkstätte kritisierten. Die Forderung, den ehemaligen Appellplatz mit Lagerwäscherei und Häftlingsküche in die Gedenkstätte zu integrieren, bedrohte sowohl die ökonomischen Perspektiven des Dorfes als auch die bis dato erfolgreich betriebene territoriale Minimierung der KZ-Relikte. Die Gemeinde fühlte sich in der jahrzehntelang eingeübten Formel von der „würdigen Gedenkstätte" bedroht und fürchtete Kontrollverlust über das eigene Narrativ.[28] Im Gemeinderat herrschte Einigkeit darüber, sich die bauliche und ästhetische Zukunft nicht von außen diktieren zu lassen. Mit der Formel „Wir wollen keine zweite Gedenkstätte" wehrte sich die Kommune geschlossen und erfolgreich gegen eine Erweiterung der Gedenkstätte.[29]

Im Vorfeld des 50. Jahrestages der Befreiung des Konzentrationslagers mehrten sich abermals die Stimmen zur Weiterentwicklung und Aufwertung der Gedenkstätte, die inzwischen selbst von Teilen der Regierungspartei CSU anerkannt wurden.[30] Bei all diesen Vorstößen war dem Bürgermeister stets die Sorge anzumerken, die Dynamik der Ortsfremden könne zu einem Entgleiten der Deutungs- und Kontrollmacht über das geschichtliche Erbe des eigenen Dorfes führen.[31] Das nunmehr im Land Bayern für die KZ-Gedenkstätten zuständige Kultusministerium betonte stets die Sonderrolle der Gemeinde Flossenbürg und kündigte die Schaffung eines Informationszentrums mit einer zeitlich befristeten Personalstelle im Rathaus der Kommune an. Aus diesem

---

[27] Normenkontrollantrag der Gemeinde Flossenbürg gegen Freistaat Bayern vom 25. November 1976, Gemeindearchiv Flossenbürg, Akte Klage VGH.
[28] Neumann, Bernhard: 40 Jahre nach dem Ende des Terrors, in: Der Neue Tag vom 2. November 1985.
[29] Vgl. hierzu Skriebeleit 2009, S. 324-336.
[30] Neumann, Bernhard: Über große Jahrestage hinausdenken, in: Der Neue Tag vom 25. März 1995.
[31] Murr, Günter: Keine zusätzlichen Stellen für die KZ-Gedenkstätte, in: Oberpfälzer Nachrichten vom 28. März 1995.

Nukleus entwickelte sich ab Frühjahr 1996 die grundlegende Neukonzeption der KZ-Gedenkstätte Flossenbürg.

Zwölf Jahre später, am 22. Juli 2007, wurde in der KZ-Gedenkstätte Flossenbürg unter großer internationaler Beachtung die neue Dauerausstellung zur Geschichte des Konzentrationslagers Flossenbürg der Öffentlichkeit übergeben.[32] Über 62 Jahre nach der Befreiung des Lagers wurde die Geschichte des Konzentrationslagers Flossenbürg, seiner Außenlager und seiner Häftlinge erstmals umfassend am historischen Ort, in der ehemaligen Lagerwäscherei, dokumentiert.[33] Seitdem ist auch der ehemalige Appellplatz, auf dem bis 1998 ein Zulieferbetrieb der Automobilindustrie produzierte, wieder öffentlich zugänglich. Durch eine Schenkung wurden im Jahr 1997 die fünfzig Jahre lang industriell genutzten Gebäude der Häftlingsküche und der Lagerwäscherei mit dem ehemaligen Appellplatz an die Gedenkstätte übereignet. Die ein Jahr später erfolgte Beseitigung der drei dort befindlichen Nachkriegshallen zählte zur Überlassungsleistung des letzten Eigentümers.[34] Damit hatte sich die Liegenschaft des Flossenbürger Erinnerungsortes nicht nur räumlich um den Zentralbereich des ehemaligen Konzentrationslagers erweitert, mit der Häftlingsküche und der Lagerwäscherei waren nun auch zwei historische Gebäude, wenngleich baulich durch die Nachnutzung stark verändert, Bestandteil der Gedenkstätte.

Mit dieser Übereignung formierten sich die konzeptionellen Überlegungen für die weitere Verwendung des Areals und die Verknüpfung mit den früher gestalteten Gedenkstättenelementen. In den finanzpolitischen Debatten um die Förderwürdigkeit der umfangreichen Umgestaltungsmaßnahmen spielten geschichtspolitische Argumente über die nationale Bedeutung des Erinnerungsortes Flossenbürg eine wesentliche Rolle. Zwischen der Einrichtung eines „Informationszentrums für die KZ-Grab- und Gedenkstätte Flossenbürg bei der Gemeinde Flossenbürg" am 1. Februar 1996 und der Eröffnung der Dauerausstellung zur Geschichte des Konzentrationslagers lagen elf Jahre. In diesem Zeitraum veränderte die KZ-Gedenkstätte Flossenbürg ihren Status und auch ihren Charakter fundamental, in ihrer inhaltlichen Definition und in ihrer topographischen Ausdehnung. Sie wandelte sich von einer würdevollen Friedhofsanlage zu einer arbeitenden Einrichtung mit Archiv, Bildungsabteilung und zeithistorischen Ausstellungen.

---

32 Vgl. exemplarisch Thym, Rolf: Ein Ort deutscher Schande, Süddeutsche Zeitung vom 23. Juli 2007; N.N.: Neue Dauerausstellung in der KZ-Gedenkstätte Flossenbürg, in: Frankfurter Allgemeine Zeitung vom 23. Juli 2007; Müller, Anneke: 'Ein Meilenstein für diesen Ort', in: Prager Zeitung vom 26. Juli 2007.
33 Schmidt, Alexander: Geschichte auf zwei Ebenen – Die neue Dauerausstellung „Konzentrationslager Flossenbürg 1938-1945", in: Dachauer Hefte 23 (2007), S. 236-246.
34 Letzter Eigentümer war der französische Alcatel-Konzern, zu dessen Tochterunternehmen der in Flossenbürg produzierende Automobilzulieferer ke-autoelectric gehörte.

Einstürzende Neubauten

Bei all diesen Entwicklungsprozessen ab Ende der 1990er Jahre waren die politischen Verantwortlichen der Kommune konstitutives und konstruktives Element. Der Standortfaktor des ehemaligen Konzentrationslagers und der Stolz auf die Weiterentwicklung der Erinnerungsarbeit wurden öffentlich unverhohlen zur Schau getragen.[35] Selbst die Erweiterung der Gedenkstätte um den früheren Appellplatz erregte die Bevölkerung nur kurzzeitig.[36] Dennoch überrollte und überforderte das Zeitraffertempo dieser Entwicklung bisweilen die Nachjustierung des örtlichen Selbstbildes. Bemerkenswerterweise manifestierte sich die örtliche Kritik nicht an der Ausstellung „Konzentrationslager Flossenbürg 1938-1945", sondern an der im Jahr 2010 eröffneten Schau „was bleibt – Nachwirkungen des Konzentrationslagers" sowie den damit verbundenen medialen Reaktionen. Und das, obwohl diese wie eingangs beschrieben, meist wohltemperiert bis empathisch über die Schwierigkeiten des kleinen Ortes berichteten, mit dem Erbe eines Konzentrationslagers zu leben.

Obwohl die Ausstellung zur Geschichte das KZ Flossenbürg dezidiert die politischen, ökonomischen, administrativen und sozialen Kontakte zwischen dem Dorf und dem Konzentrationslager herausarbeitete, rührte die geschlossene und damit offensichtliche abgeschlossene Erzählung der KZ-Geschichte kaum an den Stützpfeilern des lokalen Selbstbildes. Es war allerdings gerade die vielzitierte Offenheit und Diskursivität der zweiten Ausstellung zu den „Nachwirkungen des Konzentrationslagers", welche die Statik der eigenen Identität heftig erschütterte. Die Dekonstruktion der Mythen um die Bebauung des Lagergeländes, um die vermeintlich solidarische Notaufnahme von Flüchtlingen, um die konsequente Verfolgung von Tätern oder um das stets vorbildlich geläuterte Geschichtsbewusstsein der Kommune sorgt bis heute für innerörtliche Kontroversen.[37]

Von einer Einzelperson, camoufliert als „Geschichtsforum Flossenbürg", wurde 2014 ein zwischen Streitschrift und Pamphlet einzuordnendes schmales Geheft breit verteilt und verschickt, das der Gedenkstättenarbeit in Flossenbürg „Unfähigkeit" und „Scheitern" vorwarf,[38] und dies gleich in mehrfacher, allerdings widersprüchlich

---

[35] Vgl. exemplarisch Neumann, Bernhard: Aufbauarbeit muss weitergehen, in: Der Neue Tag vom 16. Oktober 1996 sowie Ders.: Das Erinnern nützt der Zukunft, in: Der Neue Tag vom 16. Januar 1998.
[36] Vgl. exemplarisch Ders. : 'Kabelsalat schlägt auf Magen' Produktion nach Floss umgeleitet, in: Der Neue Tag vom 23. Januar 1997 sowie Siegler, Bernd: Ein Lernort und kein KZ-Erlebnisland, in: Tageszeitung vom 23. Januar 1998.
[37] Vgl. etwa die Rechtfertigungsschrift zur industriellen Nutzung des Appellplatzes in der Flossenbürger Dorfzeitschrift: Krapf, Stefan: Geschichte zur Nachkriegszeit in Flossenbürg, in: Flossenbürger Ansichten 15, Oktober 2011, S. 18.
[38] Geschichtsforum Flossenbürg (Hg.): Die KZ-Gedenkstätte Flossenbürg. Vom (fast) vergessenen

doppelläufiger Hinsicht. Zum einen wurde massiv kritisiert, dass in der bisherigen Gedenkstättenarbeit, insbesondere in der Ausstellung „was bleibt", die Perspektive der Einheimischen und der Heimatvertriebenen vernachlässigt bzw. verzerrt worden sei.[39] Zum anderen, und dies macht die überraschende Widersprüchlichkeit dieser Argumentation aus, dass die Verantwortlichen der Gedenkstätte den seit 1948 und bis heute zum ökonomischen Wohle des Ortes und seiner Bevölkerung betriebenen ehemaligen KZ-Steinbruch, nicht in die Erweiterung der Gedenkstätte integriert hätten.[40]

Damit hat die Ausstellung „was bleibt" ihren etwas großspurigen Anspruch, „Denken als offenes System zu begreifen und somit Erkenntnis durch die Lesbarkeit von Zusammenhängen" zu erreichen,[41] mehr als eingelöst. „Geschichte wird gemacht", nicht nur in wissenschaftlichen Aufsätzen oder Ausstellungen, sondern auch im Dorfwirtshaus – oder am Caféhaustisch. Denn seit 2015 verfügt die, in einem zweiten Planungsschritt erweiterte,[42] KZ-Gedenkstätte Flossenbürg in ihrem neuen Bildungszentrum über ein Café, das programmatisch die Bezeichnung „Museumscafé" trägt und von einem Sozialprojekt von Menschen mit Behinderung betrieben wird.[43] Dieser Raum wurde konzeptionell von Anfang als offener Raum, als *shared space* definiert, der auch der einheimischen Bevölkerung zur Verfügung stehen sollte. Das ambitionierte Konzept hatte von Anfang an durchschlagenden Erfolg, an Sonntagen würden bis zu 300 Kuchenstücke ausgegeben, so eine der Leiterinnen des Cafés.[44]

Restaurationsbemühungen und Deutungshoheiten
Allerdings sind Frequenz und Akzeptanz des Museumscafés nicht mit kommunaler Konfliktfreiheit gleichzusetzen. Obwohl ein Gutteil der Besucher des Museumscafés nicht zu Besuchern der Gedenkstätte zählt, sondern den neu eröffneten Restaurationsbetrieb im eigenen Ort bzw. der näheren Umgebung schätzt, bleibt die Wunde scheinbarer Enteignung der dörflichen Geschichtserzählung virulent. Eine neue Generation von Ortsverantwortlichen fühlt sich seit geraumer Zeit berufen, das

KZ-Lager zum „internationalen Lernort", Flossenbürg 2014.
39 Ebenda, S. 7-12.
40 Ebenda, S. 15-19.
41 Schwarz2011, S.17.
42 Vgl. hierzu Schröder, Thies :Difficult Places: Landscapes of memory by sinai, Basel 2013, S. 107-117 sowie Scheurmann, Ingrid: Konturen und Konjunkturen der Denkmalpflege. Zum Umgang mit baulichen Relikten der Vergangenheit, Köln/Weimar/Wien 2018, S. 162-169.
43 Werner, Frank: Café voller Geschichte, in: Der Neue Tag vom 29. August 2015.
44 Frischholz, Ernst: Herausforderung mit Bravour gemeistert, in: Abenteuer Familie. Die Familienzeitung für die Stadt Weiden und die Landkreise Neustadt a.d. Waldnaab und Tirschenreuth, Winter 2016, S. 28.

Image des Dorfes aktiv zu restaurieren und damit ein Gegenbild zum scheinbar übermächtigen Bild eines KZ-Ortes aufzubauen. „Die Gemeinde steht hinter ihren Heimatvertriebenen und wird die Geschichte der Vogelherd-Siedlung offensiv beleuchten."[45] verlautete der Bericht über eine Gemeinderatssitzung im Frühjahr 2017. Eine Studentin der Universität Regensburg sollte mit ihrer Masterarbeit die Munition für die diskursive Restaurierung des Narratives über die Besiedlung des ehemaligen KZ-Geländes, nun bezeichnet nach seinem vor den 1930er Jahren gebräuchlichen Flurnamen „Vogelherd", liefern. Das aus lokaler Sicht erwartete Ergebnis der universitären Qualifikationsarbeit sollte aber nicht allein im akademischen Raum verbleiben. In seiner erhofften Essenz sollte es auf einer geplanten Informationstafel am Rande des Gedenkstättenareals „eine Hommage an die Menschen sein, die ihre Heimat verloren und nun für Flossenbürg eine Bereicherung darstellen" so der Wunsch des aktuellen Bürgermeisters. Daher habe man sich beim Bund der Vertriebenen auch um finanzielle Unterstützung für die Studentin und die Tafel bemüht.[46] Stolz, hoffnungsfroh, vorauseilend und zugleich rückwärtsgewandt stellt sich die Gemeinde Flossenbürg nun seit Sommer 2017 den Besuchern der Gedenkstätte und des Museumscafés in einem Ensemble von Informationstafeln dar. Auf der Intro-Tafel mit dem Titel „Flossenbürg. Der Ort. ‚Mittelpunkt-Gemeinde' im Zeichen von Vergangenheit und Zukunft." ist Folgendes zu lesen:

„Leicht hatten es die Bewohner von Flossenbürg selten. Egal, ob im Mittelalter Frondienst für den Burgherrn, das karge Einkommen als Steinhauer oder nach dem Krieg der Ruf ein ‚KZ-Ort' zu sein – in den Schoß fiel den hier lebenden Menschen nichts. Laut gejammert wurde aber nicht. Mit harter Arbeit, Fleiß, Ausdauer und Ideen wird die Heimat erhalten und gestaltet. Beispiele, die auch überörtlich für Aufsehen sorgen, sind der ‚Mittelpunkt Mitteleuropas' im Ortsteil Hildweinsreuth, die Erschließung des Schloßbergs mit dem ‚Weg des Granits', innovative Schritte im kommunalen Bereich oder auch das rege Vereinsleben.

Oft falsch verstanden wird die sogenannte ‚Gedenkstättenarbeit'. Sie lässt sich als ‚Sicherheits- und Außenpolitik' im besten Sinne werten, und das ohne ‚Büßer-Gewand'. Flossenbürg ist jedenfalls ein Ort mit vielfältigen Aspekten. Es heißt, wer die Gemeinde kennt, weint zwei Mal. Zunächst wenn er kommt (wegen der manchmal kühlen Witterung) und noch viel mehr, wenn er gehen muss."[47]

---

45 Neumann, Bernhard: Antrag im Gemeinderat: Umbaupläne in Gedenkstätte, in: Der Neue Tag vom 8. Mai 2017.
46 Ders.: Studentin erforscht den Vogelherd. Siedlung mit Stigma, in: Der Neue Tag vom 18. April 2017.
47 Informationstafeln der Gemeinde, errichtet im Sommer 2017 am Parkplatz für die Besucher der Gedenkstätte,, zitiert mit allen orthographischen Eigenheiten des Originals.

Allerdings harrt bis heute eine der einbetonierten Tafeln ihrer Beschriftung. Es ist zu vermuten, dass dies die Tafel über die Besiedlung des ehemaligen Lagergeländes, des früheren und heutigen Vogelherds, ist.[48] Denn die Arbeit der Regensburger Absolventin, die auch Anwohner der Siedlung interviewte, zeichnet ein äußerst differenziertes Bild der historischen Umstände und der aktuellen Befindlichkeiten.[49] Der Vorschlag einer gemeinsamen Präsentation der Forschungsergebnisse durch Gemeinde und Gedenkstätte wurde leider von den kommunal Verantwortlichen nicht aufgegriffen,[50] denn es geht ganz offensichtlich um die Deutungshoheit über den eigenen Ort oder, deutlicher formuliert, um die Kontrollfunktion über Geschichtsbilder. Dass diese geschichtspolitischen Hoheitskämpfe nicht nur akademisch, sondern ganz manifest gegenwartspolitisch auch im lokalen Nahbereich ausgefochten werden, ist im Rückblick auf die Rezeptionsgeschichte des Konzentrationslagers Flossenbürg in den letzten 70 Jahren nichts Neues. Dennoch sollte man weiterhin auf schleichende diskursive Kraft von Restaurationsbetrieben gegenüber Restaurationsbestrebungen vertrauen. Die KZ-Gedenkstätte Flossenbürg wird sich künftig jedenfalls noch offensiver als *open space* definieren.

LITERATUR

Assmann, Aleida: Erinnerungsräume. Formen und Wandlungen des kulturellen Gedächtnisses, München 1999.
Geschichtsforum Flossenbürg (Hg.): Die KZ-Gedenkstätte Flossenbürg. Vom (fast) vergessenen KZ-Lager zum „internationalen Lernort", Flossenbürg 2014.
Goschler, Constantin: „Versöhnung" und „Viktimisierung". Die Vertriebenen und der deutsche Opferdiskurs, in: ZfG 10 (2005), S. 874-877.
Hammermann, Gabriele: Das Kriegsende in Dachau, in: Rusinek, Bernd-A. (Hg.): Kriegsende 1945. Verbrechen, Katastrophen, Befreiungen in nationaler und internationaler Perspektive, Göttingen 2004.
Hoffmann, Detlef : Dachau, in: Ders. (Hg.): Das Gedächtnis der Dinge. KZ-Relikte und KZ-Denkmäler 1945-1995, Frankfurt a.M. 1998, S. 44f.
Möller, Lena: „Auf Stätten des Leids Heime des Glücks". Die Siedlung am Vogelherd auf dem Areal des ehemaligen KZ Flossenbürg und ihre Emotionalisierung als Wohn- und Gedächtnisort. Masterarbeit im Studiengang für Vergleichende Kulturwissenschaft an der Universität Regensburg, 2018.
Naumann, Klaus: Institutionalisierte Ambivalenz. Deutsche Erinnerungspolitik und Gedenkkultur nach 1945, in: Mittelweg 36, 2/2004, S. 70.

48 Ders.: Wie kann man da wohnen?, in: der Neue Tag vom 6. Juli 2018.
49 Möller, Lena: „Auf Stätten des Leids Heime des Glücks". Die Siedlung am Vogelherd auf dem Areal des ehemaligen KZ Flossenbürg und ihre Emotionalisierung als Wohn- und Gedächtnisort. Masterarbeit im Studiengang für Vergleichende Kulturwissenschaft an der Universität Regensburg, 2018.
50 Pentner, Julie: Mehr als Flucht und Elend, in: Der Neue Tag vom 1.Juni 2018.

Schmidt, Alexander: Geschichte auf zwei Ebenen – Die neue Dauerausstellung „Konzentrationslager Flossenbürg 1938-1945", in: Dachauer Hefte 23 (2007), S. 236-246.
Scheurmann, Ingrid: Konturen und Konjunkturen der Denkmalpflege. Zum Umgang mit baulichen Relikten der Vergangenheit, Köln/Weimar/Wien 2018.
Schröder, Thies :Difficult Places: Landscapes of memory by sinai, Basel 2013.
Schwarz, Uli: Die Vergegenständlichung der Zeit durch den Raum, in: KZ-Gedenkstätte Flossenbürg (Hrsg.): was bleibt. Nachwirkungen des Konzentrationslagers Flossenbürg. Katalog zur Dauerausstellung, Göttingen 2011, S.17.
Siebeck, Cornelia: Ein Dorf und seine KZ-Vergangenheit. Ortsbesichtigung in Flossenbürg, in: Medaon. Magazin für jüdisches Leben in Forschung und Bildung 8 (2011).
Skriebeleit, Jörg: Relikte Sinnstiftungen und memoriale Blueprints, in: Allmeier, Daniela/Manka, Inge/Mörtenböck, Peter/Scheuvens, Rudolf (Hg.): Erinnerungsorte in Bewegung. Zur Neugestaltung des Gedenkens an Orten nationalsozialistischer Verbrechen, Bielefeld 2016, S. 101-123.
Skriebeleit, Jörg: Erinnerungsort Flossenbürg, Akteure, Zäsuren Geschichtsbilder, Göttingen 2009.
Young, James E.: Formen des Erinnerns. Gedenkstätten des Holocaust, Wien 1997.

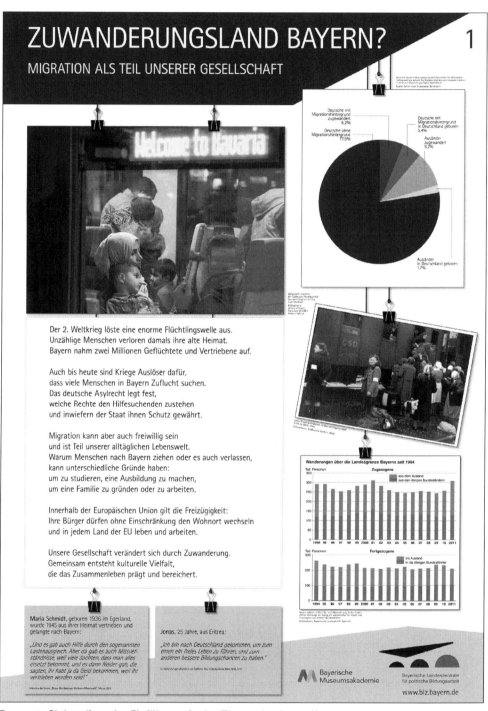

Das erste Plakat dient der Einführung in das Thema der Ausstellung.
Bayerische Landeszentrale für politische Bildungsarbeit

Migration in Bayern nach 1945
Eine partizipative Plakatausstellung (nicht nur) für Schülerinnen und Schüler

Beatrice Wichmann

Dass ausgerechnet im Jahr 2017 der Ursprung für die erste gemeinsame Plakatausstellung der Bayerischen Museumsakademie und der Landeszentrale für politische Bildungsarbeit liegt, welche sich dem Thema „Migration in Bayern nach 1945" widmet, ließe sich leicht auf den heftigen politischen und gesellschaftlichen Diskurs rund um die Ankunft von Geflüchteten sowie deren Leben in Bayern und der Bundesrepublik zurückführen. Sicherlich erhielt das Thema Migration durch die Fluchtbewegungen nach Europa, die vor allem im Herbst 2015 das höchste Maß an Aufmerksamkeit erreichten, eine neue bedeutende Rolle in der öffentlichen Auseinandersetzung; so ist es dennoch innerhalb eines längerfristigen Diskurses einzuordnen und zu verstehen. Aber gerade wegen dieser Zuspitzung und zeitweise auch Verengung der Sicht auf die gegenwärtigen Ereignisse ist es von großer Bedeutung, sich dem Thema Migration und seiner konstituierenden Rolle für Bayern im 20. Jahrhundert zu widmen. Bayern erlebte 2015 nicht die erste Migrationswelle, ganz im Gegenteil: Ein- und Auswanderung war stets ein wesentliches Entwicklungsmerkmal des Landes. Gerade die zweite Hälfte des 20. Jahrhunderts bot hier besondere Voraussetzungen. Es lassen sich mehrere umfangreiche Migrationsbewegungen beobachten, die vielfach auch heute noch persönliche Anknüpfungspunkte bieten können. Von den Vertriebenen und Geflüchteten nach dem Zweiten Weltkrieg – bis 1950 kamen fast zwei Millionen Menschen in ihrer neuen Heimat an[1] - über (Spät-)Aussiedler, „Gastarbeiter" und Asylsuchende hin zu deutsch-deutscher Binnenmigration, Arbeitsmigration und den jüngsten Fluchtbewegungen.

Ist Migration also museumsreif? Diese Frage stellte sich eine Fachtagung am 4 April 2011 in Nürnberg.[2] Der Verlauf der Tagung betonte die Bedeutung von Migration und unterstrich, dass „die [gemeinsame jüngste] Geschichte selbstverständlicher Bestandteil des Sammlungs- und Ausstellungskonzepts der Museen" werden

---

1 Ziegler, Walter: Flüchtlinge und Vertriebene, publiziert am 06.09.2011; in: Historisches Lexikon Bayerns, URL: http://www.historisches-lexikon-bayerns.de/Lexikon/Flüchtlinge_und_Vertriebene, zuletzt aufgerufen am 27.09.2018.
2 Fachtagung der Landesstelle für die nichtstaatlichen Museen in Bayern, des Bayerischen Landesvereins für Heimatpflege und des Bezirks Mittelfranken am 4. April 2011 im Museum Industriekultur Nürnberg.

muss.³ Auch mit ein paar Jahren zeitlichem Abstand muss die Antwort lauten: ja. Als museumsreif sind nicht vordergründig Prozesse zu verstehen, die abgeschlossen sind oder vor dem Vergessen bewahrt werden müssen. Museumsreif sind vor allem Entwicklungen, die einen festen Platz im kollektiven Gedächtnis einer Gesellschaft verdient haben. Migration in Museen und in Ausstellungen konfrontiert die Menschen mit vermeintlich Fremdem. Dies kann zum Teil Verunsicherung hervorrufen. Die Tatsache, dass es durch Migration verursachte gesellschaftliche Veränderungen schon immer gegeben hat und diese Innovationen und modernen Wandel mit sich gebracht haben, kann diese Verunsicherung auflösen.⁴

Bayerische Migrationsgeschichte – eine Annäherung

Migration ist also museumsreif – nur findet sie sich in noch recht wenigen Museen wieder. In den letzten Jahren gab es zwar mehrere Sonderausstellungen, die sich diesem Thema widmen und darüber hinaus einige Ansätze, die versuchen, dieses Thema in Dauerausstellungen zu integrieren.⁵ Sie stellen immer noch Ausnahmen dar. Aus dieser Erkenntnis entwickelte sich die Idee, das Thema ‚Migration' als Plakatausstellung in die Schulen zu bringen - eine Ausstellung also, die in die Schulen bestellt werden kann, dort ausgestellt und als Grundlage für weiterführende inhaltliche Auseinandersetzung im Schulunterricht dienen kann. Aus der Kooperation zwischen der Bayerischen Landeszentrale für politische Bildungsarbeit und dem Museumspädagogischen Zentrum als Sitz der Bayerischen Museumsakademie⁶ entstand so von Mai 2017 bis März 2018 die Plakatausstellung „Migration in Bayern nach 1945". Die Ausarbeitung lag beim Museumspädagogischen Zentrum (MPZ)/der Bayerischen Museumsakademie (BMA), während die Bayerische Landeszentrale für politische Bildungsarbeit als Partner die Zielgruppe im Blick hatte und die strukturellen Voraussetzungen bot (u.a. Grafikbüro und Vertrieb). Die Recherche der Inhalte, konzeptionelle Überlegungen, die Ausarbeitung der Plakatinhalte sowie das Verfassen der Texte

---

3 Stäbler, Wolfgang: Ist Migration museumsreif? Überlegungen zum Umgang mit der Sachkultur von Zuwanderern, Tagung in Nürnberg 4.4.2011, in: Museum heute 40 (2011), S. 33.
4 Pledl, Wolfgang: Ist Migration museumsreif? Vorüberlegungen zur Fachtagung am 4. April 2011 in Nürnberg, in: Schönere Heimat 2011 (1), S. 68.
5 Exemplarisch zu nennen ist hier die Initiative des Dokumentationszentrums und Museums über die Migration in Deutschland e.V. (DOMiD), URL: https://www.domid.org/de/domid, letzter Zugriff: 15.10.2018.
6 Die Bayerische Museumsakademie wurde 2011 gegründet und ist eine gemeinsame Einrichtung des Museumspädagogischen Zentrums München (MPZ), der Landesstelle für die nichtstaatlichen Museen in Bayern und des Instituts für Bayerische Geschichte an der Ludwig-Maximilians-Universität München. Sitz und Geschäftsstelle liegen beim MPZ.

nach Grundsätzen der Textoptimierung wurde in Abstimmung mit der Landeszentrale von sechs Teilnehmenden des Zertifizierungskurses der BMA[7] erarbeitet. Alle Teammitglieder hatten bereits über die Bayerische Museumsakademie, Praktika oder Mitarbeit an anderen Ausstellungsprojekten Erfahrung im Museumsbereich gesammelt und konnten diese im Zusammenspiel mit ihrer fachlichen Qualifikation in das Projekt einbringen.

Im Vorhinein fest stand die Form einer Plakatausstellung für Schülerinnen und Schüler, die sich mit dem Thema „Migration in Bayern" auseinandersetzen sollte. Die Plakate orientieren sich an den Grundsätzen der Museumsarbeit und ermöglichen es, komplexe Informationen prägnant und in verständlicher Form darzustellen. Auf einer überschaubaren Anzahl von Plakaten werden wesentliche Inhalte zu einem Thema zusammengefasst, textlich erläutert und über Bildmaterial sowie Zitate veranschaulicht und vermittelt. Die großen Vorteile der Plakatausstellung sind neben ihrer handhabbaren Form, dem unkomplizierten und hürdenlosen Einsatz, dem hohen Verbreitungsgrad durch beliebig hohe Auflagen auch die Möglichkeit ihrer hohen Zielgruppenspezifizierung. Eine Plakatausstellung für Schulen kann somit in der Gesamtheit vermutlich mehr Besucherinnen und Besucher erreichen als so manche Sonderausstellung in etablierten Sammlungshäusern.

Das Projektteam entschied sich für einen einheitlichen Aufbau der Plakate mit Titelbild und Haupttext im Zentrum. Der Informationstext besteht aus maximal 20 Zeilen mit je 60 Zeichen. Dies ist Grundlage für eine komfortable Lesbarkeit und damit für die Vermittlungskraft der Texte. Weitere Abbildungen mit Bildunterschriften vertiefen und veranschaulichen den Plakatinhalt. Zitate schaffen eine persönliche Ebene, die die Zugänglichkeit der einzelnen Themen erleichtert.

Die Plakatausstellung besteht aus acht Plakaten und zwei Leerplakaten. Das Einleitungsplakat „Zuwanderungsland Bayern? Migration als Teil unserer Gesellschaft" befasst sich allgemein mit dem Thema der Ein- und Auswanderung nach und von Bayern.

---

[7] Die BMA bietet seit 2015 einen Zertifizierungskurs für fortgeschrittene Studierende sowie Absolventinnen und Absolventen kurz nach ihrem Studienabschluss als eine Weiterbildung im Bereich Museumswesen an. Im Rahmen der Zertifizierung absolvieren die Teilnehmenden verschiedene Module, indem sie Veranstaltungen der Bayerischen Museumsakademie besuchen und einzelne Leistungsnachweise erbringen. Ziel ist es einen Überblick über das Museumsfach zu bekommen, mit den Herausforderungen der Museumspraxis vertraut zu werden und hierfür grundlegende Kompetenzen zu erwerben. Teil der Ausbildung ist auch die Mitarbeit an einem Ausstellungsprojekt – von der Konzeptions- bis zur Umsetzungsphase. Für sechs Absolventinnen und Absolventen des Zertifizierungskurses bildete die Plakatausstellung „Migration in Bayern" eben dieses Ausstellungsprojekt im Rahmen ihrer Weiterbildung, URL: https://www.bayerische-museumsakademie.de/de/die-akademie/zertifizierung/index.html, letzter Zugriff: 23.08.2018.

Zeitlich setzt die Ausstellung, wie der Titel schon sagt, mit dem Ende des Zweiten Weltkriegs an und ist chronologisch aufgebaut. Für alle Einzelplakate in der Folge gilt der gleiche Grundsatz: Im Zentrum der Darstellung steht das Ankommen und Leben der Neubürger in Bayern, nicht ihre vorhergegangene Migrationsgeschichte.

Auf das Einleitungsplakat bauen sieben Poster mit jeweils spezifischen Themenschwerpunkten auf: Vertriebe und Geflüchtete nach dem Zweiten Weltkrieg, Aussiedler und Spätaussiedler, „Gastarbeiter", deutsch-deutsche Binnenmigration, Heimat auf Zeit[8], moderne Arbeitsmigration und die jüngsten Fluchtbewegungen nach Europa. Für letzteres wurden seitens der Plakatautoren eigenständige Interviews geführt, deren Inhalte sich als Zitate auf dem Plakat wiederfinden.

Eine weiterführende Auseinandersetzung mit dem Thema kann über die Bearbeitung der mitgelieferten Leerplakate erfolgen. Zwei Plakate im Ausstellungsdesign werden im Set mitgeliefert und können für die Ergänzung der Ausstellung durch regionale Bezüge genutzt werden.[9] So kann die Plakatausstellung individuell und partizipativ eingesetzt werden. Den Schülerinnen und Schülern soll ermöglicht werden, selbst zu Ausstellungsmachern zu werden und Inhalte zum Thema ‚Migration' zu erarbeiten. Hierfür bieten sich lokale Beispiele an, die im unmittelbaren Umfeld der Kinder und Jugendlichen eine lebensnahe Rolle spielen. Je nach lokalen Voraussetzungen bieten sich unterschiedliche thematische Schwerpunkte an: Gab es z.B. Vertriebenensiedlungen nach 1945 im Ort? Hatte die Öffnung der Grenze 1989 besondere Einflüsse auf den Heimatort? Beschäftigte die örtliche Industrie „Gastarbeiter"? Arbeiten heutzutage Saisonarbeiter in der Nähe? Da Migration ein vielschichtiges und überregionales Thema ist, lassen sich überall lokale Anknüpfungspunkte finden.

Für die Lehrkräfte wurde eine Begleitbroschüre entwickelt, um die weiterführende Arbeit mit der Plakatreihe zu erleichtern. Sie bietet inhaltliche Ergänzungen, Literaturempfehlungen sowie Impulsfragen, die den Lehrkräften eine Einbettung und Vertiefung des Themas ermöglichen.

Im Zentrum der konzeptionellen Überlegungen zur Plakatausstellung stand eine

---

[8] Das sechste Plakat stellt die Chronologie der Plakatreihe etwas auf die Probe. Es setzt sich mit Bayern als Zufluchtsort der zweiten Hälfte des 20. Jahrhundert auseinander. Thematisiert werden hier Migrationsformen, die aus verschiedenen Gründen nicht von Dauer sind. Die Spannweite reicht hier von den Displaced Persons nach dem Zweiten Weltkrieg bis zur Asylthematik in den 90er Jahren. Dies erfordert einen Spagat für Plakatautoren und Schüler gleichermaßen. Dennoch ermöglicht es einen besonderen Querschnittsblick auf Migration und die oftmals prägende Fremdbestimmung von Migranten in existenziellen Situationen.

[9] Die Plakatausstellung kann über die Bayerische Landeszentrale für politische Bildungsarbeit bezogen werden. Die Plakate sind als E-Paper ebenso online einsehbar: URL: http://www.blz.bayern. de/publikation/plakatsatz-migration-in-bayern.html, letzter Zugriff: 25.10.2018.

breite Zielgruppe: Schülerinnen und Schüler der Mittelschulen, Realschulen und Gymnasien in den Jahrgangsstufen 5-10. Die Begleitbroschüre ermöglicht es den Lehrkräften, die Auseinandersetzung mit der Ausstellung den Anforderungen der jeweiligen Schulart und Jahrgangsstufe anzupassen. Die Anwendung im Schulunterricht kann sich von einer Bearbeitung im Rahmen weniger Schulstunden bis zu einer ausgedehnten Projektarbeit über einen längeren Zeitraum hinweg erstrecken. Das in der Begleitbroschüre enthaltene Material kann Grundlage für eine intensive Auseinandersetzung mit verschiedenen Teilaspekten des Themenfelds Migration sein. Die Leerplakate ermöglichen eine angeleitete Projektarbeit der Schüler, die sich mit lokaler Recherche verknüpfen lässt.

„Wieviel Heimat braucht der Mensch?"
Diese Frage wirft das Einleitungswort der Leiter der beiden verantwortlichen Institutionen, Harald Parigger und Josef Kirmeier, im Vorwort der Begleitbroschüre zur Ausstellung auf und bezieht sich dabei auf den Essay Jean Amérys aus seiner Sammlung „Jenseits von Schuld und Sühne".[10] Améry schreibt über seine Ankunft in Belgien: „Es war ein langer Weg durch die Nacht. Der Schnee lag kniehoch; die schwarzen Tannen sahen nicht anders aus als ihre Schwestern in der Heimat, aber es waren schon belgische Tannen, wir wußten, daß sie uns nicht haben wollten."[11] Fremdheit ist abstrakt und konstruiert – eine Frage der Perspektive auf sich und das Umfeld. Dies tritt aus Amérys Worten deutlich hervor. Die Auseinandersetzung mit Konstruktion von Heimaten und Identitäten ist besonders an Migrationsgeschichten deutlich herauszuarbeiten.

Die Plakatausstellung „Migration in Bayern nach 1945" kann auf verschiedenen Ebenen einen Beitrag zu dieser Auseinandersetzung und der Frage nach Identität und Heimat leisten. Indem sich die Schülerinnen und Schüler auf verschiedenen (Zeit-) Ebenen mit Migration beschäftigen, werden sie dazu angeregt, sich damit auseinanderzusetzen, was die Begriffe ‚Heimat' und ‚Identität' für sie bedeuten. So kann die Auseinandersetzung mit Ein- und Auswanderung sowie Integration Impulse zu einem reflektierten Umgang mit Heimat und Identität geben. Den konkreten Bezugsrahmen bildet die eigene Umwelt, das eigene Erleben vor Ort. Die Erfahrung der Auseinandersetzung mit Migration vor diesem Hintergrund kann identitätsstiftend und integrativ wirken. Die Ausstellung zeigt verschiedene Ursachen und Formen von

---

10 Parigger, Harald/Kirmeier, Josef: Vorwort der Begleitbroschüre der Plakatausstellung „Migration in Bayern nach 1945", zitiert nach Améry, Jean: Jenseits von Schuld und Sühne. Bewältigungsversuche eines Überwältigten, 8. überarb. Auflage, Stuttgart 2014, S. 82.
11 Améry 2014, S. 82.

Wanderungsbewegungen vor allem nach Bayern. Über die Inhalte der Ausstellung wird argumentiert, dass Migration vor allem in der zweiten Hälfte des 20. Jahrhunderts konstituierend für den modernen Freistaat ist. Indem also Migration zu einem bayerischen Thema wird, schafft es zahlreiche Anknüpfungspunkte für Kinder und Jugendliche in unseren Schulen, deren Familien vielleicht selbst Teil der Migrationsgeschichte des Landes sind. Eine bayerische Migrationsgeschichte kann damit identitätsstiftend – und zwar inklusiv statt ausgrenzend – sein. Eine Botschaft, die die Plakatausstellung zu transportieren versucht.

Lehrkräfte sind in Bayern laut Art. 131 Abs. 3 der Bayerischen Verfassung unter anderem dazu angehalten, die Schulklassen „in der Liebe zur bayerischen Heimat" zu erziehen. So unkonkret diese Formulierung für die Praxis ist, stellt sie damit Lehrkräfte in die Pflicht, sich mit dem Heimatbegriff auseinanderzusetzen, was immer aus dem zeitlichen Kontext neu hinterfragt und diskutiert werden muss. Es geht bei diesem Thema in erster Linie um Identität(-en). Diese können sich vielfach überlappen, ohne dabei individuelle Heimat(-en) zu gefährden.[12] Die Auseinandersetzung mit Migrationsgeschichte und ihre unmittelbaren gesellschaftlichen Folgen kann uns dies lehren und die Fortentwicklung einer Heimatidee befördern. Besonders gewinnbringend kann dabei die Zusammenarbeit mit örtlichen Kooperationspartnern sein. Mögliche Ansprechpartner sind kommunale Verwaltungen, Archive, Stadt- oder Heimatmuseen, Kirchen, Religionsgemeinschaften und Vereine. Kooperationen können außerdem Möglichkeiten schaffen, die Ausstellung sowie die begleitende Projektarbeit der Schüler auch außerhalb des Schulrahmens zu präsentieren. Die Schule kann hier einen wesentlichen Beitrag leisten, bayerische Migrationsgeschichte in den Städten und Gemeinden präsent zu machen und so verengten und von Sorgen geprägten Sichtweisen auf gegenwärtige Entwicklungen entgegenzuwirken.

Die Schülerinnen und Schüler sind zum einen Ausstellungsbesucher, die sich unterstützt durch ihre Lehrkraft den Inhalten kritisch nähern. Die Leerplakate schaffen zusätzlichen Raum für eigene Gestaltung und machen die Schüler damit selbst zu Schreibern von Migrationsgeschichte. Diese partizipative Herangehensweise fördert die Reflexionsfähigkeit der Kinder und Jugendlichen und ermöglicht einen Perspektivwechsel.

---

12 Schütz, Ernst: Schule - Museum - Archiv. Wie Sie mit Schulklassen eine historische Ausstellung für die Öffentlichkeit gestalten können, München 2017, S. 23.

Bis heute findet die Geschichte der demokratischen Tradition Bayerns, seiner Geschichte nach 1945 mit Themen wie Demokratie, Gesellschaft und Migration noch viel zu wenig Niederschlag in den Museen und Ausstellungshäusern. Das flexible Format einer Plakatausstellung kann hier einen Anstoß bieten und sogar über die Schule hinaus ihre Plattform finden. Kommunen und Kirchen beispielsweise können das Thema rund um die Ausstellung aufgreifen und vertiefen. Für die Erinnerung der demokratischen Tradition Bayerns und der Nachkriegsgeschichte des Landes bedarf es vor allem auf lokaler Ebene die Initiative einzelner Akteure. Die Posterausstellung bietet hier einen niederschwelligen Einstieg – nicht nur für Schulen.[13]

LITERATUR

Améry, Jean: Jenseits von Schuld und Sühne. Bewältigungsversuche eines Überwältigten, 8. überarb. Auflage, Stuttgart 2014.
Pledl, Wolfgang: Ist Migration museumsreif? Vorüberlegungen zur Fachtagung am 4. April 2011 in Nürnberg, in: Schönere Heimat 1 (2011), S. 68.
Schütz, Ernst: Schule - Museum - Archiv. Wie Sie mit Schulklassen eine historische Ausstellung für die Öffentlichkeit gestalten können. München 2017.
Stäbler, Wolfgang: Ist Migration museumsreif? Überlegungen zum Umgang mit der Sachkultur von Zuwanderern, Tagung in Nürnberg 4.4.2011, in: Museum heute 40 (2011), S. 33.
Ziegler, Walter: Flüchtlinge und Vertriebene, publiziert am 06.09.2011, in: Historisches Lexikon Bayerns, URL: http://www.historisches-lexikon-bayerns.de/Lexikon/ Flüchtlinge_und_Vertriebene.

---

13 Die Bayerische Landeszentrale für politische Bildungsarbeit und die Bayerische Museumsakademie sind mit der Vorbereitung einer weiteren Plakatreihe beschäftigt. Sie wird sich dem Thema Strukturwandel in Bayern nach 1945 widmen. Ein politisches, wirtschaftliches und gesellschaftliches Themenfeld, für das Migration ebenso eine Rolle spielt.

„Museumsreif. Warum das Oberhaus auch abgewracktes ausstellt".[1]
Die Sonderausstellung *Passau von 1950 bis heute.*
Das Oberhausmuseum sucht Geschichte.

Stefanie Buchhold

Der Beginn des 21. Jahrhundert ist ein schlechter Platz für alte Gewissheiten. Auch kulturhistorische Museen müssen angesichts des digitalen Wandels, der weltweiten Vernetzung, der globale Migration und der politischen Radikalisierung ihre bisherige gesellschaftliche Rolle überdenken und ein neues Selbstverständnis entwickeln. Dabei sollten sie den gesellschaftlichen Wandel als Chance begreifen, um an gesellschaftlicher Relevanz zu gewinnen.

Seit ihrer Gründung ist die Aufgabe der Museen die Vermittlung eines festgelegten Kunst- und Wissenschaftskanon, den der Ausstellungskurator interpretiert. Der Besucher ist stets passiver Rezipient des präsentierten Diskurses.

Doch der gesellschaftliche Wandel durch Fragmentierung, zunehmende Heterogenität, der Auflösung sozialer Milieus und traditionaler christlicher Bindungen stellen die kulturhistorischen Museen vor neue Herausforderungen. Der Wandel stellt sowohl die kulturelle Deutungshoheit der Museen als auch den zugrunde liegenden gültigen europäischen Kunstkanon in Frage.[2]

‚Heimat' – ein subjektives Gefühl

Angesichts der globalen Unsicherheiten erfährt der Begriff ‚Heimat' eine neue Aktualität und Konjunktur. ‚Heimat' ist emotional und subjektiv. Es speist sich aus dem Gefühl der Zugehörigkeit, den sinnlichen Erlebnissen der Kindheit und Jugend, wie z.B. Düfte, Klänge, Bilder. Damit unterscheidet sie sich von der kulturellen Identität, die auf geistigen Erlebnissen basiert und so intellektuell erworben wird. Heimat wird subjektiv erlebt. Sie ist ein metaphysisch schwebender, emotionaler Begriff, ein imaginärer ‚Ort', der unabhängig von Zeit und Geographie existiert. Heimat meint daher mehr als den Geburtsort eines Menschen.[3] Hannes Ringlstetter, niederbayerischer

---

1 Titelgeschichte des Stadtmagazins Pasta!, Ausgabe März 2017.

2 Siehe dazu exemplarisch Gesser, Susanne, Handschin, Martin, Jannelli, Angela, Lichtensteiger, Sibylle (Hgg.), Das Partizipative Museum. Zwischen Teilhabe und User Generated Content. Neue Anforderungen an kulturhistorische Ausstellungen, Bielefeld 2012; Pellengahr, Astrid (Hg.), Der Spiegel der Stadtkultur. Stadtmuseen vor neuen Herausforderungen, München 2016.

3 Dorn, Thea: deutsch, nicht dumpf. Ein Leitfaden für aufgeklärte Patrioten, München 2018, S. 137ff. Dabei beschrieb im süddeutschen Raum ‚Heimat' ursprünglich lediglich den gesamten elterlichen Hofbesitz. Im 19. Jahrhundert begann er allerdings im Kontext von Industrialisierung und

Kabarettist fasste ‚Heimat' treffend zusammen: „Freunde, Familie. Emotionale Verortung also. [...] Heimat ist im Fluss."[4]

Kulturhistorische Museen als ‚Heimatort'

Ist aber nicht gerade auch die Institution des kulturhistorischen Museums, das Vergangenes, Verlorenes sammelt, bewahrt und ausstellt, ein prädestinierter Ort für ‚Heimat'? Das Museum kann zum Heimatbewahrer werden und emotionale Heimaterfahrung herstellen.

In Zeiten der gesellschaftlichen Teilhabe, der Fragmentierung und des gesellschaftlichen Pluralismus kann dies bloß durch kollektive Teilhabe und Verhandlungsprozesse gelingen. Voraussetzung ist also ein achtsamer Umgang mit dem Begriff ‚Heimat'. Nur so kann eine neue gemeinschaftliche Erzählung von Heimat überzeugen. Der Kurator kann nicht mehr alleine entscheiden, was denn Heimat eigentlich ist. Das Museum kann deshalb nur die Rolle des Moderators übernehmen, an dem verhandelt wird, was Heimat eigentlich ausmacht.

Wer ‚Heimat' als kollektiven Identitätsbegriff versteht, den es durch die Institution Museum zu vermitteln gilt, instrumentalisiert die Museen für eine bewusste gesellschaftspolitische Identitätspolitik.

‚Heimat' zu sammeln, zu bewahren und auszustellen, kann nur glaubhaft und seriös gelingen, wenn zugelassen wird, dass Heimat subjektiv, individuell und emotional ist. Dies geht nur, wenn sich das Museum nicht als objektive, allwissende Wissenschaftsinstitution versteht, sondern als Ort, an dem subjektive Erlebnisse verhandelt werden können. Hier bieten partizipative Ansätze eine Möglichkeit, ‚Heimat' gerecht zu werden.[5]

Subjektiv und emotional – partizipatives Arbeiten im Museum

Aber was heißt und was bedeutet Partizipation? Zunächst kann unter dem Begriff ‚Partizipation' alle Kommunikation mit dem Besucher verstanden werden. Damit fällt strenggenommen schon das Aufhängen eines Objektschildes unter partizipatives Arbeiten. Dies birgt allerdings die Gefahr der Beliebigkeit des Begriffs ‚Partizipation'[6].

Auswanderung eine neue Bedeutung zu gewinnen, Dorn 2018, S. 140.
4   Zit. nach Ringlstetter, Hannes, Der Bayer ist ein widersprüchliches Wesen, Interview im Münchner Merkur vom 27. August 2016.
5   Beispielgebend die Ausstellung des Stapferhauses in Lenzburg (Schweiz) zum Thema ‚Heimat. Eine Grenzerfahrung' vom 11. März 2017 bis 25. März 2018.
6   Zur Begriffsentwicklung und Definition von ‚Partizipation' – auch im internationalen Kontext – grundlegend Piontek, Anja, Museum und Partizipation. Theorie und Praxis kooperativer Ausstellungsprojekte und Beteiligungsangebote, Bielefeld 2017, S. 69-84.

Stefanie Buchhold

Partizipation kann von passiver Beteiligung, bei dem der Partizipient nur als Rezipient auftritt, bis zur aktiven Betätigung reichen, bei der der Partizipient als Akteur auftritt.[7] Aus diesem Grund wird in der Literatur für eine Definitionsschärfung plädiert. So sollte unter Partizipation tatsächlich die aktive Teilnahme im Sinne von Mitgestalten und Mitentscheiden gemeint sein, die über ein bloßes (Mit-)Machen hinausreicht.[8] Wobei Beteiligung auf verschiedenen Ebenen und Dimensionen stattfinden kann. Es sind Fragen unter anderem nach Zielsetzungen, Akteuren, Kommunikationsprozessen, dem Ort oder der Reichweite zu klären.[9] Die Kuratoren verlieren ihre alleinige Deutungshoheit über Inhalte und Objekte, die nicht mehr ausschließlich wissenschaftlichen Kriterien genügen müssen. Partizipation in diesem Sinne bedeutet für die Museen einen tiefgreifenden Wandel und verändert ihr Selbstverständnis als kulturelle Bildungs- und Wissenschaftsinstitution.[10]

Das partizipative Ausstellungsprojekt *Passau von 1950 bis heute. Das Oberhausmuseum sucht Geschichte.*

Partizipation in der Museumsarbeit ist also ein durchaus anspruchsvolles Unterfangen. Das Oberhausmuseum wagte sich 2016/2017 im Rahmen der Sonderausstellung *Passau von 1950 bis heute. Das Oberhausmuseum sucht Geschichte.* an ein solches partizipatives Projekt.

Das Museum befindet sich seit 1952 in den Räumlichkeiten der Veste Oberhaus, die auf dem Georgsberg oberhalb der Passauer Altstadt thront. Die Veste – bis 1803 Residenz und militärische Festung der Passauer Fürstbischöfe – gehört heute zu den wichtigsten touristischen Sehenswürdigkeiten der Stadt. Gleichzeitig beherbergt das Oberhausmuseum auch die städtischen Sammlungen, wobei seit den 1980er Jahren in erster Linie die Bestände um zeitgenössische Kunst erweitert wurden. Damit verstand sich das Oberhausmuseum in erste Linie als Kunstmuseum und weniger als Stadtmuseum. Somit besitzt das Oberhausmuseum, wie im übrigen viele Stadtmuseen, keine Sammlung zur Zeitgeschichte nach 1945.

Doch gerade die jüngsten Ereignisse, wie das Jahrtausendhochwasser an der Donau im Jahr 2013 sowie die Öffnung der Grenzen im Jahr 2015, machten immer deutlicher,

---

7 Piontek, Anja, Partizipation und Museum: Spannend und spannungsreich zugleich, in: museum heute Band 53 (2018), S. 58-61, hier S. 59
8 Piontek 2017, S. 85-91
9 Piontek 2017, S. 185.
10 Kritisch Murr, Karl Borromäus, Kommunikation, Interaktion und Partizipation im Staatlichen Textil- und Industriemuseum Augsburg (tim), in: Wenrich, Rainer, Kirmeier, Josef (Hgg.), Kommunikation, Interaktion, Partizipation. Kunst- und Kulturvermittlung im Museum am Beginn des 21. Jahrhunderts, Barleben 2016, S. 61-75, hier S. 74f.

daß der Aufbau einer Sammlung zur Passauer Zeitgeschichte dringend geboten ist. Zumal die Präsentation der Dauerausstellung, die bisher im Jahr 1803 endet, mittelfristig überarbeitet werden muß, um diese bis in die jüngste Zeitgeschichte fortzusetzen.

Aus diesen Gründen initiierte das Oberhausmuseum im Jahr 2016 das Ausstellungsprojekt *Passau von 1950 bis heute. Das Oberhausmuseum sucht Geschichte,* das vom 20. Juli 2017 bis zum 6. Januar 2018 im Museum zu sehen war. Dabei wollte das kuratorische Team nicht im stillen Kämmerlein entscheiden, welche Ereignisse und Themen in der jüngsten Zeitgeschichte Passaus ausstellenswert waren und welche nicht. Die Passauer Bevölkerung sollte vielmehr mitentscheiden können und wurde aufgerufen, sich aktiv mit ihren persönlichen Geschichten und Objekten einzubringen. Dabei stellte das Kuratorenteam folgende Fragen: Welche Ereignisse und Themen haben ihrer Meinung nach die Stadt geprägt? Welche persönlichen Erlebnisse, Geschichten oder Anekdoten haben Sie erlebt? Welche Ereignisse sind Ihnen wichtig? Welche Objekte haben Sie aufgehoben?

Das Ausstellungsprojekt und sein partizipativer Ansatz bedeutete eine Öffnung des Museums zur Stadtgesellschaft und markierte mit dem Sammlungsaufruf zu Objekten der Alltagsgeschichte einen Bruch mit der bisherigen Sammlungspolitik. Ablesbar war dies an der Reaktion der örtlichen Presse, die angesichts dieses Experiments zwischen Verunsicherung, Ratlosigkeit und Neugier schwankte. So titelte das Passauer Stadtmagazin *Pasta!* auf dem Cover seiner Märzausgabe: „Museumsreif. Warum das Oberhaus auch abgewracktes ausstellt".[11]

Titel der Märzausgabe des Stadtmagazins Pasta!
Cornelius Martens, Pasta!

---

11 Zit. nach Pasta!, Ausgabe März 2017.

Stefanie Buchhold

Die Rolle der sozialen Medien für die Sammlungsaufrufe

Die Sammlungsaufrufe wurden im Lokalteil der Passauer Neuen Presse (PNP) sowie über die social media Kanäle (Facebook, Museumsblog) an die Öffentlichkeit kommuniziert, wobei in erster Linie über Facebook die erfolgreiche Aktivierung der Passauer Bürger gelang. Am 23. November 2016 postete das Oberhausmuseum unter dem Titel „Das Oberhaus sucht Geschichte" die Frage: „Haben Sie Objekte daheim, die eine spannende Geschichte zu den großen und kleinen Ereignissen in Passau erzählen?". Diesem ersten Post folgten insgesamt über 40 weitere Beiträge auf der eigenen Seite wie auch in einschlägigen lokalen Facebookgruppen, wie beispielsweise *Du kommst aus Passauer, wenn...*, die wiederum fleißig teilten und damit weiter kommunizierten. Ab Mai 2017 wurden in einem Facebookalbum *Gesucht – gefunden!* 10 Sammelobjekte präsentiert, die aus Platzgründen nicht in der Ausstellung gezeigt wurden. Insgesamt hatten alle Beiträge eine Reichweite von über 51.000 Nutzern. Daneben erschien auf dem Blog des Museums der Aufruf „Sammelaktion für die Sonderausstellung", der wiederum über Facebook geteilt wurde.

Erster Sammlungsaufruf vom 23. November 2016 auf Facebook Oberhausmuseum

Neben den social media Kanälen gab es auch eine eigene Kooperation mit der Lokalredaktion der PNP. Am 17. Februar 2017 titelte die PNP „Heute ist Sammel-Freitag. Museum sucht alltägliches – Annahme in Stadtgalerie" eine Sammelaktion des Museums im örtlichen Einkaufscenter. Hier gaben Passauer Bürger 70 Objekte am eigens dafür aufgebauten Infostand ab. Ab Mai 2017 startete – parallel zur Facebookaktion *Gesucht – gefunden!* eine 10-wöchige Sonderserie in der PNP mit 10 Objekten, die teilweise von ihren Spendern vorgestellt wurden.

Insgesamt wurden so zwischen November 2016 und Juli 2017 200 Objekte von rund 300 Passauern abgeben bzw. als Leihgabe für die Sonderausstellung zur Verfügung gestellt. 160 Objekte wurden dann auf einer Fläche von 200 Quadratmetern zwischen Juli 2017 und Januar 2018 präsentiert.

Der achtsame Umgang mit Objektgebern

Die Sammlungsaufrufe waren also sehr erfolgreich. Allerdings stellen solche Sammlungsaktionen besondere Herausforderungen für das Kuratorenteam dar. Ein achtsamer Umgang mit Leihgebern ist die wichtigste Voraussetzung für eine erfolgreiche Sammelaktion. Zunächst muß sich das Museum klar werden, welche Rolle der Objektgeber einnehmen soll. Ist er gleichberechtigter Kurator und bestimmt über Ort und Kontext des Objektes in der Ausstellung mit? Das Oberhausmuseum kommunizierte schon im Eingangsgespräch klar, daß sich das Kuratorenteam die Entscheidung über Präsentation und die thematische Platzierung in der Ausstellung vorbehalten würde. Durch die offene Kommunikation, so zeigte die Erfahrung, wurde die Entscheidungshoheit des Kuratorenteams von den Objektgebern akzeptiert.

Die Vorüberlegungen zur Rolle der Objektgeber sowie die offene Kommunikation zu den Bedingungen einer Zusammenarbeit sind auch deshalb so wichtig, da die Bürger zu ihren Objekten eine hohe emotionale Bindung besaßen, da sie mit ihren Objekten sehr persönliche Erlebnisse und Erinnerungen verbanden.

Überhaupt bilden Objekt und Geschichte eine Einheit, da ein Alltagsobjekt oftmals erst durch seine persönliche Geschichte mit historischer Bedeutung aufgeladen wird. Das verpflichtet das Kuratorenteam zu einer sauberen Dokumentation der Objektbiographien und deren Eigentümer, der mit einem hohen Zeit- und Personalaufwand verbunden ist. Wichtig war in diesem Zusammenhang auch, dass es für alle Anfragen *einen* festen Ansprechpartner gab, der die Objektangebote dokumentierte, verwaltete und vor allem zu den Leihgebern eine persönliche Verbindung aufbaute. Diese persönliche Bindung war auch deshalb so wichtig, da es eine Hemmschwelle gab, banale Alltagsgegenstände als Objekte vorzuschlagen. Viele Spender fragten sich, ob ihre Objekte überhaupt ausstellungswürdig seien. Hier war das persönliche Gespräch wichtig, um Vertrauen aufzubauen. Oft kamen Passauer zunächst mit Flachware wie Fotos oder – spezifisch für Passau – Konzerttickets der Nibelungenhalle ins Museum. Erst in persönlichen Gesprächen ergaben sich dann weitere 3D Objekte mit emotionalen Geschichten oder auch Hinweise auf weitere Leihgeber mit spannenden Geschichten. So wurde der Sammlungsaufruf im Laufe des Projekts zur Entdeckungsreise und Schatzsuche quer durch Passauer Familien. Wobei dem Museum schmerzlich bewusst wurde, daß viele Alltagsobjekte und Erinnerungen durch das Jahrhunderthochwasser von 2013 unwiederbringlich vernichtet worden waren.

Stefanie Buchhold

„Das Wohnzimmer der Passauer Erinnerungen"[12]

Aus den eingelieferten Objekten kuratierte ein Team aus wissenschaftlichen Mitarbeitern und Museumspädagogen die Ausstellung. Dabei bestimmten die gesammelten Objekte und ihre Geschichte die Themenauswahl, die sich nur bedingt an der offiziellen „objektiven" Geschichte orientierte. Themen, die zwar von den Passauern als wichtig erachtet wurden, zu denen aber gar keine oder nur Einzelstücke vorlagen,

Blick in die Ausstellungseinheit zur „Niha"; vorne im Bild die „Niha-Uhr"
pedagrafie

mussten – auch aus Platzgründen – weggelassen werden. Das Thema Sportvereine, die zwar in Passau eine große Rolle spielen, aber zu denen nur verstreute Objekte vorlagen, wurde in der Kunstnacht am 14. Juli 2017 als Vorschau zur kurz darauf startenden Sonderausstellung präsentiert.

Ziel der Sonderausstellung war es nicht, eine abschließende, vollständige und

---

12 Zit. nach „Wohnzimmer der Passauer Erinnerungen. Ausstellung ‚Passau von 1950 bis heute – Das Oberhausmuseum sucht Geschichte' gestern mit 350 Gästen eröffnet", in Passauer Neue Presse vom 20. Juli 2017.

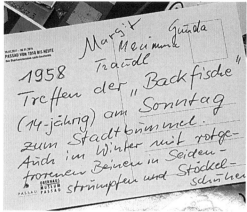 

Postkarte zur Verabredung „an der Uhr"
Oberhausmuseum

Fotogalerie der Ilzer Perlen
pedagrafie

objektive Geschichte der jüngsten Zeitgeschichte Passaus zu präsentieren. Die Ausstellung war bewusst lückenhaft, emotional und subjektiv gestaltet. Erklärende Texte beschränkten sich auf einen kurzen Einführungstext zur jeweiligen Ausstellungseinheit und Thema sowie kurzen Objekttexten. Für den Nicht-Passauer war die Ausstellung damit schwer zu verstehen, während bei den einheimischen Besuchern die Objekte mit ihrer hohen Symbolkraft sofort emotionale Erinnerungen und Bilder auslösten.

Die Ausstellung war in drei Kapitel unterteilt: „Traditionen", „Umbrüche" und „Passau kann Krise". Im Kapitel „Traditionen" wurden die Themen Nibelungenhalle („Niha"), Passauer Neue Presse, die Katholische Kirche, das Scharfrichter Haus, die Europäische Wochen und das Ilzer Haferlfest behandelt. Dabei nahm die Niha eine Sonderstellung ein. Hier wurde mit der Uhr, die einst vor der Niha gestanden hatte, eine Ikone der Passauer Alltagsgeschichte präsentiert. Die Uhr war Treffpunkt für Verabredungen vor allem im Rahmen der jährlichen Dulten. Hierzu gab es eine Aktivstation, an der auf Postkarten Erlebnisse, Erinnerungen an Verabredungen „an der Uhr" aufgeschrieben und an einem Whiteboard aufgehängt werden konnten. Dem Museum ist damit ein Schatz an über 200 Postkarten gefüllt mit Erinnerungen in der Ausstellung erwachsen. Viele Passauer verabredeten sich extra im Museum „an der Uhr". Das Ilzer Haferlfest, ein Stadtteilfest in der Passauer Ilzstadt, war unter anderem mit einer Fotogalerie der Ilzer Perle vertreten. Die ausgewählten Perlen – junge Frauen aus alteingesessenen Ilzer Familien, die dem Fest jährlich repräsentativ vorstehen – legten Wert, mit einem – aus Sicht der Perle – angemessenen Foto vertreten zu sein. Hier

Stefanie Buchhold

Blick in die Ausstellungseinheit zum „Einkaufen"; in der linken Vitrine oberhalb des Fotoalbums ist der „Würstchenteller" platziert
pedagrafie

gab es teilweise hoch emotionale Mails, Telefonate und persönlich Gespräche mit der Museumsleitung, um dies sicherzustellen. Die Porträtwand wurde zum Gradmesser des Status der dort vertretenen Ilzer Familien.

Das Kapitel „Umbrüche" behandelte das Bauprojekt „Neue Mitte", die Dulten, das Thema Einkaufen, die Stadt- und Verkehrsplanung und „Passauer Institutionen" (Promenadenlichtspiele, das Wirtshaus Apfelkoch und das Bschütt Bad). Hier erwies sich der beim Thema Einkaufen präsentierte „Würstchenteller" als emotionales Erinnerungsobjekt, der vom samstäglichen Einkaufsausflug mit der Mutter erzählte,

Blick in die Ausstellungseinheit zu den „Passauer Institutionen"; in der Bildmitte die Kinosessel aus dem „Proli"
pedagrafie

dessen Höhepunkt das gemeinsame Würstelessen in der Cafeteria des örtlichen Bilka Kaufhauses bildete. Auch die ehemalige Promenadenlichtspiele („Proli") waren mit ihrer großen Leuchtreklame und Kinosesseln vertreten, auf denen die Besucher sofort Platz nehmen wollten – auch wenn die eingebauten Stellwände dafür nicht ausgelegt waren.

Das Kapitel „Passau kann Krise" war in der Ausstellung sicherlich das schwierigste, ging es hier doch um die Themen Jahrhunderthochwasser 2013 und die Grenzöffnung

Präsentation des Fotoprojekts „Mein Passau" in der Kunstnacht 2017
Tobias Schmidt

im Herbst 2015, die Passau als Grenzstadt zu Österreich besonders betraf. So führte die Präsentation einer Wasserprobe aus der Passauer Innstadt, die mit Heizöl kontaminiert war, schon innerhalb des Kuratorenteams zu hoch emotionalen Diskussionen. Eine Riechstation zu diesem Thema wurde verworfen, da befürchtet wurde, die Erinnerung an den Geruch könnten verdrängte traumatische Erlebnisse aufrufen.

An den gut besuchten Wochenenden wurden die Ausstellungsräume zum „Wohnzimmer" der Passauer. So beispielsweise am 3. Oktober, an dem bekannte Passauer Persönlichkeiten wie Walter Landshuter durch „ihre" Ausstellung – in diesem Fall zum Scharfrichterhaus – führten. Gerade in der Ausstellungseinheit „Umbrüche" diskutierten die Besucher lebhaft untereinander über den Wandel in der Innenstadt, den Hochwasserschutz oder die Verkehrssituation. Insgesamt sahen knapp 30.000 Passauer die Sonderausstellung *Passau von 1950 bis heute*.[13] Eine besondere Atmosphäre

---

[13] Auswertung der Erhebung der PLZ durch das Kassensystem des Museums.

herrschte bei der Präsentation von Amateurfilmen der 1950er bis 1970er Jahren *(Passauer Filmschätze)* durch Stadtarchivar Richard Schaffner an drei Abenden im Juli, August und September im historischen Burginnenhof, der an zwei von drei Terminen wegen Überfüllung geschlossen werden musste.

‚Heimat' im Rahmenprogramm
Das Rahmenprogram widmete sich dem Thema ‚Heimat'. Anknüpfend an das Thema ‚Grenzstadt' initiierte das Oberhausmuseum in Zusammenarbeit mit dem Refugee-Programm der Universität Passau, der Ehrenamtskoordinationsstelle der Stadt Passau sowie der Integrationshilfe Passau e.V. und dem Passauer Fotografenmeister Peter Geins das Fotoprojekt *Mein Passau*. Hier fotografierten Geflüchtete Plätze, die für sie ihre neue Heimat Passau bedeutete. Das Fotoprojekt wurde als Videoprojektion anlässlich der jährlichen Kunstnacht der Öffentlichkeit präsentiert.

Daneben zeigte Rudolf Klaffenböck seine Fotoserie zu den Ereignissen an den Grenzübergangen im Herbst 2015. Mit ‚Heimat' setzt sich auch das Fotoprojekt *Heimatgegenstand* auseinander, das in Kooperation mit der Grundschule St. Anton entstand. Hier präsentierten die Schüler ein Objekt, das für sie Heimat bedeutete. Das konnte neben einem Kuscheltier auch ein Kreuz oder der Koran sein. Die Fotos wurden während der Laufzeit der Sonderausstellung auf Stelen im Burginnenhof präsentiert.

Besuchererwartungen in partizipativen Projekten
Parallel zur Sonderausstellung fand zwischen Juli und September 2017 eine Besucherbefragung statt, die sich zwar an das Gesamtangebot in Veste und Museum richtete, aber speziell zu den Ausstellungen fragte: „Wie hat Ihnen die aktuelle Sonderausstellung gefallen?" Touristen besuchten die Sonderausstellung mehrheitlich nicht und bevorzugten die Dauerausstellungen zur mittelalterlichen Geschichte. Mit dem partizipativen Ansatz, Stadtgeschichte als subjektiv erlebbare Heimatgeschichte zu präsentieren und eben nicht historisch-didaktisch aufzubereiten, beschränkte sich die Zielgruppe bewusst auf die Passauer. So lautet auch das Besucherfeedback: „Wir sind aus Passau und es ist schön, alte Erinnerung wieder wach zurufen. Die Ausstellung übertrifft unsere Erwartungen."

Dieser subjektive, emotionale Ansatz kollidierte jedoch mit der Besuchererwartung an die Institution des Museums als allwissende Wissenschafts- und Bildungsinstitution, die Ausstellungsinhalte aufbereitet, um anhand von Exponaten möglichst umfänglich und objektiv historisches Wissen über die Epoche zu vermitteln. So bringt ein Besucher die enttäuschte Erwartung auf den Punkt: „Populär und reißerisch, ohne

Substanz". Partizipative Projekte rufen also nicht zwangsläufig große Zustimmung hervor, sondern können auch mit Besucherwartungen an die Kulturinstitution Museum kollidieren.

Partizipation als Herausforderung in der Museumsarbeit
Partizipative Projekte stellen Gewissheiten in Frage, was ein Museum ist, welche Rollen und Aufgaben es erfüllen sollte. Damit sind solche partizipativen Projekte auch immer ein Wagnis. Sie polarisieren, sie sind zeitintensiv und es gibt keine Garantie, dass sie gelingen. Sie sind immer ergebnisoffen und tragen das Risiko des Scheiterns in sich.

Auch berühren sie das Selbstverständnis der Museumswissenschaftler, deren wissenschaftliche Kompetenz nur eingeschränkt gebraucht wird. Auch die Frage, was sammelns- und ausstellenswert ist, wird dabei akut gestellt. Ist „abgewracktes" museumsreif oder kann das eigentlich weg? Sollen solche banalen Alltagsgegenstände in die museale Sammlung aufgenommen werden, obwohl sie ihren Wert alleine ihrer subjektiven persönlichen Geschichte verdanken, aber keinen kulturhistorischen Wert an sich besitzen?

Partizipative Projekte stellen Fragen an die Aufgaben und das Selbstverständnis der Museen sowie nicht zuletzt an ihre gesellschaftspolitische Relevanz. Fragen, die sich Museen angesichts des politischen Klimas in diesem Land in Zukunft vermehrt stellen müssen. Partizipative Ansätze bieten die Möglichkeiten Fragen nach ‚Heimat' zur Diskussion zu stellen, Identifikationen in einer zunehmend fragmentierten Gesellschaft anzubieten und damit den Museen neue Handlungsfelder zu erschließen.

LITERATUR

Dorn, Thea: deutsch, nicht dumpf. Ein Leitfaden für aufgeklärte Patrioten, München 2018.
Gesser, Susanne/Handschin, Martin/Jannelli, Angela/Lichtensteiger, Sibylle (Hg.): Das Partizipative Museum. Zwischen Teilhabe und User Generated Content. Neue Anforderungen an kulturhistorische Ausstellungen, Bielefeld 2012.
Murr, Karl Borromäus: Kommunikation, Interaktion und Partizipation im Staatlichen Textil- und Industriemuseum Augsburg (tim), in: Wenrich, Rainer/ Kirmeier, Josef (Hg.): Kommunikation, Interaktion, Partizipation. Kunst- und Kulturvermittlung im Museum am Beginn des 21. Jahrhunderts, München 2016, S. 61-75.
Pellengahr, Astrid (Hg.): Der Spiegel der Stadtkultur. Stadtmuseen vor neuen Herausforderungen, München 2016.
Piontek, Anja: Partizipation und Museum: Spannend und spannungsreich zugleich, in: museum heute Band 53 (2018), S. 58-61.
Piontek, Anja: Museum und Partizipation. Theorie und Praxis kooperativer Ausstellungsprojekte und Beteiligungsangebote, Bielefeld 2017.

Rausgehen, um reinzukommen. Aktive Besucherpartizipation im Museum der bildenden Künste Leipzig

Kirsten Huwig / Bettina Salzhuber

Die Bestrebungen von Museen, ein diverses Publikum durch eine besucherorientierte Forschung im Sinne des *Audience Development*[1] zu erschließen, beschäftigt inzwischen nahezu alle staatlich geförderten Museen in Deutschland. Diese werden zunehmend in ihrer gesellschaftlichen Rolle als Kulturzentren wahrgenommen und als Akteure transkultureller Begegnungen gefördert. In Institutionen mit weitreichenden Organisationsstrukturen entwickelt sich eine diverse Besucherorientierung oft aus den Identitätsvorstellungen der jeweiligen Fachbereiche. Demnach entwickeln Kuratoren und Kunstvermittler häufig Formate, die sich an persönlichen Identitätsfaktoren orientieren. Taijfel und Turner entwickelten in den 1980er Jahren *Theorien der sozialen Identität*[2], die beschreiben, dass gesellschaftliche Gruppen bevorzugt werden, denen man selbst angehört. Kuratorische Positionen haben auf Grund von institutionellen Hierarchien bei der Entwicklung von Ausstellungen Vorrang. Die Kunstvermittlung wird häufig in der Entwicklungsphase für Finanzpläne beteiligt und im Prozessverlauf bei entscheidenden Prozessen der Ausstellungsentwicklung nicht einbezogen. Der Kurator und Philosoph Daniel Tyradellis umschreibt die weitverbreitete Blickrichtung kuratorischen Selbstverständnisses in dieser Art: „Der ideale Besucher ähnelt der eigenen Person insofern, als dass dieser mit vergleichbaren Interessen und vergleichbarem Vorwissen gesegnet, jedoch etwas weniger informiert ist."[3]

Die selbstbezeichnete *Kritische Praxis* der Kunstvermittlung, die von der Kunstvermittlerin Carmen Mörsch beschrieben wird, legt die Potentiale der Museen offen und spielt den Prozessen diverser ethischer Selbstbefragung vieler Akteure in den Museen zu. Sie beschreibt Kunstvermittlung als „Praxis, Dritte einzuladen, um Kunst zu analysieren und zu befragen, zu dekonstruieren und gegebenenfalls zu verändern"[4]

---

[1] Der Begriff wurde in England Mitte der 90er Jahre etabliert und beschreibt die Bestrebungen von Museen ein neues Publikum durch besucherorientierte Forschung zu erschließen.
(Vgl. Maitland et al. 2000)
[2] Vgl. Tajfel, Henri/ Turner, John C.: The social identity theory of intergroup behavior, in: Worchel, Stephan/Austin, William G. (Hg.): Psychology of intergroup relations. Chicago 1986, S. 7–24.
[3] Tyradellis, Daniel: Müde Museen. Oder: Wie Ausstellungen unser Denken verändern können. Hamburg 2014, S.102
[4] Mörsch, Carmen: Am Kreuzungspunkt von vier Diskursen. Die documenta 12 Vermittlung zwischen Affirmation, Reproduktion, Dekonstruktion und Transformation, in: Mörsch, Carmen/Forschungsteam der documenta 12 Vermittlung (Hg.): Kunstvermittlung 2. Zwischen kritischer Praxis und Dienstleistung

und klassifiziert vier Diskurse in der Kunstvermittlung: *affirmativ, reproduktiv, dekonstruktiv und transformativ*[5]. Diese Ausrichtungen lassen sich auf Besucherpositionen hinsichtlich ihres Beteiligungsgrades an kulturellen Angeboten und ihrer Haltung zu Vermittlungsprozessen übertragen. Im Vergleich verschiedener Museen wird deutlich, dass sich diverse gesellschaftliche Gruppen mit Kultureinrichtungen verschieden stark identifizieren. Folgt man Tajfel und Turner hängt es von den eigenen Identifikationsfeldern ab, zu welchem Kulturangebot sich Menschen hingezogen fühlen. So kann man beispielsweise im Naturkundemuseum Leipzig zur *affirmativen* (bejahenden, selbstmotivierten und interessierten) Gruppe gehören. Im Museum der bildenden Künste Leipzig (MdbK) wiederum kann dieselbe Person im Rahmen von sogenannten *dekonstruktiven* Angeboten, „[...] die sich an Gruppen wenden, welche in Bezug auf die Institution als ausgeschlossen und benachteiligt markiert sind"[6], angesprochen werden. Der von Mörsch als *reproduktiv* bezeichnete Diskurs, ist daran orientiert, „[...] das Publikum von morgen heranzubilden und Personen, die nicht von alleine kommen, an die Kunst heranzuführen."[7] Bei *transformativen* Prozessen geht es darum, „Museen als veränderbare Institutionen"[8] zu begreifen. In der Praxis der Kunstvermittlung ist oft zu erleben, dass auch kleine Anteile dieser Prozesse zu einer starken Identifikation der Besucher mit dem Museum geführt haben. Alle vier Diskurse von Carmen Mörsch werden als unterschiedlich dominant und als sich aufsteigend entwickelnd dargestellt. Aus langjähriger musealer Vermittlungserfahrung wird deutlich, dass die verschiedenen Diskurse in den Museen ihre Anhänger sowohl unter den Besuchenden als auch unter den Mitarbeitenden haben. Für große Institutionen, wie das MdbK eignen sich die vier benannten Diskurse auch als Palette, um die Nuancen gesellschaftlichen Wollens abzubilden. Die weitverbreiteten Bestrebungen der Museen, die Besucherzahlen zu steigern und die Erwartungen der vielfältigen gesellschaftlichen Gruppen zu erreichen, könnte durch ein gut gesteuertes Nebeneinander aller vier Diskurse realisiert werden.

---

auf der documenta 12. Ergebnisse eines Forschungsprojektes. Zürich 2009, S.10
5   Vgl. Mörsch 2009, S.9-10
6   Mörsch 2009, S.10
7   Mörsch 2009, S. 9
8   Mörsch 2009, S.10

Vermittlungsprogramm zur transkulturellen Öffnung

Der folgende Praxisbericht beruht auf den Erfahrungen einer festangestellten und einer freiberuflichen Kunstvermittlerin und analysiert den Prozess einer besucherorientierten institutionellen Öffnung am MdbK anhand des transkulturellen Vermittlungsprogramms zur Ausstellung *Ayşe Erkmen & Mona Hatoum. Displacements/Entortungen* (18.11.2017 – 18.02.2018). Das Vermittlungsprogramm war darauf ausgelegt, Bildungsprozesse in der Gesellschaft und im Museum anzustoßen und Begegnungen zwischen Alt- und Neuleipzigern zu schaffen. Die finanzielle Unterstützung wurde von der Bundeszentrale für politische Bildung bereitgestellt.

In Kooperation mit unterschiedlichen lokalen Akteuren, wie Universitäten, Migrationsverbänden, Bürgervereinen und soziokulturellen Projekten wurden Strategien einer integrativen Besucherpartizipation entwickelt. Diese Bestrebungen beruhen zum einen auf der Tatsache, dass die Kunstvermittlung im MdbK Leipzig bislang eher auf ein homogenes Publikum ausgerichtet war. Die meisten Besuchenden kamen aus eigener Initiative (im Sinne des *affirmativen* und *reproduktiven* Diskurses) oder im Rahmen von Veranstaltungen für diverse Bildungseinrichtungen. Dies ist auf die 40jährige museumspädagogische Geschichte zurückzuführen, die die Arbeit mit Schulklassen priorisierte. Zu DDR–Zeiten führte die staatliche Lenkung Schulklassen einmal jährlich in das damalige Dimitrov-Museum. Somit konnten in den Nachwendejahren hauptsächlich junge Besuchergruppen von diesen Angeboten profitieren.

Zum anderen stellte das Vermittlungsprogramm eine Reaktion auf den gesellschaftlichen Wandel seit der friedlichen Revolution 1989 und die steigende Zahl von Geflüchteten in Leipzig und Sachsen dar. Diese Ereignisse erfordern neben neuen inklusiven Formaten auch die Neuorientierung innerhalb der Strukturen des Museums, um dem institutionellen Bildungsauftrag, der kulturellen Bildung für alle, gerecht zu werden.

Das Programm teilte sich in *Inreach*- und *Outreach*-Formate, die die Öffnung des Museums nach innen und außen anstrebten. Gleichzeitig sollten die Formate auf unterschiedliche Weise zur Diskussion von künstlerischen und gesellschaftspolitischen Fragen anregen. Die nach innen gerichteten Maßnahmen begannen bereits ein Jahr vor Eröffnung der Ausstellung, um den Weg für einen Öffnungsprozess des Museums zu ebnen. Dies geschah aus der Überzeugung heraus, dass der erste Schritt zu einer offeneren und intensiveren Kommunikation mit der ganzen Stadtgesellschaft nur durch den Wandel der Institution und der in ihr arbeitenden Personen bewirkt werden kann. Erste Weiterbildungsangebote in Form von Workshops zum Thema ‚Interkulturelle Kommunikation' des Amtes für Migration und Integration der Stadt

Leipzig wurden an die Mitarbeitenden des Hauses und das dortige Aufsichtspersonal herangetragen. Sie sollten dabei für ein stärkeres Diversitätsbewusstsein geschult werden, indem eigene Privilegien reflektiert und die Themen Selbst- und Fremdwahrnehmung, Interkulturalität und gesellschaftliche Vielfalt verhandelt wurden. Einen weiteren Schritt zur Diversifizierung der Perspektiven innerhalb des Museums stellte die Einrichtung einer Stelle für den Bundesfreiwilligendienst mit Bezug auf Flucht und Asyl dar. Der neue Mitarbeiter wurde in das Vermittlungsteam integriert und führte das öffentliche Format *Blaumachen. Kunstpraktische Erholung für alle* als künstlerisches Mitmachangebot in der Ausstellung durch. Durch seine Anwesenheit konnten beispielsweise Angebote für Menschen mit Fluchthintergrund konzipiert und Diskussionen um den Einsatz der arabischen Sprache evaluiert werden.

Für die Entwicklung und Umsetzung der *Outreach*-Formate zur Ausstellung wurden lokale Vereine und bestehende Stadtteilprojekte aufgesucht, die bereits mit diversen gesellschaftlichen Gruppen zusammenarbeiten. Dazu zählten Besuche des Bürgervereins Kolonnadenviertel, verschiedener Projekte des Vereins Frauenkultur e.V. Leipzig, des Begegnungsprojektes *Angekommen. Gespräche mit Bildern* für Künstler mit Fluchterfahrungen sowie Ausstellungen des migrantischen Kunstvereins Sagart. Durch die aktive Teilhabe des Museumsteams an den Veranstaltungen der genannten Vereine und Projekte konnten die Erwartungen und Bedürfnisse an das Museum von museumsfernen Perspektiven erörtert werden. Ein Beispiel hierfür war die Teilnahme des Projektteams der Ausstellung an dem jährlich stattfindenden Straßenfest des Bürgervereins Kolonnadenviertel e.V., welches unweit des Museums ausgerichtet wird. In Gesprächen mit den Bewohnern des Viertels stellte sich heraus, dass diese zum großen Teil nicht mehr ins Museum gingen, da sie sich durch die kalte Architektur und die gezeigten Ausstellungen nicht angesprochen fühlten. Viele der ansässigen Altleipziger wären nach eigenen Aussagen zu DDR-Zeiten regelmäßig in das damalige Dimitrov-Museum im ehemaligen Reichsgericht gegangen. Das Museum hatte scheinbar durch die gesellschaftlichen Umbrüche der Nachwendezeit Besucher verloren.

Durch das Rausgehen und Aufsuchen der genannten Netzwerkpartner entstanden neue Formate, die sich an den Bedürfnissen ihrer Mitglieder ausrichteten und im Rahmen der Ausstellung realisieren ließen. Im Folgenden wird eine Auswahl der durchgeführten Formate beschrieben, die von den Teilnehmenden und Kunstvermittelnden als besonders identitätsstiftend erlebt wurden. Die gewonnenen Erfahrungen werden anschließend als Handlungsempfehlungen für die Praxis bereitgestellt.

Kirsten Huwig / Bettina Salzhuber

Newcomer

Bei dem Format *Newcomer*[9] trafen sich Bürger aus Leipzig mit unterschiedlichen fachlichen und sozioökonomischen Hintergründen, die selten oder nie ins Museum gehen, und wurden zu Museumsguides im Rahmen der Ausstellung *Ayse Erkmen & Mona Hatoum. Displacements/Entortungen* ausgebildet. Mithilfe des neuen Netzwerkes aus lokalen Vereinen und soziokulturellen Projekten, der Sozialen Medien und diverser Flyer wurde zur Teilnahme an diesem Format aufgerufen. Insgesamt wurden sieben neue Museumsguides auf die Ausstellung vorbereitet. Weiterbildungen zu verschiedenen Vermittlungsmethoden und eine kuratorische Einführung zu den beiden Künstlerinnen mündeten in dem Ziel, eine eigene öffentliche Führung durchzuführen. Die *Newcomer* hatten durch unterschiedliche berufliche Hintergründe eine individuelle Sichtweise auf die Kunstwerke. Dadurch entwickelten sich bei ihrer Führung persönliche und interdisziplinäre Dialoge mit dem Publikum, die neue Zugänge eröffneten. Erst der Dialog mit den neuen Guides ermächtigte Besucher, ihr eigenes Wissen und ihre Erfahrungen einzubringen und auf Augenhöhe über die Kunstwerke zu diskutieren. Die *Newcomer*-Führungen stellten eine Ergänzung zu den bisherigen Führungen im MdbK dar, die meist von Kunsthistorikern durchgeführt werden und oft ein kunsthistorisches Wissen voraussetzen.

Das partizipative Format wirkte durch seine Multiperspektivität auf mehreren Ebenen identitätsstiftend: einerseits stärkte es das Selbstbewusstsein für die Teilnehmenden selbst, welche durch die Einbeziehung ihrer persönlichen Perspektiven und Expertisen Anerkennung erfuhren und eine intensive Bindung zum Museum aufbauten. Andererseits fungierten sie durch ihre Vielstimmigkeit als Multiplikatoren für museumsfernes Publikum und eröffneten ihnen neue Zugänge. Zukünftig sollen die *Newcomer*-Führungen dauerhaft in das Museumsprogramm aufgenommen werden und so das Team der Kunstvermittlung bereichern.

Sprich mit mir! Sprachtandem für Frauen

Sprich mit mir! stellte ein transkulturelles Sprachlern-Angebot für Mädchen und Frauen ab 14 Jahren dar und entstand in Kooperation mit dem Stadtteilprojekt FIA- Frauen in Arbeit. Interkulturelles Frauen-, Informations- und Begegnungszentrum des Leipziger Vereins Frauenkultur e.V. Bei den monatlichen Treffen besuchten Deutsch sprechende und Deutsch lernende Frauen gemeinsam das Museum und tauschten sich

---

9   Hannah Ahrendt beschreibt den Begriff Newcomer als politische Selbstbezeichnung von Geflüchteten während des 2. Weltkrieges. (Vgl. Arendt, Hannah: We Refugees, in: Menorah Journal 31/1 (1943), S. 69-77) Im MdbK Leipzig wurde er als Bezeichnung für Neuankömmlinge im Allgemeinen verwendet.

über Kunstwerke aus. Durch die Beschreibung des Gesehenen lernten sie nicht nur die Sprache der Anderen, sondern auch ihre Lebenswelten kennen. Das Programm begann bereits ein halbes Jahr vor der Ausstellungseröffnung. Dies hatte den Vorteil, dass sich für die Teilnehmenden das Museum zu einem vertrauten Ort entwickelte. Die Themen jedes Besuchs bezogen sich auf die Kunstwerke des gesamten Hauses und stellten gleichzeitig eine Verknüpfung zu dem Alltag der Frauen im Sinne verschiedener Lebensweltbezüge her. Die Teilnehmerinnen erhielten dadurch nicht nur einen Zugang zu Kunst, sondern knüpften persönliche Kontakte untereinander. Die Niedrigschwelligkeit des Angebotes wurde unter anderem durch eine flexible Teilnahme, Anmelde- und Kostenfreiheit erreicht. Zudem hatten die Teilnehmerinnen die Möglichkeit, ihre Kinder mitzubringen, um ihnen die Teilnahme auf Grund fehlender Betreuungsmöglichkeiten zu erleichterten.

Die Kooperation mit dem Frauenberatungszentrum FIA des Frauenkultur e.V., stellte eine große Unterstützung der Vermittlungsarbeit dar. Die Begleitung der migrantischen Frauen und Mädchen durch die sprachmittelnden Mitarbeiterinnen war unverzichtbar. Neben der Überbrückung sprachlicher Barrieren wurden die Veranstaltungen gemeinsam mit ihnen vorbereitet und die Themenwahl konnte auf die Interessen ihrer Mitglieder ausgerichtet werden.

Für einige Aufsichten und Mitarbeitende des Museums stellte dieses Format zunächst eine Herausforderung dar. Gewohnte Abläufe mussten beispielsweise aufgrund der Gruppenstärke durch die Aufsichten und das Kassenpersonal angepasst werden. Manche reagierten ablehnend und und es kam zu indirekten kritischen Äußerungen und Gesten. Rückblickend konnten auch bei den Mitarbeitenden außerhalb des Vermittlungsteams Vorurteile abgebaut werden. Viele Begegnungen und Gespräche im Museum hatten zur Folge, dass neue gesellschaftliche Gruppen zunehmend als gleichberechtigte Besuchende wahrgenommen wurden. Auf Grund einer erhöhten Nachfrage gelang es *Sprich mit mir!*, sich einmal im Monat als Sprachlern-Angebot für Frauen im MdbK zu etablieren.

Offener Stammtisch

Der *Offene Stammtisch* fand während der Ausstellungsdauer an drei eintrittsfreien Tagen statt und stellte eine Plattform des offenen, niedrigschwelligen Austauschs dar, um künstlerische und gesellschaftspolitische Themen zu diskutieren. Gleichzeitig bildete er ein Forum, um Erfahrungen diverser Museumsbesucher, sowie der neuen und alten Netzwerke kennenzulernen und zu teilen. Anknüpfend an das Thema der Ausstellung *Displacements/Entortungen* wurde ein Stammtisch zum Thema

‚Heimatverlust' und Identität organisiert. Im Vorfeld der Veranstaltung traf sich das Vermittlungsteam mit verschiedenen Experten, um unterschiedliche Perspektiven auf das Themenfeld zu sammeln. Dazu gehörten Bürgerrechtler, Soziologen, Künstler, der ehemalige Sammlungsleiter des Museums und Vertreter von Bürgervereinen und Migrations- und Integrationsverbänden. Die Staatsministerin für Gleichstellung und Integration von Sachsen, Petra Köpping, wurde in einer öffentlichen Bürgersprechstunde aufgesucht, um die Sensibilität für die Themenlagen sächsischer Wahlkreise zu schärfen. Sie sprach zunächst von ländlichen Regionen in Ostsachsen, in denen zwei Generationen fehlten. Menschen, die größtenteils im Niedriglohnsektor arbeiteten und mit sehr geringen Renten auskommen müssten, hätten Erwartungen an ein Kunstmuseum, in Bezug auf die Art der Ausstellungen, Auswahl der Künstler und Texte, die sich mit denen von affirmativen Diskursgruppen nicht deckten. Ganze Berufsgruppen seien laut Köpping nach dem Mauerfall 1989 nicht anerkannt worden, mussten sich neu orientieren. Viele Menschen hätten ihr in den Bürgersprechstunden das Gefühl beschrieben, nach der Wende von der Gesellschaft nicht mehr gebraucht zu werden, quasi einen Identitätsverlust verspürt zu haben. Frau Köpping befürwortete jegliche kulturellen Programme, die sich aufsuchend in die Stadt- und besonders Landgesellschaft hineinbegeben, dorthin gehen, wo verschiedene Bevölkerungsgruppen noch wenig angesprochen werden. Sie ermutigte, identitätsstiftende Kunst von ostsozialisierten Künstlern auch als Gesprächsanlässe zur Aufarbeitung jüngerer deutsch-deutscher Geschichte zu nutzen. Der ehemalige DDR-Bürgerrechtler Tobias Hollitzer vom Bürgerkomitee Leipzig e.V. berichtete von den *Montagsgesprächen*, bei denen sich Teilnehmende an die Nachwendejahre dialogisch erinnerten und bezeichnete Diskurse zur deutsch-deutschen Verständigung als „Minenfeld". Die Soziologin, Künstlerin und Kuratorin Yana Milev, die zur „Entwertung ostdeutscher Biographien" [10] forscht, gab einen umfassenden Einblick in das Themenfeld ‚Heimatverlust im Osten'. Menschen, die ihre Heimat nie verließen, fühlten sich laut ihren Aussagen durch die starken politischen und gesellschaftlichen Veränderungsprozesse, sowohl als Privatpersonen als auch als Mitglieder einer gesamtdeutschen Gesellschaft eigenartig befremdet und entwurzelt. Weitere Gespräche mit Özcan Karadeniz vom Migrantenbeirat der Stadt Leipzig und diverse themenbezogene öffentliche Vorträge im Museum sensibilisierten das Museumsteam zusätzlich zu häufig erlebten Zugangsbarrieren von migrantischen Gruppen. Der Soziologe Dr. Ronald Gebauer, der zum Thema Verlusterfahrungen verschiedener

---

10 Vgl. Milev, Yana: Entkoppelte Gesellschaft. Liberalisierung und Widerstand in Ostdeutschland seit 1989/90. Ein soziologisches Laboratorium. Berlin (vsl. Erscheinungsdatum 2018/2019).

Bevölkerungsgruppen (z.B. SED-Opfer, DDR-Heimkinder, Zwangsadoptierte) forscht, moderierte den *Offenen Stammtisch* am 7. Februar 2018 im MdbK Leipzig gemeinsam mit dem Ausstellungsteam. Innerhalb der zweistündigen Veranstaltung tauschten sich ca. 40 Teilnehmende im Ausstellungsraum über ihre verschiedenen Erfahrungen mit der neuen und alten Heimat, damals und heute aus. In sogenannten Murmelgruppen wurden sie zum Austausch angeregt und bekamen aktivierende Fragen, die persönliche Gespräche auslösten: Was verbinden Sie mit dem Thema Heimatverlust/Entortung? Welche Vor- und Nachteile ergaben sich durch die Ortsveränderung? Sehen Sie die Möglichkeit hier ein neues Zuhause zu finden oder haben Sie dieses bereits gefunden? Wie kann Kunst dabei helfen, sich mit diesen Themen auseinanderzusetzen? Was wünschen Sie sich zukünftig vom Museum? Diese Seminarmethode ermöglichte es, sich in Kleingruppen über diese Fragen zu unterhalten, sowie Gemeinsamkeiten und Unterschiede festzustellen. Für viele Teilnehmende war die Suche nach einem neuen Zuhause oft mit der Suche nach Identifikationsfeldern verbunden. Dies galt auch für Personen, die in Ostdeutschland geboren sind und ihren Wohnort niemals verlassen haben. Neben intimen Gesprächen über Verluste und Erfahrungen des Neubeginns wurde anschließend in großer Runde versucht einen Bezug zu der sie umgebenen Ausstellung und den Künstlerinnen herzustellen. Dabei entstand die Forderung, unterschiedliche Kunstbegriffe öffentlich zu diskutieren und Deutungshoheiten zur Disposition zu stellen.

Fazit

Das Aufsuchen von Vereinen und Orten in der Stadt stellte einen wichtigen Bestandteil für den Aufbau eines erweiterten Netzwerks und die Gewinnung neuer Besuchergruppen dar. Die Kontakte, die bei Stadtteilfesten oder Stadtrundgängen entstanden, halfen bei der Entwicklung und Bewerbung der einzelnen Formate und sind auch zukünftig eine wichtige Basis für weitere Kooperationen. In Begegnungsplattformen wie dem *Offenen Stammtisch* trafen zudem Menschen aufeinander, die sonst eher Kontakte meiden. In den Diskussionen tauchten unter anderem Themen auf, die gesamtgesellschaftlich tabuisiert sind und viele Gruppen betreffen, wie z.B. systemimmanente Aspekte der Diskriminierung migrierter oder ostdeutsch sozialisierter Menschen. Es entstanden Begegnungs- und Austauschmöglichkeiten für die Leipziger Stadtgesellschaft. Wie die Rückmeldung einiger Beteiligter an dem Vermittlungsprogramm zeigte, nahmen sie die persönliche Ansprache und Teilnahme von migrantischen Gruppen als Beitrag zur ‚Willkommenskultur' der Stadt wahr. Während der Projektphase wurden durch Strategien des *Audience*

Development gesellschaftspolitische Diskussionen verhandelt und die Wertepluralität im Museum angestoßen.

Für viele Menschen ist die Institution Museum noch immer unantastbar und wird nicht als sozialer Raum empfunden. Kulturelle Teilhabe gesamtgesellschaftlich zu ermöglichen, bedeutet eben auch einen Wandel der Museen voranzutreiben und deren Aufgaben des Sammelns, Forschens, Bewahrens, Ausstellens und Vermittelns an die Bedürfnisse eines diverseren Publikums anzupassen. Dies kann jedoch erst erreicht werden, wenn eine transkulturelle Öffnung als eine gemeinschaftliche Aufgabe des Museums – durch alle Abteilungen hinweg – erkannt wird und daraus ein neues Selbstverständnis entwickelt wird. Die Strategie des *Rausgehens, um reinzukommen* stellt den Versuch dar, institutionelle Hürden, die sich der Besuchergewinnung in den Weg stellen, zu überwinden. Übergänge bzw. Langzeitphasen des individuellen Schwellen- und Barriereabbaus in der eigenen Institution können bewältigt werden, indem Museumsmitarbeitende als Lernende, Neugierige und Forschende auf neue Zielgruppen zugehen und Veränderungen der Gesellschaft in die Leitbilder ihres Museums übertragen. Abteilungsübergreifende Diskurse zu einem gemeinsamen Leitbild mit externen Moderierenden durchzuführen und individuell erarbeitete Handlungsempfehlungen für das eigene Museum zu verhandeln, könnte demnach eine Möglichkeit darstellen, kulturelle Teilhabe für Viele zu erreichen. Wenn Kulturförderung und Museumsprofessionen es schaffen, identitätsstiftende Ansätze für viele gesellschaftliche Gruppen in Museen zu integrieren, kann dies zu einer starken Säule des demokratischen Zusammenhalts der Gesellschaft werden.

Aus den Erfahrungen des Vermittlungsprojektes zur Ausstellung *Ayse Erkmen & Mona Hatoum. Displacements/Entortungen* am MdbK wurden die folgenden Handlungsempfehlungen für die Entwicklung von identitätsstiftenden Vermittlungsformaten am Museum zusammengefasst. Diese Orientierungsstützen können individuell angepasst und erweitert werden.

1. Begegnungsräume
   Vermittlungsarbeit bedeutet Beziehungsarbeit. Die Vermittlungsformate dienen als kulturell-integrative Brücke, um persönliche Kontakte zu schaffen und das Museum in einen Wohlfühlort zu transformieren.
2. Multiperspektivität
   Neue Perspektiven und persönliche Sichtweisen auf Kunstwerke sollten gewährt werden, indem die vorherrschende Deutungshoheit aufgeben wird.

3. Niedrigschwelligkeit
   Die Themen der Programme sollten einen Bezug zur Lebenswelt der Teilnehmenden herstellen und zunächst kostenlos sein.
4. Mitgestaltung
   Die Entwicklung des Vermittlungsprogramms sollte flexibel sein, um Teilhabeprozesse zu ermöglichen.
5. Identifikationshilfen
   Begleitenden Personen, wie z.B. Sprachmittler werden als Unterstützer hinzugezogen.
6. Lebendige Kulturpolitik
   Museen sollten eine Plattform für den Austausch von gesellschaftspolitischen Themen darstellen und Begegnungen von Menschen unterschiedlicher Meinungen initiieren.

LITERATUR

Arendt, Hannah: We Refugees, in: Menorah Journal 31/1 (1943), S. 69-77.
Tajfel, Henri/ Turner, John C.: The social identity theory of intergroup behavior. In: Worchel, Stephan/ Austin, William G. (Hg.): Psychology of intergroup relations. Chicago 1986, S. 7–24.
Maitland, Heather: A guide to audience development, Arts Council of England, Audience Development Department, London 2000.
Milev, Yana (Hg.): Entkoppelte Gesellschaft. Liberalisierung und Widerstand in Ostdeutschland seit 1989/90, 8 Bände, Berlin (vsl. Erscheinungsdatum 2018/2019).
Mörsch, Carmen/Forschungsteam der documenta 12 (Hg.): Kunstvermittlung 2, Zwischen kritischer Praxis und Dienstleistung auf der documenta 12, Berlin 2009.
Mörsch, Carmen: Am Kreuzungspunkt von vier Diskursen. Die documenta 12 Vermittlung zwischen Affirmation, Reproduktion, Dekonstruktion und Transformation, in: Mörsch, Carmen/Forschungsteam der documenta 12 Vermittlung (Hg.): Kunstvermittlung 2. Zwischen kritischer Praxis und Dienstleistung auf der documenta 12. Ergebnisse eines Forschungsprojektes. Zürich 2009, S. 9-34.
Tyradellis, Daniel: Müde Museen. Oder: Wie Ausstellungen unser Denken verändern können. Hamburg 2014.

Screenshot aus dem Twitterfeed von Patrick Stewart.
Screenshot: Bayerische Museumsakademie/Quelle: Twitter

Macht die Mona Lisa glücklich?
Das Museum und sein Publikum in einer globalisierten Welt

Judith Prokasky

Neulich war ich mit meiner achtjährigen Tochter in Paris. Unbedingt wollte sie in den Louvre und die Mona Lisa sehen. Immer wieder fragte sie mich nach dem berühmtesten Gemälde der Welt. Meine Antwort „Vermutlich die Mona Lisa", schien sie zu befriedigen. Als wir kurz nach der morgendlichen Öffnung im Saal ankamen, hatte sich schon eine große Menschentraube vor dem Werk gebildet. Absperrbänder, Smartphones und Selfie-Sticks beherrschen die Szene. Meine Tochter freute sich, als ich sie vor dem Gemälde fotografierte. Alle im Publikum fotografierten sich ebenfalls und schienen dabei auch zufrieden, und selbst die Mona Lisa, hinter dickem Glas wie grauverschleiert, lächelte.

Alle waren glücklich, nur ich nicht. Was sollte dieses Museum überhaupt? Natürlich wusste ich um die kunsthistorische Bedeutung des Gebäudes und der Sammlungen, doch was war davon abgesehen ihr Sinn und Zweck: Highlights und Selfie-Points für Touristen zu sein, deren Erwartungen durch Algorithmen-Blasen generiert werden? Vielleicht fühlte ich zu sehr als Bildungsbürgerin, die sich Museen als Horte der Kontemplation wünscht. Oder trauerte um die 1970er Jahre, als Museen kurzzeitig als Impulsgeber eines gesellschaftspolitischen Aufbruchs erschienen. Dieses Museum, so viel stand jedenfalls fest, war weder Lernort noch Musentempel.

Aber eine Erfolgsgeschichte. Nimmt man die Besucherzahlen zum Maßstab, ist der Louvre das bedeutendste Museum der Welt. Laut Tätigkeitsbericht von 2015 stammten 75 Prozent der 8,6 Millionen Besucher aus dem Ausland. Der Louvre und mit ihm Leonardo da Vincis Porträt der Mona Lisa, das in Frankreich natürlich ganz selbstverständlich zur französischen Hochkultur gerechnet wird, gelten als globales *must see*. Neben dem Eiffelturm, der Haute Couture und der Haute Cuisine sind sie ein weltweit wirksamer Imagefaktor Frankreichs, was sich sowohl in Touristenströmen und 2,4 Millionen *likes* auf Facebook ausdrückt als auch in barem Geld. So lassen es sich die Vereinigten Arabischen Emirate rund 500 Millionen Euro kosten, ihr neues Museum dreißig Jahre lang Louvre Abu Dhabi nennen zu dürfen, von den Zahlungen für Leihgaben und Dienstleistungen einmal ganz abgesehen.

Die Leuchtturmfunktion des Louvre hat Tradition. Bekanntlich agiert Frankreich in der beneidenswerten Selbstgewissheit der bedeutenden Kulturnation, die große Errungenschaften der Menschheit in die eigene nationale Identität integriert und quasi aufgrund ihrer historischen Überlegenheit eine internationale Vorreiterrolle einnimmt. Prominenter Vorreiter dieser Art von Kulturpolitik war André Malraux, der 1959 bis 1969 unter Charles de Gaulle als Kulturminister fungierte.[1] Unter ihm trat die Mona Lisa in einem angespannten Moment der französisch-US-amerikanischen Beziehungen erstmals prominent in den Dienst des Vaterlandes: Malraux und das Präsidentenehepaar John F. und Jackie Kennedy besiegelten 1961 bei einem Staatsbesuch in Paris, der – wenn man den Beschreibungen glauben darf – von allen Seiten als beglückender Flirt zweier Nationen empfunden wurde, eine Ausleihe des Gemäldes.[2] Die heimischen Kuratoren hatten ihre Bedenken zurückzustellen, so dass die Mona Lisa am 8. Januar 1963 in der National Gallery in Washington, D.C. feierlich enthüllt werden konnte. Wie Aufnahmen dieses Ereignisses zeigen, zollte damals die amerikanische High Society der Kulturnation Frankreich in Abendkleid und dunklem Anzug Tribut.

Enthüllung der Mona Lisa am 10.01.1963 in der Washingtoner National Gallery of Art unter Anwesenheit des Präsidentenpaares und zahlreicher prominenter Gäste.
© picture alliance

Ebenso wie in der auswärtigen Politik funktioniert das Kulturerbe Louvre traditionell auch innenpolitisch als Bindemittel – zumindest für die Elite des Landes. So nahm der Historiker-Publizist Pierre Nora selbstverständlich den Louvre unter

---

[1] Siehe u.a. Lebovics, Herman: Mona Lisa's Escort: Andre Malraux and the Reinvention of French Culture, Ithaca 1999.
[2] Liebmann, Lisa: Jackie, JFK and the art of diplomacy. The Mona Lisa in Washington, in: Tate Etc., Nr. 6, Frühjahr 2006, URL: http://www.tate.org.uk/context-comment/articles/jackie-jfk-and-art-diplomacy, zuletzt aufgerufen am 09.08.2018.

dem Stichwort „La Gloire" in dem Band *La Nation* in sein schulbildendes *Lieux de mémoire*-Buchprojekt (1984–1992) auf. Mit den *Lieux de mémoire* postulierte Nora, dass gemeinschaftliche Erinnerung nicht einfach von selbst entstehe, sondern stets (neu) gemacht werde – insbesondere in einer zunehmend beschleunigten und globalisierten Welt, in der Erinnerung dazu diene, Zukunftsangst, Verlust und Desorientierung zu kompensieren. Sieben Bände umfassten schließlich die ‚Erinnerungsorte' Frankreichs und waren letztlich selbst der schlagende Beweis für Noras These: Mit ihnen verständigte sich eine kleine Gruppe europäischer Akademiker (und einiger weniger Akademikerinnen) auf einen spezifisch westlich-abendländischen Kulturbegriff, definierte, was als eine Art Inventar der französischen Erinnerungskultur gelten könne und versicherte sich zugleich ihrer eigenen Zugehörigkeit zur maßgebenden Oberschicht.

Gerade am Beispiel des Louvre zeigt sich allerdings, dass die Strahlkraft der franzö-

Besucherandrang vor Leonardo da Vincis Mona Lisa im Louvre, fotografierende Besucherin.
© picture alliance/APA/HYPERLINK „http://picturedesk.com" picturedesk.com

sischen Nationalmuseen zunehmend fragwürdig wird. Seit Malraux ist die Welt eine andere geworden und Gewissheiten sind ins Wanken geraten. Der Schriftsteller Arno Bertina hat diese problematische Situation satirisch auf den Punkt gebracht, als er in seinem Essay *Mona Lisa in Bangoulap* spekulierte, was denn „wäre, wenn bei der französischen Kulturverwaltung eines Tages ein Brief aus Kamerun einträfe, in dem die Kameruner freien Eintritt für das Pariser Museum für außereuropäische Kunst fordern, weil sie sich weigern, Geld für die Betrachtung der Kunstwerke ihrer eigenen

Vorfahren auszugeben?"[3] Oder wäre jetzt, könnte man auch fragen, eine Ausleihe der Mona Lisa nach Yaoundé fällig? In einem Nachwort zu Bertina kritisierte die Kunsthistorikerin Bénédicte Savoy den Modebegriff des *shared heritage* angesichts ökonomischer Ungleichheiten, die den ‚Herkunftsgesellschaften' einen Besuch europäischer Museen gar nicht erlauben. Und monierte darüber hinaus, dass selbst Restitutionen oder freier Eintritt an der herrschenden Machtverteilung und der Deutungshoheit über die Kunst nichts ändern würden. Ihre abschließende Frage lautete, inwieweit denn die Werke aus Afrika schon Teil unserer europäischen Geschichte und Kultur seien und wie dieses materielle Erbe auf uns gewirkt habe.

Diese Frage gilt natürlich für materielles und immaterielles Erbe aus allen Teilen der Welt, das seinen Weg nach Europa gefunden hat. Schließlich sind Kulturtransfers durch Händler, Reisende, Nomaden, Migranten und Eroberer so alt wie die Menschheit. Der Louvre ist hierfür das beste Beispiel, denn seine Sammlungsgeschichte – unter anderem als Musée Napoléon – ist ja bekanntermaßen durch Beutekunst aus vielen Ländern geprägt. Kulturen waren noch nie säuberlich zu trennen und in den letzten Jahrzehnten wurde die Trennung in das Eigene und das Fremde, das Nahe und das Ferne immer schwieriger. Heute ist die globale Realität längst in Europas Metropolen angekommen. Insofern stellt sich auch nicht die Frage, ob die Globalisierung die Museen angeht: Sie hat sie längst erreicht und geht weit über die Ebene der musealen Objekte hinaus.

Sie ist präsent in den untersten Besoldungsstufen bzw. den outgesourcten Mitarbeitern, die zu Mindestlohn als Aufsichten, Sicherheitsleute, Service- oder Reinigungskräfte tätig sind und – in erster, zweiter oder gar vierter Generation – aus aller Herren Länder stammen.[4] Sie ist auch im materiellen Alltag des Museums gegenwärtig, sei es in der Herkunft des Kaffees oder des Kakaos, der im Museumscafé ausgeschenkt wird, sei es in den Büroausstattungen, Möbeln oder der Bekleidung der Museumsmitarbeiter, die vermutlich unter fragwürdigen Bedingungen in nicht-europäischen Ländern produziert wurden, sei es angesichts der medialen Angebote mächtiger Konzerne wie Google, Amazon und Apple, die zum Alltag sowohl der Mitarbeiter wie der Besucher gehören. Last, but not least ist die globalisierte Welt sichtbar in den Besuchern, die aus allen Teilen der Welt kommen. Da scheint es schon absurd, dass in europäischen Hauptstädten noch verschiedenartige Museen eröffnet werden, je nachdem, ob die ausgestellten Werke nun aus Europa, Asien oder Afrika stammen, ob

---

[3] Aus dem Klappentext zu Bertina, Arno: Mona Lisa in Bangoulap. Die Fabel vom Weltmuseum. Mit einem Nachwort von Bénédicte Savoy, Berlin 2016.

[4] Laut Mikrozensus von 2017 hat in Berlin mehr als jeder vierte Berliner und fast jedes zweite Kind unter 15 Jahren einen Migrationshintergrund.

sie der ‚Hochkunst', dem ‚Kunstgewerbe' oder der ‚Volkskunst' zugerechnet werden. Das ergibt dann die kuriose Situation, dass sich die Schätze des Mittleren Ostens ganz selbstverständlich auf der Museumsinsel (UNESCO-Welterbe!) befinden, während ‚der Türke' da draußen in Neukölln oder Wedding ‚das Fremde' verkörpert; dass im Bode-Museum Madonnenstatuen die eigene Kultur, nämlich das christliche Abendland repräsentieren, während laut Statistik nicht einmal ein Viertel der Berliner den evangelischen und der römisch-katholischen Kirche angehören.[5]

Wir befinden uns offensichtlich in einer zunehmend unübersichtlichen Welt und sehen uns angesichts dieser Komplexität nach Orientierung. Museen erscheinen prädestiniert, in dieser Situation Hilfestellung zu geben, denn sie gelten als Institutionen des Systematisierens und Erklärens par excellence. Folgt man den *Ethischen Richtlinien für Museen* des ICOM von 2010, so ist ein Museum „eine gemeinnützige, auf Dauer angelegte, der Öffentlichkeit zugängliche Einrichtung im Dienste der Gesellschaft und ihrer Entwicklung, die zum Zwecke des Studiums, der Bildung und des Erlebens materielle und immaterielle Zeugnisse von Menschen und ihrer Umwelt beschafft, bewahrt, erforscht, bekannt macht und ausstellt."[6]

Nebulös bleibt allerdings, wer die Parameter dieser Tätigkeiten definiert. Folgt man der Semantik des Satzes, dann ist es das Museum selbst, das beschafft, bewahrt, erforscht, bekannt macht und ausstellt – quasi frei von allen Akteuren. Diese Sicht auf ‚das Museum', die offensichtlich noch die bürgerlichen Traditionen des 19. Jahrhunderts spiegelt, verkennt, dass Museen von Menschen gemacht werden – mit ihren spezifischen Prägungen, Werten, Beziehungen und Zielen in ihrem jeweiligen Hier und Jetzt. Das klingt banal, trifft aber den Kern.

Im Museum herrscht traditionell das Primat der Sammlungskuratoren, die zumeist über feste und angemessen dotierte Stellen verfügen. Sie sind allesamt Exponenten westlich geprägter Bildungsinstitutionen, unterscheiden streng nach akademischer

---

[5] Bericht vom 31. Dezember 2017, siehe Amt für Statistik Berlin-Brandenburg (Hg.): Statistischer Bericht. A I 5 – hj 2/17. Einwohnerinnen und Einwohner im Land Berlin am 31. Dezember 2017. Grunddaten, Potsdam 2018, URL: https://www.statistik-berlin-brandenburg.de/publikationen/Stat_Berichte/2018/SB_A01-05-00_2017h02_BE.pdf zuletzt aufgerufen am 20.07.2018.

[6] Der erste vollständige „ICOM Code of Professional Ethics" wurde am 4. November 1986 in Buenos Aires (Argentinien) durch die 15. ICOM-Generalversammlung einstimmig angenommen, am 6. Juli 2001 auf der 20. ICOM-Generalversammlung in Barcelona (Spanien) unter dem neuen Titel „ICOM Code of Ethics for Museums" ergänzt und am 8. Oktober 2004 auf der 21. ICOM-Generalversammlung in Seoul (Südkorea) revidiert. ICOM Deutschland hat gemeinsam mit ICOM Schweiz und ICOM Österreich im Jahr 2010 eine autorisierte deutsche Übersetzung des am 8. Oktober 2004 auf der 21. ICOM-Generalversammlung in Seoul (Südkorea) revidierten „ICOM Code of Ethics for Museums" herausgeben. Siehe auch http://www.icom-deutschland.de/schwerpunkte-museumsdefinition.php zuletzt aufgerufen am 18.07.2018.

Disziplin (Geschichte, Kunstgeschichte, Archäologie, Kulturwissenschaften, Ethnologie etc.) und beanspruchen – obwohl sie nach der neoliberalen Wende in der Museumsszene gewisse Bedeutungseinbrüche hinnehmen mussten – relativ autoritär die Deutungshoheit über die Dinge und die musealen Narrative für sich.[7] Wenn überhaupt, so treten sie bestenfalls mit Kollegen in einen Dialog, da spricht dann schon einmal der Mediävist mit einem Frühneuzeithistoriker, ein Historiker mit einem Kunsthistoriker. Für alle nicht-kuratorischen Aufgaben existieren Registrare, Restauratoren, Mitarbeiter für Kommunikation, Events, Bildung etc..

Seien wir nicht ungerecht: Die Professionalisierung und strenge Arbeitsteilung ermöglicht das reibungslose Funktionieren des Museumsbetriebes bei hohem Erfolgsdruck. Man kann viele der europäischen Museen nur dafür bewundern, dass ihnen der Spagat gelingt: auf der einen Seite Sammeln und Forschen auf anspruchsvollem wissenschaftlichen Niveau, auf der anderen Seite die rasche Produktion publikumstauglicher Ausstellungen, Veranstaltungen und Publikationen. Analog zu kommerziellen Touristenattraktionen wie Sea Life, Dungeon oder Madame Tussauds, deren Filialen Europa durchziehen, erscheinen auch die europäischen Museen mittlerweile als gut aufgestellte Kette, die ihre Besucher mit kostbaren Objekten und historischen Gebäuden lockt, sie dann via Highlight Tour irritationsfrei und in sechzig Minuten durch die Ausstellungen lotst, um ihnen abschließend Merchandising-Produkte zu verkaufen, während quasi nebenbei noch die Raumvermietung läuft.

Derzeit, so scheint es, sind alle mit dieser Situation zufrieden. Der Besucher tritt hier vor allem als Besucherzahl in der Erscheinung, ohne die es keine Zuwendungen durch die Politik gäbe. Themen wie Inklusion, Partizipation, Diversität, *empowerment* werden derweil überwiegend an prekär Beschäftigte delegiert, die intern keine Hausmacht haben, häufig erst in der Endphase von Projekten hinzugezogen werden und überdies als Freiberufler, befristet Beschäftigte oder Volontäre mit vorprogrammiertem *brain drain* arbeiten.

Diese Museumsstruktur wird der heutigen Welt nicht mehr gerecht – auch nicht der deutschen Kulturpolitik, die in ihrer Rhetorik längst zeitgemäß Weltoffenheit, Toleranz und Demokratiebewusstsein zu befördern sucht. Allerdings lassen sich solche Ideale nicht durch obrigkeitlich verordneter Volksaufklärung durchsetzen, sondern verlangen von der Institution Museum vor allem Öffnung und Dialog, sowohl Dialog zwischen Mitarbeitern des Museums, also zwischen den akademischen Disziplinen und beruflichen Sparten, als auch Dialog mit Menschen und gesellschaftlichen

---

7 Zum Funktionieren des Kurators innerhalb dieses Systems s. a. Tyradellis, Daniel: Müde Museen. Oder: Wie Ausstellungen unser Denken verändern könnten, Hamburg 2014.

Judith Prokasky

Gruppen außerhalb des Museums. Die Museumsmitarbeiter müssten bereit sein, sich von vielen Konventionen und eingespielten Abläufen zu trennen und Zeit, Geld und Kraft in die Veränderung althergebrachter musealer Prozesse zu stecken. Damit einher ginge das Eingeständnis aller Beteiligten, dass es nicht möglich ist, die Welt als Ganzes zu begreifen, und damit auch der Abschied vom weis(s)en alten Mann, der uns die Welt erklärt.

Solange Museen ihren Besuchern kaum Handlungs- und Interpretationsspielräume zubilligen, mag es kaum wundern, dass diese praktisch nur als Selfie-Fotografen in Erscheinung treten. Das ist bedauernswert, wenn man das Potential dieser Institution bedenkt. Doch ganz frei von Ironie und hochkulturellem Dünkel ist zu konstatieren, dass Selfies im Verbund mit den zahllosen Kommentaren, Verfremdungen, Neukontextualisierungen und metareferentiellen Neuinterpretationen von Kunstwerken in den sozialen Medien als wirksame Instrumente erscheinen, um museale Artefakte zu entdecken, sie zu deuten und über sie zu kommunizieren. Auf eine merkwürdige, teilweise spielerische Weise entsteht hier die für Museen vielfach geforderte Multiperspektivität.

Screenshot von dem Video „Apeshit". Zu sehen sind Shawn Carter alias Jay-Z und Beyoncé Knowles-Carter vor der Mona Lisa im Louvre.
Screenshot: Bayerische Museumsakademie/Quelle: Youtube

Wer über das nötige Kleingeld verfügt, kann auch einen anderen Weg gehen. So hat kürzlich ein afro-amerikanisches Pärchen quasi im Alleingang eine vielbeachtete Umkonnotation des Louvre vollzogen. Das rund sechsminütige Video *Apeshit* unter der Regie von Ricky Saitz, das in den ersten vier Wochen nach seiner Veröffentlichung im

Juni 2018 etwa 70 Millionen Mal im Internet aufgerufen wurde, inszeniert die beiden Popstars Beyoncé und Jay-Z als Herrscher des Louvre und seiner berühmtesten Meisterwerke. Am Schluss machen die Carters, wie das Ehepaar mit bürgerlichem Namen heißt, mit einem letzten Blick auf die Mona Lisa klar, wer hier bei aller Bewunderung der Chef ist. Oder ist die Geste, ganz im Gegenteil, als respektvolle Hommage an die wahre Gebieterin zu verstehen? Wie so oft, so öffnet auch dieses Kunstwerk Interpretationsspielräume und eine entsprechend vielfältige Diskussion. Viel kritisiert wurde, dass das Paar zwar einen nicht-weißen, nicht-europäischen Blick auf den Louvre ermögliche, aber dessen repräsentativen Status nicht in Frage stelle. Natürlich nicht, möchte man entgegen, denn die Standards des gesellschaftlichen Ansehens werden schließlich von der dominierenden sozialen Schicht gesetzt. Der Musikclip stellt diese Maßstäbe allerdings ziemlich auf den Kopf, indem er – ein No-Go unter europäischen Bildungsbürgern – Werke von Géricault, da Vinci oder David gleichrangig mit Mode von Versace, Balmain oder Dries Van Noten in Szene setzt.

In Deutschland ist derweil das Humboldt Forum auf Beschluss des Bundestags von 2007 angetreten, für die Bundesrepublik Deutschland neue Wege der Welterkundung, -aneignung und -darstellung zu gehen.[8] Was das allerdings in der Praxis bedeutet, darüber sind seitdem immer wieder Debatten und Grundsatzdiskussionen geführt worden.[9] Die schwierige Selbstfindung des Hauses wird sowohl von der Öffentlichkeit als auch von der Presse kontrovers begleitet. So konstatierte ein Journalist im November 2016, als sich das Humboldt Forum mit seinen Gründungsintendanten Neil MacGregor, Hermann Parzinger und Horst Bredekamp erstmals offiziell präsentierte: „So war es ebenso zutreffend wie bestürzend, als Staatsministerin Monika Grütters bei der Enthüllung dieses Programms davon sprach, dass sich das Humboldt Forum nun erfolgreich von der Politik emanzipiert habe. In der Tat ist der politische Anspruch, die eigene Kultur durch andere herausfordern zu lassen, erfolgreich auf die übliche Mischung aus Volkshochschule und Völkerkundemuseum zusammengeschnurrt [...]."[10]

Natürlich ist ein Haus, dessen Führungsriege zum größten Teil durch Minister berufen wurde, und das künftig circa 60 Millionen Euro jährliche Betriebskosten verschlingen wird, der Bundesregierung verpflichtet. Öffentliche Museen sind per se politisch

---

8 Deutscher Bundestag, 16. Wahlperiode, Drucksache 16/7488 vom 12.12.2007, S. 2, URL: http://dipbt.bundestag.de/doc/btd/16/074/1607488.pdf zuletzt aufgerufen am 20.07.2018
9 Siehe u.a.: Humboldt Lab Dahlem (Hg.): Prinzip Labor. Museumsexperiment im Humboldt Lab Dahlem, Berlin 2015; Bredekamp, Horst / Schuster, Peter-Klaus (Hg.): Das Humboldt Forum. Die Wiedergewinnung der Idee, Berlin 2016.
10 Siemons, Mark: Die Globalisierung verunsichert schon genug, in: Frankfurter Allgemeine Sonntagszeitung, Nr. 49 vom 11.12.2016, S. 51.

– sie existieren mit zahllosen Abhängigkeiten, Loyalitäten, Abgrenzungsproblemen und Spannungsverhältnissen in Hinblick auf die Politik. In dieser Hinsicht ist wohl nicht von Emanzipation zu sprechen. Zu hoffen ist hingegen, und so möchte ich den Kritiker verstehen, dass die Bundesrepublik mit dem Humboldt Forum den Mut zu einem politisch-programmatischen Anspruch beweist.

Tatsächlich wäre wohl kein Ort besser geeignet als das Humboldt Forum, die schwierige Beziehung von Politik, Museum und Gesellschaft mit all ihren Widersprüchen und Problemen zu thematisieren. Gerade im Zusammenspiel seiner heterogenen Teile – ein modernes Gebäude mit historisch anmutenden Fassaden, verschiedene Trägerinstitutionen, unterschiedliche Themen und Kulturen – kann das Humboldt Forum eine Schlüsselposition einnehmen, nicht zuletzt seines besonderen Bauplatzes wegen: An kaum einem anderen Ort in Berlin haben sich in den letzten 700 Jahren gesellschaftliche, städtebauliche, politische und kulturelle Entwicklungen so verdichtet wie auf dem sogenannten Schlossplatz. Schloss, Aufmarschplatz, Palast der Republik, Kulturbaustelle – dieser Ort steht wie kaum ein anderer für die Kontinuität von Repräsentation im Dienst der Politik, die meiste Zeit autoritär geprägt, nämlich unter Kurfürsten, Königen, Kaisern und Parteivorsitzenden der DDR. Jetzt steht es dem Humboldt Forum an, einen Neuanfang zu wagen, der auch das Selbstverständnis von Museen verändern könnte.

Eingespielte Mechanismen, klare Grenzen und normative Gewissheiten wären dann nicht mehr der Ansatz der Wahl.[11] Das Humboldt Forum könnte seinem Namen wirklich gerecht werden und sowohl in seinen Büros als auch in seinen Ausstellungssälen Objekte, Kulturen, Ansichten und Menschen auf vielfach ungewohnte Weise einander begegnen lassen. Niemand muss traurig sein, dass das Humboldt Forum keine Mona Lisa besitzt: Wir werden ohne die Mona Lisa glücklich. Vielleicht sogar noch glücklicher. In zwei Jahren komme ich mit meiner Tochter ins Humboldt Forum und bin gespannt, was das Museum ihr bieten kann. Ein Selfie vor einem der Südseeboote? Oder mehr?

---

11 So hat Ulrike Lorenz beispielsweise alternativ die Idee vom Kunstmuseum als „Übungsraum für Fremdheitserfahrung" entworfen. Sie erläutert: „Es geht nicht um Identifikation! Kunst setzt uns einer Situation aus, die für die Gesellschaft allgemein prägend wird. Sie irritiert durch Anderssein, Unversöhnlichkeit, durch etwas, dass sich der Logik des Alltags widersetzt oder entzieht. Dadurch entstehen Gefühle von Alterität, Verunsicherung und Instabilität […]. Dafür bietet das Kunstmuseum einen Übungsraum.", vgl. Lorenz, Ulrike / Ullrich, Wolfgang (Hg.): Was muss das Museum? Was kann das Museum? Ein Streitgespräch zwischen Ulrike Lorenz und Wolfgang Ullrich, Köln 2018, S. 30

Für Anregungen und Unterstützung bedanke ich mich herzlich bei Dr. Christian Drude, Dr. Alfred Hagemann und Barbara Martinkat.

LITERATUR

Amt für Statistik Berlin-Brandenburg (Hg.): Statistischer Bericht. A I 5 – hj 2/17. Einwohnerinnen und Einwohner im Land Berlin am 31. Dezember 2017. Grunddaten, Potsdam 2018, URL: https://www.statistik-berlin-brandenburg.de/publikationen/Stat_Berichte/2018/SB_A01-05-00_2017h02_BE.pdf.
Deutscher Bundestag, 16. Wahlperiode, Drucksache 16/7488 vom 12.12.2007, S. 2, URL: http://dipbt.bundestag.de/doc/btd/16/074/1607488.pdf.
Bertina, Arno: Mona Lisa in Bangoulap. Die Fabel vom Weltmuseum. Mit einem Nachwort von Bénédicte Savoy, Berlin 2016.
Bredekamp, Horst/ Schuster, Peter-Klaus (Hg.): Das Humboldt Forum. Die Wiedergewinnung der Idee, Berlin 2016.
Humboldt Lab Dahlem (Hg.): Prinzip Labor. Museumsexperiment im Humboldt Lab Dahlem, Berlin 2015.
Lebovics, Herman: Mona Lisa's Escort: Andre Malraux and the Reinvention of French Culture, Ithaca 1999.
Liebmann, Lisa: Jackie, JFK and the art of diplomacy. The Mona Lisa in Washington, in: Tate Etc., Nr. 6, 2006, URL: http://www.tate.org.uk/context-comment/articles/jackie-jfk-and-art-diplomacy.
Lorenz, Ulrike/ Ullrich, Wolfgang (Hg.): Was muss das Museum? Was kann das Museum? Ein Streitgespräch zwischen Ulrike Lorenz und Wolfgang Ullrich, Köln 2018.
Siemons, Mark: Die Globalisierung verunsichert schon genug, in: Frankfurter Allgemeine Sonntagszeitung, Nr. 49 vom 11.12.2016, S. 51.
Tyradellis, Daniel: Müde Museen. Oder: Wie Ausstellungen unser Denken verändern könnten, Hamburg 2014.

Sinnesorientierte Erlebnisse und emotionale Zugänge im Museum. Vermittlung für Menschen mit Demenz ist wichtig – aber warum?

Alessandra Vicentini

Soziale und kulturelle Teilhabe von Menschen mit körperlichen und seelischen Beeinträchtigungen – worunter auch Menschen mit Demenz gezählt werden – sind Kern der 2008 in Kraft getretenen UN-Behindertenrechtskonvention.[1] Bedingt durch die Folgen des demografischen Wandels ist es notwendig, die Lebensqualität der alten und teils chronisch erkrankten Menschen zu erhalten sowie gegen deren soziale Isolation und Vereinsamung zu steuern.[2] Dazu eignet sich das Museum, denn laut den ethischen Richtlinien des International Council of Museums Deutschland (ICOM) ist es „eine gemeinnützige, auf Dauer angelegte, der Öffentlichkeit zugängliche Einrichtung im Dienste der Gesellschaft und ihrer Entwicklung, die zum Zwecke des Studiums, der Bildung und des Erlebens materielle und immaterielle Zeugnisse von Menschen und ihrer Umwelt beschafft, bewahrt, erforscht, bekannt macht und ausstellt."[3] Es ist also ein gemeinnütziger, öffentlicher Raum, in dem unterschiedliche Menschen und verschiedene Exponate aufeinander treffen, der Schutz und Möglichkeiten der Auseinandersetzung bietet. Über die personelle Vermittlung eröffnen sich Räume der Begegnung und der Beziehung in diesem Fall zwischen Vermittlern[4], Menschen mit einer demenziellen Erkrankung, ihren Begleitern und den Exponaten.

Obwohl Programme für Menschen mit Demenz in den verschiedenen Häusern unterschiedlicher Ausrichtungen stattfinden[5], ist die vorgefundene Dokumentation

---

[1] Vgl. Projekt Mehr Teilhabe für Menschen mit Demenz ermöglichen, URL: https://www.deutsche-alzheimer.de/ueber-uns/projekte/mehr-teilhabe-ermoeglichen.html, zuletzt aufgerufen am 15.12.2018, und UN-Behindertenrechtskonvention, Art. 30, Abs. 1, 2.

[2] Laut Angaben der Deutschen Alzheimer Gesellschaft und gemäß dem Stand von 2018 erkrankten in Deutschland 1,7 Millionen Menschen; meistens sind es über 85-Jährige. Vgl. dazu: Deutsche Alzheimer Gesellschaft e.V.: Wie häufig ist die Krankheit, URL: https://www.deutsche-alzheimer.de/die-krankheit/haeufige-fragen-faq.html zuletzt aufgerufen am 12.12.2018; Schall, Arthur/Pantel, Johannes: Kunstbegegnungen im Museum für Menschen mit Demenz und ihre Angehörigen. ARTEMIS-Projekt und Interventionsstudie, in: Fricke, Almuth/Hartogh, Theo (Hg.): Forschungsfeld Kulturgeragogik – Research in Cultural Geragogy, München 2016, S. 413–424, hier: S. 414.

[3] ICOM – Internationaler Museumsrat: Ethische Richtlinien für Museen von ICOM, überarbeitete 2. Auflage der deutschen Version, o.O. 2006. URL: http://www.icom-deutschland.de/client/media/364/icom_ethische_richtlinien_d_2010.pdf, S. 29. zuletzt aufgerufen am 11.01.2019.

[4] Aufgrund besserer Lesbarkeit wird die männliche Form verwendet. Sie bezieht sich auf Personen beiderlei Geschlechts.

[5] Ein Beispiel dafür ist das Angebot für Menschen mit Demenz in der Musikabteilung vom Deutschen

im Bereich der Kunstmuseen umfangreicher. Aus diesem Grund stützt sich der Beitrag auf die Vermittlung von Kunst. Das Bewusstsein der Chancen, die das Museum und die Arbeit der Vermittlung bieten, äußert sich auf internationaler Ebene mit stets steigender Tendenz in 125 ausgeübten Projekten im Bereich der Kunstvermittlung für Menschen mit Demenz.[6] Wünschenswert und erstrebenswert ist die Implementierung solcher Programme in immer mehr Museen.

Die Ergebnisse verschiedener Studien belegen, dass die Interventionen der sinnesorientierten Vermittlung für Menschen mit einer diagnostizierten Demenz die kommunikativen Fähigkeiten, ihr emotionales Wohlbefinden und ihre Beziehung zu den Angehörigen und Betreuern fördern.[7] Die Museumsbesuche nähren außerdem in der Begegnung mit den Kunstwerken die rehabilitativen Kräfte der Teilnehmenden, aktivieren somit Ressourcen.[8] Die Ressourcenaktivierung betrifft die positiven Aspekte, Fähigkeiten und Eigenheiten des Individuums, wobei die Stärken durch die Aktivierung für denjenigen selbst (wieder) erfahrbar werden.[9] Beim Betrachten eines Werkes können unter anderem Erinnerungen hervorgerufen, Gefühle entstehen und an persönliche Lebenswelten angeknüpft werden. Diese therapeutischen Wirkungen der Rezeption von Kunstwerken – die im Rahmen der Rezeptiven Kunsttherapie formuliert sind [10] können also als eine Erweiterung der Museumspädagogik verstanden

---

Museum in München. Vgl. dazu Deutsches Museum: Führungen für Menschen mit Demenz, URL: https://www.deutsches-museum.de/angebote/fuehrungen/inklusion/demenz/, zuletzt aufgerufen am 21.12.2018.

6 Das Vermittlungsangebot Meet me at MoMA, das seit 2006 ausgeübt wird, gilt als Vorreiter solcher Programme. Es hat in den darauffolgenden sieben Jahren in 40 verschiedenen Ländern Anklang gefunden. Vgl. The Museum of Modern Art: Meet me at MoMA, URL: https://www.moma.org/meetme/index zuletzt aufgerufen am 10.05.2018, sowie die Auswahl an Projekten in Ganß, Michael/Kastner, Sybille/Sinapius, Peter: Kunstvermittlung für Menschen mit Demenz. Kernpunkte einer Didaktik, Berlin/Hamburg 2016b, S. 25 – 36.

7 Vgl. Camic, Paul M./Baker, Erin L./Tischler, Victoria: Theorizing How Art Gallery Interventions Impact People With Dementia and Their Caregivers, in: Gerontologist 56/6 (2016), S. 1033–1041. und Ganß, Michael/Kastner, Sybille/Sinapius, Peter: Entwicklung eines Modells zur gesellschaftlichen Teilhabe von Menschen mit Demenz im Museumsraum, in: Fricke, Almuth/Hartogh, Theo (Hg.): Forschungsfeld Kulturgeragogik – Research in Cultural Geragogy, München 2016a, S. 425 – 437. Vgl. Schall/Pantel 2016, S. 416 – 420.

8 Vgl. Winkler-Rufenach, Friederike/Kastner, Sybille: Museumsarbeit für Menschen mit Demenz im Wilhelm Lehmbruck Museum, in: Groote, Kim de/Fricke, Almuth (Hrsg.): Kulturelle Bildung. Kulturkompetenz 50 +. Praxiswissen für die Kulturarbeit im Älteren, Bd. 19, München 2010, S. 105 – 114, hier: S. 113.

9 Vgl. Trüg, Erich/Kersten, Marianne: Praxis der Kunsttherapie, Stuttgart 2013, S. 7.

10 Sonja Pöppel listet mehrere Ziele bzw. Aspekte zur Wirkung der rezeptiven Kunsttherapie in Ihrer Dissertationsschrift auf. Die Wirkfaktoren reichen von der „Anregung schöpferischer Prozesse", „Förderung der Wahrnehmungsfähigkeit", „Stimulation der Selbstwirksamkeit" u.v.m. bis hin zur

werden.[11] Diese therapeutischen Wirkungen sind nicht das Ziel solcher Führungen, aber sie begleiten die pädagogische Arbeit.[12] Wenn im Museum, der ein öffentlich zugänglicher Ort ist, therapeutische Zielsetzungen angestrebt werden, muss den Verantwortlichen bewusst sein, dass die Privatsphäre nicht (gänzlich) geschützt ist. Das könnte bei den Teilnehmenden Irritationen hervorrufen oder Ängste auslösen.[13]

Die Aufgaben der Inklusion stellen Museen vor Herausforderungen, die eine Orientierung an den Besuchergruppen und ein Umdenken bestehender Strukturen verlangen. Das Selbstverständnis von Museen wandelt sich: Die Bedürfnisse der Bevölkerung werden wahrgenommen, in Vermittlungskonzepte integriert und Begegnungen angeboten.[14] Barrierefreiheit ist dabei essenziell, sei es im Gebäude durch Rampen und große Beschriftungen, sei es durch eine Aufklärung der Mitarbeitenden und des Aufsichtspersonals des Museums über die Besonderheiten dieser Programme. Dadurch können beispielsweise Gebäudemängel kompensiert werden[15] – wobei Barrierefreiheit nicht nur die Infrastruktur, sondern auch die „inneren Hemmschwellen"[16] betrifft.[17] Damit sind hier Ängste und die daraus entstehenden Vorurteile gemeint gegenüber betroffenen Menschen. Diese gilt es nicht zuletzt durch die Vermittlung abzubauen und bestenfalls zu überbrücken. Dafür sind im Voraus Informationen über die Zielgruppe unausweichlich, um die Bedürfnisse von Demenzkranken einzuordnen und um ein Verständnis zu entwickeln wie damit umzugehen ist.

„Möglichkeit der Erinnerung". Pöppel, Sonja: Das therapeutische Potenzial der Kunstrezeption, Berlin 2015, S. 169 - 172. Zur theoretischen Erläuterung der Rezeptiven Kunsttherapie vgl. dazu Ebd.
11 Vgl. Wichelhaus, Barbara: Das Museum als Lern- und Erfahrungsort für Kinder und Jugendliche mit besonderen Förderbedarf, in: Föhl, S. Patrick/Erdrich, Stefanie/John, Hartmut/Maaß, Karin (Hg.): Das barrierefreie Museum. Theorie und Praxis einer besseren Zugänglichkeit. Ein Handbuch, Bielefeld 2007, S. 117. Um therapeutisch arbeiten zu können, bedarf es einer entsprechenden Qualifikation. Vgl. Deutscher Fachverband für Kunst- und Gestaltungstherapie e. V.: Beruf, URL: http://www.kunsttherapie.de/beruf.html, zuletzt aufgerufen am 21.12.2018.
12 Vgl. Ganß et al. 2016a, S. 430. Therapeutische und pädagogische Zielsetzungen sind nicht immer klar voneinander trennbar.
13 Vgl. Pöppel 2015, S. 136 und 138.
14 Vgl. Gajek, Esther: Mit den Alten zu den Ufern? Konzepte, Realitäten und Potenziale musealer Seniorenprogramme, in: Fricke, Almuth/Hartogh, Theo (Hg.): Forschungsfeld Kulturgeragogik – Research in Cultural Geragogy, München 2016, S. 399 – 412, hier S. 411.
15 Vgl. Winkler-Rufenach et al. 2010, S. 109.
16 Hinz, Andreas: Menschen mit Behinderung im Museum – (k)eine Selbstverständlichkeit, in: Behinderte in Familie, Schule und Gesellschaft 25/2-3 (2002), S. 35 – 44, URL: http://bidok.uibk.ac.at/library/hinz-museum.html, zuletzt aufgerufen am 15.12.2018.
17 Vgl. Bacher-Göttfried, Ilona/Bischler, Susanne/Hojer, Sabine: Inklusion als Ziel museumspädagogischer Arbeit, in: Czech, Alfred/Kirmeier, Josef/Sgoff, Brigitte (Hg.) Museumspädagogik. Ein Handbuch. Grundlagen und Hilfen für die Praxis, Schwalbach/Ts. 2014, S. 174 – 181, hier S. 175.

Demenz – was bedeutet diese Krankheit?

Die Demenz oder das demenzielle Syndrom ist gewöhnlich eine unheilbare, chronische und fortschreitende Krankheit des Gehirns. Betroffen, und deshalb beeinträchtigt, sind die kognitiven Funktionen, wie etwa das Denken, das Rechnen, das Urteilsvermögen, die Orientierung, die Sprache und die Erinnerung.[18] Auffallend ist die Beeinträchtigung des Gedächtnisses beim Lernen neuer und – bei fortschreitender Krankheit – beim Abrufen früh abgespeicherter Informationen. Nicht selten geraten die Gesichter und Namen nahestehender Personen in Vergessenheit, genauso geht die Wiedererkennung vertrauter Dinge verloren. Es kommt zu Bewusstseinsstörungen mit einer reduzierten Wahrnehmung der Umgebung, gleichwohl ist die Fähigkeit sich auf etwas zu fokussieren vermindert. Dadurch ist es herausfordernd, die Aufmerksamkeit aufrecht zu erhalten und der Wechsel von einem Thema zum anderen fällt schwer.[19] Häufig verändert sich die Persönlichkeit, der Antrieb sinkt und das zwischenmenschliche Verhalten ist auffällig apathisch oder unruhig.[20]

Je nach Schwere der kognitiven Defizite wird die demenzielle Erkrankung in drei Stadien eingeteilt: eine leichte, eine mittelschwere und eine schwere Demenz. Im ersten Stadium können die Betroffenen das gewohnte alltägliche Leben selbstständig bewältigen, jedoch überfordern sie kompliziertere Aufgaben.[21] Sich erinnern sowie passende Wörter finden, fällt ihnen schwer. Sie ziehen sich immer mehr vom sozialen Geschehen zurück.[22] Bei der mittelschweren Demenz können einfache alltägliche, routinierte Tätigkeiten noch alleine stattfinden, allerdings sind die Betroffenen beispielsweise bei Einkäufen und Geldangelegenheiten auf Hilfe angewiesen.[23] Die Betroffenen sind verwirrt und haben Probleme sich in Raum, Zeit und Situation zu orientieren.[24] Die schwere Demenz charakterisiert sich dadurch, dass die Betroffenen neue Informationen nicht abspeichern sowie sich selbst mit der eigenen Person nicht mehr identifizieren können: sie brauchen dauerhaft fremde Hilfe.[25] Der Beginn der

---

[18] Vgl. Dilling, Horst/Mombour, Werner/Schmidt, Martin H. (Hg.): Internationale Klassifikation psychischer Störungen. ICD-10 Kapitel V (F). Klinisch-diagnostische Leitlinien, Bern 2015, S. 73; Deutsche Alzheimer Gesellschaft e.V.: Die Krankheit, URL: https://www.deutsche-alzheimer.de/die-krankheit/haeufige-fragen-faq.html, zuletzt aufgerufen am 10.05.2018.
[19] Vgl. Förstl, Hans: Demenz. Grundlagen – Diagnostik – Formen (Schriftenreihe der Bayerischen Landesapothekerkammer Heft 74), München 2007, S. 13 und S. 20.
[20] Vgl. Dilling 2015, S. 73 und Deutsche Alzheimer Gesellschaft e.V.: Die Krankheit, URL: https://www.deutsche-alzheimer.de/die-krankheit/haeufige-fragen-faq.html, zuletzt aufgerufen am 10.05.2018.
[21] Vgl. Förstl 2007, S. 14.
[22] Vgl. Menzen, Karl-Heinz: Grundlagen der Kunsttherapie, 4. Auflage, München 2016, S. 38.
[23] Vgl. Förstl 2007, S. 14.
[24] Vgl. Menzen 2016, S. 38 – 39.
[25] Vgl. Förstl 2007, S. 14.

Krankheit ist normalerweise schleichend, dabei ist die Entwicklung langsam, aber stetig. Vorwiegend verlaufen die drei Stadien nahtlos ineinander über. Die verschiedenen Stadien der Demenzerkrankung dienen lediglich als Referenzpunkte für die Ausprägung der Krankheit und sind individuell ausgeformt.[26]

Demenz ist eine Krankheit, die oft die gesamte Familie beeinflusst. Ungefähr 80 Prozent der von Demenz betroffenen Menschen in Deutschland werden von Familienangehörigen betreut und das vielfach im privaten Ambiente. Nicht zuletzt leidet unter der wachsenden Pflegebelastung die Beziehung zwischen der betreuenden und der betroffenen Person. Als Ergänzung zur medikamentösen Behandlung der Betroffenen steigert sich die Lebensqualität aller Beteiligten durch alternative Therapien und Programme.[27] Medikamente mildern zwar die Symptome ab und verzögern die Begleiterscheinungen, eine heilende Wirkung gibt es aber meistens keine.[28]

Es existieren verschiedene Erscheinungsformen einer Demenz, die bekannteste davon ist die Alzheimer Krankheit.[29] Sowohl genetisch bedingte als auch medizinische Faktoren wie der missbräuchliche Konsum von Alkohol oder eine organische Krankheit können zu einer zerebralen Störung, zum demenziellen Syndrom, führen. Laut Hans Förstl liegt im zunehmenden Alter der Hauptrisikofaktor an Demenz zu erkranken. Nicht von geringer Bedeutung sind die sozialen Einflüsse, wie etwa eine niedere schulische und berufliche Bildung, der Mangel an Interessen oder das Fehlen von sozialen Kontakten und Aktivitäten.[30] Der Risikofaktor speziell bei Alzheimer steht für Michael Nehls nicht in einem Kausalzusammenhang mit dem Alter. Er sieht in der modernen Lebensweise und in kulturbedingten Mängeln, wie etwa eine unausgewogene Ernährung, Schlaf- und Bewegungsmangel sowie Stress, Gründe für die Erkrankung.[31] Die Mobilisierung kognitiver Rücklagen erfolgt über die geistige Betätigung.[32] Die Ergebnisse der Hirnforschung zeigen, so Ernst Pöppel, dass das Gehirn – „wie ein

---

[26] Vgl. Ebd., S. 14 – 15.
[27] Vgl. Schall/Pantel 2016. S. 414. Dazu zählen auch die Vermittlungsprogramme im Museum.
[28] Vgl. Ebd., S. 414. Siehe Fußnote 2 zur Häufigkeit von Demenz in Deutschland.
[29] Die Alzheimer Demenz ist nach dem Psychiater Alois Alzheimer benannt und führt im Krankheitsverlauf zum allmählichen Verlust von Nervenzellen und Nervenzellkontakten. Zur Vertiefung vgl. Deutsche Alzheimer Gesellschaft e.V.: Was heißt eigentlich „Demenz" und „Alzheimer"? in https://www.deutsche-alzheimer.de/die-krankheit/haeufige-fragen-faq.html, zuletzt aufgerufen am 10.05.2018.
[30] Vgl. Förstl 2007, S. 14 – 15.
[31] Außerdem kritisiert Nehls die Pharmaindustrie, die aus der Alzheimer Krankheit Profit schlägt. Vgl. Nehls, Michael: Die Alzheimer Lüge. Die Wahrheit über die vermeidbare Krankheit, München 2014, speziell S. 18 – 19, S. 21 – 22, S. 196, S. 222, S. 226, S. 358.
[32] Vgl. Ebd., S. 204.

Muskel"³³ – durch lebenslanges Lernen trainiert werden kann. Die beste Prävention und Therapie ist also das Training des Gehirns.³⁴

Das gemeinsame Erlebnis im Museum – was ist die Absicht?

Im Fokus der Vermittlungsarbeit steht das gemeinsame Erlebnis, das sich durch folgendes kennzeichnet: das Wahrnehmen mit allen Sinnen und Kommunizieren von Gedanken, Erinnerungen und Gefühlen, die Förderung der Kompetenzen und der Kreativität sowie den Spaß und die Freude am Tun in der Gruppe.

Die Fachlichkeit ist bei dieser Art von Vermittlung zweitrangig und sollte deshalb wohldosiert im Einsatz sein. Jeder Beitrag der Teilnehmenden ist willkommen, Leistungsdruck und Wertungen vonseiten des Vermittlers sind fehl am Platz. Die Herausforderungen für die Vermittelnden liegen in einer hohen Flexibilität gegenüber den Bedürfnissen der einzelnen Personen, wobei alle Teilnehmenden gleich einzubeziehen sind trotz der Heterogenität der Gruppe.³⁵ Durch die Kommunikationsmethode der Validation, nach Naomi Feil, lässt sich eine wertschätzende, die Persönlichkeit des Menschen anerkennende Beziehung herstellen.³⁶

Einer der Vorsätze des Museumsbesuches besteht darin, bei den erkrankten Personen noch bestehende Wahrnehmungskräfte zu aktivieren und zu sensibilisieren.³⁷ Im Gegensatz zum kognitiv ausgerichteten Wahrnehmen konzentriert sich das ästhetische Wahrnehmen – auch Leibgedächtnis genannt – auf das gegenwärtige, unmittelbare sinnesorientierte Erlebnis, das durch Objekte oder Situationen entsteht. Diese Erfahrungen sind durch die Begegnungen mit den Exponaten spürbar.³⁸ Die Objekte mit ihrer besonderen Aura spielen eine zentrale Rolle: Die Wahrnehmung wird durch die verschiedenen Sinne erlebbar, wodurch Emotionen aktiviert werden.³⁹ Hörbei-

---

33 Hoerner, Katrin: „Lebenslang lernen schützt das Gehirn", Interview mit Ernst Pöppel, in: Focus Online, URL: https://www.focus.de/gesundheit/ratgeber/gehirn/demenz-und-alzheimer-lebenslang-lernen-schuetzt-das-gehirn_aid_626147.html, zuletzt aufgerufen am 17.12.2018.
34 Vgl. Pöppel, Ernst: Je älter desto besser. Überraschende Erkenntnisse aus der Hirnforschung, München 2010, S. 16 – 19; Hoerner, „Lebenslang lernen schützt das Gehirn", Interview mit Ernst Pöppel, in: Focus Online, URL: https://www.focus.de/gesundheit/ratgeber/gehirn/demenz-und-alzheimer-lebenslang-lernen-schuetzt-das-gehirn_aid_626147.html, zuletzt aufgerufen am 17.12.2018.
35 Vgl. Ganß et al. 2016b, S. 49, S. 54, S. 69, S. 82 und S. 84.
36 Zur Auflistung der Grundsätze und Vertiefung der Methode vgl. Demenzportal.at: Validation bei Demenz – die Grundsätze, URL: https://demenz-portal.at/aktuelles/validation-bei-demenz-die-grundsaetze/, zuletzt aufgerufen am 04.06.2018; Winkler-Rufenach et al. 2010, S. 105 – 114, S. 110; Menzen 2016, S. 47 – 49.
37 Vgl. Winkler-Rufenach et al. 2010, S. 109.
38 Vgl. Ganß et al. 2016a, S. 425 – 446, hier 430.
39 Vgl. Pöppel 2015, S. 139.

spiele, Lieder und Geräusche können als kurze Sequenz während der Vermittlung eingespielt werden.[40] Düfte und Kostproben, die in Relation zu einem Objekt gesetzt werden, bieten sich an, den Geruchs- sowie den Geschmackssinn der Teilnehmenden zu aktivieren und zu schärfen.[41] Um den Tastsinn zu beleben eignen sich Materialproben mit glatten, rauen oder samtigen Oberflächen und Objekte, wie etwa Puppen.[42]

Im praktischen Tun können die Teilnehmenden einen eigenen Ausdruck für das Erlebte finden, ihre Selbstwirksamkeit erfahren und verschiedene Materialien und Techniken ausprobieren, wie etwa das Malen mit Acrylfarben oder Ölpastellkreiden, das Drucken mit Styroporplatten oder das Collagieren. Das eigene Werk anderen zu zeigen und vorzustellen verbessert das Selbstwertgefühl und lässt vertrauensvoll auf die eigenen Stärken blicken.[43] Anschließend können die Teilnehmenden die eigene kreative Arbeit als Erinnerungsstück mitnehmen, worüber sie sich freuen und worauf sie stolz sein können. Auch im Museum sind Emotionen gestattet, sie sind durchaus erstrebenswert. Objekte können starke Reaktionen bei den Besuchern hervorrufen. Wichtig ist es, diese aufzufangen und eine positive Wendung im Geschehen einzulenken.[44]

Eine weitere Intention im Vermittlungsablauf ist es, die Teilnehmenden zum Sprechen anzuregen. Können sie sich verbal nicht so gut ausdrücken, ist der Vermittler gefordert, die Person zu ermutigen, beim Formulieren der Wörter zu helfen oder gemeinsam das Objekt ohne sprachlichen Zusatz anzusehen.[45]

Ein Beispiel, wie das verbale Kommunizieren während der Betrachtung von Kunst in der Gruppe geübt werden kann, ist das von Karin Wilkening erfolgreich etablierte Interventionsprojekt Aufgeweckte Kunstgeschichten. Seit 2012 findet es regelmäßig in den Schweizer Kunstmuseen Anwendung.[46] Das Projekt stützt sich auf die

---

40 Vgl. Ganß et al. 2016b, S. 51.
41 Vgl. Bacher-Göttfied et al. 2014, S. 174 – 181, hier S. 177. Bei alten Menschen schwindet häufig allmählich das Schmecken und Riechen, was stets trainiert werden muss. Dazu mehr in: Menzen, Karl-Heinz: Kunsttherapie mit altersverwirrten Menschen, München 2008, S. 37 – 40. Bei Duft- und Geschmacksproben müssen vorher mögliche Einschränkungen konservatorischer Art mit dem Museum und bezüglich Verträglichkeit mit den Besuchern abgeklärt werden.
42 Eine Auswahl an geeigneten Methoden befindet sich in: Bacher-Göttfied et al. 2014, S. 174 – 181, hier S. 177 sowie im Bericht aus der Arbeit im Lehmbruck-Museum in: Winkler-Rufenach et al. 2010, S. 112 und Ganß et al. 2016b, S. 102 – 103.
43 Vgl. Schall/Pantel 2016, S. 413 – 424, hier S. 421.
44 Vgl. Winkler-Rufenach et al. 2010, S. 112 – 113.
45 Vgl. Ganß et al. 2016b, S. 72, S. 75 und S. 77.
46 Vgl. Universität Zürich, Zentrum für Gerontologie: Aufgeweckte Kunst-Geschichten, URL: http://www.zfg.uzh.ch/de/projekt/kunst-demenz-2015.html, zuletzt aufgerufen am 10.05.2018; Ganß et al. 2016b, S. 28.

Timeslips Methode⁴⁷: Dabei erzählen die Teilnehmenden anhand von mehrdeutigen Bilder kreative Geschichten. Die moderierende Person stellt Leitfragen, die Begleitpersonen geben die notwendigen Impulse zum Erzählen. Eine weitere Person begleitet die Führung mit dem Ziel, die Aussagen zu protokollieren und daraus eine einzige Geschichte zu kombinieren, um sie beim nächsten Treffen wieder einzubringen.⁴⁸ Es ist leider fraglich, wie nachhaltig Projekte solcher Art sein können. Das Ideal wäre eine dauerhafte Etablierung in der Vermittlungsarbeit – Mangel an Personal und finanziellen Mitteln sind dabei die größten Hindernisse.

Das Museum und die Vermittlungsarbeit – Was sie leisten können und warum

Im Dienste der Gesellschaft positioniert sich das Museum per Definition als gemeinnützige Einrichtung: Dahingehend sollte das Selbstverständnis aller Museen streben. Das Bewusstsein in diese Richtung zeigt sich unter anderem in den wachsenden Angeboten für Menschen mit Demenz. Dadurch ermöglicht die Einrichtung einen niederschwelligen Zugang für die spezielle Zielgruppe zum kulturellen, sprich gesellschaftlichen Leben.⁴⁹ Menschen mit Demenz sind durch ihre Erkrankung besonders verletzbar. Dank seiner Genese als Aufbewahrungsort von kulturellen Kostbarkeiten bietet das Museum einen geschützten Ort mit einer Atmosphäre voller Wertschätzung für die darin ausgestellten Exponate, in dem die Besucher selbst das Gefühl spüren können, wertgeschätzt zu sein.⁵⁰

Für das Museumspersonal und den Vermittelnden ist das Wissen über bestimmte Herangehensweisen, möglichen Schwierigkeiten und Potenziale in der Arbeit mit demenziell erkrankten Menschen notwendig, um ein zielgruppengerechte und erfolgreiche Arbeit im Museum leisten zu können. Es sollen gemeinsam schöne Momente erlebt werden. Ein praxisnahes sowie individuell anwendbares Konzept bietet das sinnesorientierte Modell der Kunstvermittlungspraxis für Menschen mit Demenz aus dem Buch Kunstvermittlung für Menschen mit Demenz. Kernpunkte einer Didaktik von Michael Ganß, Sybille Kastner und Peter Sinapius. Im Erfahrungsbericht aus dem Projekt im Lehmbruck Museum in Duisburg finden sich äußerst hilfreiche Hinweise

---

47 Vertiefendes zur Timeslips-Methode vgl. URL: http://www.timeslips.org, zuletzt aufgerufen am 10.05.2018.
48 Vgl. Oppikofer, Sandra/Kündig, Yvonne/Loizeau, Andrea: Aufgeweckte Kunst-Geschichten – Menschen mit Demenz auf Entdeckungsreise im Museum. Ein Interventionsprojekt des Zentrums für Gerontologie der Universität Zürich in Kooperation mit Kunstmuseen und Pflegeeinrichtungen, in: Fricke, Almuth/Hartogh, Theo (Hg.): Forschungsfeld Kulturgeragogik – Research in Cultural Geragogy, München 2016, S. 447 – 463, hier S. 450, 456 und 459.
49 Vgl. Schall/Pantel 2016, S. 413 – 424, hier S. 421.
50 Vgl. Camic et al. 2016, S. 1033–1041, hier S. 1036 Sp. 2.

zur Vermittlungsarbeit. Außerdem bietet die Website Meet me. The MoMA Alzheimer´s Project: Making Art Accessible to People with Dementia eine umfangreiche und fundierte Auswahl an Videomaterial, Tipps und Informationen rund um das Thema.[51]

Allerdings ersetzen keine Bücher das persönliche Engagement sowie das empathische Gespür des Vermittlers. Ein Vorgespräch zwischen Organisatoren der Gruppe und dem Vermittler über Herausforderungen und Möglichkeiten sind zentral für einen möglichst reibungslosen Ablauf. Informationen über die Teilnehmenden sind notwendig für die Planung. Genauso ist der bewusste Umgang mit den möglichen Bedürfnissen der speziellen Zielgruppe wichtig. Abhilfe schafft dabei eine Schulung.[52] Überdies sind eine therapeutische Ausbildung, Erfahrungen in der Altenpflege oder Seniorenarbeit sowie der persönliche Umgang mit Betroffenen hilfreich. Ein unaufdringliches, wohlwollendes Verhalten ist für das Arbeiten mit Menschen mit Beeinträchtigungen unerlässlich.[53]

Ist das Vermittlungsangebot an den Bedürfnissen und Ressourcen der Menschen mit Demenz orientiert, gewinnt es durchaus an therapeutischer Effektivität. Die gemeinsamen Museumsbesuche erzeugen für die Betroffenen und ihre Bezugspersonen in den Begegnungen mit den ausgestellten Objekten positive Erlebnisse jenseits des Alltags. Dadurch wird ihre Beziehung zueinander gefördert. Außerdem betätigen sich die Teilnehmenden durch die sinnesorientierte Vermittlung am Geschehen. Es wird ihre Kreativität und so die Aktivität im Gehirn gefördert, was den Verlauf der Krankheit, wenn auch nur kurz, positiv beeinflussen kann. Überdies gewinnt die an Demenz leidende Person nicht nur an Zufriedenheit, Vertrauen in andere und in sich selbst, Spaß und Freude, sondern profitiert auch von der sozialen Interaktion mit

---

51 Vgl. The Museum of Modern Art: meet me. The MoMA Alzheimer´s Project: Making Art Accessible to People with Dementia, URL: https://www.moma.org/visit/accessibility/meetme/, zuletzt aufgerufen am 15.12.2018.

52 Die einjährige berufsbegleitende Weiterbildung zur Kunstbegleiterin und Kunstbegleiter für Menschen im Alter und mit Demenz ist dafür vorbildlich. Sie wird vom International Institute for Subjective Experience and Research (ISER) und der Medical School in Hamburg angeboten, URL: http://www.i-ser.de/weiterbildung_KuBA_module.php, zuletzt aufgerufen am 10.05.2018. Diese Kurse finden im Norden der Bundesrepublik statt. Qualifizierungen in diesem Umfang sind in anderen Teilen Deutschlands laut meiner Recherche noch ausstehend, wobei schon zahlreiche Tagungen und Fortbildungen zum Thema Kulturelle Teilhabe und Demenz im Museum stattfinden. Der Fachtag KunstZeit. Kulturelle Teilhabe für Menschen mit Demenz im Ausstellungs- und Museumsraum im Dezember 2016 in München lieferte in einem Überblick Informationen über dieses Thema. Vgl. URL: https://www.musenkuss-muenchen.de/angebote/kunstzeit-fuehrungen-fuer-menschen-mit-demenz, zuletzt aufgerufen am 10.05.2018.

53 Vgl. Winkler-Rufenach et al. 2010, S. 105 – 114, hier S. 110.

den anderen Menschen im Museum.[54] Denn psychosoziale Aspekte und der kulturelle Kontext, so der Psychotherapeut Georg Franzen, rahmen die Beschäftigung mit der eigenen Identität und die Erfahrung mit dem Selbst ein.[55]

Trotz gewinnbringender Ergebnisse für die Teilnehmenden darf der Mehraufwand solcher Führungen nicht unterschätzt werden. Berichte aus dem Lehmbruck Museum in Duisburg zeigen bereits die ersten Schwierigkeiten bei der Bereitschaft zur Teilnahme an den Veranstaltungen im Museum vonseiten der Altenheime und Pflegehäuser,[56] die unter Zeit- und Personalmangel leiden.[57] Demnach müssen die demenziell erkrankten Personen von Ehrenamtlichen oder Angehörigen ins Museum begleitet und dort betreut werden. Auch der Transport vom Pflegeheim zum Museum und retour muss von jemandem organisiert und bezahlt werden. Die Durchführung solcher Programme hängt von der finanziellen Förderung, dem politischen Konsens und vom Austausch zwischen dem Museums- und dem Sozialpflegebereich ab. Um eine Führung für Menschen mit Demenz überhaupt initiieren zu können, bedarf es vieler Helfer: Gemeinsam sind solche Führungen realisierbar.[58]

Warum Vermittlungsangebote für Menschen mit Demenz wichtig sind, belegen u. a. Arthur Schall und Johannes Pantel: Sie entlasten den Pflegealltag und tragen zur Verbesserung der Lebensqualität aller Beteiligten bei.[59] Durch die Besuche im Museum wächst der Gemeinschaftssinn; der Mensch, als solcher, rückt mit seinen Stärken und Ressourcen in den Mittelpunkt der Gesellschaft und defizitorientierte Haltungen gegenüber der erkrankten Person werden abgebaut.[60]

---

54 Vgl. Camic et al. 2016, S. 1033–1041, hier S. 1034, Sp. 1.
55 Vgl. Franzen, Georg: Bildende Kunst, Literatur und Musik als Kommunikationshilfen in Gesprächsgruppen, in: Kunst & Therapie 23 (o.J.), S. 93 – 102, hier S. 95; außerdem Pöppel 2015, S. 137.
56 Vgl. Winkler-Rufenach et al. 2010, S. 106 und S. 108.
57 Vgl. Held, Gerd: Die Altenpflege verschleißt die Pfleger, veröffentlicht am 11.06.2014, URL: https://www.welt.de/debatte/kommentare/article128946807/Die-Altenpflege-verschleisst-die-Pfleger.html, zuletzt aufgerufen am 02.11.2017.
58 Vgl. Winkler-Rufenach et al. 2010, S. 109.
59 Vgl. Schall/Pantel S. 2016, S. 413 – 424, hier S. 421.
60 Vgl. Camic et al. 2016, S. 1033–1041, hier S. 1034, Sp. 1.

LITERATURVERZEICHNIS

Bacher-Göttfried, Ilona/Bischler, Susanne/Hojer, Sabine: Inklusion als Ziel museumspädagogischer Arbeit, in: Czech, Alfred/Kirmeier, Josef/Sgoff, Brigitte (Hg.): Museumspädagogik. Ein Handbuch. Grundlagen und Hilfen für die Praxis, Schwalbach/Ts 2014, S. 174 – 181.
Camic, Paul M./Baker, Erin L./Tischler, Victoria: Theorizing How Art Gallery Interventions Impact People With Dementia and Their Caregivers, in: Gerontologist 56/6 (2016), S. 1033–1041.
Dilling, Horst/Mombour, Werner/Schmidt, Martin H. (Hg.): Internationale Klassifikation psychischer Störungen. ICD-10 Kapitel V (F). Klinisch-diagnostische Leitlinien, Bern 2015.
Förstl, Hans: Demenz. Grundlagen – Diagnostik – Formen (Schriftenreihe der Bayerischen Landesapothekerkammer, Heft 74), München 2007.
Franzen, Georg: Bildende Kunst, Literatur und Musik als Kommunikationshilfen in Gesprächsgruppen, in: Kunst & Therapie 23 (o.J.), S. 93–102.
Gajek, Esther: Mit den Alten zu den Ufern? Konzepte, Realitäten und Potenziale musealer Seniorenprogramme, in: Fricke, Almuth/Hartogh, Theo (Hg.): Forschungsfeld Kulturgeragogik – Research in Cultural Geragogy, München 2016, S. 399–412.
Ganß, Michael/Kastner, Sybille/Sinapius, Peter: Entwicklung eines Modells zur gesellschaftlichen Teilhabe von Menschen mit Demenz im Museumsraum, in: Fricke, Almuth/Hartogh, Theo (Hg.): Forschungsfeld Kulturgeragogik – Research in Cultural Geragogy, München 2016a, S. 425–446.
Ganß, Michael/Kastner, Sybille/Sinapius, Peter: Kunstvermittlung für Menschen mit Demenz. Kernpunkte einer Didaktik (Transformation 2), Berlin/Hamburg 2016b.
Held, Gerd: Die Altenpflege verschleißt die Pfleger, veröffentlicht am 11.06.2014, URL: https://www.welt.de/debatte/kommentare/article128946807/Die-Altenpflege-verschleisst-die-Pfleger.html.
Hinz, Andreas: Menschen mit Behinderung im Museum – (k)eine Selbstverständlichkeit, in: Behinderte in Familie, Schule und Gesellschaft 25/2-3 (2002), S. 35 – 44, URL: http://bidok.uibk.ac.at/library/hinz-museum.html.
Hoerner, Katrin: „Lebenslang lernen schützt das Gehirn", Interview mit Ernst Pöppel, in: Focus Online, URL: https://www.focus.de/gesundheit/ratgeber/gehirn/demenz-und-alzheimer-lebenslang-lernen-schuetzt-das-gehirn_aid_626147.html.
ICOM – Internationaler Museumsrat: Ethische Richtlinien für Museen von ICOM, überarbeitete 2. Auflage der deutschen Version, o.O. 2006.
Menzen, Karl-Heinz: Grundlagen der Kunsttherapie, 4. Auflage, München 2016.
Menzen, Karl-Heinz: Kunsttherapie mit altersverwirrten Menschen, München 2008.
Nehls, Michael: Die Alzheimer Lüge. Die Wahrheit über die vermeidbare Krankheit, München 2014.
Oppikofer, Sandra/Kündig, Yvonne/Loizeau, Andrea: Aufgeweckte Kunst-Geschichten – Menschen mit Demenz auf Entdeckungsreise im Museum. Ein Interventionsprojekt des Zentrums für Gerontologie der Universität Zürich in Kooperation mit Kunstmuseen und Pflegeeinrichtungen, in: Fricke, Almuth/Hartogh, Theo (Hg.): Forschungsfeld Kulturgeragogik – Research in Cultural Geragogy, München 2016, S. 44–463.
Pöppel, Ernst: Je älter desto besser. Überraschende Erkenntnisse aus der Hirnforschung, München 2010.
Pöppel, Sonja: Das therapeutische Potenzial der Kunstrezeption, Berlin 2015.

Schall, Arthur/Pantel, Johannes: Kunstbegegnungen im Museum für Menschen mit Demenz und ihre Angehörigen. ARTEMIS-Projekt und Interventionsstudie, in: Fricke, Almuth/Hartogh, Theo (Hg.): Forschungsfeld Kulturgeragogik – Research in Cultural Geragogy, München 2016, S. 413–424.
Trüg, Erich/Kersten, Marianne: Praxis der Kunsttherapie, Stuttgart 2013.
Wichelhaus, Barbara: Das Museum als Lern- und Erfahrungsort für Kinder und Jugendliche mit besonderen Förderbedarf, in: Föhl, S. Patrick/Erdrich, Stefanie/John, Hartmut/Maaß, Karin (Hg.): Das barrierefreie Museum. Theorie und Praxis einer besseren Zugänglichkeit. Ein Handbuch, Bielefeld 2007.
Winkler-Rufenach, Friederike/Kastner, Sybille: Museumsarbeit für Menschen mit Demenz im Wilhelm Lehmbruck Museum, in: Groote, Kim de/Fricke Almuth (Hg.): Kulturelle Bildung. Kulturkompetenz 50 +. Praxiswissen für die Kulturarbeit mit Älteren, Bd. 19, München 2010, S. 105–114.

INTERNETQUELLEN

Demenzportal.at: Validation bei Demenz – die Grundsätze, URL: https://demenz-portal.at/aktuelles/validation-bei-demenz-die-grundsaetze/
Deutsche Alzheimer Gesellschaft e.V.: Die Krankheit, URL: https://www.deutsche-alzheimer.de/die-krankheit/haeufige-fragen-faq.html.
Deutsche Alzheimer Gesellschaft e.V.: Was heißt eigentlich „Demenz" und „Alzheimer"?, URL: https://www.deutsche-alzheimer.de/die-krankheit/haeufige-fragen-faq.html.
Deutsche Alzheimer Gesellschaft e.V.: Wie häufig ist die Krankheit, URL: https://www.deutsche-alzheimer.de/die-krankheit/haeufige-fragen-faq.html.
Deutscher Fachverband für Kunst- und Gestaltungstherapie e. V.: Beruf, URL: http://www.kunsttherapie.de/beruf.html.
Deutsches Museum: Führungen für Menschen mit Demenz, URL: https://www.deutsches-museum.de/angebote/fuehrungen/inklusion/demenz/
Institute for Subjective Experience and Research (ISER): Weiterbildung Kunstbegleiter/in, URL: http://www.i-ser.de/weiterbildung_KuBA_module.php.
Kunstzeit. Fu?hrungen fu?r Menschen mit Demenz, URL: https://www.musenkuss-muenchen.de/angebote/kunstzeit-fuehrungen-fuer-menschen-mit-demenz.
Projekt Mehr Teilhabe für Menschen mit Demenz ermöglichen, URL: https://www.deutsche-alzheimer.de/ueber-uns/projekte/mehr-teilhabe-ermoeglichen.html.
The Museum of Modern Art: Meet me at MoMA, URL: https://www.moma.org/meetme.
The Museum of Modern Art: Meet me. The MoMA Alzheimer's Project: Making Art Accessible to People with Dementia, URL: https://www.moma.org/visit/accessibility/meetme.
Timeslips, URL: http://www.timeslips.org/about/history.
Universität Zürich, Zentrum für Gerontologie: Aufgeweckte Kunst-Geschichten, URL: http://www.zfg.uzh.ch/de/projekt/kunst-demenz-2015.html

Erlebnisort Museum – kulturelle, soziale oder psychische Barrieren überwinden

Edith Wölfl

Seit der Unterzeichnung der Behindertenrechtskonvention der Vereinten Nationen im Jahre 2007 durch Deutschland als eines der ersten Länder, wurde in allen Bildungsbereichen an der Umsetzung gearbeitet. Auch viele Museen in Deutschland begannen, ihre Angebote Menschen mit einer Behinderung zugänglicher zu machen und ihnen somit Teilhabe zu ermöglichen. Mit unterschiedlichen Schwerpunkten oder besonderen Angeboten wurden zahlreiche Museen nachgerüstet. Barrierefreiheit war dabei natürlich ein sehr wichtiger Aspekt. Was die Räumlichkeiten betrifft, wurden vielfach Anstrengungen unternommen, die Museen auch für Rollstuhlfahrer geeignet zu machen. Bei Museums-Neubauten wird inzwischen sowieso darauf geachtet. Vor allem für Menschen mit Sinnesbeeinträchtigungen wurden spezielle Angebote entwickelt, die die museale Landschaft heute deutlich bereichern. So gibt es etwa Tastangebote für sehbehinderte oder blinde Menschen, die auch für Menschen ohne diese Behinderung ausgesprochen anregend wirken.

Wenn allerdings der Begriff der Barrierefreiheit erweitert wird um Aspekte wie kulturelle, soziale oder psychische Barrieren, dann wird schnell erkennbar, dass es hier in vielen Museen noch Luft nach oben gibt, vielfältige inklusive Ideen umzusetzen und somit das Museum an die Bedürfnisse der Besucher anzupassen. Ziel ist es, auch die Teilhabe von Menschen mit anderen als physischen Barrieren zu erleichtern oder gar erst zu ermöglichen.

Welche Barrieren sind es genau, die viele Menschen davon abhalten, ein Museum überhaupt zu besuchen und diesen Besuch dann auch zu genießen? Was führt dazu, das Museum als einen Ort zu erkennen, mit dem man sich identifizieren kann und der zu einer Quelle der Inspiration und Erkenntnisfreude werden kann?

Kulturelle Barrieren

Die Interessen von Menschen aus anderen Kulturkreisen werden in Museen häufig bereits berücksichtig, allein schon deshalb, weil darunter auch touristisch motivierte Besuche fallen.

In vielen Orten leben inzwischen Menschen mit Deutsch als Zweitsprache und einem Migrationshintergrund. Sprachbarrieren und zugleich wenig Wissen über kulturelle Hintergründe sind ein vermutetes Hindernis. Wenn Besucher nur wenige

Anknüpfungspunkte zu den Exponaten haben, ist das Angebot von Grundwissen und Vermittlungsarbeit gefordert.

Werden in vielen Museen bereits Beschriftungen oder Audioguides in Englisch angeboten, so könnte es hilfreich sein, sprachliche Angebote auch in einer weiteren Sprache zu machen, die sich nach der Mehrzahl von Bewohnern einer Stadt richtet, für die Deutsch nicht die Muttersprache ist. Häufig ist das Türkisch, aber vielleicht auch in manchen Gemeinden Russisch oder sogar im einen oder anderen Fall Arabisch, je nach der Struktur der Bevölkerung.

Soziale Barrieren

Soziale Barrieren sind Hindernisse, die sich manchmal nur schwer greifen lassen. So gibt es vor allem in größeren Städten Bewohner, die aus ihrem Stadtteil so gut wie nie herauskommen. Da ich selbst eine Schule im Münchner Stadtteil Hasenbergl geleitet habe, konnten wir im Rahmen der Stadtteilentwicklung immer wieder erleben, dass die Hürde schon darin bestand, überhaupt einmal in die Innenstadt zu fahren. Ein Museumsbesuch war oftmals vollständig außerhalb des Denkens oder Wünschens. Die im Hasenbergl lebenden jungen Menschen machten sehr selten die Erfahrung, dass ein Museum für sie bedeutsam oder spannend sein könnte. Viele kannten kein einziges Museum in München. Deshalb war es ein schöner Erfolg, als das Bayerische Nationalmuseum mit Projekten zu einer Ausstellung über Taschen in das Stadtteilkulturzentrum kam und dort mit Schulklassen unter Anleitung des Museumspädagogischen Zentrum München (MPZ) zum Thema Taschen unterschiedliche Angebote durchgeführt wurden. Diese reichten von Märchen, in denen eine Tasche vorkam, bis zur Gestaltung eigener Taschen-Entwürfe. Im Anschluss bekamen die teilnehmenden Klassen noch das Angebot, nun in die Stadt ins große Museum zu fahren, um dort die Taschenausstellung anzuschauen und in diesem Kontext auch die selbst gestalteten Taschen wieder zu finden. Es entstand somit eine Bewegung vom Museum zu den jungen Menschen hin und wieder zurück. Diese Offenheit ist ein Beispiel, wie soziale Barrieren begegnet werden kann.

Psychische Barrieren

Sehr viele Menschen, die sich in einem Museum ausgeschlossen oder gehindert fühlen, haben weniger eine Behinderung als vielmehr Schwächen, die sich behindernd auswirken. Der Übergang von einer Schwäche zu einer Behinderung ist fließend und die Auswirkung einer Schwäche hängt von verschiedenen Faktoren ab. Bei verschiedenen Personen und in unterschiedlichen Situationen kann sich eine Schwäche mehr oder weniger stark auswirken. Hier kann nur auf eine kleine Auswahl der häufigsten Schwächen eingegangen werden.

Am bekanntesten ist sicherlich die Lese-Rechtschreib-Schwäche, die hinderlich ist beim Erfassen von Texten und Beschriftungen. Bekannt ist auch ADHS, eine Steuerungsstörung in der Aufmerksamkeit, der Impulskontrolle oder auch der Motorik. Auch Menschen mit einer Autismus-Spektrum-Störung gehören dazu und natürlich die große Gruppe von Menschen mit Lernschwächen. Alle diese Personen nehmen häufig wenig Informationen wahr, finden kaum Anknüpfungspunkte an ihr Leben und Vorwissen, haben in der Regel auch weniger Freude an theoretischem Wissen, nehmen vielleicht eher Details wahr als das Ganze oder können sich insgesamt nicht so gut orientieren oder konzentrieren.

Diese Gruppe wird noch größer werden durch eine zunehmende Zahl an Besuchern im vorgerückten Alter, bei denen häufig ebenfalls Schwächen in der Wahrnehmung, im Gedächtnis und in der Konzentration beeinträchtigend wirken.

Wenn wir an Menschen mit Schwächen denken, dann sind uns einzelne Personen vor Augen, mit denen wir Erfahrungen haben. Eine Zielgruppe ist jedoch nur schwer beschreibbar und lässt sich nicht eingrenzen. Das unterscheidet diese Personengruppe von Menschen mit anderen Behinderungen oder Störungen. Da ihre Schwächen äußerlich nicht sichtbar sind, wirken die Betroffenen auf andere möglicherweise unangepasst oder ungezogen, herausfordernd oder irritierend. Ihr Verhalten kann auf Unverständnis oder Ablehnung stoßen, ohne dass den Beteiligten die Konfliktursachen klar wären.

Diese Gruppe ist also äußerst heterogen. Sie hat jedoch eine Gemeinsamkeit: eine *erhöhte Verletzbarkeit*. Damit verbunden sind schnelle Beschämung und die Vermeidung dieser unangenehmen Gefühle. Menschen mit Schwächen sind häufiger eingeschränkt in ihrer Selbstwirksamkeit, was in der Regel dazu führt, dass sie sich weniger erfolgreich und in ihrer Würde leichter gekränkt fühlen. Ihr Selbstbild ist weniger positiv. In der Folge ist ihr Bedürfnis nach Sicherheit und Schutz höher.

Die meisten der Betroffenen entwickeln für ihre Schwächen Bewältigungsstrategien, die den Schutz vor erneuten Kränkungen zum Ziel haben. Diese Strategien reichen von der völligen Vermeidung bis zu einer Vorwärtsverteidigung, bei der alles, was vielleicht kränken oder verletzten könnte, abgewehrt oder abgewertet wird. Diese Abwehr verhindert das Anknüpfen am eigenen Leben oder an eine persönliche Erfahrung. Vor diesem Hintergrund erschließt sich der Sinn einer Ausstellung oder eines Exponats schlechter und Fragen dazu werden eher nicht gestellt.

Mögliche Barrieren im Museum für Menschen mit Schwächen
Verständnisprobleme

Die Bedeutung der unterschiedlichen Exponate oder auch der Sinn ihrer Anordnung ist für manche Menschen nicht ohne weiteres erkennbar. Immer wieder ist zu beobachten, dass in Museen ein Basiswissen vorausgesetzt wird, um die Bedeutung von Exponaten zu erfassen. Lesetexte sind oftmals zu lang und sprachlich zu komplex. Manche Autoren versuchen möglichst viel Information auf wenig Platz unterzubringen und machen es dadurch für einige Besucher unmöglich, den Text zu verstehen. Es gibt kaum Basiserklärungen in einer einfacheren und klaren Sprache, selbst wenn Audioguides als Hilfe angeboten werden. Beschriftungen oder Nummerierungen in Vitrinen sind häufig unklar angeordnet und setzen voraus, dass der Besucher eine textliche Zuordnung zu den jeweiligen Anordnungen vornehmen kann.

Insgesamt ist die Verfügbarkeit von Informationen oftmals schwierig.

Und: Menschen mit Schwächen gehen aus Scham nicht einfach zur Kasse und bitten um Unterstützung. Ein Hilfeangebot wird somit vielleicht gar nicht wahrgenommen.

Orientierungsschwächen

Eine große Anzahl von Menschen hat in einer ungewohnten Umgebung Orientierungsschwächen. Das kann sowohl die räumliche als auch die zeitliche Orientierung betreffen.

Die Wege innerhalb mancher Ausstellung sind unklar oder verwirrend, der systematische Aufbau wird nicht deutlich und die Prioritätensetzung ist nicht selbsterklärend. Wesentliches und Unwesentliches zu unterscheiden, ist dann nicht einfach und das Museum oder die Ausstellung wird zu einem unüberwindlichen Konglomerat an Eindrücken, was ein Scheitern vorhersehbar macht. Orientierungsschwache Personen fühlen sich in Ausstellungsräumen oft wie in einem Labyrinth und erhalten so keinen Überblick über die gesamte Schau.

Emotionale Reaktionen auf die Exponate

Viele Menschen mit psychischen Belastungen oder Einschränkungen reagieren auf das, was sie wahrnehmen, eher emotional. Exponate können Angst oder auch Abwehr auslösen, werden nur flüchtig wahrgenommen und dadurch kaum begriffen. Häufig äußern sich Besucher dann ablehnend oder finden die Ausstellung „langweilig". Sie fühlen sich auf eine diffuse Weise ausgegrenzt, ohne dass sie das auch so benennen könnten. Gibt es im Bildungshintergrund Lücken oder andere Schwerpunkte, wirken Exponate oftmals willkürlich und ein Zusammenhang in einer Vitrine oder einem

Raum wird nicht richtig erfasst. Die historische Bedeutung wird kaum mit Fragen der Gegenwart oder mit der eigenen Biografie in Verbindung gebracht.

Manchmal fehlt es Besuchern an Respekt vor den Exponaten oder der Darstellung im Museum. Gerade solche Krisen können jedoch wertvolle Hinweise enthalten, um Inhalte des Museums zugänglicher zu machen und auf diese Weise Besucher besser anzusprechen.

Menschen, die in Museen oder Sammlungen arbeiten, tun dies oftmals aus Liebe zu den gesammelten Gegenständen. Sie identifizieren sich mit der Ausstellung und sind daher sehr besorgt, dass diese durch das Publikum „leiden" könnte. Dass das Museum in erster Linie für die Besucher da sein soll, ist ein Auftrag, der sie eher in innere Schwierigkeiten bringt. So verständlich das auch ist, so sehr birgt diese Haltung die Gefahr, dass das Museum geradezu „verstaubt". Erst durch das Erleben der Besucher wird es lebendig.

Das Museum – ein Ort der Erkenntnisfreude
Auf die Menschen kommt es an

Um den Museumsbesuch zu einem angenehmen Erlebnis werden zu lassen, ist gerade gegenüber Besuchern mit einer Schwäche eine besondere Feinfühligkeit Voraussetzung. Was aber ist darunter zu verstehen?

Feinfühligkeit bedeutet, dass sich alle Besucher als Gäste fühlen können, auf die geachtet wird, die wichtig sind, deren Bedürfnissen man entgegenkommt und die sich im Museum sicher und gut fühlen können. Sie werden in einen positiven Blick genommen. Ihnen wird nicht unterstellt, dass sie das Museum nicht ausreichend wertschätzen und wenn sie sich unsicher fühlen und dadurch möglicherweise ungewöhnlich verhalten, werden sie dezent an die Hand genommen.

Führungen

Erfreulicherweise werden in Museen immer wieder Führungen angeboten, die sich an Menschen mit Behinderungen richten. Führungen für Menschen mit psychischen Schwächen oder Lernschwächen gibt es jedoch kaum. Dennoch gelingt es manchen Museen, gerade diese Menschen anzusprechen, ohne sie bloßzustellen. Stattdessen wird darauf Rücksicht genommen, dass Besucher schnell beschämt sein und diese Gefühle schwerer ausgleichen können. Neben einer einfachen Sprache und der Vermittlung von Basiswissen ist hier vor allem eine stoffliche Reduzierung hilfreich, die dazu zwingt, das Wesentliche treffend auszudrücken und Fachbegriffe zu erklären. Davon profitieren alle Menschen, auch Gelegenheitsbesucher, die die Ziele und

Hintergründe des betreffenden Museums nicht so gut kennen. Und für die Mitarbeitenden ist es eine gute Übung, Unnötiges wegzulassen und den Kern eines Exponats oder einer Ausstellung zu erfassen.

Bei Führungen hilft ein direkter Blickkontakt zu allen Teilnehmenden. Jeder soll sich persönlich angesprochen fühlen. Dann kann auch die Begeisterung für ein Kunstwerk, eine Geschichte oder eine Sammlung überspringen und Lust auf Mehr machen. Für den persönlichen Bezug helfen Fragen wie: Wo kommt etwas her? Wie wurde es gemacht? Wie wurde etwas erfunden? Was ist das Besondere, das Kostbare, das Einmalige daran? Warum war es damals wichtig? Warum ist es heute wichtig? Warum ist es gerade für Sie als Teilnehmende der Führung in dieser Gruppe wichtig?

Besonders förderlich für das Verstehen und eine Bereicherung für den eigenen Erfahrungsschatz ist das aktive Handeln. So sind beispielsweise zeitgenössische Künstler oder Kunsthandwerker, besonders geeignet, Arbeitstechniken zu erklären und Freude an einer Fertigkeit zu vermitteln.

Sprache

Museen verwenden Sprache in ihren Flyern, in Inschriften und Beschriftungen und zur Vermittlung von Orientierung oder Inhalten. Aber genau hier besteht die Gefahr, das Gegenteil des Ziels zu erreichen. Die Lesenden sollen schnell und einfach informiert werden, damit sie die Freude an der Information nicht verlieren. Gibt es dazu noch zusätzliche Angebote, den Umfang des Wissens allmählich zu erweitern, wie etwa durch vertiefende Audioguides oder auch durch Texte mit in unterschiedlichen Sprachniveaus, die den Besucher persönlich ansprechen und Verständnisprobleme selbstverständlich machen, dann wird das Museum zu einem nachhaltigen Lernort. Durch einfache Begriffe wie ‚Basiswissen', ‚zusätzliche Informationen', ‚Fachwissen' kann auf diese Unterschiede in der Vermittlung hingewiesen werden.

Emotionen ansprechen und Gefühle widerspiegeln

Museen lösen Gefühle aus und diese wollen ausgedrückt und mitgeteilt sein. Zu den Gefühlen gehören die unterschiedlichsten Eindrücke wie etwa auch Gerüche, Geräusche und sensorische Erlebnisse. Ich erinnere mich an meine Enttäuschung, wie ich im Ulmer Brotmuseum stand und es dort so gar nicht nach Brot roch und auch kein Brot zum Kosten angeboten wurde. So war das Brot im wahrsten Sinn des Wortes ‚trocken'.

Wenn ein Museum auch sinnlich ist und viele unterschiedliche Kanäle der Wahrnehmung anspricht, wird es reicher erlebt. Veranstalter von Tastführungen machen immer wieder die Erfahrung, dass auch Menschen ohne Sehbehinderung gerne teilnehmen, weil durch die taktile Erfahrung des Tastens ein Exponat noch einmal ganz anders erlebt wird.

Viele Museen lösen Betroffenheit aus, etwa über frühere Lebensverhältnisse, damalige Arbeitsbedingungen oder durch die Konfrontation mit Leid. Dafür braucht es Möglichkeiten, diese Eindrücke auch wieder auszudrücken und sich damit auseinanderzusetzen, um nicht achtlos vorüberzugehen. Wenn Personen als Gegenüber bereit sind, auf diese Gefühle einzugehen, dann vertieft sich die Erfahrung. Auch für das Erleben von Erstaunen, etwa über eine Kunstfertigkeit oder Kostbarkeit, braucht es einen Rahmen.

Werden Verhaltensweisen wie ‚Langeweile' oder ‚Durchrennen durch eine Ausstellung' von Museumsmitarbeitenden bewusst registriert, kann sich daraus eine kritische Reflektion und die Frage ergeben, wie die Besucher besser erreichbar gewesen wären. Aus Krisen werden dann Lernsituationen für alle Beteiligten.

Verwunderung und Staunen über manche Exponate, Bilder von Menschen oder Darstellungen geben wichtige Hinweise. Wenn diese emotionalen Reaktionen geschickt aufgegriffen werden, lassen sich weitergehende Informationen zu Ausstellungsstücken leichter vermitteln, was wiederum zu mehr Verständnis und zu einer neuen Einschätzung führen kann.

Schwellen senken, Hürden abbauen, den Besuch erleichtern
Neben den inhaltlichen Hilfen ist auch das Überdenken von Strukturen und Organisationsformen in den sehr unterschiedlichen Museen ein wichtiger Auftrag, der zum Ziel hat, Menschen mit Schwächen den Besuch zu erleichtern.

Konrad Adenauer hat einmal gesagt: „Man muss Dinge auch so tief sehen, dass sie einfach werden". Genau darauf kommt es an.

Dazu gehört eine Willkommenskultur, die sich an jeden Besucher persönlich richtet.

Ganz besonders wichtig ist dabei der Eingangsbereich. Hier hilft, das Museum zu erklären und einen Überblick über Räume und Schwerpunkte zu geben. Es ist wichtig, dass gleich zu Beginn des Besuchs der Eindruck entsteht, das Museum ist bemüht, mögliche Barrieren zu senken und den Besuch so leicht wie möglich zu machen.

In den Sälen kann die Aufmerksamkeit der Besucher sanft gelenkt werden, indem besonders Wichtiges herausgestellt wird, die Beschriftung groß und deutlich ist und vor allem auch, wenn durch eine entsprechende Lichtregie die Betrachtung oder das Erleben erleichtert wird.

Moderne Medien können das noch unterstützen und auch Sitzgelegenheiten halten dazu an, nicht durch die Räume zu rennen, sondern sich auf die Ausstellung einzulassen und sie in Ruhe wahrzunehmen. Dadurch entstehen Pausen der Verarbeitung, die auch durch ein Gespräch intensiviert wird.

Inklusion braucht immer auch Partner und Unterstützer und vor allem auch den Diskurs mit den Menschen, denen Teilhabe ermöglicht und erleichtert werden soll. Die Museen stehen in einer Gemeinde oder einer Stadt nicht alleine da, sondern sie haben Partner, zu denen sie Kontakte halten und ein Netzwerk aufbauen können. Damit erleichtern sie sich auch selbst ihre Arbeit, je nach den örtlichen Gegebenheiten.

Bieten Museen guten Kontakt, verstehen sie sich als ein Teil einer inklusiven Bildungslandschaft und nehmen den Auftrag an, dazu den Menschen auch entgegen zu kommen. Dann können sie zu einem Ort der Stärkung und des Trostes, der Erkenntnisfreude und der Begeisterung und damit auch zu einem Ort, in dem man sich auskennt und zu dem man gehört, also zu Heimat, werden.

AUTORENVERZEICHNIS

Henrike Bäuerlein, M.A., studierte Geschichte und Englische Literaturwissenschaft an der Ludwig-Maximilians-Universität München. Seit 2014 ist sie wissenschaftliche Mitarbeiterin am Museumspädagogischen Zentrum (MPZ), wo sie für die Bayerische Museumsakademie tätig ist. Sie promoviert in Neuerer/Neuester Geschichte an der Ludwig-Maximilians-Universität München. Freiberuflich ist sie als Lektorin tätig.

Stefanie Buchhold, Dr. phil., leitet seit 2016 das Oberhausmuseum auf der Veste Oberhaus in Passau. Neben der Weiterentwicklung der städtischen Kunstsammlungen gehört auch die touristische Erschließung der Veste zu ihren Aufgaben. Buchhold studierte von 1994 bis 2001 Osteuropäische sowie Neuere und Neuste deutsche Geschichte an der Universität Erlangen. 2007 schloss sie ihre Promotion zu *Johann Nepomuk Graf von Triva und die bayerische Heeresreform nach 1804* ab und begann 2008 ein wissenschaftliches Volontariat bei der Museumslandschaft Hessen Kassel. Hier betreute sie die militär- und jagdgeschichtliche Sammlung in Schloss Friedrichstein/ Bad Wildungen. Von 2011 bis 2015 war sie als wissenschaftliche Mitarbeiterin am Haus der Bayerischen Geschichte an der Realisierung der Bayerischen Landesausstellung 2015 *Napoleon und Bayern* beteiligt. Außerdem arbeitete sie an der Konzeption der Dauerausstellung des zukünftigen Museums der Bayerischen Geschichte mit, das 2019 in Regensburg eröffnet wird.

Günter Dippold, Dr. phil., studierte Geschichte und Volkskunde in Bamberg, Regensburg und Erlangen. Er erwarb in Bamberg 1987 den Grad eines Diplom-Historikers und wurde 1993 mit der Arbeit *Konfessionalisierung am Obermain* zum Dr. phil. promoviert. Er leitete von 1992 bis 1994 das Deutsche Korbmuseum Michelau und ist seit 1994 Bezirksheimatpfleger und Kulturreferent des Bezirks Oberfranken. Von 1995 bis 2001 nahm er einen Lehrauftrag für Historische Hilfswissenschaften an der Universität Bayreuth wahr, von 2000 bis 2004 einen Lehrauftrag für Volkskunde/ Europäische Ethnologie an der Otto-Friedrich-Universität Bamberg. An ihr lehrt er seit 2004 als Honorarprofessor. Er ist Verfasser von ca. 400 Veröffentlichungen zur fränkischen Landesgeschichte sowie zur Museologie.

Robert Fuchs, Dr. phil., arbeitet seit 2013 am Dokumentationszentrum und Museum über die Migration in Deutschland e.V. (DOMiD) in Köln. Nachdem er dort zunächst Projektleiter für das Virtuelle Migrationsmuseums war, hat er seit 2017 die Geschäftsführung inne. Er studierte Geschichte, Politik und Germanistik an der Universität zu Köln und der Oxford Brookes University. Nach dem Studium absolvierte er ein Museumsvolontariat am Deutschen Auswandererhaus in Bremerhaven, wo er an zahlreichen Ausstellungsprojekten beteiligt war. In seiner Dissertation *Heirat in der Fremde* untersuchte er anhand des Heiratsverhaltens von Migrant*innen die Akkulturation der Deutschen in den USA im 19. Jahrhundert. Zudem publizierte unter anderem zur Heimerziehung in der Nachkriegszeit und zu einer Unternehmensgeschichte.

Norbert Göttler, Dr. phil., studierte Philosophie, Theologie und Geschichte. Seit 2011 ist er Bezirksheimatpfleger des Bezirks Oberbayern. In seiner Zeit als Kreisheimatpfleger des Landkreises Dachau war er unter anderem an der Gründung von „amnesty international Dachau" der „Jugendbegegnungsstätte Dachau", sowie der „Dachauer Schlossgespräche" beteiligt. In seinen Filmen (BR, ARD, 3sat) und Büchern (Rowohlt u.a.) beschäftigte er sich wieder mit Themen der Zeitgeschichte und der Zukunftsverantwortung. Für diese Bemühungen wurde Göttler 2008 mit dem Bundesverdienstkreuz der Bundesrepublik Deutschland ausgezeichnet.

Kirsten Huwig, M.A., studierte Erziehungswissenschaft, Germanistik, Psychologie an der Universität Leipzig. Sie arbeitete von 1997-2003 als Erziehungswissenschaftlerin und Sysemische Paar- und Familientherapeutin (DGSF) in verschiedenen Praxisfeldern. Seit 2003 ist sie Kunstvermittlerin im Museum der bildenden Künste Leipzig. Als Moderatorin (PIW) ist sie seit 2015 u.a. in verschiedenen Beteiligungsprozessen und Projekten der Integrierten Stadtentwicklung (INSEK) in Leipzig tätig.

Autorenverzeichnis

Josef Kirmeier, Dr. phil., ist seit 2010 Leiter des Museumspädagogischen Zentrums in München. Nach dem Studium der Geschichte und Politikwissenschaft in München und Berlin und der Promotion in mittelalterlicher Geschichte war er Mitarbeiter am Haus der Bayerischen Geschichte, Projektleiter zahlreicher Ausstellungen, darunter die Landesausstellungen: 1991 *Glanz und Ende der alten Klöster, Säkularisation 1803 in Benediktbeuern,* 1993 *Herzöge und Heilige. Das Geschlecht der Andechs-Meranier im europäischen Hochmittelalter,* 1997/98 Ausstellungen zum Bürgertum in schwäbischen Reichsstädten in Augsburg, Memmingen und Kempten, 2002 *Kaiser Heinrich II.,* Bamberg, 2006 *200 Jahre Franken in Bayern,* Nürnberg und 2009 *Wiederaufbau und Wirtschaftswunder,* Würzburg. Er war Leiter des Referats Didaktik und Ausstellungsplanung sowie Stellvertreter des Direktors im Haus der Bayerischen Geschichte; seit 2005 ist er Lehrbeauftragter am Institut für Bayerische Geschichte an der LMU München.

Leopold Klepacki, PD Dr. habil., studierte Pädagogik, Theater- und Medienwissenschaft sowie Neuere Deutsche Literaturgeschichte. Aktuell arbeitet er als Akademischer Oberrat am Institut für Pädagogik der Friedrich-Alexander-Universität Erlangen-Nürnberg. Seine Arbeitsschwerpunkte liegen in den Bereichen Kulturelle und Ästhetische Bildung, kulturelle Tradierungs- und Transformationsprozesse, Schule als Kulturort, kulturwissenschaftliche Grundlagen der Pädagogik.

Karl Borromäus Murr, Dr. phil., studierte Geschichte, Philosophie und Ethnologie an der Münchner Hochschule für Philosophie, der Ludwig-Maximilians-Universität (LMU), der Oxford University, der Katholischen Universität Eichstätt-Ingolstadt und der Harvard University. Von 2005 bis 2008 war er wissenschaftlicher Mitarbeiter am Staatlichen Textil- und Industriemuseum Augsburg (tim), seit 2009 ist er Direktor des tim. Seit 2013 ist er Chairman der Preisjury und seit 2015 Board Member der European Museum Academy (Den Haag). Er ist seit 2005 Lehrbeauftragter der LMU und der Universität Augsburg und seit 2015 Gastdozent der Libera università di lingue e comunicazione IULM Mailand. Darüber hinaus ist er Mitglied oder Vorsitzender verschiedener Beiräte und hat zahlreiche Publikationen zur Geschichte, Kulturtheorie, zeitgenössischer Kunst und Museologie veröffentlicht.

Judith Prokasky, Dr. phil., studierte Kunstgeschichte, Neuere Geschichte und Neuere deutsche Literatur in Berlin, Paris und Bonn und promovierte an der Universität Köln. Nach einer Tätigkeit für den MDR in Dresden ist sie seit 2001 als Wissenschaftlerin und Ausstellungskuratorin im Museumsbereich tätig (Wallraf-Richartz-Museum, Jüdisches Museum Berlin, Deutsche Historisches Museum, Deutsche Kinemathek – Museum für Film und Fernsehen u. a.). Von 2014 bis 2018 hat sie den Bereich „Museum des Ortes" der Stiftung Humboldt Forum im Berliner Schloss aufgebaut und geleitet. Sie hat zahlreiche Publikationen zur Kultur- und Mediengeschichte veröffentlicht, zuletzt *Palast der Republik – Ein Erinnerungsort neu diskutiert* und *Barock in Arbeit – Die Kunst der Rekonstruktion und das neue Berliner Schloss* (beide Berlin 2017).

Bettina Salzhuber, M.A., studierte außerschulische Kunstpädagogik in München und Leipzig. Sie ist als freiberufliche Kunstvermittlerin in der transkulturellen Projektarbeit mit Geflüchteten tätig, u.a. in Zusammenarbeit mit der Galerie für Zeitgenössische Kunst Leipzig und dem Museum der bildenden Künste Leipzig. Zudem war sie als Bildungsreferentin in der kulturellen Jugendbildung tätig. 2018 arbeitete sie im Kulturbüro Jour et Nuit Culture in Paris und war Mediatorin bei der Nuit Blanche Paris 2018. Seit November 2018 arbeitet sie als wissenschaftliche Volontärin im Bereich Bildung und Vermittlung im Museum Folkwang, Essen.

Katrin Schaumburg, Dr. phil., ist seit 2017 wissenschaftliche Mitarbeiterin am Dokumentationszentrum und Museum über die Migration in Deutschland e. V. (DOMiD) in Köln. Nach ihrem Studium der Ethnologie, Afrikanistik und Soziologie an der Universität zu Köln und der Université de La Réunion war sie in der Presse- und Öffentlichkeitsarbeit und im Rahmen zahlreicher Sonderausstellungen für das Kölner Rautenstrauch-Joest-Museum – Kulturen der Welt tätig. Ihre Promotion im Fach Ethnologie zu agency von Frauen in einem südafrikanischen Township schloss sie 2012 an der interdisziplinären a.r.t.e.s. Graduate School ab.

Manfred Seifert, Prof. Dr., studierte Volkskunde, Geschichte und Psychologie an den Universitäten Passau, Wien und Tübingen. Nach Tätigkeiten an der Universität Passau (Assistentur bzw. Oberassistentur am Lehrstuhl für Volkskunde) und in Dresden (Bereichsleiter für Volkskunde am Institut für Sächsische Geschichte und Volkskunde e.V.) ist er seit Herbst 2013 Professor am Institut für Europäische Ethnologie/Kulturwissenschaft an der Philipps-Universität Marburg. Seine Forschungsschwerpunkte sind: Technikkultur, Arbeitskulturen, Biografieforschung, Heimat und Identität, Kulturpolitik des Nationalsozialismus, Gesellschaftlicher Wertewandel.

Jörg Skriebeleit, Dr. phil., ist Kulturwissenschaftler und Historiker und studierte an der Eberhard-Karls Universität Tübingen und der Humboldt Universität zu Berlin. Er wurde am Zentrum für Antisemitismusforschung der TU Berlin promoviert. Seit 1999 ist er Leiter der KZ-Gedenkstätte Flossenbürg und verantwortlich für deren grundlegende Neukonzeption. Er ist wissenschaftlicher Projektleiter und Berater bei diversen Museums- und Memorialprojekten, u.a. bei der Neugestaltung der KZ-Gedenkstätte Mauthausen, dem Richard-Wagner-Museum Bayreuth oder dem Erinnerungsort Olympiaattentat München 1972. Er hat Publikationen veröffentlicht zum nationalsozialistischen Lagersystems, zur Nachkriegs- und Rezeptionsgeschichte sowie zu Museums- und Ausstellungstheorien.

Thomas Sukopp, Dr. phil., studierte Chemie, Mittelalterliche und Neuere Geschichte und Philosophie in Braunschweig. Er wurde 2006 in Philosophie promoviert. Er war wissenschaftlicher Mitarbeiter bzw. Lehrkraft für besondere Aufgaben an den Universitäten Bamberg, Augsburg und der Technischen Universität Braunschweig. Von 2012-2016 arbeitete er als wissenschaftlicher Mitarbeiter an der Universität Siegen. Seit 2016 ist an der Universität Siegen als Akademischer Rat auf Lebenszeit beschäftigt. Seine Arbeitsschwerpunkte sind: (Zeitgenössische) Erkenntnis- und Wissenschaftstheorie, Philosophie der Naturwissenschaft, insbesondere der Chemie, Didaktik der Philosophie, Philosophie der Menschenrechte, Interkulturelle Philosophie und Philosophie der Lebenswelt.

Alessandra Vicentini, M.A., hat an der Universität Trient „Beni culturali" und an der Ludwig-Maximilians-Universität München Kunstgeschichte studiert. Sie ist als wissenschaftliche Mitarbeiterin bei der Bayerischen Museumsakademie und freiberuflich beim Museumspädagogischen Zentrum München im Bereich Vermittlung tätig. Nebenberuflich absolviert sie eine Ausbildung als zertifizierte Kunsttherapeutin an der Arbeitsgemeinschaft für psychoanalytische Kunsttherapie München (APAKT).

Martin Wengeler, Prof. Dr., studierte Germanistik, Geografie und Erziehungswissenschaften an der Heinrich-Heine-Universität (HHU) Düsseldorf. Von 1991 bis 2010 war er wissenschaftlicher Angestellter und Habilitationsstipendiat am Lehrstuhl für Deutsche Philologie und Linguistik an der HHU Düsseldorf. 2002-2004 Vertretung der Professur für Soziolinguistik und Sprachgeschichte an der Universität zu Köln, 2008-2009 Vertretung einer Professur für Germanistik: Didaktik der deutschen Sprache und Literatur an der Bergischen Universität Wuppertal, SoSe 2010 Vertretung der Professur für Deutsche Philologie an der RWTH Aachen. Seit 2010 ist er Professor für Germanistische Linguistik an der Universität Trier. Er verfasste seine Dissertation 1991 über *Die Sprache der Aufrüstung. Zur Geschichte der Rüstungsdiskussionen nach 1945* (Wiesbaden: Deutscher Universitäts-Verlag 1992). Seine Habilitationsschrift 1999 an der HHU Düsseldorf widmete sich dem Thema *Topos und Diskurs. Begründung einer argumentationsanalytischen Methode und ihre Anwendung auf den Migrationsdiskurs (1960 – 1985)* (Tübingen: Niemeyer). Seine Publikations- und Forschungsschwerpunkte sind: Öffentlicher Sprachgebrauch, Deutsche Sprachgeschichte nach 1945, Sprachkritik, Argumentationsanalyse, Politische Sprache, Linguistische Diskursgeschichte.

Rainer Wenrich, Dr. phil., ist Professor für Kunstpädagogik und Kunstdidaktik und Dekan der Philosophisch-Pädagogischen Fakultät an der Katholischen Universität Eichstätt-Ingolstadt sowie Geschäftsführer der Bayerischen Museumsakademie. Er studierte Malerei und Kunsterziehung an der Akademie der Bildenden Künste München sowie Kunstgeschichte, Kunstpädagogik und Psychologie mit Promotion an der Ludwig-Maximilians-Universität München; außerdem legte er das 1. und 2. Staatsexamen für das Lehramt am Gymnasium ab. Er vertrat eine Professur am Lehrstuhl für Kunstpädagogik an der Akademie der Bildenden Künste München und war Lehrer für Kunst und Psychologie an verschiedenen Gymnasien sowie Fachreferent am Staatsinstitut für Schulqualität und Bildungsforschung (ISB) und stellvertretender Referatsleiter am Bayerischen Staatsministerium für Unterricht und Kultus. 2006 und 2016 wurde er in die *Classroom Zero-* Summerschool aufgenommen und forschte im *Project Zero* an der Harvard Graduate School of Education, Cambridge/MA; 2013 war er Visiting Scholar an der Columbia University, New York. Seine Forschungsschwerpunkte sind Kunstpädagogik und Kunstdidaktik, Design- und Kostümgeschichte sowie Modetheorie.

Beatrice Wichmann, M.A., studierte Geschichte und Politikwissenschaft in München, Bielefeld und Nancy. Sie arbeitet als wissenschaftliche Mitarbeiterin der Abteilung Bayerische Geschichte des Historischen Seminars der Ludwig-Maximilians-Universität München. 2016-2018 war Beatrice Wichmann für das Museumspädagogische Zentrum (MPZ) und die Bayerische Museumsakademie (BMA) tätig. 2015-2017 arbeitete sie als wissenschaftliche Projektassistenz für die Neukonzeption der Dauerausstellung in der DenkStätte Weiße Rose am Lichthof der Ludwig-Maximilians-Universität München.

Edith Wölfl, Dr. phil., Sonderpädagogin mit dem Förderschwerpunkt soziale und emotionale Entwicklung, arbeitete 33 Jahre am Wichern-Zentrum, einem Förderzentrum mit dem Schwerpunkt soziale und emotionale Entwicklung (Träger: Diakonie Hasenbergl), davon 17 Jahre als Schulleiterin. 14 Jahre war sie Leiterin der Fachgruppe Förderschulen in der Evangelischen Schulstiftung. Initiatorin und Leiterin des Netzwerks „Schul- und Jugendhilfekonferenz München Nord" zur regionalen Bildungsentwicklung; Promotion zum Thema: *Jenseits von Kain und Abel – Anregungen an eine gender-orientierte Pädagogik zur Prävention von Gewalt*; Mitglied im Beratergremium Bildung der Beauftragten für die Belange von Menschen mit Behinderung; Mitglied in der Familienkommission und der Arbeitsgruppe Förderschulen und Inklusion im Bayerischen Landtag. Autorin und Referentin. Seit 2014 im Ruhestand.

Petra Zwaka, war Leiterin des kommunalen Verbundes der regionalen Museen Tempelhof-Schöneberg in Berlin sowie der Gedenk- und Erinnerungsorte im Bezirk (1991-2017) sowie Leiterin des Kulturamtes Tempelhof-Schöneberg (2011- 2017). Sie war aktiv im Verband „Hands on! International Association of Children in Museums" und seit 2010 Mitglied der internationalen Jury für den „Children in Museums Award", ausgelobt von der European Museums Academy und Hands on International. Sie ist verantwortlich für die Konzeption und Durchführung zahlreicher Ausstellungen, Projekte und Publikationen zur Berliner Stadt- und Kulturgeschichte und darüber hinaus Initiatorin von diversen Modellprojekten mit partizipatorischem und interkulturellem Ansatz, insbesondere für die Zielgruppe Kinder und Jugendliche. 1994 Gründung des Jugend Museums als Ort der aktiven Auseinandersetzung mit Geschichte und aktuellen gesellschaftlichen Fragestellungen; Idee und Konzeption der interkulturellen Ausstellung *Villa Global – The Next Generation* (seit 2014) als museales Statement in der Debatte um Vielfalt in der Stadtgesellschaft.

Kommunikation, Interaktion, Partizipation
Kunst- und Kulturvermittlung im Museum
am Beginn des 21. Jahrhunderts

kopaed

bisher erschienen

Band 1
Rainer Wenrich / Josef Kirmeier (Hrsg.)
Kommunikation, Interaktion und Partizipation
Kunst- und Kulturvermittlung im Museum am Beginn des 21. Jahrhunderts
München 2016, 175 Seiten, ISBN 978-3-86736-358-7, 18,80 €

Band 2
Rainer Wenrich / Josef Kirmeier (Hrsg.)
Migration im Museum
Museumsbesuche für Menschen mit Fluchthintergrund
München 2017, 180 Seiten, ISBN 978-3-86736-393-8, 18,80 €